新 潮 文 庫

神の代理人

塩野七生著

新潮社版

9567

読者へ──「若書き三部作」を再び文庫の形で世に問うにあたって

作家になるなど考えもしないでイタリア生活を愉《たの》しんでいた私が、偶然に出会った人に推《すす》められるままに書いた最初の作品が、『ルネサンスの女たち』です。勉強と執筆に要した時期は、二十九歳から三十歳にかけて。それが『中央公論』誌上に掲載された後で一冊の書物にまとめられて刊行されたのは、翌年ぐらいであったかしらと思います。

二作目になる『チェーザレ・ボルジアあるいは優雅なる冷酷』は、雑誌掲載を経ずにいきなり単行本として書き下ろした作品ですが、執筆時期はその直後。なにしろ、『女たち』を書き終えるやただちに『チェーザレ』にとりかかっていたので。それでも書店に出たのは三十二歳になってからでした。

三作目がその翌年には早くも書き始めていた『神の代理人』。『女たち』と同じく雑誌掲載を経て単行本化されたのは、私が三十五歳の年になってから。つまりはこれら三作品は、二十台の終わりから三十台の前半までに書かれたことになります。

これらを、書いた本人である私が久しぶりに読み返したうえでの感想を一言で言えば、微苦笑、でしたね。なぜなら三作とも、「若書き」の特徴がはっきりと出ていたからで、そのマイナス面は肩に力が入っていること。要するに大上段に振りかぶる感じの書き方を、ときにはしているということです。ただしこれも、あらゆる現象はプラスとマイナスの両面で出来ている、という考えが正しければ、プラスに変わりうる。当時の私の胸中を満たしていた想いが一挙に噴き出した作品だった、と言えないこともないからです。

昔から私は、世間が言う「イイ子」ではなかった。それも思春期を過ぎて若者の世代に入るようになると、当時の日本社会を満たしていた微温的な雰囲気への嫌悪《けんお》がますます高まります。みんなで仲良く、なんて嘘《うそ》っぱちだと思っていたし、それで社会が進んでいると思って疑わない当時の日本のエリートたちが大嫌いだった。この想いが、西欧の、それも昔の西欧の歴史と〝対決〟したことによって噴出したのでしょう。

なにしろ、女たち、若い男、成熟した男たち、と対象は変わっても、それを書いている私の胸の中には、イイ子でいたんでは生きていけないんですよ、昔のヨーロッパにはこういうたくましい人間が生きていたんです、と日本人に突きつけたい想いでいっぱいだったのですから。まるで、私自身が、噴き出すのを待っているマグマでもあるかのように。

　娘の頃に読んだのでどの作品かは忘れたけれど、アンドレ・ジイドは次のように書いています。

トルストイという山は、ふもとからでも見える。だが、そのトルストイという山に登ると、その向うにはドストエフスキーという山がそびえ立っているのが見える、と。『女たち』も『チェーザレ』も『神の代理人』も、ふもとにいても見えた山なのです。だから舞台も、当時の私が住んでいたローマとイタリアに集中している。眼をつぶっていても情景がわかる土地を、舞台に選んだからでした。

　そして、この山を登り終えた私の視界に入ってきたのが、その向うに高くそびえるヴェネツィアとフィレンツェ。この山にも登った成果が、『海の都の物語』と『わが友マキアヴェッリ』に結実します。そして、またもこれに登った私の視界に入ってきたのが、はるかその向うに延々とつらなる古代ローマという山脈でした。これもまた十五年かけて踏破した後、ルネサンスと古代の間にはさまれた中世が、まだ手つかずであったのに気づく。それで、一千年間にもおよぶ中世を体現していた三つの山にも登ることになってしまったのです。

第一の山は、地中海を舞台にくり広げられた海賊と海軍をめぐる一千年間のお話。『ローマ亡き後の地中海世界』と名づけた作品です。パクス・ロマーナ崩壊後の地中海は、北アフリカから襲ってくる海賊と、それへの防衛に海軍をつくって立ち向かう南ヨーロッパの激突の舞台になったからでした。

第二の山は、同じくイスラム教徒対キリスト教徒の激突でも、北ヨーロッパから中近東に攻めこんだキリスト教徒と、それを迎え撃つイスラム教徒の間でくり広げられた十字軍をめぐる物語。

第三の山は、表題はまだ未定なのでここでは書けませんが、現在準備中の作品。この三つにすでに書いている『海の都の物語』を加えた四作品で、長い中世の主要なところは〝登頂〟可能だと思っているのです。

このような具合で、「若書き三部作」で始まった私の作家キャリアも、眼の前にあらわれた山をひとつひとつ登っていくことで進んできたのでした。つまり、この「三部作」は、歴史作家としての私のスタートであったことになります。

たしかに、若書きゆえの欠点はある。しかし、それらを改めることはしませんでした。若い頃の勢いは、そのままで残すほうがよいと考えたからです。若さゆえの未熟には、それなりの良いところもある、と。

神は細部に宿る、と信じている私は、これまでにただの一度も、「一冊でわかる世界史」、とか、「早わかり西洋史」、とかを書くのを拒絶してきました。歴史という複雑な人間世界を描き出すのに、手っとり早くまとめてしまってはその真実に迫るのは不可能と思っていたし、それよりも何よりも、簡単にまとめてしまうのではあの時代でも懸命に生きた人々に対して礼を失する、と思っているからです。

そういうわけでいつも細部《ディテール》まできっちり書いてしまい、おかげで一冊が厚くなってしまい、それを買って読んでくださるあなたには常に申しわけないと思っているのですが、神は、つまり真理は細部に宿るのだ、とでも考えて許してください。申しわけないことに、この私の姿勢《スタイル》は死ぬまで直りそうもないようなので。

追伸

宗教でも哲学でもまたあらゆる思想でも、中心から辺境に行くにつれてなぜか純度が高まって伝わる。キリスト教世界では辺境になる日本では、だからおかしくなるほど純粋でまじめなキリスト教になっているようです。その原因のもう一つは、日本のキリスト教信者には上質な日本人が多いという事情もあるかもしれません。

しかし、それゆえか、日本人の考えるキリスト教は、またキリスト教にかぎらず他の一神教であるユダヤ教やイスラム教に対しても、一般の日本人は尊敬の念をもって対してきたようでした。自分たちとはちがってまじめな信仰を持っている立派な人たち、という感じで。

ところが私は、キリスト教の本山のあるローマに来てしまったのでした。しかも、ルネサンスは創り出したけれど宗教改革はしなかったという、宗教的には少々不まじめな、それだからこそ人間性の現実を直視する能力には優れていると言えなくもない、イタリア人を知ってしまったのです。

その私がキリスト教的なるものへの憧憬を持ち続けているまじめな日本人に向けて、そんなものじゃないのよ、という想いでぶつけたのがこの『神の代理人』。信仰を尊重する気持ち自体は充分に持っているのですが、尊重するのとその現実の姿を直視することは矛盾しないと思っているからです。

映画『第三の男』の中でオーソン・ウェルズが言う台詞《せりふ》ですが、次のような一句があったのを覚えていらっしゃいますか。

「平和なスイスは鳩時計を生んだだけだが、ボルジアあたりが出てきたりしてわいざつでたくましかった同時代のイタリアでは、あの素晴らしいルネサンスが生まれたんだ。」

そのルネサンス時代のイタリアに生きた四人のローマ法王を描いたのが、この『神の代理人』です。これを読んだら、ルネサンスはイタリア人のもので、宗教改革はドイツ人のものであることもわかってもらえるだろう、と願いながら。

それにしても、二十台から三十台にかけての頃の私は、意気だけは盛んであったようです。当時の批評家の一人に言わせれば、「知る人ぞ知る」程度の存在であったにもかかわらず。

あれから月日は延々と流れ、今年の誕生日が来れば後期高齢者になってしまうのかと情けない想いでいる今の私ですが、作品上での意気の噴出もやはり年なりに変わってきたように感じています。若い頃のように一挙に噴き出すのではなく、少しずつ噴き出すために、存在を示しはしても人畜への害はないという、シチリアのエトナ火山のように。とは言っても、偽善への反逆心は維持しながら、ですが。

二〇一二年・春

塩野七生

イエスは、弟子の一人であったシモンに言った。
「おまえはペテロ（岩）だ。この岩の上に、わたしの教会を建てよう。地獄の門（悪魔）も、これには勝てないだろう。
おまえに、天国の鍵《かぎ》を与えよう。これによって、おまえが地上でつなぐものは天国でもつながれ、おまえが地上で解くものは天国でも解かれるのだ」（マタイ伝第十六章より）
こうして、かつては漁夫でしかなかったペテロの、使徒の中での主位権が決まった。全キリスト者は、イエス・キリスト、すなわち神の、地上での代理人と指名されたペテロに、服従しなければならないと決められたのである。また、おまえの上にとのイエスの言葉に従って、西暦六七年頃、ローマのヴァティカーヌス（今日のヴァティカン）にあった皇帝ネロの競技場で殉教したと伝えられるペテロの遺骸の上に、聖ペテロの教会（サン・ピエトロ大寺院）も建てられた。

これ以後、代々の法王は、第一代法王ペテロの後継者として、天国と地上と地下を支配する象徴としての三重冠と、天国の鍵を組み合わせたものを紋章とし、漁夫の指輪をはめた手で命令をくだし、同じ手で祝福を与えつづけてきた。そして今日でも、法王が教会に入場してくる時、聖歌隊は、

「おまえはペテロ、この岩の上にわたしの教会を……」

と歌う。まるで、法王のテーマ音楽でもあるかのように。

目次

神の代理人

ルネサンス時代のイタリア

最後の十字軍

ピオ二世（ピントゥリッキオ画）

プロローグ

過度の禁欲は、しばしば狂信の温床となる。なぜならば、禁欲生活によって肉体は痩《や》せ衰えるが、想像力はかえって活発になるからである。彼らは、その欲することをことごとく正義と信じ、その信ずることをことごとく神の啓示として現実に見るようになる。そして、神から選ばれた自分こそがそれを実現せねばならないという使命感が、彼らの心を燃えたたせてくるのだ。

十字軍を動かした中世ヨーロッパ人の熱狂に火を点《つ》けたのも、当時のキリスト教会の堕落に対する最も手厳しい告発者であり、その戒律の厳格なことでも知られた、フランスのクリュニー修道院出身の二人の僧であった。

十一世紀もあと数年で終ろうとする年のことである。ローマにいた法王ウルバノ二世の許《もと》を、イェルサレムの巡礼から帰ったばかりだという、ピエールと名乗る一人の修道僧が訪れた。回教徒の支配下にあるイェルサレムの悲運を嘆き、ヨーロッパのキリスト教徒は、聖地奪回のために今こそ立ち上るべきだと説くピエールの熱弁は、たちまち法王をも巻き込んだ。ウルバノ二世は、以前から、先任者グレゴリオ七世の異教徒に対する聖戦思想に共鳴していた。その上、自分はフランス人では最初の法王であるという意識から来る功名欲が、この情熱に輪をかける。この二人のクリュニー修道院出身の僧は、法王と一介の修道僧という立場こそ違え、聖地奪回のための軍派遣に全力をそそぐことで完全に一致した。法王ウルバノ二世は、ピエールを預言者の再来と讃《たた》え、次の宗教会議で彼の計画をとり上げることを約束した。そして、この計画を人々に宣伝するよう、ヨーロッパ各地での布教も許可した。

法王の全面的な支持に力を得たピエールは、早速、イタリアとフランスの各地への宣伝に乗り出した。神の啓示と信じて疑わない彼の口調は烈《はげ》しかった。ただ一枚の粗末な衣服に隠された痩せこけた身体《からだ》を、一頭のろばにゆだね、無帽で裸足《はだし》の彼は、重いキリストの十字架像を捧《ささ》げ持って、町から町へ布教する。そして、王者にも貧民にも同じ確信に満ちた態度で説得する彼には、人々を怖《おそ》れふるえあがらせるだけの迫力があった。

「悔い改めて武器をとれ！」

と叫ぶ彼の声は、聞く人々に感動をおぼえさせずにはおかず、その感動は次第に狂的な波となって、ヨーロッパ中に拡《ひろ》がっていった。こうして地盤はでき上りつつあった。人々が、彼らにとっての最高位者である法王の提案と宣言を、今か今かと待ちかねるほどに。

そして、一〇九五年十一月二十七日、機の熟するのを待っていた法王ウルバノ二世によって、フランスのクレルモンに宗教会議が召集された。ピエールの宣伝工作の見事な成果を示すように、各地から集まった人々で市内はあふれんばかり、高位聖職者の数だけでも四百人を越したと伝えられる。群衆は、市の教会に入りきらず、法王の演説も、野外の広場で行なわれることになった。演説ははじまった。

「神がそれを望んでおられる。これこそ、聖霊の与え給《たも》うた啓示であり、近い将来おまえたちの勝利の叫びとなる言葉だ。キリストの戦士たちの信仰と勇気を鼓舞するためなのだ。キリストの十字架は、おまえたちの救済の象徴であり、おまえたちは、それに神聖なる誓約を行なった証拠として、胸と肩の上に、真紅の血の色の十字章を着けるのだ」

冬の寒気も、この人々には感じられないようであった。熱狂した群衆は、叫びを止《や》めなかった。

「神がそれを望んでおられる！」

「神がそれを望んでおられる！」

出発は、翌年の八月十五日、聖母昇天祭の日と決まった。その日までに、人々はそれぞれの故郷に帰り、なるべく多くの同志を集めるという輝かしい任務も課せられた。

この日からはじまり、ほぼ二百年の間ヨーロッパ中をゆり動かした十字軍への熱狂を、二人のクリュニー修道院出身のフランス人の狂信から生れたということだけでは説明できない。たしかに彼らは、火付け役としての働きはした。だが、火を点けられれば直ちに燃え上るものは、長い中世期を通じて、徐々に蓄積されていたのだ。

善良な人々に、犯した罪の数々をあばきたて、彼らを地獄の恐怖につき落とすのは、キリスト教会の最も得意とするやり方である。地獄への恐怖をかきたてながら、一方では天国へ行ける可能性をちらつかせるのも止めないのだから、ますます効果的というわけだ。

キリスト教会が、中世期を通じて、どのように厳格な戒律で人々をしめつけていったかは、キリスト教徒の風俗習慣が頽廃《たいはい》したからだとする聖職者側の弁明だけでは不十分である。人間の本質は変わらなくても、それが罪だとされれば、その人間は罪を負うことになる。そしてこの告発者は、またも修道院から出た。ましてあらゆる罪とそれをつぐなう方法からなる戒律が、一人の人間の手になったのなら少しは論理的にも作れたろうが、何世紀もの間に多くの人々のこねまわした戒律は、常識では考えられないほどの怪物に変わっていた。

たとえば、私通とか姦淫《かんいん》から神聖冒瀆《ぼうとく》、殺人などの罪は、僧たちによって作られたこの刑法では、四十日から七年の苦行で贖《あがな》われるとなっている。しかし、殺人にまでは至らなくても、ヒステリックに作られたこの教会の戒律では、あらゆることが罪になったから、普通の人でも、その犯した罪を数えていくと、三百年ぐらいの苦行は覚悟しなければならない。一生かけても贖うことは不可能になる。これでは人々は安心して死ぬこともできなくなって、生きているうちから地獄の悪夢にさいなまれつづけることになる。

これではさすがに困るというわけで、教会は代償を認めた。苦行に相当する代償金を教会に納めれば、贖罪《しょくざい》は認められるのである。これには、不動産による代償も可能であった。すなわち教会は、信者の恐怖を利用して、その富と権力の不滅の源泉を確保したことになる。

しかし、金も土地も持たない人々はどうしたらよいのかとなるが、聖職者たちは民法の根本原則も知っていたらしい。

「自らの財布で支払えない者は、その肉体で支払うべきである」

ここに、笞打《むちう》ちの苦行が正当化される。有名な聖ドミニックは、よほどの熟練と忍耐にめぐまれていたとみえて、六日間に三十万回の笞を受けて、一世紀分の罪を済ませてしまうこともできた。こうしてしばらくは、多くの笞刑《ちけい》希望者に不足することはなかった。

しかし、十一世紀になると、ウルバノ二世の先任者である法王たちによって、異教徒に対する聖戦に従軍した者にも、贖罪が認められることになった。クレルモンの宗教会議でも、ウルバノ二世は、十字軍従軍者には、罪障消滅の特赦を宣言した。すなわち、異教徒を殺せば、一切の罪は許されるのである。金や土地で代償を果すにはそれも十分は持たず、かといって自分の身体が笞で打たれるのも苦痛だしというわけで、天国へ行くことに絶望を感じていた善良な人々も、これには異存はなかった。まして、神がそれを望んでおられるのである。聖地を目指して進軍する多くの人々は、その顔はことごとく罪を許される喜びに輝き、その心は異教徒と対決する勇気を感じていたのである。

十字軍を起した要因は他にもいくつもあげることができる。しかし、その中でも、われわれ後世の者にとって最も理解しがたい要因は、以上のことであった。そうでなければ、戦略的にも商業的にも、まったく価値のないパレスティーナ地方の獲得に、彼らがあれほど執着した理由が説明できない。宗教的な熱狂を考えることなしに、またその熱狂がどのようにしてはぐくまれてきたかを考えることなしに、十字軍を理解することはできない。彼らは、前に進軍した人々が身を滅ぼした失敗から少しも教訓を得ることなく、同じ失敗を重ねる。それでいて、自信を失うことも、十字軍遠征に疑問を持つこともない。まるで、悪魔に魅いられた豚の群れのように、先の群れが落ちこんだ崖《がけ》から、次から次へとまっさかさまに飛びこむ。それを、ほとんど二世紀の間、二百万を越えるヨーロッパ人が続けたのだ。東ローマ帝国の一記録は書き残している。「まるでヨーロッパ全体が起《た》ち上って動き出してきたようだ」と。

しかし、ヨーロッパ中を巻きこんだ十字軍の熱狂も第八次十字軍を境に醒《さ》めていくのだが、それよりなおも二百五十年の歳月が過ぎた時代を、後世の人々は、「ルネサンス時代」と呼ぶことになる。

一

ローマ、一四五八年、夏。

その夜、法王宮は深い眠りに落ちていた。コンクラーベ（新法王選出のための会議）に集まった枢機卿《すうきけい》たちのやすむ、十八の天幕が並んでいるこの一郭でも、つい先ほどまでしていた話し声が、今では絶えて聞こえない。広間の片隅に立つ燭台《しょくだい》が、天幕の群れに、淡い光を投げかけているだけである。

この静けさが、それまで書物を読むのに熱中していたロドリーゴ・ボルジア枢機卿に、あらためて夜の更《ふ》けたのを思い出させた。彼は、灯を消そうと立ち上った。そのとき彼は、自分の天幕のそばを通り過ぎていく、ひそやかな衣《きぬ》ずれの音を聞いた。急いで幕の間から外をうかがったロドリーゴは、足早に遠ざかっていく一つの黒い影を見た。影は、その特徴的な歩き方から、アヴィニョンの枢機卿であることは明らかだった。そしてその影が入っていった天幕が、ルーアンの枢機卿のものであることも、ロドリーゴは知っていた。

「フランス派は、まだ作戦会議を終えないとみえる」

灯を消して、寝床に横になったロドリーゴの口から、声にならないつぶやきがもれた。暗闇《くらやみ》の中に眼を大きく見開いたまま、彼は、今度の法王選挙について、今はじめて自分が、真剣に考えはじめているのに気がついた。

前の法王カリスト三世が死去したのは、二週間前の八月六日である。その後の次期法王選出をめぐる策謀の渦の中から、ロドリーゴ一人が離れているように見えたのも無理はない。伯父であり、最大の保護者であったカリスト法王の死は、二十七歳になったばかりのロドリーゴ・ボルジア枢機卿にとっては、大きな打撃であったからである。彼が、当時まだ学生生活を楽しんでいたボローニャからローマへ招《よ》ばれ、伯父によって枢機卿に任命されたのは、わずか二年前のことでしかない。その後に続いた副官房《ヴィーチェ・カンチェリエレ》職の任命は、ロドリーゴを、枢機卿中第一の、すなわちローマ教会では法王に次ぐ地位に昇らせはしたが、枢機卿の中でも最年少の彼には、その地位を持つ者にふさわしい実力がまだ十分ではなかった。コンクラーベの席上でも、彼はほとんど発言しなかった。それに、前法王派は、コンクラーベの主導権を持つことはまれだった。普通、新法王の選挙とは、前法王の反対派が、新法王を自派から出そうと策すことによって、勢力の巻き返しを狙《ねら》う場であったからである。

だが、十六日からはじまったコンクラーベの形勢は、ロドリーゴの無関心をよそに、予測を許さない白熱戦の様相を呈していた。すでに四回の投票を終っているというのに、ただ一人の枢機卿も、法王選出に必要な三分の二の票数である十二票を獲得できた者はいなかった。最高得票者でも、五票を越えた者はいない。十八人の枢機卿は、新法王決定までは外部との交流はいっさい許さない、というコンクラーベの慣例によって、会議場に使われる広間と、寝たり食事をしたりするための天幕の並ぶ広間からなる、法王宮内のこの一郭に隔離され、それはすでに三日に及んでいたのである。

しかし、形勢混沌《こんとん》としているコンクラーベにも、他の候補者たちよりは幾分か有利と思われる枢機卿がいる。このときは、ルーアンの枢機卿ギョーム・デストゥットゥヴィルとシエナの枢機卿エネア・シルヴィオ・ピッコローミニの二人であった。これまでの投票でも、回を重ねるごとにこの二人に票が集まりだしていたので、いずれは二人のうちのどちらかが新法王に選出されるとはすでに予想できた。ルーアンの枢機卿を推すフランス派も、シエナの枢機卿を推すイタリア派も、まだ旗幟《きし》を決めない枢機卿たちを一人でも多く自派に引き入れようと躍起だった。ロドリーゴの耳元にも、秘密めかしてささやく声が多かった。

「ルーアンの枢機卿はフランス王家の出身だ。彼が法王になれば、フランス王の強力な助力が保証されるから、法王庁は仕事がしやすくなるにちがいない。教会の権威も上がるというものだ」

「もしシエナの枢機卿が法王にでも選ばれれば、ローマ教会を異教徒の手に売り渡すようなものだ。あの詩人、哲学者、歴史家を自称する男は、その仲間で聖ペテロの殿堂をいっぱいにするにちがいない」

「シエナの枢機卿は、たった二十ヵ月前に枢機卿になったばかり。その前歴がドイツ皇帝の宰相であったことも忘れるわけにはいくまい。あのドイツ好きのことだ。法王庁をドイツに移さないと、誰が断言できよう」

「あの田舎貴族出の貧乏人を法王にするなど狂気の沙汰《さた》だ。その上、シエナの枢機卿は痛風病みの身体《からだ》、われわれを病人の看護人にするつもりですかね」

スペイン人であるロドリーゴは、アヴィニョンの枢機卿を選挙参謀とする、フランス派の宣伝にばかり耳をかたむけていたわけではない。ヴェネツィアの枢機卿が先頭に立って運動しているイタリア派も、黙ってはいなかったからである。ただし、イタリア派のフランス派に対する非難は、ただ一点に集中された。

「〝アヴィニョン捕囚〟を忘れるな」

がそれである。法王がフランス王の支配下に置かれたあの屈辱の時代からは、百年とは過ぎていなかった。だから、フランス人以外の教会関係者には、まだ十分に生々しい記憶として残っている。しかもこの頃のフランス王は、ことごとに思わせぶりな教会離反の言動を取ってはばからない。ここでフランス人を法王に選べば、教会に対

するフランス王の圧力が急速に増すのは明白だと、イタリア派は強調した。彼らはさらに続けて、

「三代前のエウジェニオ法王時代に、キリスト教界をゆるがせたバーゼル公会議紛争を収拾したのは、いったい誰だと思う。若かったエネア・シルヴィオは、当初は反法王派の先鋒《せんぽう》だった。しかし、ほどなくその誤りを悟った彼は、かつての仲間たちの声高い非難にもめげず、ドイツ皇帝の側近という地位にありながら、堂々と法王の前に出て、自らの犯した罪の許しを乞《こ》うた。そして、キリスト者の徳によって彼を許したエウジェニオ四世のために、法王派とバーゼル公会議派の和解に努めたのだ。彼が、まずは副助祭として聖職界に入ったのも、この時からである。キリスト教界のために、私心を捨てて尽くそうとする彼を置いて、他に誰が聖ペテロの玉座に登れるというのか」

「シエナの枢機卿エネア・シルヴィオは、たしかに枢機卿の中では誰よりも貧乏かもしれない。また枢機卿の経験もわずか二十ヵ月だ。しかし、ドイツ皇帝宰相の職にあった時期に、彼は、ヨーロッパのほとんどすべての君主との外交交渉の経験を重ね、その後の司教時代にも、ローマ教会の外交官として、その政治的才能はすでに周知の事実。その上、私利私欲に走らない清廉《せいれん》潔白な人柄でも知られている」

「エネア・シルヴィオは、立派な人文主義者だ。彼の古典に対する教養、多くの著書に見られる彼のラテン語の文章の美しさ、歴史、地理全般にわたる知識の豊かさは、彼を当代一流の知識人と呼ぶにふさわしい。彼ほどの教養を、他のどの枢機卿に求め得るだろうか」

十八票を互いに争う二派の間で、ロドリーゴの票はフランス派に数えられていた。カリスト三世が、その在世中フランス王と親しい関係にあったので、甥《おい》のロドリーゴも、当然フランス派と目されていたのである。事実、彼自身も、今までの三日間の選挙では、ルーアンの枢機卿に自分の一票を投じていた。しかし明朝、五回目の法王選挙に臨むに際して、ロドリーゴは、それまでの三日間とはまったく違ったことを考えはじめていた。

西欧キリスト教世界はどこへ行くのであろうか。内と外からの危機に直面しなければならない今のローマ教会は、何によってそれを切り抜けていくつもりなのか。教会内部の問題としては二つある。一つは、それぞれの国力を増強してきたヨーロッパ諸国が、世俗権力を支配下に置こうとするだけでなく、聖職界に対してもその支配欲を拡《ひろ》げようと動き出したことである。この面では、フランス王を他のだれよりも警戒しなければならない。なぜならば、いまだに王は、ナポリ王国に対する主権を主張することによって、教会領も含めたイタリアに対する領土的野心をあからさまにしていたからだった。神聖ローマ皇帝を持つドイツも安心できない。皇帝の力は一時よりは弱くなっているにしても、問題は、それによってかえって力を持ちはじめたドイツの諸侯たちであった。他の一つは、ここしばらく各地に目立ってきた隠者、修道僧の言動である。彼らは、教会は堕落していると非難しては民衆の同情と支持を受け、教会から正式に認められたのでもないのに、その周囲の民衆からは聖者とあがめられる。まだ彼らの勢力は微々たるものだが、これが、教会を支配しようと策す君主と結びついたときはどうなるか、そのときはキリスト教世界の分裂のときだ、とロドリーゴは思った。

しかし、この内部的問題よりも切迫した危機感をもたらしていたのは、回教国トルコの与える脅威であった。第二のローマといわれてきた、ビザンチン帝国の首都コンスタンティノープルが、トルコのスルタン、マホメッド二世によって陥落したのは、まだ記憶も生々しい五年前のことである。その後もトルコ勢は、ギリシアへの進攻を止《や》めなかった。すでに、ペロポネソス半島は陥落寸前と見られ、今年に入って、アテネ、コリントも落ちたという報《しら》せが、西欧キリスト教世界を脅《おびや》かした。ヨーロッパの諸国は、この強大な異教徒の出現を、恐怖の眼で見守った。では、どうやってこれに対するか。

十字軍。しかし、この方法を取ろうにも、「神がそれを望んでおられる」の一言で全ヨーロッパが立ち上った十一世紀とは、すべてが違っている。あのときの宗教的熱狂は、十五世紀のキリスト教徒には望むべくもない。時代が変わっているのだ。

ここまで考えを追ってきたロドリーゴは、ふと、二年前に交したシエナの枢機卿との会話を思い出した。その頃、枢機卿になったばかりのロドリーゴは、伯父カリスト法王の紹介で、シエナの枢機卿エネア・シルヴィオと知り合い、親しく交際するようになった。若い甥のいわば指南役として、法王は、エネア・シルヴィオの学識と政治経験に信頼を置いていたからである。彼を枢機卿に引きあげたのも、カリスト三世だった。二十五歳のロドリーゴは、自分より倍も年長のエネア・シルヴィオを、現状への鋭い洞察を兼ねそなえた、一人の優れた知識人として尊敬した。エネアの方も、頭の良いこの若者を愛し、同等の立場で話し合うのを好んだ。あるとき、エネア・シルヴィオはこう言った。

「キリスト教世界は、頭部のない身体のようなものだ。法律も長官もない共和国と同じだ。法王や皇帝は、尊大な称号として、または輝く肖像としては敬意を払われているかもしれない。だが、彼らは、命令する能力もなく、また誰も、これに服従する気持を持たない。各国は、それぞれの君主をもち、各君主は、自分たちの利益だけを追求する。どのような雄弁が、このように不統一な多くの国々を、一つの軍旗の下に統合できようか。もしかりに、彼らが同一の陣営に集まったとしても、誰が、あえてその総帥《そうすい》の任にあたるだろうか。どのような秩序が維持できようか。また、どのような軍律が彼らを統合できようか。そのような大軍を、誰がささえ養うことができよう。彼らの種々さまざまな言語を誰が理解し、またさらに、いっそう異なる彼らの風俗習慣を、誰が統率できるのか。イギリス人とフランス人とを、ジェノヴァとアラゴンとを、ドイツ人とハンガリーおよびボヘミアの人民とを、誰が融和できるというのか。もし少数の人間しかこの聖戦に従軍しないならば、彼らは必ず、イスラム教徒に滅ぼされるにきまっているし、反対に多数の人間が従軍したとしても、彼ら自身の重量と混乱とによって、同じく滅ぼされるにちがいないのだ」

二年後の今も、エネア・シルヴィオのこの言葉を、ロドリーゴは心からの共感をもって思い出すことができた。キリスト教世界に迫る内外の重要な問題も、このシエナの枢機卿エネア・シルヴィオ・ピッコローミニならば打開の道を見出《みいだ》せるかもしれない。豊かな経験と才能に恵まれた知識人の彼こそ、この危機に直面したローマ教会の首長の座に登るにふさわしい人物ではないか。ロドリーゴの気持は、大きく変わろうとしていた。しかし、彼は、ルーアンの枢機卿が、伯父を失った彼の後ろだてになろうと約束してくれていることも、忘れるわけにはいかなかった。法王カリスト三世によって運を開いたボルジア家を守り立てていかねばならないロドリーゴとしては、ルーアンの枢機卿とシエナの枢機卿のどちらが法王に選ばれようとも、新法王に反感を持たれることだけは避けたかった。彼は、明朝の投票には、白票を投ずとだけ決めた。その投票結果を見たうえで、最終的な態度を決めるつもりだった。そしてロドリーゴは、若者らしく、すぐに深い眠りに落ちていった。

暑さは、朝のうちから厳しかった。ヴァティカンの背後につらなるモンテ・マリオの丘に、いつもは散らばって草を食《は》む羊の群れも、その日ばかりは樹陰に集まり動かない灰色の斑点《はんてん》のように固まっているのが、ここ法王宮の回廊からも見ることができた。すべては時の歩みを止めてしまったような真夏のローマで、法王宮内のこの一郭だけが動いているようだった。緋色《ひいろ》の枢機卿衣に身仕度をととのえ、あちこちに二、三人ずつ集まっては何ごとかをささやきあう枢機卿たち。その間を、黒い僧服をつけた下級僧たちが、食卓をかたづけたり、次の間の会議場の準備にあわただしく行き交う。

会議の開始が告げられた。緋の衣の群れは、いっせいに会議場の入口に向った。

扉を入ろうとしたところで、ロドリーゴは、同じく入ろうとしたシエナの枢機卿と一緒になった。痩《や》せて背の低い、いくぶん足をひきずるようにしているこの枢機卿は、背のひときわ高いロドリーゴを見上げるようにして言った。

「古代ローマ史の勉強は続けていますか」

「はい。ここにも書物を持ってきています」

エネア・シルヴィオは、キリスト教界の重大事を決定する場に、そんな異教的な書物を持ちこんでいるこの若者の勉学意欲を、賞《ほ》めてよいのかそれとも注意すべきかと一瞬迷ったようだったが、すぐに彼の顔には、好意に満ちた微笑が浮んだ。二人の会話はそれだけだった。

ロドリーゴは、この年長者を先に入らせようとして身をひいた。自席に向って歩いていくエネア・シルヴィオ枢機卿の、貧相としかいいようのない小さな丸い背を見ながら、扉のわきに立ちどまっていたロドリーゴの肩に、そのとき、誰かの手が置かれた。ふりかえってみると、そこに、ルーアンの枢機卿がいた。背もロドリーゴと同じくらい高く、堂々とした体軀《たいく》に自信満々な王者の威風をただよわせながら、このフランス人は、ロドリーゴの顔にじっと眼をあて、もう一度、肩に置いた手に力をこめて微笑しただけだった。軽く頭を下げ、身をひいたロドリーゴの前を、ルーアンの枢機卿は、僧衣のすそをひるがえして入っていった。

正面の祭壇の前に置かれた議長席を中心に、各枢機卿の席は左右に向いあって並ぶ。右から年齢の順に右左と坐っていくので、最年長のルーアンの枢機卿と、三番目に年長のシエナの枢機卿の席は偶然にも隣りあうことになる。最年少のロドリーゴの席は、左の列の末席にあり、そこからは左前方に、並んでいる二人の枢機卿を眺めることができた。

議長席についたドメニキ枢機卿が、居並ぶ枢機卿に向って開会を告げた。

「すべての人の心を知っておられる主よ、聖なる使徒の座を受ける者に、この人々のうち誰を選ばれるかを示し給《たま》え」

聖書の使徒行伝第一章からとったこの祈りは、枢機卿全員のアーメンの唱和によって閉じられた。早速、第五回目の投票がはじまる。枢機卿はひとりずつ、意中の人の名を書いた用紙をもって正面に進み、祭壇に向ってぬかずいた後、それを箱の中に入れる。全員の投票が終ると、係の僧が箱をあけ、机の上に積み上げられた投票用紙を集計する。キリスト教界の最高首長を決めるコンクラーベは、紙のふれあう音だけがきこえる張りつめた雰囲気の中で進んだ。集計は終った。それを読みあげる議長の声が、沈黙を破った。

「シエナの枢機卿九票。ルーアンの枢機卿六票。白紙三票」

重苦しい沈黙があたりを圧した。五対五で保たれてきた均衡が、ついに破れたのだ。枢機卿たちは、それぞれの席に凍りついたように動かなかった。どの顔も蒼白《そうはく》に変わり、一言も口をきかなかった。ただ彼らの眼だけは、互いの顔色を読もうとするかのように、落ちつきなくあちこちに動いた。

このとき、立ち上った者がいた。末席に坐《すわ》っていたロドリーゴ・ボルジア枢機卿である。重苦しい空気を切り裂くように彼の声がひびいた。

「シエナの枢機卿に、私の一票を投じます」

ロドリーゴのこの言葉は、ルーアンの枢機卿の胸を突き刺した。立っているロドリーゴの眼の中に、真赤になり、眼だけ大きく見開いたルーアンの枢機卿の顔が飛びこんできた。しかし彼は、今度は自分自身にいいきかせるように、もう一度言った。

「私は、エネア・シルヴィオ枢機卿に投票します」

突然、会議場は騒然となった。十対六、あと二票で決定する。枢機卿たちは口々に、言葉にならない叫びやうめき声をあげた。その中で、アヴィニョンの枢機卿の声がひときわ高くひびいた。

「議長、休会動議を提出したい」

フランス派のアヴィニョンの枢機卿としては、劣勢が明白となったこの事態を切り抜けるには、ひとまず休会して、作戦をやり直すための時間をかせぎたいと思ったのである。しかし、議長ドメニキはそれをしりぞけた。

「コンクラーベでは、一日に二回の投票をすると決められています。だから今日中に、もう一回の投票はしなければならない」

これで事が決まったも同然だった。舟に乗り遅れまいとする者は、いつの世にもいる。ほとんど同時に、二人の枢機卿が叫んだ。

「私もまた、シエナの枢機卿に……」

十二票である。

張りつめていた空気は一転した。エネア・シルヴィオの席の前に、枢機卿たちが走り寄り、口々に祝いの言葉をのべはじめた。席を立ってそれにいちいち答えている新法王の痩せた頬の上を、喜びの涙がとめどなく流れ落ちていた。それまで隣席にいたルーアンの枢機卿も、自分に勝った相手に祝いをのべるため、エネア・シルヴィオの前にひざまずいた。新法王は、そのルーアンの枢機卿に手を与えて立ち上らせた。二人は、互いに抱擁しあった。一人は涙を流しながら、他の一人は青白く顔をひきつらせたまま。

しかし、新法王は、祝いをのべるかつての仲間たちの間に、いつまでも留まっているわけにはいかなかった。あらかじめ用意されていた法王衣を着けねばならない。すでに、係の僧たちも待っていた。

まもなく純白の法王衣に包まれた前シエナの枢機卿エネア・シルヴィオ・ピッコローミニが、枢機卿たちの前に再び姿を現わした。議長ドメニキは、新法王がその名として、ピオ（ラテン語ではピウス）二世を選んだことを告げた。白いベレー、白い衣で立つピオ二世の前に、緋色のベレーと衣の枢機卿たちがひざまずいた。彼らを代表して、ギリシア人のベッサリオン枢機卿が祝辞をのべた。それに答えようとした新法王の眼から、あらたな感激の涙がほとばしりでた。

「主の御心《みこころ》によって、私は聖なる使徒の座を継ぐことになった。この困難な時代に、法王という大きな職を主の御心に従ってやりとげねばならないかと思うと、その責任の重さに打ちひしがれる思いがする。心貧しい私を、どうぞ皆で助けてほしい……」

枢機卿たちの後ろに自分もひざまずきながら、ロドリーゴは、涙を流して話し続ける新法王の姿を、晴々とした気持で眺めていた。いつかこんな話をした、エネア・シルヴィオを思い出しながら。

「貴族とはいっても、ミラノ公国の勤人をしなければ生活ができなかった父を持つ、私の青年時代は貧しかった。シエナの大学生であった頃も、必要な書物が買えず、友人から借りて、毎夜写したものだ。あるときなどは、つい眠りこんでしまったとみえて、気がついたときは、服の袖《そで》にろうそくの火がついて、あわてたことがあった。大急ぎで書物だけ持って逃げだしたのだが、袖が燃えているのに気づいて、まず書物を安全なところに置いて、その後でようやく袖の火を消すことができたというわけだ」

今、新法王となり、キリスト教界の玉座に登ったこのエネア・シルヴィオを、ロドリーゴは、フランチェスコ・スフォルツァのようだと思った。一介の傭兵《ようへい》隊長から身を起して、今は、イタリア四大強国の一つミラノ公国の当主となっている公爵《こうしゃく》フランチェスコ・スフォルツァとどこかで似ていると思った。スフォルツァは、剣をもって公国を得た。そしてエネア・シルヴィオは、彼の頭脳だけを武器として、キリスト教界の最高位を獲得したのである。

自分の腕だけを頼りに、各地を流れ歩きながら幸運をつかもうとする傭兵隊長が輩出した当時のイタリアでは、同じく自らの頭脳を売ろうとする人々がいたのだ。彼らは、あちこちの宮廷や金持の保護を受け、文学、哲学など、あらゆる方面でめざましい活動をしていた。彼らは、「人文主義者《ウマニスタ》」と呼ばれた。スフォルツァが、「冒険者の群」と呼ばれた傭兵隊長の中での出世頭であるのに似て、エネア・シルヴィオは、「人文主義者」の中での一番の成功者といえよう。

こんな思いにふけっていたロドリーゴは、新法王の次の言葉でわれに返った。

「……エネア・シルヴィオの私はもう忘れてほしい。その代わりに、ピオ二世としての私を受け入れてもらいたいのだ」

ロドリーゴの胸中に黒い不安が頭をもたげてきたのはこのときである。エネア・シルヴィオ、あの経験豊かな、人間の本性に対する鋭く深い洞察を持った知識人を忘れろという。では、エネア・シルヴィオを捨てた後は、ピオ二世としていったい何になるつもりなのか。

しかし、ロドリーゴのこんな不安をよそに、ピオ二世と枢機卿たちは、すでに広間から出て行こうとしていた。彼らの行く手に、コンクラーベの期間、外部との間に閉じられていた扉が、法王庁役人たちの歓声の中に開かれた。彼らはそこを通り過ぎ、

ピオ二世と二人の枢機卿

サン・ピエトロ広場の方角へと遠ざかって行った。広場には、新法王からの最初の祝福を受けようと集まった、ローマの民衆がひしめいているはずだった。

しばらくして、潮の寄せるような歓声が、奥まった法王宮の中に立ちつくしたままのロドリーゴの許《もと》へも聞えてきた。枢機卿たちを従えた新法王ピオ二世が、バルコニーに立って、民衆の歓呼に答えているのだった。

「シエナ！　シエナ！」

「ヴィーヴァ、シエナ！」

歓声は、いつまでも止《や》まなかった。

一四五八年八月十九日、ピオ二世に

とって、五十三歳で迎えた輝かしい一日であった。

二

ピオ二世の法王即位は、全キリスト教世界から、大きな期待と歓呼をもって迎えられた。コンクラーべで敗れたフランスは冷淡だったが、ドイツの神聖ローマ帝国皇帝フリードリッヒ三世は、このかつての自分の宰相の栄進を、心から祝う手紙を寄せたし、イタリア人も、詩人、歴史家そして熟練した外交官として高名であるうえに、多数の著書を通じてその批判的精神を知られた、この卓越した知識人法王を歓迎した。それは、スペイン出身であった前法王カリスト三世の後に、再び同国人の法王を持つことができたという喜びとともに、ほとんど熱狂的な波となってイタリア全国に拡《ひろ》がっていった。そして、大きな期待を寄せて新法王の治世のはじまりを見守った彼らは、それが裏切られるどころか、予想以上に早く実現されていくのに驚きさえ感じていた。

ピオ二世は、もはや通例となっている法王即位直後の新枢機卿任命をしなかったのである。どの法王も、厳しい競争を経て法王に当選していたので、コンクラーべの時の反対派が、自分が当選して即位した後とはいえ、自分に協力してくれるだろうとは期待できなかった。だから彼らは、即位直後にいく人かの新枢機卿を任命し、それによって、自派の勢力を拡大し、法王としての仕事をする地盤を確立しようとしたのである。だが、ピオ二世はそれをやらなかった。彼はただ、私を助けてほしいと、枢機卿たちに協力を要請しただけだった。彼の当選のきっかけを作ったロドリーゴ枢機卿にも、反対派であったルーアンの枢機卿に対しても、ピオ二世の態度は変わらなかった。二人にはそれぞれ、重要な職務を担当させた。

しかし、何よりも人々を驚かせたのは、ピオ二世の清貧ぶりである。新法王は、法王庁の日常経費を、大幅に減らしてしまった。一日の食費は、七ドゥカートと決められた。二百五十人の世帯である。人々は、法王庁を、「ローマの修道院」と呼びはじめた。

民衆の賞《ほ》め讃《たた》える中で、少しでも失望したのは、人文主義者たちであったかもしれない。彼らは、自分たちの仲間と思っていたピオ二世の即位によって、文芸保護の風潮が拡まり、かつて、コンスタンティヌス大帝の寄進書が、ローマ教会が作らせた偽《にせ》物《もの》だと立証したヴァッラを保護した法王ニコロ五世の時代と同じように、自分たちの黄金時代が来ると期待していたのである。だが、新法王は、彼らの援助の願いを冷たくしりぞけた。それどころか、

「哲学的思想は、キリスト教理に照らして修正さるべきである。また哲学的批判や疑問は、教会の権威の前に沈黙せねばならぬ」

と言ったりした。

これは、合理主義者を失望させはしたが、法王の堕落を非難し、教会の改革を求めていた信仰深い人々を満足させた。さらに彼らは、ピオ二世が、十四世紀の熱狂的な宗教人として知られるシエナのカテリーナと、二十七年前に火刑に処せられたジャンヌ・ダルクを、ひどく敬愛していることを知って狂喜した。この二人の女は、教会からは認められていなかったが、民衆の間では聖女と呼ばれ、広く信仰を受けていたのである。

連日五時間足らずの睡眠しかとらないピオ二世の毎日は、政務にあけくれた。長年の持病である痛風と胆石に悩まされているうえに、時折襲ってくる咳《せき》の発作に苦しみながら仕事をする新法王の姿を、人々は痛ましい思いで見守るのだった。

法王即位から二ヵ月近くが過ぎた十月十日、ピオは、第一回の枢機卿会議を召集した。その席上彼が話し出したことは、並みいる枢機卿たちの顔色を変えさせるに十分だった。

「キリスト教世界は現在、コンスタンティヌス大帝がキリスト教を公認して以来の最大の危機に瀕《ひん》している。第一に、異教徒トルコの襲来に対処を迫られ、第二に、キリスト教世界の君主たちの中に教会から離反する動きがあること、最後に、教会の改革をとなえる人々が日々に増しつつあることである。私は、これら教会の直面している難問を一挙に解決できる方法として、十字軍を起す決心をした。

まず、こちらから軍勢をひきいてトルコ帝国の首都イスタンブルへ乗り込むことによって第一の難問を解決する。また、キリスト教世界の君主たちをこの聖戦に参加させることによって、彼らを法王の下に再統合し、かつての十字軍時代のように、彼らに対する教会の権威を復活する。そして、全キリスト教徒の精神的物質的安全を確立するこの聖戦に、すべてを捧《ささ》げようとしているローマ法王庁の熱意を示すことによって、教会改革論者たちの非難にも答えることができよう」

ピオ二世は、さらに続けた。

「この聖戦に、君主たちが参加するよう説得するのは、法王である私の役目である。そのための会議は、マントヴァで開催したい。アルプスを越えて集まってくる君主たちを、ローマで待たず、道半ばのマントヴァまで、病人の私がわざわざ出向いていくのだ。彼らとて、私の熱意を感じてくれるであろう」

この計画にまず賛成したのは、ベッサリオン枢機卿である。次いで、二人の枢機卿も同意を示したが、他の十四人は黙ったままだった。ロドリーゴ・ボルジア枢機卿も沈黙していた一人だったが、彼も、他の枢機卿たちも、ピオ二世が枢機卿時代、しばしば十字軍計画を口にしていたことを、まったく知らなかったわけではない。ただ、彼らは、現状洞察に長じていることでも知られていたかつてのピオ二世が、そのようなことを本気で考えていたとは想像もしていなかったのである。高位聖職者の中には、その立場上、十字軍遠征を唱える者は多かった。だが彼らとて、それを現実に移すことのむずかしさを、十分に知っていた。

翌日、キリスト教世界の全君主に対して、マントヴァ会議への招致を記した、法王の公式文書が発せられた。ピオ二世のローマ出発日は、翌一四五九年の一月と決められた。同行する六人の枢機卿の中には、法王の希望で、ルーアンの枢機卿とロドリーゴも加えられていた。

一月二十二日にローマを後にしたピオ二世の一行は、病身の法王への心づかいと、国事をよそにアルプスを越えて遠路をマントヴァまで来る君主たちに十分な時間を与えるために、ゆっくりと北へ向った。その旅の間も、ピオ二世は、マントヴァでの会議を成功させる努力を惜しまなかった。スポレートに滞在中も、彼がかつてドイツ皇帝の宰相をしていた頃から親しかった諸侯に手紙を書き、マントヴァ会議への出席を説いた。ザクセン、ティロルの両公。ブランデンブルグ侯、ヴュルツブルグ、バンベルグ、ストラスブルグ、バーゼル、コンスタンツの各都市の代表へと。

二月。アッシジ、ペルージアと大歓迎を受けながら旅を続ける法王の一行は、全住民の歓呼の中を、ピオ二世の生地コルシニャーノの町に入った。少年時代にこの小さな町を出て以来、ピオ二世が故郷に帰ったのははじめてのことだった。幼い頃の思い出の町に、キリスト教界の最高首長として帰る、この思いが、ピオ二世を甘く涙ぐませた。両親はすでに他界し、彼の一族を知る人もほとんどいなかったが、少年のピオ二世に、はじめて文字を教えた老人が残っていた。すべてが、甘美な過去の思い出だった。かたわらのロドリーゴに、法王ピオ二世は、町の教会の戸口を示しながら言った。

「あそこで、百姓の子供たちといっしょによく法王ごっこをしたものだ。たいていは私が法王になり、皆の前で祝福のまねをしたが、そのたびに司祭に追い払われた」

故郷の暖かい歓迎にむくいようと、法王はこの町を司教区に指定し、教会の大改築をはじめとする町全体の建造を命じた。町の住民も、町の名をコルシニャーノからピエンツァ（ピオの町）とあらため、彼の好意を記念することにした。

シエナに入城したのは二月の末である。このシエナ共和国の首都は、自国出身の法王を迎えて、全市が歓迎にわきかえっていた。ピオは、この町で大学生時代をすごしたのだ。その貧しくとも若々しい頃の思い出が、彼の病苦を一時忘れさせたほどだった。しかし、時には彼を苦笑させることもあった。ある日、一人の老女が、法王に会いに来た。アンジェラと名乗られても、しばらくはそれは誰だかピオにはわからなかったが、とうとうかつて彼が恋をした人妻だと気づいた。彼の処女作でもある、二十三歳の時に書いた恋物語『シンシア』は、このアンジェラがモデルだったのである。このときから三十年後の今、なつかしげに話す老女を前にして、法王ピオ二世は、困り果てたような顔をして言った。「一緒に神に祈りましょう。神が、われわれの若き日のあやまちを忘れて下さるように」

しかし法王は、すぐさま現実にもどらねばならなかった。シエナには、カスティーリア、アラゴン、ポルトガル、ハンガリー、ボヘミアの王たち、ブルゴーニュ、オーストリア、ブランデンブルグの諸侯の使節が次々と到着したが、それらは皆、君主たちの法王へのあいさつをのべに来ただけで、その中の一人も、君侯自らのマントヴァ会議出席を確答してきた者はいなかった。といって欠席を告げに来たのでもない。法王は、六月一日に予定した会議開催日までの彼らの到着を期待しながら、旅を続けるよりしかたがなかった。

シエナを発《た》った法王とその一行が、フィレンツェ共和国領内に入ろうとするところで、彼らは、ミラノ公爵《こうしゃく》の名代として来た、公爵の第一子ガレアッツォ・マリーア・スフォルツァに迎えられた。美々しい騎士団を従えた十六歳のこの貴公子の出迎えは、暗くなりがちだったピオ二世の心をひきたてるのに役立った。

四月二十五日、フィレンツェの街に入った法王の一行は、連日連夜、競馬や舞踏会によって飾りたてられた歓迎を受けた。そのうちのとくに豪華なものは、コシモ・デ・メディチが金を出したものだった。ピオ二世は、この華やかな歓迎に苦い顔をしていたが、その真因は他にあった。フィレンツェ共和国の事実上の支配者であるメディチ家の当主コシモは、法王歓迎行事は派手にやらせておきながらも、自身は病気と称して、ついに一度も法王の前に姿を見せなかったのである。

ピオ二世が、その病身を輿《こし》に頼ってアペニン山脈を越え、ボローニャ、フェラーラを経てマントヴァに到着したのは、ローマを発ってからすでに四ヵ月が過ぎた五月二十七日になっていた。

城門の前では、出迎えたマントヴァ侯から市の鍵《かぎ》を捧げられ、花を敷いた道を行く間、両側に並んだ民衆から歓呼と花の雨が降りそそいだ。しかしピオ二世は、ここマントヴァに、一人の君主も一人の全権大使も見出《みいだ》さなかった。

侯爵宮殿に迎えられた法王の顔は、死人のように白く変わっていた。あまりの怒りの激しさに、一言も口をきけないまま、彼は、数日前にマントヴァに着いたというドイツ皇帝の使節を引見した。しかし、使節の顔を見たとたんに、法王は、なおいっそうの怒りで硬直した。自身の長年の皇帝宰相の経験から、ドイツ政府ではその使節が、いかに軽輩に属するかを、誰よりも彼がよく知っていたのである。その上、使節の持参した皇帝の手紙は、国事多忙の折、マントヴァ会議には出席できそうもない、というものだった。

「今に至って!」ピオ二世の心はにえくり返るようだった。早速、再度の召集状が全君主に対して発せられた。

「あらゆることをさし置いても出席されたし。もし、何としても不都合な折は、少なくとも交渉の主権を持つ、全権大使を派遣するよう」

また、ドイツ皇帝の使節をはじめとして、シエナから法王に随行してきた各国の使節たち全員を、法王は、それぞれの当主の許《もと》に送り返してしまった。そして、あらかじめ決められていた期日の六月一日、ピオ二世は、マントヴァ会議の開会を宣言し、ミサを主催して、会議での決定を実行することを神に誓ったのである。出席した君主は、開催地マントヴァの当主ルドヴィーコ・ゴンザーガ侯爵ただ一人であった。

二ヵ月が過ぎた。まだ一人の君主、全権大使の影もない。だが、ピオ二世は、真夏のマントヴァを動こうとはしなかった。「これで疲れてはならぬ。私は高き理想に満ちているのだ。ただ、他に頼らずにそれをやれる力がないだけなのだ」

そのピオ二世を、枢機卿たちは冷たく眺めていた。法王が、自らペンを執った親書とともに、フランス王への説得を依頼したルーアンの枢機卿は、法王の親書だけは王に送りはしたが、裏では公然と言ってはばからなかった。「幼稚な計画でまるで話にならぬ。一人だけでトルコ軍に立ち向うつもりかね」

枢機卿の中で、積極的にピオ二世を支援していたのはベッサリオン一人である。しかし、法王の命を受けて、マントヴァとヴェネツィア、ハンガリー、ボヘミアの間の往復に忙しい彼を、人々はこう噂《うわさ》した。

「あれはギリシアからの亡命者だから熱心なのだ。十字軍がコンスタンティノープルを取りもどして得をするのは彼だからさ」
七月二十八日、ピオ二世は、全君主に対して三度目の召集令を発した。その文書の末尾には、この法王の命に従わない場合は破門の処置を覚悟されたし、と記されてあった。だが、変化はなかった。大国の君主たちは、それぞれの思惑に閉じこもったまま、動こうとはしなかったのである。

ドイツ――法王ピオ二世が、誰よりも自分の考えに賛同してくれると期待していたのが、神聖ローマ皇帝フリードリッヒ三世である。皇帝は、宰相時代のピオ二世を重んじ、彼の助けによって帝国を維持できたことをつねに感謝していた。皇帝とポルトガル王女の結婚を実現させたのも、宰相であった彼の功績による。ピオ二世の方も、『皇帝フリードリッヒ三世伝』を書いたほどであり、皇帝とピオ二世の間は親密だった。

しかし、法王となったピオ二世が、キリスト教世界の世俗最高位にある者として皇帝こそ率先して聖戦に参加すべきである、と書き送った親書には、フリードリッヒ三世は国事多忙の一言を答え続けるだけだった。皇帝の真意は他にあったのだ。ハンガリーに野心をいだいていた皇帝は、法王が、ハンガリーの王としてマッティオ・コルヴィーノを認めたことを不満に思ったのである。不満に思っただけでなく、ハンガリー王に対して宣戦を布告した。マントヴァでこの報《しら》せを受けた法王は、怒りの言葉をおさえられなかった。

「何と恥ずかしいことを。トルコ軍の侵入の前に、一人真剣に立ち向っているハンガリーを背後から攻めるとは。シャルルマーニュの後継者のやることか」

法王は、フリードリッヒ三世に、皇帝としての責務に目覚めさせようと、自らが聖別した剣と帽子を送りつけたが、効果はなかった。皇帝は、あいかわらず権威のない軽輩の使節を送っては、法王の決意を変えさせようとするだけで、秋が近くなっても全権大使さえも派遣しなかった。

フランス——キリスト教世界第二の実力者フランス王シャルル七世は、理由をつくっては逃げようとするドイツ皇帝よりはよほど率直だったが、マントヴァ会議の参加に次の条件をつけてきた。すでにピオ二世が認めた、ナポリ王国に対する現王のフェランテの王権を白紙にもどし、代わりにフランス王家の一員でもあるアンジュー家の王権を認めるならば、というのである。だが法王は、民心は、スペイン出身であろうと今ではイタリア化しているアラゴン王家のフェランテ側にある、としてゆずらなかった。

イギリス——当時のイギリスは、バラ戦争の真最中である。法王の許に送られてきた使節も、十字軍に参加するどころか、自国の内乱の調停を法王に頼むほどだった。ピオ二世は、かつての第三次十字軍の勇将リチャード獅子心王《ししんおう》の国の参加をあきらめざるをえなかった。「フランスはまったくやる気なし。イギリスはやりたくてもやれない」と。

ヴェネツィア——この現実主義に徹した経済人の国の政治は、無名の政府委員の発言と記録されている次の言葉が十分に示している。

「まずヴェネツィア人、その次にキリスト教者」

トルコの強大化によって、どの国よりも現実的な被害を受けたのはヴェネツィアである。オリエントとの通商をほとんど独占していた彼らは、トルコ軍の襲来によって、東地中海域に散在する通商基地を次々と失い、交易に生きる彼らとしては、重大な危機に直面させられていた。

しかし、ヴェネツィアは、あくまでも計算を忘れなかった。彼らにとって重要なことは、レヴァンテ（東地中海域）での経済活動の自由を確保することである。領土を持つことではない。すでに十三世紀初めの第四次十字軍で、いったんはコンスタンティノープルを獲得しながら、二十万足らずのヴェネツィア国民で八百万人口のビザンチン帝国領を支配することの無理を知り、自らその機会を捨てている。彼らは、領土的野心よりも、通商権を確保するほうを選んだのである。そして、トルコ帝国も、軍事的侵略を続けながらも、ヴェネツィアとの通商の門戸を閉じたわけではなかった。それどころか、通商の相手として、他の国よりはヴェネツィアを選ぶ様子を示していた。ヴェネツィアとしては、もしレヴァンテの現実の主人トルコとの間に通商協定が確立できれば、再び東洋と西洋との間に立って、交易を独占することができるわけである。現に、交渉は試みられていた。ヴェネツィアは、その交渉の成行きを確かめた後で、十字軍という最後の手段に訴えても遅くはない、と考えていたのである。

フィレンツェ——メディチ家の支配が確立しつつあったこの共和国も、計算高いことではヴェネツィアに劣らない。フィレンツェは、ゆらぎ出したレヴァンテでのヴェネツィアの独占体制を崩し、それに彼らがとって代わろうと、トルコのスルタンに近づいていた。スルタンに使者を送り、ピオ二世の十字軍構想を通報するとともに、こう言わせた。「ヴェネツィアはやる気十分のようです。しかし、いくら法王が熱心でも、ヴェネツィアの周辺を押えているわれわれやミラノ公国が彼らの敵でいる限り、ヴェネツィアは動き出せないでしょう」

ヨーロッパの大国の態度がこれである。中小国の君主たちも、ただ大国の顔色をうかがうだけであった。

その間にも、マントヴァでの会議を聞き知って、オリエントから、救援を求めて使節が続々と到着した。トルコの脅威にさらされているハンガリー、アルバニア、ボスニア、ラグーザだけでなく、キプロス、ロードス、レスボスの島々からの使いもいた。ビザンチン帝国皇帝のトマソ・パレオロゴスからは、事実を示して危急の救援の必要を訴えようと、十六人のトルコ人の捕虜が送られてきた。これらの異国風の訪問者たちは、マントヴァの民衆の好奇心を喜ばせはしたが、ピオ二世の心痛は、それによってますます深まるばかりだった。

八月半ばを過ぎる頃になって、初めて、一人の君主の特使がマントヴァに到着した。以前から十字軍に熱意を示していた、ブルゴーニュ侯フィリップの使節である。ただ、自身で出席するとの約束に反して、侯は甥《おい》を送ってきたが、そのもたらした親書は、ピオを喜ばせた。「私は、もし他の君主たちも行動を共にするならば、キリスト教を守るための戦いに立つことを約束する」

病身に悩むという老ブルゴーニュ侯のこの誓言は、ピオ二世の希望に再び火をつけた。そして、それから一ヵ月が過ぎた九月十七日、ついに君主自身が、彼の前に姿を現わしたのである。ミラノ公国の当主フランチェスコ・スフォルツァの騎士の行列を従えた堂々たるマントヴァ入城は、沈み切っていた法王の周囲の人々を、久しぶりの華やかな興奮で包んだ。

この、最も高名な武人君主の到着は、イタリアの他の君主たちを、いっせいにマントヴァに向かわせるきっかけにもなった。モンフェラート侯、ナポリ王子、フェララ公、フィレンツェ、ルッカ、ボローニャ、シエナ、ジェノヴァの代表たち、そして、当時最高の傭兵《ようへい》隊長たちは、リミニの僭主《せんしゅ》シジスモンド・マラテスタに、ウルビーノ公フェデリーコ・ダ・モンテフェルトロである。最後に到着したのは、マントヴァに一番近いはずのヴェネツィアからの大使であった。

九月二十六日、マントヴァで待ちつくすこと四ヵ月の後に、ピオ二世は、ようやく第一回の会議を開くことができた。その劈頭《へきとう》を飾った彼の二時間に及ぶ演説は、次のようにはじまった。

「かつて、乳と蜜《みつ》が豊かに流れていた聖なる地、われわれの幸せが花開いていた地、主イエスがしばしば布教に立たれたソロモンの殿堂、彼が生れた地ベツレヘム、洗礼を受けたヨルダン河、彼の血が流れたカルヴァリオの丘、彼が休息した墓、これらすべては、今、敵の手中にある。彼らの許しなしには、われわれはこれらの聖地に参ることもできない。

しかし今は、これら昔に奪われた地は考えまい。失われた聖地を祖先の罪に帰すわけにはいかない。われわれとて、オリエントの首都コンスタンティノープルをトルコの手に与えてしまったではないか。……彼らは、コンスタンティヌスの子孫とその人民を殺し、主の神聖を汚し、ユスティニアヌスの高貴な宮殿は、マホメッドの身の毛もよだつ趣味（スルタン、マホメッド二世の男色趣味を暗示する）によって汚された。トルコ人は、聖母や聖人たちの象徴を破壊し、殉教者の聖遺物を豚に投げ与え、聖職者を殺し、女や子供や聖別された処女（尼僧《にそう》）までも凌辱《りようじよく》した。スルタンの宴会の余興のために貴族たちの喉《のど》は切られ、主イエスの十字架像は〝これがキリスト教徒の神だ！〟と叫ぶ彼らの中をひきまわされた。あざけりと嘲笑《ちようしよう》を浴び、泥を投げつけられ、つばを吐きかけられながら。

これらすべては、われわれの眼前で起ったことだ。だがわれわれは、眠りこけている。それどころか、われわれ同士の間で戦い合い、トルコ人だけを望むままにさせている。キリスト教徒は、つまらぬことで武器を取り、血なまぐさい争いをする。だが、われわれの神を冒瀆《ぼうとく》し、教会堂を破壊し、キリストの名を根絶しようとしているイスラム教徒に対しては、誰一人立ち上ろうとする者はいない。誰もが遠ざかろうとし、無関心を決めこむ。ただの一人も、成すべきことを果そうとしない。ただの一人も。今現実に起っているこの不幸は、時がたてば変わり、平和が戻ってくると信じるのか。われわれの血に飢えているあの異教徒から、平安が与えられるとでも望んでいるのか。ギリシアを征服した後もそれで満足するどころか、その剣をハンガリーに突きつけているスルタン、マホメッドのような男に、平和を期待できるのか。捨てるのだ。あなた方のその安眠の日を。マホメッドが、勝利者、征服王への野心に飽きるまでは捨て去るのだ。そうでなければ、彼にとって一つの勝利は、他の勝利の踏み台となるばかり。ヨーロッパの全君主が屈服し、キリストの聖書が消滅し、偽《にせ》の預言者の法が全世界をおおいつくすときまで止《や》まないであろう……」

法王ピオ二世の熱弁は続いた。ヨーロッパの全キリスト教徒に対して、対トルコの十字軍に参加することこそ、神への義務を果すことだと説き、最後に、

「……ああ、もしここに、ゴドフロアやボードゥワン、ユースターース、ウーゴ、ボエモンド、タンクレディら、かつて大軍を呼号し、力でもってイェルサレムを取り戻した勇敢な男たち（第一次十字軍士たち）がいたとしたら、彼らは、多くの言葉を費やさないであろう。ただ一つの言葉、私の先行者ウルバノ二世が叫んだただ一つの言葉

で立ち上るであろう。
〝神が、それを望んでおられる《ディオ・ロ・ヴォーレ》！〟と。
しかしあなた方は、この演説の最後になっても沈黙を守っている。いやおそらく、あなた方の何人かはこう思っているのであろう。この法王は、自分たちを戦場に送り出し、自分たちを敵の刃の下に投げ入れようとして説教しているのだと。これが僧侶《そうりょ》たちのやり方だ。他人を危険にさらしながら、自分たちだけは指先もぬらさないのだと。

　しかし私の息子たちよ、そう考えてはならない。私が今やろうとしていることは、キリストへの信頼をつらぬくために、何よりも立派なことなのだ。聖ペテロから受け継いだ精神を守り堅めていくためにも。……われわれこそが旗の前に進んで行こうではないか。われわれ自らが主の十字架をかかげて進もうではないか。われわれが、異教の敵に向ってキリストの旗をかかげ、幸いを再び取り戻そうではないか。たとえ、イエスのために死すとも。……露営を過ぎ、戦線を突破し、敵の刃の下をくぐるも、すべてはキリスト教のためなのだ」

　次の日から、十字軍構想の細部を検討するための討議がはじまった。十一月の末には、ドイツ、フランスの全権大使に続いて、ブランデンブルグ公、ザクセン公、ティロル公らも到着した。翌一四六〇年一月十四日、三ヵ月余りも続いたマントヴァ会議は、法王によって閉会を宣せられ、四日後の十八日、会議で決定した、向う三年間にわたる対トルコ十字軍の準備に関する法王教書が、全キリスト教徒に向けて発布された。内容は、次のとおりである。

「毎日曜のミサには、十字軍成功を神に祈ること。

八ヵ月以上戦列に加わった者には、完全免罪の権利が与えられること。

全聖職者は収入の十分の一、俗人は三十分の一、ユダヤ人は二十分の一の税を、十字軍準備基金として提供する義務を持つ。これは法王庁が率先して例を示す。

修道院をはじめあらゆる宗教団体は、その構成員の十人ずつが、一人の兵の八ヵ月間の費用を負担すること」

その翌日、ピオ二世はマントヴァを発《た》ち、ローマへ向った。マントヴァ会議のためローマを発ってから、すでに一年が過ぎていた。

彼は、見送る各国の君主や大使たちに向って言った。「国へ帰り、ここで決めたことが遂行されるよう努力してほしい。神があなた方を見守っておられる」

だが、「神がそれを望んでおられる」の一言で、ヨーロッパ中が起《た》ちあがった第一次十字軍から、すでに三百五十年の歳月が流れていたのだ。最後の第八次十字軍からでも、二百年近くが過ぎていた。

三

ローマへ戻った法王ピオ二世が、まず最初に手がけたことは、良心的な人々がいだいていた期待を裏切ることになる、新枢機卿《すうきけい》の任命であった。マントヴァでのフランス派枢機卿の非協力が、ピオ二世に、法王庁内での自分の立場を強める必要を痛感させたのである。十字軍を実現させるためには、まずローマ法王庁自体が統一されていなければならない。この考えが、歴代法王による親族主義とか派閥人事として悪評高かった、新枢機卿の大量任命に彼を踏み切らせた。

一四六〇年春、十二人の新枢機卿が任命された。イタリア人九人、外国人三人である。九人のイタリア人新枢機卿の中には、ピオ二世の十九歳の甥《おい》と、十七歳になったばかりのマントヴァ侯の弟も含まれていた。これで、三人が死亡して十四人になっていた枢機卿団は、一挙に二十六人と増え、フランス派は少数派に転落し、ピオ二世の地盤は確立されたはずであった。

しかし、ローマの外は、そう簡単には法王の希望どおりにはいかなかった。ドイツの皇帝は、たび重なる法王の親書にも、ピオ二世が意を含めて送る法王特使の説得にも、言いのがれの態度を続けるばかりだった。それどころか、弟が大公であるオーストリアを通じて、トルコの脅威に全国力をもって立ち向っているハンガリーの背後を攻め、ヴェネツィア共和国との間にも、トリエステの地をめぐって争いをひき起していた。フランス王もまた変わりはなかった。執拗《しつよう》にナポリ王国の王権を主張するだけだった。十字軍資金としてマントヴァ会議で約束した七万ドゥカートも、いつになってもアルプスを越える気配は見えなかった。

この二大強国の君主たちの態度は、ピオ二世を失望させはしたが、それよりも彼にとっての大きな打撃は、ドイツ、フランス国内にいる聖職者たちの非恭順であった。彼らの義務と決められた十分の一税の徴収を遅らせるばかりか、それぞれの君主を説得せよという法王の指令にも沈黙を続けるだけだった。彼らは、遠いローマにいる法王によりも、近いところにいる君主に従う方が有利だということを、長年の経験から知っていたのである。

「だから十字軍が必要なのだ。全ヨーロッパのキリスト教徒を目覚めさせるためにも）ピオ二世のこの悲痛な叫びに答えてきたのは、ブルゴーニュ侯一人だった。彼だけが、変わらぬ協力を、ローマへ書き送ってきたのである。

イタリアの諸国も、それぞれの思惑から、法王の聖戦提唱に対してどっちつかずの出方をしていた。和戦両派に分裂していたヴェネツィア共和国は、まだ統一した政策を持てず、状況静観の世論の裏で、トルコとの協定成立への道を探り続けていた。フィレンツェ共和国は、商敵ヴェネツィアに対するトルコの勝利をかえって歓迎していたし、ミラノ公国も、対トルコ防衛に懸命なヴェネツィアのすきに乗じて、ジェノヴァの領有を画策していた。ナポリ王国もまた、彼らの地中海進出の野心を常にはばんできたヴェネツィアの国難を、喜びこそすれ助けようとはしなかった。他の中小国も同様である。ピオ二世の出身地シエナとて、昨日の歓迎とはうって変わって、今では、法王の税徴収の命令を逃げようとしていた。マントヴァ会議に集まってから、まだ一年も経ないというのに、ヨーロッパ諸国は再び離散したのである。

ローマではピオ二世が、空《むな》しく帰ってくる特使たちを迎えて絶望の底にいた。しかし、咳《せき》の発作に苦しみながらも、彼の胸中は熱い理想で燃えていた。誰一人君主は立ち上らない。金もいっこうに集まらない。だがここで自分が立ち止まってしまったら、いったい誰が後を継ぐのか。キリスト教世界はどうなるのか。この強い使命感が、絶望の底にいた彼に、再び力を与えた。ピオ二世は、この壁にぶつかった現状を打開する、一つの道を見つけたのである。

敵との対話、がそれであった。スルタン、マホメッドに手紙を書こう、武器を使う前に話し合うべきだ、この方が、人々を不幸にしないで目的を達成することができる。こう考えたピオ二世は、直ちに書記を呼ばせた。

「スルタンには、これを読む前に考えを決めないよう。まず読み、その後に熟考されたい。

貴下の奉ずるイスラム教もまた、預言者キリストの尊厳を認めている。それなのに今、貴下は、武力でヨーロッパとその前線にあるイタリアを脅《おびや》かしている。しかしわれわれは、命令されるのに慣れた奴隷《どれい》ではない。今や、全イタリアは武装し、軍馬や兵士は、近づく戦いに武者ぶるいしている。資金も十分だ。もし貴下が、貴下の軍をひきいてイタリアへ、またはハンガリーやその他のヨーロッパの地を侵略するとしても、女と戦うとは思われるな。ここには、鉄甲で堅めた軍馬と男たちが待ちうけている。彼らを撃破するためには、最高の強さと勇気と、そして完璧《かんぺき》な準備が必要であろう。

また、キリスト教徒内部での同士争いも期待なさるな。われわれは、われわれの宗教の防衛のためには、小さな争いを忘れて共に立ち上ることを辞さない。そして、古代ローマ人にとっては、全世界を征服するよりもイタリア半島を手中に収める方が困難であった、という史実も銘記しておいてもらいたい。……

しかし、これでもなお貴下がキリスト教世界を征服する意志を捨てないと言われるならば、それは、少しもむずかしいことではないのだ。それを実現するには、武器も金も、軍勢も艦隊も必要ではない。ただ少々の水があればよい。この水によって貴下が洗礼を受け、キリスト教の祭式を行ない、聖書を信ずるだけでよいのだ。貴下がそれを実行するならば、この地上のいかなる君主といえども、貴下の栄誉と権勢をしのぐ者はいなくなるであろう。私は、貴下を、ギリシアとオリエントの皇帝に任命し、貴下が今、不法にも手にしている権利や領土を、正式に貴下に与えるであろう。私は、ローマ教会の権威を

マホメッド二世

侵害する者どもを打ち砕く腕として、貴下を重んずるであろう。そして、私の前任者であったステファヌスやアドリアヌスやレオが、自分の許《もと》にピピンやシャルルマーニュを呼び寄せたように、私もまた、ギリシアの帝国を、彼らの解放者すなわち貴下の手にゆだねよう。こうして私は、教会のわくの中でも、貴下の奉仕に報いたいと思う。

何と豊かな平和であろうか。多くの詩人に歌われたパクス・ロマーナの時代が再現されるようだ。豹《ひょう》は天使と共存できようし、牛は獅子《しし》と共に住めるようになり、剣は鎌《かま》に代えられ、鉄は犂《すき》の刃や鍬《くわ》に作り直される。田畑はよくたがやされ、大地は豊かなみのりに輝くであろう。村落や都市は再建され、一度は失われた神の楽園がよみがえるのだ。修道院も建て直され、聖なる神への奉仕をする僧たちで満ちあふれるだろう。イスラム教の下では成就《じょうじゅ》できない平和も、キリスト教の下では成すにたやすい。

また、スルタンである貴下と法王である私の間の対話も、歴史上から見れば、それほど奇想天外なものとも思われない。なぜならば、フランク人を改宗させたクローヴィス、ハンガリー人に布教したステファヌス、ロンゴバルド人を改宗に導いたアジルルフォス、ローマ人を神に目覚めさせたコンスタンティヌスらのように、マホメッド二世もまた、キリスト教の許にトルコ人を導くことができよう。全オリエントは、貴下が私のこの意見に同意すると同時に、キリストを受け入れるのである。

ある人物の勇気ある決意だけが、全世界に平和をよみがえらせることができるのだ。このただ一人の人物とは貴下であり、勇気ある決意とは、貴下の下すべき決意なのである。

キリスト教に改宗したローマ皇帝であった、コンスタンティヌス大帝を見習われたい。そのときは私もまた、神の助けを得て、貴下に約束した高い名誉を与えることをここに宣言する。アーメン。

一四六〇年七月一日　ローマ法王ピオ二世」

五十五歳の法王が、その熱情をこめ、病苦を忘れて書き送ったこの美しいラテン語の親書に、三十歳になったばかりの若きスルタン、マホメッド二世が、どのような反応を示したかは知られていない。ラテン語は解した彼である。親書は読んだのだ。しかし、二十三歳にして東地中海最大の都といわれたコンスタンティノープルを陥落させ、ビザンチン帝国（東ローマ帝国）を崩壊に導いた、この大胆不敵な征服者の胸中を知る史料は、今日に至るまで何ひとつ発見されていない。

だが、ただひとつ確かな事実がある。ローマのピオ二世の許へは、ついに一通の返書さえもとどかなかったことである。

言葉による十字軍を断念せざるをえなかった法王は、武器による十字軍の実現に、再び立ち向う決意を新たにした。しかし、逃げを打つばかりの君主たちや、資金獲得のための特別税の徴収が思うようにいかない現状では、ピオ二世といえども、その理想実現の挫折《ざせつ》を認めざるをえないのではないかと、人々は言い合った。だがその中で、彼の頭の中には、ある方策が生れていたのである。

これらすべては、宗教心の欠如のためであり、十字軍の許に彼らを結合するには、まず、失われた信仰の心を人々に目覚めさせねばならない。この確信に立ったピオ二世は、翌年の一四六一年、シエナのカテリーナを聖人に列すると発表した。この十四世紀に生きた神秘思想家は、法王庁をアヴィニョンからローマへ呼び戻すことに力をつくしたとして、アッシジの聖フランチェスコとともに、イタリアでは最も人気の高い存在であった。それまでもたびたび列聖の運動が起されたが、彼女がドメニコ派であったことから、仇敵《きゆうてき》の間柄でもあるフランチェスコ派の反対で実現していなかったのである。だから、宗教心高揚というピオ二世の目的の裏には、キリスト教界の二大勢力の一方であるドメニコ派を、彼の理想である十字軍を起す前に懐柔しておくという目的もあった。フランチェスコ派からは、創始者のフランチェスコがすでに列聖されており、今、ドメニコ派からも、彼らの偶像が公式に列聖される。そしてこの二聖人を、イタリアの二大守護聖人とすることによって、両派いずれにも満足を与える。この法王の思惑は、ほぼ完全に達成された。フランチェスコ派とドメニコ派の対立は、一時はまったく消え去ったかに見えたし、聖女《サンタ》カテリーナの誕生は、民衆から熱狂的に迎えられたのである。

この成功に力を得たピオ二世は、翌年には、もっと大規模な宗教劇を演出した。それには、当時はモレアと呼ばれたペロポネソス半島の専制君主の座をトルコ軍に追われ、三年前からローマに亡命しているビザンチン皇室の一員トマソ・パレオロゴスが持ってきた、聖アンデレの頭蓋骨《ずがいこつ》が使われた。モレアの専制君主は、どんな宝石よりも高く売れるものとして、この十二使徒の一人で聖ペテロの弟である、聖アンデレの頭蓋骨とされるものをかかえてきたのだった。彼の計算は間違ってはいなかった。法王ピオ二世は、六千ドゥカートもの年金を彼に与えたからである。

一四六二年の復活祭の当日、すなわち四月十一日のローマに、当時の一年代記作者の言葉を借りれば、「批判精神に満ちたわれわれの時代にしては、まったく奇妙としか言いようのない」光景がくり拡《ひろ》げられた。

ナルニの城に安置されてあったこの聖遺物は、あらかじめ法王から派遣されていた三人の枢機卿によってローマに運ばれた。テヴェレ河にかかるミルヴィオ橋を渡りきったところには、全枢機卿を従えて法王自らが出迎えた。この日のために、全ヨーロッパから集まった巡礼者の群が、びっしりと河の両岸を埋める。その中で、ベッサリオン枢機卿が捧《ささ》げ持つ金色のクッションの上に安置された聖遺物は、ピオ二世の手に渡された。ピオ二世は、そのねずみ色の小さな頭蓋骨に向って、例の美しいラテン語の演説をはじめた。

「おお、あなたはついにここに来られた。怖《おそろ》しいトルコによってあなたの聖所を奪われたとはいえ、使徒の長であり、兄である聖ペテロのそばに、ついに帰って来られたのだ。……あなたの兄の聖なる血によって聖別されたこのローマは、聖ペテロに対すると同様な愛をもってあなたを迎えるであろう。あなたは家へ帰られたのだ。……われわれを守り給《たま》え。トルコの野蛮の前に今起《た》ち上ろうとしているわれわれを、兄上聖ペテロとともに守り給え」

群衆は泣いていた。とくにその中でも、遠くハンガリーからきた巡礼者たちは、対トルコ防衛に必死な祖国を思い出して泣いた。

雨が降り出した。道は、たちまち泥の海に変わった。その中を、金張りの法王用輿《こし》に坐《すわ》ったピオ二世の捧げ持つ頭蓋骨は、サン・ピエトロ（聖ペテロ）大寺院へ運ばれる。

枢機卿たちは、法王の命で、徒歩で従うことになった。美々しく枢機卿の正装に身をこらした彼らに、情容赦もなく泥がはね上った。家々の窓は毛氈《もうせん》で飾られ、道の両側に群がる人々から花が投げられた。枢機卿たちの後には、司教の行列が続き、ロードスの聖ヨハネ騎士団員の華やかな制服姿が、その後に続いた。天使の仮装をした子供たちの歌う讃美歌《さんびか》に包まれて、ねずみ色の骨は、静々とサン・ピエトロ大寺院に入って行った。

大寺院の広い内陣を埋めた群衆に向って、聖遺物を背にした法王ピオ二世は話しはじめた。「聖アンデレの敵、そしてわれわれの敵トルコから、キリスト教を防衛すること以外に、われわれにとって重要なことはない。もし、キリスト教君主たちが、彼らの羊飼いである法王のこの声に従うなら、全キリスト教会は喜びに満ちるであろう。聖アンデレは、兄の聖ペテロの助けを求めたからこそ、聖ペテロの御座所であるこのローマに来られたのだ」

感動した群衆からは、十字軍に参加すると誓う声がわきあがった。それは内陣をゆるがし、涙ながらに立ちつくすピオ二世を包んで、いつまでも絶えようとはしなかった。

それから一ヵ月、奇跡が起った。少なくともピオ二世にとっては、奇跡であった。明礬《みようばん》が発見されたのである。毛織物の染色に不可欠の明礬は、それまではトルコからの輸入に頼らざるをえなかった。それが、イタリアの中に鉱脈があったというのである。

早速、発見者が呼ばれた。コンスタンティノープルに長く住み、明礬の買入れに従事していたというその男は、トルコ軍侵入によって母国イタリアに帰っていたが、ある時、トスカーナの野を行くうち、かつて小アジアで、明礬鉱脈の上に見たと同じ草の生えている岩石地帯を見つけたという。その白い石をなめてみた彼は、それが塩気があり、火でためしても、明礬鉱石であるということはもはや疑いないと知った。信心深かったその男は、この発見を法王に報告したのである。

法王は狂喜した。直ちにこの知らせは、全キリスト教君主に知らされた。「もはや、高い金を払って敵から買う必要はなくなった。それは、われわれの手の内にある。この売上げによる収益は、十字軍資金として使用される」と。

ヴェネツィア、フィレンツェ、ジェノヴァの各都市が、取引の権利を与えられ、メディチ家のコシモが、事業経営にあたることになった。この明礬鉱業によって法王庁の得る利益は、年に十万ドゥカートといわれた。

それから一年余りが過ぎた一四六三年の秋、ヴェネツィアから到着した早飛脚のもたらした報告は、ローマ法王庁を震駭《しんがい》させた。レスボス島が陥落したというのである。一四五三年のコンスタンティノープルの陥落から、六年後の一四五九年にはセルビアが落ち、その翌年には、ペロポネソス半島とワラキアが陥落。そして翌一四六一年にはシノペ、六二年にはトレビゾンドと、ほとんど一年に一国の割合で領土を拡大していくトルコ陸軍の力は、数ヵ月前にこれも落ちたボスニアでの、常時十五万の大軍でも立証されていた。小アジアの一地方から起ったこのオスマン・トルコは、マホメッド二世の指揮下、十年の間に、黒海からエーゲ海までのほとんどの地方を、その手中に収めてしまったのである。

しかし、これらを成し遂げたトルコの陸軍力は、ヨーロッパの君主たちの誰もすでに認めてはいたが、まだ海軍力のほうは、ヴェネツィア、ジェノヴァのヨーロッパ勢が勝《すぐ》れていると思われていた。それが、今度のレスボス陥落の知らせである。これは、トルコがいよいよ海に進出してくるという前ぶれと覚悟しなければならなかった。彼らが、大軍を輸送する能力を持つ大艦隊を持ちはじめたとすれば、まだハンガリー、オーストリアと陸路を遮断する国々があると安心していたヨーロッパも、それどころではなくなる。そのうえ、レスボス陥落時の惨状が、法王を憤激させた。ヘレスポント海峡を通って南下したトルコ艦隊は、レスボス島の港外に碇泊《ていはく》していたヴェネツィア艦隊の鼻先を、まるで彼らを小馬鹿《こばか》にするように通り過ぎ、レスボス島に上陸したのである。本国政府の命令がないまま、動くこともならなかったカペッロ指揮下の二十九隻《せき》のガレー船からなるヴェネツィア艦隊は、彼らにとっては同胞であるジェノヴァ人を主とするイタリア人がたてこもる島が、またたくうちに敵の足下に蹂躙《じゅうりん》されるのを、ただ黙って見守るしかなかった。百人を越えるイタリア人が磔《はりつけ》にされた。しかもその処刑は、わざとヴェネツィア艦隊の眼前で行なわれ、磔の列は、碇泊中の艦隊に面した崖《がけ》の上に並べられた。船上のヴェネツィア人は、南国の強い秋の陽光を浴びてもなかなか乾こうともしない同胞の流す血に泣き、復讐《ふくしゅう》を叫ぶ彼らの声は、いたずらに海の上にこだました。磔をまぬがれた島民は、すべて奴隷《どれい》として売られ、十数人の若く美しいイタリア娘は、スルタンのハレムに連れ去られた。しかしマホメッド二世は女にはあまり興味を持たなかったから、ほとんどの娘たちは、処女のままハレムの中で一生を終えたと伝えられる。

手厳しい回答だった。スルタン、マホメッド二世は、法王ピオ二世の流麗なラテン語の説得を無視したばかりか、シノペ、トレビゾンド、ボスニアと征服の手をゆるめず、さらにピオ二世にとっては同胞のイタリア人が支配していたレスボス島でのこの惨劇を起した。これは、法王に対するスルタンからの明らかな挑戦である。ピオ二世は、自分の病苦を忘れた。人の肩にすがってでも、自分が十字軍の先頭に立つ。十字軍の総帥《そうすい》は法王である自分が引き受けよう。かつての八回に及ぶ十字軍でも、法王が自ら陣頭に立ったことはなかった。先任者の誰もがやらなかったことをする。自ら軍団をひきいて戦った古代ローマ皇帝たちのように、自分も十字軍の先頭に立つ。この考えが、法王ピオ二世の胸を燃やした。

一方、ヴェネツィアも、いよいよその重い腰を上げようとしていた。穏健派だったマリピエロが死に、元首《ドージェ》は、クレタ島総督として東地中海の情勢に明るいクリストフォロ・モーロに代わっていた。しかし何よりも、情勢静観の態度を守ってきたヴェネツィア共和国を変えさせたのは、海軍力に絶対の自信を持っていた彼らにとって、新興国トルコの海での力があなどりがたいものになってきたという事実であった。にわかに、ローマとヴェネツィアの間を、使節が往復しはじめた。

このヴェネツィアの変化は、十字軍兵力輸送にはヴェネツィア艦隊が不可欠だと主張してきたピオ二世に、何よりも大きな喜びを与えた。そして、法王自ら十字軍をひきいるとの知らせは、ヴェネツィアの世論を動かし、元首も同行すべきだと迫る声が大きくなった。強硬派のかしらであったカペッロ海将が、レスボス島の惨事の目撃者として、議会の席上、涙を流して元首自らの出陣を願ったことが、これを決定した。ただちにヴェネツィア政府は、聖職者十分の一、ユダヤ人二十分の一、俗人三十分の一の十字軍税の徴収をはじめた。同時に、十字軍のために、四十隻の三段櫂軍船《トリレンミ》からなる艦隊と八千の乗組員、五万の兵士を提供すると申し出た。

これに力を得たピオ二世は、枢機卿会議を召集し、ローマ教会の意志を決定し、それを全キリスト教世界に向って正式に宣言する行動に出た。レスボス陥落からまだ一ヵ月も過ぎない九月二十三日、集まった全枢機卿に対して、というよりも彼らの背後にある全キリスト教徒に向って、ピオ二世は話しはじめた。

「法王である私自らが、聖戦の総帥の任にあたろうと決心した。しかし人々は、この病身の老人は何をしようとするのか、戦場での僧侶《そうりょ》など何の役に立つものか、前線に枢機卿や聖職者がいたってどうなるものか、などと言うであろう。なぜ教会の中にいて、戦争はその専門家にまかせないのか、とも言うであろう。しかしわれわれが今やっていることといえば、人々の憤激を買うようなことばかりなのだ。彼らがわれわれを非難して言うように、快楽におぼれ、金銭を愛し、豪華さを好む。肥満したろばのような身を立派な馬にたくしてのし歩き、華美なマントをひるがえし、赤い帽子や広いつばの帽子の下でふんぞりかえる。狩用に犬を飼い、喜劇役者のようによくしゃべるが、信仰を守るためには何ひとつしない。これが民衆の知っているわれわれ高位聖職者の姿だという。もちろん、優れた聖職者も多いであろう。しかしわれわれは、あまりにも豪奢《ごうしゃ》な生活をしすぎる。これが、われわれが彼らの憎しみを買っている原因であり、われわれがまじめに誠実に話そうとするときも、それを彼らが聞こうとしない真因なのである。

さてあなた方は、この失われた信頼を回復する方法をご存じか。去っていこうとする人々をひき止める方法をご存じか。思うに私は、すべてを捨て、われわれの祖先の苦しみに返るしかないと思う。……信仰への熱情や死への軽蔑《けいべつ》、殉教を求める心を取り戻すことしかないのだ。……懺悔《ざんげ》したり、民衆に説教したり、快楽を否定するだけでは不十分なのだ。われわれは、主キリストの御遺言を実行するために殉教した使徒たちに返らねばならない。……

今や、異教徒トルコは、オリエントのキリスト教徒を迫害している。この機に臨んで、われわれのすべきことは明白だ。〝クオ・ヴァディス（いずこに行き給うや）〟と主に問わなくてもわかっているはずだ。〝行け！〟というよりも、〝行こう！〟という叫びがどれほど誠実であるかが。キリスト教界の首長である私とともに、高位聖職者のあなた方も従軍するのだ。

おそらく君主たちにしても、彼らの師であり父であるローマの司教、キリストの代理人であるこの老いた病人が軍をひきいて立つならば、家に留まるのを恥と感じるであろう。出陣はこの私にとって、どれほど苛酷《かこく》なことかは知っている。私には死が、早く来るであろう。しかし、すべてを神の手にゆだねるつもりだ。神こそが、この老いた肉体に力を与えてくれるのだから。もちろん私は、剣をもって戦うには弱すぎるし、それは聖職者の役目ではない。だから、イスラエルの民が戦ったとき、かたわらの高地で祈っていたモーゼを見習おう。船の上からも丘の頂きからも、私は神の勝利と信仰の自由のために祈ろう。聖霊は、そこでならわれわれの上に降りて来られよう」

ピオ二世の演説が終ったとき、熱狂した枢機卿の一人が叫んだ。「これこそ聖霊の声だ、私も行く、法王猊下《げいか》、あなたが天に向ってその叫びを続けるかぎり」

誰一人、表立って反対を表明する者はいなかった。ルーアンの枢機卿らのフランス派も、押し黙ったまま何も言わなかった。ローマ法王庁は、このピオ二世の決意を認め、それに従うことを正式に決定したのである。これは、法王を自分たちの神の地上での代理人とする全キリスト教徒にとっても、その意志の決定を意味するはずであった。

ヴェネツィアという強力な味方を得、今また枢機卿会議の承認をとりつけた法王ピオ二世は、早速、十字軍遠征を軌道に乗せる実質的な討議をするための会議を、ローマに召集した。あいかわらず、アルプスの北からの代表はブルゴーニュ侯の使節だけだったが、イタリア諸国はすべて、代表を送って来た。しかし、すべてがピオ二世の思うままに運ぶと思われた会議で、伏兵はフィレンツェ共和国だった。法王自身、その『備忘録』の中でこう書いている。

「フィレンツェ人の秘《ひそ》かな願いは、対トルコ十字軍をヴェネツィア人だけが引き受け、それによってヴェネツィア人の血がすべて失われることにある」

会議の席上では、本国政府からの指示がとどいていない、の一点ばりで討議に加わろうとしなかったフィレンツェ共和国代表は、法王との単独会見を求め、そこで言った。「対トルコ十字軍は、モレア（ペロポネソス半島）を再び手に入れる機会を狙《ねら》っているヴェネツィアに、利を得させるだけで終りましょう。そして、もしモレアとその周辺のギリシアを彼らが再取した後は、彼らの次の野心はイタリア侵略に向けられ、教会の独立を脅《おびや》かすことになると思われます」

ピオ二世は答えた。「何と小さな政治か。キリスト教世界にとっては、トルコは共通の敵なのだ。私とてヴェネツィアの本音は知っている。しかし、ヴェネツィア人の商魂が、トルコ人の苛酷さよりも耐えがたいものとは思えない」

その年の終りまで続いた会議は、一応の合意に達して散会した。決議事項は次のとおりである。

「ブルゴーニュ侯は、翌年の五月一日を期して、一万の兵とともに乗船地ヴェネツィアへ向う。

ヴェネツィア共和国は、四十隻の軍用ガレー船と八千の乗組員、五万の兵を提供する。それ以外に、法王ピオ二世が十隻のガレー軍船、各枢機卿が一隻ずつのガレー船、フェラーラ公、マントヴァ侯、メディチ家、ボローニャ市、シエナ共和国、ルッカ市がそれぞれ二隻ずつのガレー船、ジェノヴァ共和国が八隻の大型帆船を準備する義務を持つ」

法王が、君主としてもその才能を認め、また武将としては最も頼りにしていたミラノ公は、十字軍に参加するようにとの法王の要請を、次回の十字軍には必ず軍をひきいていくからと巧妙に逃げ、自分の息子の二人に三千の兵を付けて従軍させるとだけ約束した。

ひとまずこれで決まった。来年の聖母マリア昇天祭（八月十五日）までに、乗船地のヴェネツィアとアンコーナに集まり、そこから一路コンスタンティノープルへ出陣することも決まった。参加者は完全免罪に値するとの布告とともに、全ヨーロッパに十字軍志願者の募集もはじめられた。

それから数ヵ月も過ぎない一四六四年の春、モレアの地で反乱を起したギリシア人が、八万のトルコ軍によって壊滅させられたという知らせが、ヨーロッパにとどいた。これは、それまで一貫してピオ二世に共鳴してきたブルゴーニュ侯を変えた。侯は、出発を二ヵ月延期したいと言ってきたのである。そして第二便では、老齢のために従軍は無理なので、庶子の一人に三百の兵を付けて送ると書いてきた。驚いたピオ二世は、手紙に次ぐ手紙で、必死に侯の翻意を迫った。しかし無駄だった。ブルゴーニュ侯のこの変心は、単に侯の臆病《おくびょう》からだけではなく、その裏には、フランス王ルイ十一世が動いていたからである。善良侯《ル・ボン》とよばれたブルゴーニュ侯がこれであった。

悪い知らせは続いた。対トルコ防衛に全国力を投入しているヴェネツィアのすきを狙って、ミラノが、ジェノヴァを奪ってしまったのである。法王にとってこの知らせは、ミラノ公国の利己的な行動に対する怒りとともに、ジェノヴァが提供するはずであった八隻の大船を期待できなくなった失望を与えた。

しかし、高熱と痛風に悩むピオ二世の決心は堅かった。医者は、まるで自殺行為だといって止《や》めさせようと努めたが、アンコーナの港でヴェネツィアからの艦隊を待つという法王の決心を、変えさせることはできなかった。出発の日も、六月十八日と決められた。法王の留守に仕事の代行をする法王代理には、甥《おい》の枢機卿ピッコローミニが任命された。ピオ二世の十字軍遠征を伝え聞いて、ヨーロッパの各地から、続々と志願者がヴェネツィアやアンコーナに向っているという知らせも入っていた。ブルゴーニュ侯の変心やドイツ、フランス両国の君主たちの不参加はすでに確かなことだったが、誰一人君主の参加がなくてもイェルサレム征服には成功した、第一次十字軍という前例もあった。ピオ二世は、絶望しているわけではなかった。元首のひきいるヴェネツィアの大艦隊が動けば、ヴェネツィアと親しいフェラーラ、マントヴァ、ルッカ、ボローニャの軍も動く。ミラノ公の息子のひきいる兵も到着するであろうし、東地中海では、クレタ、ロードス、キプロスの島々も起《た》ち上るであろう。そして何よりも、続々と集まりつつある多くの志願者が、ピオ二世の希望をささえた。

一四六四年六月十八日、いよいよ出発の日であった。サン・ピエトロ大寺院での荘厳なミサの後、法王はまず船路を、次いで輿《こし》に乗ってイタリア半島を横断し、アドリア海にのぞむ港町アンコーナへ向けて発《た》つのである。テヴェレ河に待つ船に乗り移ったピオ二世は、しばらくは座に着こうともせず、眼前を遠ざかっていく、ローマの街を眺めて立ちつくしていた。その彼の口から、歌うように言葉がもれた。

「さらば、ローマよ、私は、生きて再びお前を見ることはないであろう」

しかし、ピオ二世は知らなかったのである。トルコのスルタンからの特使が、ヴェネツィアとの講和交渉をはじめるために、アドリア海を北上しつつあるのを知らなかった。

四

「そこにいるのはロドリーゴか」

いましがた街から帰って来て、部屋の入口で法王付きの医者と話していたボルジア枢機卿《すうきけい》は、幕の陰から聞こえたその声に、急いで病床に近寄った。天蓋《てんがい》から四方に重々しくたれる幕に光をさえぎられて薄暗い寝台に臥《ふ》せっていたピオ二世は、そばに来たロドリーゴに、力なく手をさしのべた。そして、ひざまずいてその手の指輪に接吻《せっぷん》するロドリーゴが、まだ立ち上らないうちに言った。

「まだか。まだヴェネツィアから何の知らせもないのか」

「はい、猊下《サンティタ》。三度も使節を派遣しましたが、ヴェネツィア艦隊が出帆したという報告はとどいておりません」

その答えに深いため息をつきながら、法王はなおもたずねた。

「ブルゴーニュ侯からも何も言って来ないのか。ミラノ公からの軍勢は」

ロドリーゴは、黙って首を横にふっただけだった。ピオ二世は、怒りと絶望に身をふるわせたが、その声は弱々しかった。

「もう一度、キリスト教界の全君主に使いを送れ。ただちにアンコーナに駆けつけよ、この法王の命に服さない者は、破門に処す、と」

そして今度は、声をやわらげて言った。

「ご苦労なことだが、この街に集まっている十字軍志願者の管理にはお前が当ってくれ。フランス人とスペイン人が多い彼らを統制できるのは、フランス人の枢機卿の協力を期待できない今、スペイン出身のロドリーゴ、お前に頼るしかないのだ」

うなずいて去って行くロドリーゴの後ろ姿を眼で追いながら、法王ピオ二世の青白い顔に、わずかな微笑が浮んだ。ピッコローミニ、ゴンザーガ両枢機卿の就任後は、枢機卿中最年少ではなくなったにしても、まだ若者らしく自由奔放で、マントヴァ会議の間に人妻との恋愛事件を起して、ピオ二世自らがたしなめなくてはならなかったロドリーゴ・ボルジア枢機卿だったが、こんなときには誰よりも冷静を保ちながら、しかも誠実に自分を助けてくれるこの若者を、ピオ二世は快く思っていたのである。だから公式の席以外では、ロドリーゴと名だけを呼ぶのが常であった。

執務室に戻ってきたボルジア枢機卿は、すぐに仕事をはじめようとせず、何かを考えるように窓ぎわに立ちつくしていた。その彼の眼の下には、真夏の太陽を反射してキラキラと輝く、アドリア海の青い海があった。しかし、それを眺めるでもなく立つ彼の顔には、恋をし、狩を好み、豪奢《ごうしゃ》を愛する時のボルジア枢機卿とはまったく別の、近寄りがたいほどの厳しさが深く彫り込まれていた。

ローマを発《た》った法王ピオ二世と枢機卿らの一行が、病身の法王をいたわってゆっくりと旅を続け、アペニン山脈を越えて、ここアンコーナの街に入ったのは、出発から一ヵ月が過ぎた七月十九日である。法王の一行はここで、十字軍に参加しようとヨーロッパ各地から集まってきていた群衆の熱狂的な歓声と、何か災いが舞い込んだとでもいうように、押し黙って見守るアンコーナ市民の冷たい眼差《まなざ》しに迎えられた。法王とその一行は、宿舎と決められた街の司教公邸に入った。公邸は、街の中心を少し離れた岬の端にあった。そこは、イタリアではただ一ヵ所、太陽が海から昇るのとまた海に沈むのを、両方見ることができる場所でもある。太陽は、朝ギリシアの方角の海から昇り、夕には、ヴェネツィアの方角の水平線に沈むのである。そして、すでに東地中海の大気を感じさせるこの街は、古代ローマ時代から、オリエントへの港として知られてきた。

ピオ二世は、十字軍遠征の集結地として決めたこの街で、彼との約束に従って、君主や共和国の代表が、それぞれの兵と船をひきいて到着するのを待っていたのである。遠征の出発の日も、三百五十年前に第一回十字軍が出陣して行ったと同じ日の、聖母昇天祭にあたる八月十五日と決められていた。しかし、彼がここに着いた日からすでに十日余りがすぎようとしているのに、陸路を近づく軍勢の巻き起す土煙りも見えず、海上を来るはずの艦隊も、水平線上にその影さえも現わさなかった。

それでもピオ二世は、この有様に浮足立ち、口々に騒ぎたてる枢機卿たちを制するように言った。「私は、マントヴァでも待った。ローマでも待った。そして彼らは結局来たのだ。だから、ここアンコーナでも待つつもりだ」

しかし、はじめから自国の経済上の利益だけを考えて行動してきたヴェネツィア共和国である。トルコとの講和の交渉がはじまろうとする現状では、ただひとつのキリスト教国も参加しようとしない法王ピオ二世の十字軍に加わる関心など、まったく失ってしまっていたのである。トルコとの講和が成功すれば良し、たとえ成功しないときでも、オリエントの情勢に暗く宗教的熱情に燃えるだけの法王との共闘は、彼らの行動を束縛し、彼らの足手まといになるだけだと思った。ヴェネツィアの議会では、もはや公然とこう言われた。「法王が家に留まっていてくれたら、われわれにとっても彼は、少しは愛すべき存在になるのだが」

アルプスの北の国々が、法王を裏切ったブルゴーニュ侯の例にならったように、イタリアの諸国も、約束を果そうとしないヴェネツィアと行動をともにした。ミラノもフェラーラもマントヴァも、ピオ二世の出身地シエナも、一兵も一船も送って来なかった。それどころか、フィレンツェの主権者メディチ家のコシモは、法王の近衛隊《このえたい》がフィレンツェ領内を通過する際、何かと理由をつけては、その通行を阻止しようとさえした。

ピオ二世の期待に応《こた》えたのは、名もない下層民だけである。法王の到着の前から、続々とアンコーナを目指して集まってきたこれらの民衆は、街にあふれるばかりになっていた。しかし彼らの大部分は、武器どころか引率者もなく金も持たない、着のみ着のままの浮浪者やならず者の群れでしかなかった。なかには、郷里での貧乏ぐらしが嫌になり、一家親族をひきつれてきた農民の一団もあった。彼らは一様に言った。

「聖戦に行くのだもの。必要なものはみな、神様が奇跡で与えて下さるはずだ。イエス様は、パンも魚も生み出されたお方だ」

しかし、街中をわがもの顔に歩きまわるこの汚い群に、憎しみの眼を向けたのはアンコーナの市民たちである。両者の対立は険悪になった。あちこちで、喧嘩《けんか》や盗みが絶えなかった。女や子供たちもいるこの十字軍志願者からは、出産騒ぎさえまれではなかった。当然、住居は不足し、水も食糧も底をつきはじめる。ロドリーゴの許《もと》へは、市民と外来者の双方から、連日のように苦情と嘆願が押し寄せていた。法王の命によって、住居と食料を確保するようにと与えた金も、市民たちはそのままふところにしてしまい、外来者のほうも、金をもらったのをしおに、十字軍参加を志願してきたのも忘れて、街を出ていく者が増えはじめた。

これは、病身の法王にとって、決定的な打撃となった。ピオ二世の病勢はにわかに進んだ。今では寝台の上に、衰弱しきった体を横たえているのだけがやっとという状態だった。肉体と精神の双方から襲った苦痛が、五十九歳の彼をさいなみ、日夜、高熱が続いた。

しかし、八月に入ると、ピオ二世の病勢はもち直したかに見えた。あいかわらず熱は高かったが、ときには寝台の上に身を起すこともできるようになった。この回復は、ヴェネツィア艦隊が出港したという知らせを受けてからだった。法王特使の任をおびてヴェネツィアに行った、ベッサリオン枢機卿の強い要請によって、ヴェネツィア元首《ドージェ》モーロが、ようやくアンコーナ行きを承知したのである。ただし、約束では四十隻《せき》の三段櫂軍船を参加させるはずが、五隻に減り、ついには十二隻の一段櫂の普通のガレー船隊になったが、それでも法王との約束履行を迫る枢機卿の熱意は、元首の引出しに成功した。しかし、「元首は出たには出たが、すぐにも舳先《へさき》を後ろに向け直すにちがいない」と言ったミラノ公の預言は的中しなかったにしても、元首モーロのひきいる艦隊は、用もないのにイストリアに寄港したりして時間をかけ、アンコーナに直行しようとはしなかった。

八月十二日、ようやくのことでヴェネツィア艦隊の接近が告げられた。喜びを隠しきれなかったピオ二世は、直ちに五人の枢機卿に船を与えて、元首の出迎えに行かせた。そして、寝台を窓の近くに運ばせた。少しでも早く、港に入ってくる艦隊を、彼自身で認めることができるように。

しかし、その翌日、ピオ二世の病状は、にわかに悪化した。脈は弱くなり、時折うわ言を口ばしるようになった。病床から起き上ろうとするときの法王はひどく荒々しく、医師たちを突きとばしたりするので、若いロドリーゴ・ボルジア枢機卿が、法王を寝かせつけるのを手伝わねばならないこともあった。

ヴェネツィア艦隊は、その日の午後に到着したが、出迎えの枢機卿たちの乗った船が港の桟橋に着いただけで、艦隊は港の外に錨《いかり》を下ろしたまま、元首も他のヴェネツィア人も上陸しようとはしなかった。

それでもヴェネツィア艦隊到着の知らせは、病床のピオ二世に告げられた。しかし、理解できたかどうかはわからなかった。次の一日、ピオ二世は終日、床の上にぐったりと横たわったままだった。熱が高かった。

その翌日は、聖母昇天祭の前日にあたっていた。十字軍の出陣の日を聖母昇天の祭日と決めたのは、ピオ二世の聖母マリアへの深い信仰によるためでもあったが、その日を翌日に控えながら、法王の病状に良いきざしは見られなかった。

夜半すぎ、法王の病室には、ロドリーゴ一人が残っていた。つい先刻まではつめかけていた他の枢機卿たちも、病状が落ちついてきたから今夜は越せるだろうという医師の言葉で、ひとまず各自の寝所に引き上げていた。皆の去った後の病室の中には、彼の他に、医師が一人、部屋のすみに控えているだけだった。法王は、安らかに眠っているように見えた。時が流れていった。

ふと、ピオ二世が何かを言ったように聞えた。走り寄ったロドリーゴの手を、ひどく強くつかんだ法王は、大きく眼を宙に向けたまま叫んだ。

「窓を開けろ。窓を開けてくれ」

ロドリーゴは、あわてて言った。

「夜風は、お身体《からだ》にさわります」

しかし、ピオ二世はなおも同じことを叫び続けた。ロドリーゴの顔も見わけられないらしかった。

法王をそのままにしておいて、ロドリーゴはやむをえず窓を開けた。急に入ってきた風のために、ろうそくの灯が消えてしまった部屋の中は、射《さ》し込む月の光で白く満たされた。

窓を開け終って、ふり向いたロドリーゴは、寝台の上に半身を起しているピオ二世を見て驚いた。法王の眼は、窓を越えて海の上に向けられていた。

そのとき、ピオ二世の口から、ほとばしるような叫びがあふれ出た。

「あれを見よ。あそこに、海の上に、大艦隊が近づいて来る。陽を受けて金色に輝やくのは、主の十字架だ。そのまわりに群れる旗の波は、緋色《ひいろ》に金のヴェネツィアの旗。百、いや千のガレー船の大軍団。鷲の紋章も見える、ドイツ皇帝だ。あそこには百合《ゆり》も、フランス王も来たのだ。皆、やって来たのだ。馬が見える。あそこにはミラノ公がいる。大艦隊だ。大艦隊がついにやって来たのだ。法王が迎えなければ。彼らの総《そう》帥《すい》の私が立たなければ！……」

ロドリーゴもまた、ピオ二世の言葉にさそわれて夜の海を見た。しかし海は、月の光をいっぱいに浴びて、銀色の絹を張ったように静まりかえっているだけだった。そのどこにも船などは見えず、波さえも立ってはいなかった。

立ちつくすロドリーゴの身体は、悲しみのために小きざみにふるえた。その彼の眼の前に、ピオ二世が、のけぞるようにして倒れてきた。

翌日、法王の死を知って上陸したヴェネツィア元首モーロと枢機卿たちとの間で、話合いがなされた。合意に達するのに、時間はかからなかった。元首は、会談後直ちに乗船し、ガレー船隊を引きつれてヴェネツィアへ帰ってしまった。枢機卿たちもそれぞれ別々に、ローマへ帰ることになった。新しく法王を選ぶコンクラーベに出席するためである。ピオ二世の遺体も、二日後にはローマへ向うことに決まっていた。

こうして、最後の十字軍は幻と消えた。聖戦を信じた、最後の法王の死とともに。

アレッサンドロ六世とサヴォナローラ

アレッサンドロ六世（ピントゥリッキオ画）

フィレンツェの街の中心シニョリーア広場のほぼ中央に、一メートルほどの丸型の石がはめ込まれてある。それには、こう刻まれている。
「この場所で、修道士《フラ》ドメニコ、修道士《フラ》シルヴェストロとともに、一四九八年五月二十三日、不正なる判決によって修道士《フラ》ジローラモ・サヴォナローラは、絞首刑《こうしゅけい》の後、火刑に処された。四世紀後、追憶をこめてこの記念碑を設置する」

このドラマの主な登場人物

法王アレッサンドロ六世ロドリーゴ・ボルジア――一四三一年、スペインに生れる。その後イタリアへ渡り、ボローニャ大学で学ぶ。二十五歳の時、伯父にあたる法王カリスト三世によって枢機卿《すうきけい》に任命され、翌年、法王に次ぐ重職である副官房職に昇格。一四九二年、六十一歳で法王に選出された。

この法王は、ルネサンス期の法王の中で、というよりキリスト教会史上、最も悪名高い法王ということになっている。サヴォナローラを処刑したことも、その理由のひとつにあげられている。

修道士ジローラモ・サヴォナローラ――一四五二年、北イタリアのフェラーラに生れる。ドメニコ派の修道院生活の後、一四九一年、三十九歳でフィレンツェのサン・マルコ修道院長に昇格。一四九四年、フランス王シャルル八世のイタリア侵入を機に、メディチ家の追放とそれに代わる人民政府樹立に成功。フィレンツェに、神権政治を確立しようと努めた。

この修道士は、時の法王と法王庁に対するその激しい非難攻撃によって、イタリアにおける宗教改革の先駆者とされてきた。ルネサンス・イタリアの良心というのが、プロテスタント派の人々が、彼に賞讃《しょうさん》を惜しまない理由である。

ルカ・ランドゥッチ――フィレンツェの薬種香料商人。トルナヴォーニ通りに、香料や薬を商うささやかな店を持っていた。年代記を残した。

バルトロメオ・フロリド――法王の秘書官の一人。日誌を残す。

このドラマは、アレッサンドロ六世とサヴォナローラの間に交された書簡、教書と、ルカ・ランドゥッチの年代記、バルトロメオ・フロリドの日誌だけで成り立っている。

舞台は、ローマとフィレンツェ。

時代は、ピオ二世の死から三十年が過ぎた、一四九五年から一四九八年までの四年間。

プロローグ――一四九四年

一月二十五日――ナポリ王フェランテ死去。フランス王、ナポリの王位継承権を主張。

三月一日――サヴォナローラ、堕落したイタリアに神の鞭《むち》がふりおろされると預言。

四月十八日――法王アレッサンドロ六世、新ナポリ王に、前王の嫡子《ちゃくし》アルフォンソ二世を承認。この法王の決定は、フランス王シャルル八世と、フランス派の枢機卿らの反対を無視して行なわれた。

四月二十四日――フランス派枢機卿の首領格、ジュリアーノ・デッラ・ローヴェレ枢機卿、ローマを逃亡。フランスへ向う。

ここから、ナポリ王位継承権の主張を無視されて、怒り心頭に発しているフランス王シャルル八世と、ミラノ公国の摂政から正式の公爵《こうしゃく》の座を狙《ねら》い、その策謀の障害になるナポリのアラゴン王家の没落を願うイル・モーロ（ルドヴィーコ・スフォルツァ）、そして、法王選挙の時、一敗地にまみれ、ボルジア法王への敵愾心《てきがいしん》を燃やす枢機卿ジュリアーノ・デッラ・ローヴェレ、この三者の反ボルジア法王作戦が動き出すのである。

同じ頃、フランス王が、グルノーブルの地に大軍を集結しはじめたとの噂《うわさ》、イタリア中に拡《ひろ》まる。

六月十五日――フランス王の特使、王の要求事項をもってローマに到着。すなわち、新十字軍遠征の基地とするため、ナポリ王国の征服を認めよ、もし法王がそれをあくまでも認めない場合、フランス王は全軍とともにイタリアに入り、ナポリを武力に訴えてでも征服する覚悟であり、さらに、公会議を開催して、法王の退位をも要求する考えだと。

それに対して法王は、ナポリにおけるアラゴン王家の統治はすでに根をおろしており、今、フランス王が主張するかつてのアンジュー家の王権の主張は、既成事実に照らしても正当性無し、また、前スルタンのマホメッド二世とは違い、現スルタンのバヤゼットには、今のところヨーロッパ侵略の意図見えず、こちらからの遠征の理由無しとして、フランス王の要求を全面的に拒絶。
八月二十三日――フランス王シャルル八世、その全軍とともにグルノーブルを出発、アルプス越えに入る。
同時に、全イタリアの各共和国、君主国は、フランス王からの、領国内通行の自由と必要物資の提供を要求される。
九月五日――フランス軍、トリノに入城。
十月十四日――パヴィアに入城。イル・モーロ、正式のミラノ公爵となる。九万のフランス軍の前に、抵抗の無駄を悟ったイタリア諸国、続々とフランス王に恭順を申し入れる。法王、窮地に陥る。
十一月一日――フィレンツェでは、恐怖におびえる民衆を前に、サヴォナローラ、説教する。
「これこそ神のくだしたもうた剣だ。私の預言は的中した。鞭がふりおろされる。神自らが、あの軍勢をひきいておられる。これこそ、神のくだしたもうた怒りの試練だ！
おお、フィレンツェよ、ローマよ、イタリアよ、歌と踊りにあけくれる時は過ぎたのだ。今や、涙の河が流れる。わが民よ、悔いあらためて改心するのだ。神に近づくのだ！

主イエスよ、われわれの罪のために、われわれへの愛のために死なれたお方よ。許したまえ、あなたの小羊であろうと努める、このフィレンツェの民を許したまえ！」

これよりフィレンツェ共和国、完全にサヴォナローラの影響下に入る。

十一月八日——サヴォナローラの熱心な崇拝者、フランチェスコ・ヴァローリの煽《せん》動《どう》下、フィレンツェ市民、メディチ家の追放に成功。

この頃、法王からフランス王の許《もと》に次々と派遣される法王特使、王から面会さえも許されず。フランス軍の進軍を阻止しようとする法王の策は、ことごとく失敗に終る。

ジローラモ・サヴォナローラ

十一月九日——フランス王、ピサに入城。ここで、フィレンツェ特使の格で来たサヴォナローラと会見。サヴォナローラは、王に向って次のように言った。

「おお、キリスト者の王よ。おまえは、神自らの手によって作られた。私が何度も預言したように、神が、イタリアの悪をこらしめるためにおまえをつかわされたのだ。地に堕《お》ちた教会を改革するために、神がおまえをつかわされたのだ。

しかし王よ、もしおまえが正義の人でなく慈悲の人でもなければ、またもしおまえが、フィレンツェの都市をそこの女たちを、そこの市民をそこの自由を尊重しなければ、神はおまえの代りに他の者を選ぶことになり、おまえを、恐ろしい鞭によって滅ぼすであろう。このことを私は、神の啓示を受けた者として、おまえに向って言っている」

十一月十七日――フランス王シャルル八世、サヴォナローラを先頭とする市民の歓呼の中を、フィレンツェに入城。

十一月二十二日――フランス王、フィレンツェから、全キリスト教徒に向けて宣言を発す。

「(一)キリスト者の王である余は、ナポリ征服の後に、異教徒撲滅のための十字軍遠征を遂行することを誓う。

(二)教会改革のために神からつかわされた者として、余は、法王として失格である現法王アレッサンドロ六世を退位させ、新法王を選ぶための公会議開催を、自らの義務とする」

この十日余りのフランス軍駐在の間、フィレンツェは他の都市に比べて、フランス軍の横暴による被害少なく、これもすべてサヴォナローラのおかげであるとして、フィレンツェ市民の彼に対する信頼は、ますます強くなる。

十二月十日——フランス王、法王庁領土のヴィテルボに無血入城。

十二月十五日——フランス軍、ローマに近づくの報に、恐怖に駆られたローマ市民が避難をはじめる。

十二月十八日——フランス軍本隊、ローマより七十キロの距離にまで接近。法王宮内でも、貴重品をカステル・サンタンジェロに避難させる動きであわただしい。

十二月二十三日——ローマ、完全に孤立。ローマの有力豪族たちの寝返り、相次ぐ。

十二月二十四日——ローマ市民代表、法王と会見。この事態に至らせた法王の責任を追及。さらに、身辺に迫った恐怖に浮足だった枢機卿の多くは、フランス王の陣営に走る。法王の許には、六人の枢機卿、一千余りの近衛兵《このえへい》しか残らず。

午後六時、フランス王からの最後通告とどく。「全ローマの城門を開くこと。抵抗は無用である」

法王アレッサンドロ六世、ついにフランス王に屈す。王の要求を認めた返書を送らせた後、彼は、自らをあざ笑うように言った。

「フランス人は、宿舎にする家にチョークでしるしをつける以外の苦労は何もしなかった。この戦争を、〝チョーク戦争〟と名付けようではないか」

十二月三十一日——フランス王、ジュリアーノ・デッラ・ローヴェレ枢機卿らを同道して、市民の大歓呼の中を、ローマに入城。

法王、テヴェレ河の岸にずらりと並べられた三十六門の大砲の砲口を向けられたまま、新年を迎える。

——一四九五年

バルトロメオ・フロリドの日誌

「ローマ、一四九五年七月七日。早朝、フォルノーヴォ戦の勝報を持って、急使がローマに着いた。昨日行なわれた同盟軍とフランス軍との間の戦闘は激戦だったが、逃げ去ったのはフランス軍の方なので、われわれにとっては、曲りなりにも勝利といえそうだ。ほんとうは完勝できたのだが、例のごとくイタリア軍を構成する傭兵《ようへい》隊長たちが、敵軍の置き去りにしていったものに眼がくらみ、それを奪うのに熱中して追跡を怠ったため、とどめの一撃を与えられず、フランス王を取り逃がしてしまったのである。

だが、それにしても法王は、この勝報にひどく喜ばれ、昼食の席に、とっておきのスペインの古ぶどう酒を持ってこさせたほどだった。昼食の列席者は、カラーファ、ロペッツ、チェーザレ、モンレアーレ、サン・ジョルジョ、パッラヴィチーニの六枢機卿。いずれも、法王アレッサンドロ六世を、その危機の間にも見捨てなかった枢機卿たちである。しかし、あらためて思い起してみると、長いようでいて、実に短いこの一年であった。

〝チョーク戦争〟とか〝バターをナイフで切るように〟とか言われたほど、簡単にイタリアを征服したフランス王シャルル八世だが、イタリアから逃げ出すのもまた簡単だった。王と法王が、一対一で会った瞬間から、征服者と被征服者の関係は崩れ去った。二十二歳のシャルルは、六十三歳の老練な外交家アレッサンドロ六世の敵ではなかったのである。永遠の都ローマで、神の地上での代理人法王に会えた感激が、シャルルを、九万の軍勢を従えてきたフランス王から、感動しやすい一人の巡礼者に変えた。十字軍遠征も、アレッサンドロ六世を退位させ、教会の改革を遂行するための公会議開催も、ナポリ王位継承権も、法王が、もちまえの外交技術でうやむやにしてしまったのを気づきもしなかったほどである。それでも、ナポリ征服だけはあきらめなかったとみえ、一月末、全軍とともにローマを発《た》ってナポリへ向ったのだが、どうやらこの頃から、彼の運も下り坂になったようだ。

まず、法王の動きを牽制《けんせい》するため人質として連れていった、チェーザレ枢機卿に逃げられたのである。十九歳のこの大胆な息子のおかげで行動の自由を取り戻した法王は、早速、復讐戦《ふくしゅうせん》を開始した。反フランス同盟の結成を、各国に呼びかけたのだ。フランス王のあまりに簡単なイタリア征服に、他の国々が嫉妬《しっと》を感じ出したのを、敏感に察知して行なった法王のこの提唱は成功した。ドイツ神聖ローマ帝国皇帝、スペイン王、ヴェネツィア共和国、それに、フランス王をイタリアへ引き入れた張本人であるミラノ公イル・モーロさえも参加した同盟には、他のイタリア諸国もすべて加わる。ただし、サヴォナローラの影響下にあるフィレンツェ共和国だけは、フランス王支持の態度を変えず、同盟には不参加を伝えてきた。

四月十二日、反フランス同盟は正式に発足。これを知ってあわてたシャルルは、ナポリ征服の酔もさめ、急ぎフランスへ帰ることに決めた。同盟軍の集結が伝えられていたからである。五月二十日、ナポリを発ったフランス王は、急行軍で北へ向った。フィレンツェにさえも立ち寄らなかった。ポッジボンシで待ちかまえていたサヴォナローラが、再びイタリアに来て、神の命じたローマ教会の改革を実行しなければ、王の身に災難がふりかかるであろうと熱弁をふるったが、それも、あわてている王の気持を変えることはできなかった。
だが、アペニン山脈を越えたところで、同盟軍と出会してしまった。結果は、全滅を免れただけである。今日の午後にとどいた第二の報告では、シャルルは、荷も何もかも味方の兵まで捨て、ようやくアスティにたどり着き、オルレアン公ルイ指揮下の友軍と合流し、休む間もなくすぐに、アルプス越えに向ったとのことである。ひとまずこれで、イタリアにとっては実になさけない一年が過ぎたわけだ。しかもフランス人は、われわれにもうひとつの贈物までしてくれた。フランス兵からナポリ女にうつり、女たちからイタリアの男たちにもたらされたこの病気を、世間では〝フランス病〟と呼んでいる。まだ、これを治療する薬も方法もない。フランス王自身も、この不名誉な病気にかかっていたそうである」
同じく、バルトロメオ・フロリドの日誌
「ローマ、七月十六日。ここ数日、ヴァティカン内では、いよいよ法王が、フィレンツェの修道士サヴォナローラの問題に取り組みはじめたとの噂《うわさ》でもち切っている。この連日、カラーファ枢機卿が呼び出され、法王と彼との間で、秘《ひそ》かな話し合いが持たれていることから出た噂である。カラーファ枢機卿は、ドメニコ派の保護者であり、また、以前からサヴォナローラに良い感情をいだいている高位聖職者としても知られている。

だが、われわれの間では、法王アレッサンドロ六世は、サヴォナローラに対して、相当に厳しい態度に出るにちがいないという予想で一致している。この一年間の経過を考えてみても、キリスト教界の統制のうえからも、また、これからのイタリアの政治を進めていくうえにも、この二人は、ことごとにぶつからざるをえない立場にある」

同じく、バルトロメオ・フロリドの日誌

「ローマ、七月二十一日。今日私は、法王から呼ばれ、一通の手紙の口述筆記を命ぜられた。サヴォナローラにあてたものである。いつものように、低いしかしよく通る声で、ゆっくりと口述するアレッサンドロ六世のそばで、それを筆記しながら、私は意外な思いを抑えることができなかった。手紙が、私の、いやヴァティカン全体の予想を裏切って、実におだやかな文面のものだったからである。しかし、深意はなかなか複雑ではある」

アレッサンドロ六世より、サヴォナローラにあてた書簡

「法王アレッサンドロ六世より

真の息子に、あいさつと法王の祝福とともに、

多くの人から得た情報によって私が知ったところでは、主のぶどう園に働く農夫たちの中でも、おまえはことのほか熱心であるという。私からも祝意を述べたい。そして、人間の心にこの恵みを与えてくれた、全能の神を賞《ほ》め讃《たた》えよう。

人間にこの恵みを与えてくれる聖霊によって、おまえが、キリスト教徒の民に、神の言葉を種まき、百倍の実を結ばせることができるということを、私は疑わない。これまでの経過から、私は、おまえがこの自覚と目的を持った者であることがわかった。つまり、おまえが、説教を通じて民衆に教示することは、神への奉仕にほかならないからである。

そして、少し前に知ったことだが、おまえは、民衆との公式の席での討論の中で、自分が行なう未来に起ることとの預言は、自分が言うのではなく、また人間的な知識から得たものでもなく、神の啓示によるものだ、と言ったという。

そこでだが、これは私の羊飼いとしての義務に属することなので、おまえと一度じ

かに会って、神が選んだというそのおまえの口から、直接に神の啓示の言葉を聴きたいと思う。だからそのために、われわれキリスト者の最高の徳である聖なる服従と思って、私のところに訪ねてきてほしいのだ。私は、父親の愛とキリスト者の愛をもって、おまえを迎えよう。

サン・ピエトロ大寺院にて、漁夫の指輪とともに、

一四九五年七月二十一日

筆記者 B・フロリド」

サヴォナローラより、アレッサンドロ六世にあてた返書

「祝福されたる法王猊下《げいか》へ、聖なる御足への接吻《せっぷん》の後に、

上位者の命に服すべきことは、誰でも知っていることです。〝汝《なんじ》を聴く者はわれを聴く者〟(ルカ伝)とあるように。しかしながらそれは、精神に服するのであって、言葉に服するのではないことも知っています。猊下の先任者法王アレッサンドロ三世の、かつての例にもあるように……。

私といえども、まだ一度も見たことのないローマを訪れることは、長い間の熱望でした。使徒ペテロとパウロの教会に参拝し、聖人たちの聖遺物を敬い、猊下の祝福をつつしんで受けたいと思ってきました。今やこの私の熱望は、名もないうじ虫のよう

な私に与えられた、法王猊下のご命令によって火を点《つ》けられております。

しかしながら、それには多くの障害があります。私が、喜びとともにうやうやしく受けた猊下のご命令に服することがなぜできないかを、それが私の意志ではなく、いかにやむをえない事情からきているかを、あえて猊下にご説明しなければなりません。

まず第一に、熱と下痢によって、私の健康がひどく害されていることです。とりわけ今年はそれが続いていて、胃もその他の器官もことごとく弱ってしまい、もうこれ以上の苦労はできないほどです。それどころか医師は、説教も勉学もすぐにも止《や》めて養生しないと、長くは生きられないだろうと言っています。

第二に、神は私を通じて、この都市を流血の惨事と悪習から解放し、相互融和と聖なる法の治める都市にされたのですが、それに不満な者が、市民の中にも外部の人間にもまだ多くいて、執拗《しつよう》に旧に戻そうとその機会を狙《ねら》っています。しかも彼らは、自分たちの意図がなかなか実現しないので、まったく理由もないことなのに、その怒りを私に向けるのです。そのため、しばしば、毒薬とか剣を使っての、私に対する陰謀が謀《はか》られました。こんなわけで、護衛を従えてでもなければ、安全に修道院から出ることさえもできません。私が、フランス王の許《もと》へ行った時も、自分たちの共和国を愛するこの市民たちは、確かな護衛隊に守られていてさえも、私がこの国の国境を出ることを心配したほどです。

私は、神を信じておりますが、神を試そうとは思わず、慎重に慎重を重ねることを怠ってはならぬと判断しました。マタイ伝にもあります。〝ある町を追われたら、他の町へ逃げよ〟と。

第三に、神が手をつけられたこの都市の改革も、まだ未完成で、完全な成果を得るためには、日々の努力が必要であり、それを怠ると、機会を狙っている悪者によって、たちまち破壊されてしまうでありましょう。慎重で誠実な人々も、私のローマ行きを、この国の民にとって非常に大きな損失であると言います。法王猊下も、私がこの仕事を完成するまで、猊下のご命令に服せないことを、それほどご不満には思われないことと思います。なぜならば、私が今、この都市を不在にすることは、神のご意志ではないからです。願わくば、なるべく早い時期に、ゆったりとした気持で、法王猊下のお望みに応《こた》えてローマを訪れることができればと思います。

さて、法王猊下には、私が公開の席で預言した、イタリアの滅亡と教会の改革を成し遂げるため、将来に起る事件について、私自身の口からお聴きになりたいとのことですが、それならば、私の書いたものをお読みになるのも同じこと。その印刷が終り次第、すぐにも一部をお送りしましょう。この書物には、神の命ぜられたことだけが書いてあります。長い間、契約の櫃《ひつ》の中に入っていて、今まで神は、死ぬべき者の誰にも、それを開いて示すことを許されなかったものです。私のことを、偽《にせ》預言者だという人もいますが、それらの人々も近いうちに、私の預言が実現するのを見て、恐怖におびえ、破滅するでありましょう。

最後に、猊下には、私の誠意に満ちた釈明をお受けくださり、私の服従の気持が、ほんとうは強いのだということを理解してくださるよう願ってやみません。

フィレンツェ、サン・マルコ修道院にて

一四九五年七月の最後の日

法王猊下の忠実な息子であり、卑《いや》しい下僕である

修道士ジローラモ・サヴォナローラ」

バルトロメオ・フロリドの日誌

「ローマ、八月四日。今日、フィレンツェ大使ボンシが、サヴォナローラの返書を持ってきた。法王は、大使に向っていった。

『私信の形式をとった私の手紙への返書を、大使自らが持参してくるのか』

大使は、少々恐縮しながらも答えた。

『サヴォナローラは、われわれフィレンツェ共和国にとって、かけがえのないお人ですから』

法王は、大使ボンシの顔に、しばらくじっと眼をあてていたが、そのまま何もいわず大使を引きさがらせ、かたわらに控えていた私に、手紙を読むよう命じた。私は読み始めた。読んでいくうちに、私の心中に湧《わ》いてきた思いは、一言でいえば、これは、へりくつの集大成にすぎないということである。

サヴォナローラは、彼自身の健康状態を理由の第一にあげているが、この手紙を書く三日前に、長時間の説教をしている事実を、ローマでは知らないと思っているのであろうか。それに、敵が多いので、フィレンツェ国境外には出られないと言っていながら、ルッカには行っている。ローマに来ないことについて、神は信じているが試してはならないとか、ある町を追われたら他の町に逃げるとか、聖書の文句を引用して弁解しているが、要するに、自分は臆病《おくびよう》なのではなくて慎重なのだと言いたいらしい。ところがこれは、聖書の文句が、星占いが誰にでもあてはまるのと同じように、解釈次第では何にでも使えるということを証明しただけである。

この修道士の傲慢《ごうまん》さも、相当なものらしい。フィレンツェを去るのは、神の意志に反することであり、真の預言者は、自分だという。そして、自分の考えを知りたいのなら、出版物を送るからそれを読めという。これでは、手紙の中で彼自身を、名もないうじ虫とか卑しい下僕とか書いても、その本心は隠しようもないではないか。私が読み終っても、法王は、腕を組みじっと眼を閉じたままの姿勢で、しばらくの間沈黙を続けていたが、ふと、独り言のようにこう言った。

『この修道士は、馬鹿者《ばかもの》ではない。狡猾《こうかつ》をきめこもうとしているらしいが、ずる賢いならずる賢いで、最後までそれで押し通すだけの、冷厳さと覚悟が必要だ。それがないと自滅する。もし、そう出来るだけの自信がなかったら、馬鹿者でいる方が良いのだ。聖フランチェスコなら、すぐにもローマへ駆けつけて来ただろうに』」

ルカ・ランドゥッチの年代記

「フィレンツェ、九月一日。サンタ・マリア・デル・フィオーレ大寺院で、サヴォナローラの説教を聴く。いつものように、一万五千を越えるのではないかと思うほどの聴衆で、教会の中はひどい熱気だ。だが、彼が説教壇に登ると、人々は熱気さえも忘れて、真剣に聴き入った。彼は言う。海に面していないフィレンツェ共和国にとって、どれだけ海への出口、すなわちピサが必要か。しかしそのピサには、同盟軍の軍隊、しかもフィレンツェとは仇敵《きゅうてき》の間柄のヴェネツィア共和国の兵が駐屯している。ピサをフィレンツェに与えると約束したのは、フランス王だけではなかったか。そのためにもフィレンツェは、親仏《しんふつ》主義を守り通すべきなのだと。たとえ今、イタリアの中で孤立したとしても、フランス王は、その事業を完成させるために、必ずイタリアに戻ってくるから、結果はフィレンツェに幸いすることになるのだ、と彼は説き、続けて、大審議会《コンシーリオ・マジョーレ》制度は、何としても守らねばならぬ。これこそ、圧政者メディチ家を追放して、人民政府を樹立した民衆の勝利であり誇りであると言って、説教を終えた。

彼の言うことは、まったく正しい。われわれフィレンツェ市民は、自由の民なのだ。フランス軍がアルプスの向うに去った後、同盟に参加しなかったフィレンツェだけが、何か周囲を敵にかこまれているようで不安な思いをしないでもなかったが、それも、今日の彼の言葉で消え去ったようだ。再び、フランス王が軍をひきいてくるという噂も、この頃しきりと流れる。われわれフィレンツェ人は、この清らかな生活をおくれる預言者を、神から与えられたことに感謝しなければならない」

アレッサンドロ六世より、ドメニコ派の二つの修道院、フィレンツェのサン・マルコと、フィエゾレのサン・ドメニコ修道院の修道士全員に向けて発せられた法王教書

「法王アレッサンドロ六世より

真の息子たちへ、あいさつと法王の祝福とともに、

神の忠告を、不可解で難解なものに変えて勝手に使用した者に対しては、使徒ペテロの後継者であり、この時期教会の首長であるわたしは、わたしに与えられた神の恩恵が続く限り、キリスト教徒を栄えさせ発展させる、信仰と救済と平和が保たれるために、いかなる処分も辞さないであろう。たとえ、叱責《しっせき》の鞭《むち》を用いても、偽の単純素朴というヴェールに隠されている、独断的な改革運動を追放するために、全力をつくすであろう。

これらはしばしば、民衆の中から、司祭や修道士の中から、そして、分派、異教徒、風俗の変革の中から生れてくるものである。教会全体の統率と平安を動揺させないために、これらの悪い例が、他の者の間違いを惹《ひ》き起さないために、ここに、叱責の意を表する。

わたしは、説教修道士会に属するジローラモ・サヴォナローラという者が、次のことを行なったことを知った。

㈠独断的で非論理的な改革運動に熱中していること。

㈡イタリアの諸事情の変化を、狂信的な方向に引きずろうとしていること。

㈢教理にかなった何の立証もなく、しかも教理に反して、民衆に向って、自らを神からつかわされた者と宣言していること。

㈣また、神と話した者と言っていること。こう簡単に言うだけならば、いかなる異教徒が言おうとも同じことである。この見えない使命は、奇跡か、または聖書、聖典による立証が必要である。

㈤また、もし彼が人々を欺《あざむ》いたとなれば、その彼をつかわしたところの神と十字架上の主イエス・キリストも、人々を欺いたことになると言ったこと。これは、恐ろしくも憎むべき論理であり、悪魔《あくま》祓《ばら》いをする必要があるくらいだ。

㈥また、彼の高慢な断言を信じない者は、神の国に入ることができないと説いたこと。

彼が書き、言いふらす馬鹿気たことを、懲罰も与えずにそのまま放置しておけば、偽りの信仰をますます大胆にのし歩かせるだけでなく、真の信仰の中にまで、堕落を改革するという見せかけの形をとって、その悪弊が浸透してくることになるだろう。

わたしは、長い間、忍耐に忍耐を重ねて、彼が、そのくだらない預言者ぶった使命感から目覚める時を待った。そして、信徒たちの動揺の原因となる、その預言者ぶった不公平な発言を、彼自らが撤回する時を待った。……

終りに、苦悩をもって言わねばならないが、わたしは、わたし自身の彼に対する信頼を裏切られたようである。わたしは、親書をもって、彼に、彼と親しく会って彼自身の口から真実を知りたいと、ローマを訪れるよう命じたが、彼は、そのわたしの命に服さなかったばかりでなく、文字の読めない信者たちに対して、それを利用して、わたしに送ってくる手紙や出版物に書くよりも、よほど大胆なことを説いてはばからず、それによってわたしを苦しめた。

ただしわたし自身は、この時期、イタリアに平和を回復するという困難な仕事に没頭せざるをえないため、サヴォナローラに関する問題は、おまえたち自身の修道会の中で、その会規に従って解決し、裁き、処罰するよう、ドメニコ派のロンバルディア説教修道士会の総長である修道士《フラ》セバスティアーノ・マッジに一任することにした。サヴォナローラには、破門の罰を受けないで済むよう、服従の徳に目覚めることを厳しく命ずる。すなわち、わたしの信任を受けてこの問題の処理にあたる総長の、いかなる命にも服すること。

さらに、この問題に対する処置が決定するまでの間、修道士《フラ》サヴォナローラには、民衆に対して、説教することも教理の講義をすることも禁ずる。

他の修道士たちについても、サヴォナローラの悪例をくりかえさないよう、ロンバルディア説教修道士会の総長を自分たちの正当な統率者と考えて、彼の決定に従うこと。

また、修道士《フラ》ドメニコ・ダ・ペッシア、修道士《フラ》トマソ・ブッシーニ、修道士《フラ》シルヴェストロの三人は、九日以内にボローニャへ向けて発《た》ち、総長の命に従って、フィレンツェ領以外の他の修道院に移ること。

以上、すべての命に対する異議の申立てを禁ずる。

ローマ、サン・ピエトロ大寺院にて、漁夫の指輪とともに、

一四九五年九月八日

筆記者　B・フロリド」

バルトロメオ・フロリドの日誌

「ローマ、九月八日。今日、法王教書の口述筆記を終った。文面は実に厳しいものである。しかし、これには裏がある。サヴォナローラ問題を担当するドメニコ派の高位者は、皆、サヴォナローラの共鳴者であることだ。これは、ドメニコ派の保護者カラーファ枢機卿《すうきけい》と法王との、たび重なる話合いの結果である。法王は、その立場上、おだやかな態度ばかりとり続けるわけにはいかない。だから、表面は厳しく叱責しておいて、実際上の問題の処理を、親サヴォナローラ派の人々にまかせることによって、

サヴォナローラを、徹底的に追いつめないですむやり方をとったのである。

法王ボルジアは、人々が思っているほどは、単純には出来ていないようだ」

サヴォナローラより、アレッサンドロ六世にあてた書簡（これはあまりに長文なので、文体を生かしながらその要旨のみ訳す）

「祝福されたる法王猊下《げいか》へ、聖なる御足への接吻《せっぷん》の後に、

昨日、われわれの修道院でも、法王猊下の書簡が公表されました。この〝教書〟の形式をとった書簡では、われわれの修道院とフィエゾレのサン・ドメニコ修道院に、ロンバルディア説教修道士会に帰属するようにとあり、また猊下には、私の最も信頼している三修道士に、ボローニャへ発つよう命令されております。これらはすべて、私ことジローラモが、教理に反したことを言い、書き、公式に説教したためであり、それは、神の教会を醜聞に巻きこむことであり、この私への処置は、ロンバルディア修道士会の総長に一任するとありました。

この書簡を、法王猊下が、教会とわれわれ修道士の救いに気を使っていてくださる証拠と、私は、うやうやしく受けました。

しかし同時に、人々の悪意が、地上でのキリストの代理人であられる法王猊下を欺

くことを怖《おそ》れないまでになったかと、それが私をひどく苦しめます。とはいえ、猊下には、項目を分けて指摘されたので、長くなりすぎるとは思いながら、私も、それらひとつひとつについて弁明することをお許しください。

㈠まず、私が、独断的で非論理的な改革運動に熱中していると言われたことについて、

それはまったくの嘘《うそ》であり、私は、反教理的なことや聖書に書かれてないことは、何も説きませんでした。もし、私がそういうことを言ったとしたら、教会、すなわち法王猊下の前に、それを改める気は十分にあります。

しかし、仮に、私が行なっていることが、反教理的と言われるとすれば、それは、そう言う方が間違っているのです。なぜならば、民を悪い方向に導かない限り、未来を預言することは悪ではない。聖書にもあるとおり、神はその仕事を預言者を通じて行なわれるのであるし、そのために、教会史に、預言者は常に存在したのです。そして、一度も禁じられたことはありませんでした。

㈡私が、イタリアの諸事情の変化を、狂信的な方向に引きずろうとしたという点について、

これもまた嘘です。私は五年前から、いや十年も前から同じことを説いている。す

なわち、イタリアの諸事情が変化しない前からのことです。

㈢私が神からつかわされた者であると言った、ということについて、これも嘘です。私は言わなかったし、それは、皆が知っていることです。誰もが読める私の書いたものにも、私は、ほとんどの説教師と同じように、私の上位者から派遣されたと言っているだけです。すなわち、私は、神からだけつかわされた者、と言ったことも書いたこともありません。

㈣また私が、神と語ったと言ったということについて、これも、フィレンツェ市民は知っているように、私は、はっきりとはこうは言いませんでした。

しかし、もし私が言ったとしても、これは、聖書でも教理でも俗法でも、神と語ったと言った者を罰していないので、罪にはならないはずです。そして、これを禁ずる法があったとしたら、それが間違っているのです。

㈤私が、私の説くことが間違ったとしたら、神もキリストも間違っていると言ったということについて、
私はこれを、絶対の意味で言ったのではなく、仮定として言ったのです。なぜならば、私の説くことは、私が創《つく》り出したものではなく、聖書にあることだけを説いてい

るので、もしそれが間違っていたとしたら、キリストも間違ったことを説いたことになるからです。はたして、これが罪になるのでしょうか。

㈥私の説くことを信じない者は、神の国に入れないと言ったということについて、私は、そんな風には言いませんでした。私の言ったのは、私自身の説くことが神の啓示を受けたことだと知りつつ、それを信じない者は、神の国に入れないと言ったのではなく、神の恩恵からはずされている証拠だと言ったのです。

㈦私が馬鹿げたことを説き書き、もしこれを放置しておけば云々《うんぬん》という点について、フィレンツェ人は、私が馬鹿気たことを説いているのではないことを知っている。私の説くことが、フィレンツェの救済と改革の力となったことを、二千、三千、いや一万の証人が証明してくれるはずです。これらの、私がしたことでなく、神が私を仲に立てて行なわれたことを、彼らは、口をそろえて証明してくれるでしょう。

㈧猊下には、私が預言者ぶった態度から目覚める時を忍耐強く待たれたとのことですが、

私は、預言者と言ったこともないし、預言者の門弟だとも言ったことはありません。しかし、もし私がそう言ったとしても、未来を預言したからといって、罰を受けなければならないものでしょうか。それならば、イザヤもエレミヤも、そして主キリス

トでさえも、罰を受けなければならないことになります。そして、預言がすぐにも的中しなかったからといって、それをした者が偽者《にせもの》であるということにはならない。これらの方々の預言も、これらの方々の一生の間には実現しなかった。だから、預言の実現には、時を待たねばなりません。そして、私は、私の預言は必ず実現すると信じています。……

(九)教会内の動揺の原因は、私の発言のためであるように書かれてありますが、猊下、私の説いたことのためにフィレンツェが平和になったということは、フィレンツェ内だけではなく、イタリア中が知っていることです。殺人、陰謀、裏切りに満ちていたフィレンツェは消え失《う》せ、統一された国が生れたのです。フィレンツェが、こうして統一され強くなったために、フランス王も、南下する道でフィレンツェを通過する時、フィレンツェと友好関係を保たざるをえなかったのです。もしフィレンツェが、こうしてフランス王の力を留めなかったとしたら、王とその軍は、イタリア中を火でおおったことでしょう。

もし、私の説くことを信じて行なっていれば、イタリアは、今のようにこんなに破壊されなかったはずです。もし、多くのイタリア人が私の言葉を聴き容《い》れていたら、この今のイタリアの屈辱を予想でき、そして平和を得るための救済の道も開けていた

のです。すなわち、悔いあらためることこそ、イタリアの平和への唯一《ゆいいつ》の道だという
ことがわかるのですから。
　だから、イタリア中は、私という者を通じてそれを行なわれる神に、感謝しなければならないはずです。なぜならば、フィレンツェのように、悔いあらためることこそ救済される道だとわかれば、イタリアは、戦いを避けられるでありましょう。ゆえに、私が良いことをしたことは、誰もが認めることとです。
　㈩猊下の命に服さなかったばかりでなく云々ということについて、
　これは、すでに前回の手紙で説明した理由のためです。私が今、ローマへ行けないのは、健康上の理由と、敵が多くてフィレンツェ領外には出られないこと。兵士の一団の護衛なくしては、私は、修道院の外にも出られないのが現状です。また、今、私が、フィレンツェを留守にすることは、フィレンツェのためにならない、以上三つの理由のためです。どうも、猊下には、私の前回の手紙をお受けとりになっていないらしいと、驚いている気持です。
　私に敵が多いのは、真実を言う者は、敵を作るという言葉どおりです。すべては、私を陥《おとし》れようと策す者どもがたくらんだこと。法王猊下がもし必要と思われるならば、猊下の最も信頼できる人を、フィレンツェに派遣され調べさせれば、すべては明白に

なるはずです。
それによって、もし私が間違っているとなれば、私は、修道院の中でも公開の席上でも、また全市民に対しても、私の言ったことを改め、撤回する用意があります。猊下には、私が、猊下と聖ローマ教会のくだされる裁定に従うことを、猊下の足下に身を投げだして誓うことでしょう。

一四九五年九月二十九日

猊下の息子であり下僕である

修道士ジローラモ・サヴォナローラ」

バルトロメオ・フロリドの日誌

「ローマ、十月五日。今日、サヴォナローラの手紙がとどけられた。私はそれを、法王の前で読み上げた。その後法王は、ちょうどヴァティカンに来ていたカラーファ枢機卿を呼ばせ、枢機卿にもそれを読むようにと言った。読み終った枢機卿は、ほっとしたような顔を法王に向けながら言った。

『猊下、これでサヴォナローラが、反教会的でないこともご理解いただけたでしょう』

しかし、法王は、いつものおだやかな口調のまま答えた。

『そうかな、カラーファ枢機卿、あなたもそう思うかな』

そして、次のように続けた。

『この手紙に書かれてあるサヴォナローラの反論は、実にあいまいに出来ている。彼は、私の批判を、そんなことは言わなかったと否定しながら、しかし、もし仮にそう言ったとしても、という言い方をとっている。譬《たと》えてみれば、自分はパンを盗まなかった。しかし、もし盗んだとしても、それは飢えに苦しんでいる家族を救うためにしたことだ、という論法だ。この論法は、正しくもないし、また利口なやり方ではない。だが、それはひとまず措《お》くとしても、
第一だが、彼によれば、教会史上、預言者は常にいたし、一度も禁じられたことはなかったから、反教理的にはならないとなる。なるほど、これは正しい。しかしこの論は、彼が、自分自身を預言者と信じていることから出発している場合、はたして、反論としてはどれだけの説得力があるだろうか。

第二は、彼は、イタリアの諸事情の変化する前から、今言っていることを説いてきたのだから、イタリアの諸事情の変化には責任がないと言いたいらしい。しかし、これは、私の書いたことに答えていない。私には、何年前から彼が言ってきたことであ

ろうと、そんなことには関心がない。私は、現状に対して、彼の言うことがどういう働きをしているかを問題にしているのだ。

第三だが、彼は、自分は神からだけつかわされた者と言ったおぼえはないと言う。これに至っては、実に幼稚な言いのがれで、だけとは、神も入っているという意味、すなわち、神からもつかわされた者ということになるではないか。

もはや、ひとつひとつを取りあげて、彼の論法のあいまいさを指摘するのは止《や》めよう。第四についても、神と語ったとは、はっきりそうは言わなかったと言うし、無駄である。これらすべての彼の反論を読みながら、私は、彼が、自分を神からつかわされた預言者と信じきっている事実に、目をそむけるわけにはいかない。㈥でも、私自身の説くことが神の啓示を受けたことだと知りつつとか、㈦では、神が私を仲に立てて行なわれたとか書いている。これではもはや明白だ。

残念なことに、彼は、私の考えを理解しなかったか、または理解できないのだろう。私の考えは、預言者を否定しているのではない。が、今日のキリスト教世界では、預言者と誰にでも称せられては困るのだ。勝手に自分は預言者だと称して、民衆に直接働きかける者が多く出てきたら、人間社会はどうなるであろう。聖ローマ教会の内部で審議し、認められた者であるならばかまわない。サヴォナローラは、これを無視している。しかし、無視していても、民衆に悪影響を与え、動揺させるようなことをしない者ならば、私も問題にはしなくて済むのだが、彼はそうではないのだ。

要するに、ここでの彼の言葉は、明らかに反教会的である。彼は、自ら墓穴を掘ったようなものだ。彼の説くことを信じ、悔いあらためていれば、イタリアは、今日の破壊をまぬがれただろうと言うが、悔いあらためるだけで、フランス王が大軍を従えてイタリアに侵入して来ないのならば、私とて、百回も悔いあらためる気は十分にある。

だが実際は、彼が悔いあらためすぎた結果、黙っていてくれればよいものを、フランス王によけいなことを吹きこんでくれたりした。しかも、まだそれを止めようとはしない。

私は、彼が、真の預言者か偽者かの判定を、下そうとは思わない。ただし、願わくば彼の預言というものが、的中しないでくれるよう祈る。的中して、イタリアが破壊し、イタリアの民衆が苦しむのは、いかに神の下したもう試練であっても、避けるよう努めるのが、ローマ教会の長としての私のつとめであると思うからだ。

以上、これらのことで、聖ローマ教会の長であり、主イエスから全権を託された聖ペテロの後継者である法王の私は、私の配下の一人である修道士サヴォナローラに対して、厳しい処罰を与える理由を十分に持ったことになるだろう』
カラーファ枢機卿は青くなった。それを見てアレッサンドロ六世は、笑いながら言った。
『カラーファ、そんなに心配することはない。私は、短気にはできていない。それに、サヴォナローラは、最後の数行にしろ、私と教会の下す裁定に従うと書いているではないか』
この法王アレッサンドロ六世は、待つということを知っている男だ。能力、権力、財力で枢機卿中一番といわれながら、確実な時がくるまで、法王の座を無駄に狙《ねら》ったりせず、三十四年間待ってきた男だ。今、サヴォナローラ一色に染まっているフィレンツェ共和国を、完全に敵に回してしまうような誤りは犯さないだろう」
アレッサンドロ六世より、サヴォナローラにあてた書簡
「法王アレッサンドロ六世より
真の息子へ、あいさつと法王の祝福とともに、
教書の形式をとった前回の書簡で、多くの紙数を費やして、私は、おまえの説教によって、フィレンツェ市民が掻《か》き乱されていることに対し、遺憾の意を示すとともに、

なぜ遺憾に思うかの理由を説明した。なぜならば、おまえの説教では、真に欲望を根絶し、徳を賞揚することをなおざりにしつつ、聖霊の啓示として、未来を預言し永遠性を示唆《しさ》し、それらを断言してはばからないからである。このようなことは、単純素朴な民衆を、聖ローマ教会の救済と服従の精神から遠ざけるものである。

おまえは、説教の中で、預言者とか預言力とか説くよりは、協調と平和を得ることこそ第一だと説くべきであったし、また、現代の情勢は、おまえの説く教理的なことだけでは解決不可能であり、それどころか、完全な平穏の時期においてさえ不和の源となりやすいのに、今のような不確実で不安な時代では、それこそ、こういうことだけでは無理なのだと説くべきであったのだ。私は、多くの魂が危機にあることを知り、私の義務から、あの手紙を書いたのである。おまえを呼び出し、裁き、罪を問うため、十分な配慮のうえ、あのように命じたのである。

しかしながら、少し前から、聖ローマ教会の何人かの枢機卿たちと話し、また、おまえの手紙やら何やらでわかったことなのだが、これまでにおまえが説き書いたことすべてを、おまえは、聖ローマ教会のくだす裁定に、良きキリスト者、信仰深き者のつとめである服従の精神から、従う用意があると言う。これを私は、非常な喜びで迎えている。そして私は、おまえのやったことは、あれはおまえが悪意でやったのではなく、主のぶどう園の成果をあげるに熱心なあまり、単純な気持で、すなわち考えが足りなかったためにやったのだと、思いはじめている。だがおまえのこういうやり方を、人間社会の経験は否定しているのだが。

さて、この問題を私がなおざりにしているとおまえが思わないように、また、絶対になおざりにしてはならないことなのだが、それで私は、再びおまえに向って書くことにした。これは、おまえの手紙に対する返書でもある。

おまえに、聖なる服従の徳を行なうよう命ずる。あらゆる説教を、今後は控えること。民衆に対しても修道院の中でも、また秘《ひそ》かな集会の場所でも、説教をしてはならない。私は、おまえがこの命令に従うことを、心から望む。

ただし、無期限に禁じているのではない。安全に確実に、とはいっても、兵士にかこまれてでなければ外にも出られないというような、聖職者にはふさわしくない現在のおまえの状態が改まった後のことだが、その時、おまえがローマの私を訪れるまでのことなのである。または、私自身が、熟慮のうえ、おまえの将来を決める時まで。それでもなければ、私の選んだ適任で誠実な誰かを、フィレンツェのおまえの許《もと》に派遣する時までの話なのだ。

これらのことを、私が望むようにおまえが行なうなら、その時は、教書で命じたことは、おまえが平和にやっていけるように、すべて反古《ほご》にするつもりである。

ローマ、サン・ピエトロ大寺院にて、漁夫の指輪とともに、

一四九五年十月十六日　　筆記者　B・フロリド」

ルカ・ランドゥッチの年代記

「フィレンツェ、十月二十六日。家業の方が忙しく、しばらく教会にも行けなかったが、久しぶりに今日は、サヴォナローラの説教が聴けると思い、サンタ・マリア・デル・フィオーレの教会に行った。彼は、十一日、十八日、二十五日と、その前はしばらく説教壇に立たなかったのを、再びここ数日、説教するようになったからである。そして今日も、彼が説教するということだった。

ところが、説教壇に立ったのは、修道士《フラ》ドメニコだった。ドメニコの説明するには、サヴォナローラは、説教を中止せざるをえなくなり、その代理として、彼が、サヴォナローラから指名されたとのことである。

修道士《フラ》ドメニコの説教が終って、教会の外に出ながら、人々がささやきあっているのを聞いたところでは、ローマにおられる法王から、修道士《フラ》サヴォナローラに、説教をやめるよう言ってきたからだそうだ。夏頃から、サヴォナローラに、法王から手紙

が送られているという噂《うわさ》は聞いていたが、それと何か関係があるのだろうか。しかし、それにしても、なぜ法王は、サヴォナローラに説教をやめるよう、命じてきたりするのか。私のように、宗教関係者とも政府の役人とも、深い交渉のない者にとっては、想像もつかないことである。私だけでなく、他の多くの人々にもわからないらしい。中にはこう言う者もいた。ローマで、皇帝のような堕落した生活を送っている法王ボルジアが、フィレンツェで、その清廉《せいれん》な私生活で人々の尊敬を一身にあつめている修道士《フラ》サヴォナローラの人望に、嫉妬《しっと》したからだと。そうかもしれない」

フィレンツェ共和国政府《シニョリーア》より、法王アレッサンドロ六世にあてた書簡

「最高に聖にして、最高に祝福されたる父上、法王猊下《げいか》へ、

この混乱と危機の中にあるわが共和国にとって、これ以上の希望はなく、また、現状をこれ以上に悪化させるのを防いでいるもの、それは、修道士《フラ》ジローラモ・サヴォナローラの存在とその教えです。……

最も祝福されたる法王猊下、彼こそは、真に善良な一人の男であり、その私生活は高潔、その行動は非難しようもなく、信仰心は完璧《かんぺき》、彼の説くことは立派なものであります。これらのことが、フィレンツェ共和国の市民たちを、彼の説く未来の預言に

耳をかたむけさせるようにし、彼の説くことに従うようにさせたのです。旧約の申命記にあるモーゼの例と同じように。

これによって、今日では、この国での彼の権威は、非常に大きなものになりました。

……

しかしながら、何人かの者は、彼の徳に嫉妬し、われわれのこの平安を掻き乱そうとしており、それらの者は、猊下にまで誤ったことを言上したようです。どうにも、人間の中にはひねくれ者がいて、良き人々をわざと悪く考えるものです。

しかし、もしわれわれが誤っていないとしたら、われわれフィレンツェ人こそが、サヴォナローラに対する最も適した証人であるはずです。……

最も祝福されたる法王猊下、われわれフィレンツェ人には必要なのです。この神に身を捧《ささ》げた男が必要なのです。彼の説教が必要なのです。われわれの都市は、彼によって悔いあらためることを知り、神に奉仕することを知ったのです。

こういう民衆にとって、彼の説教が禁止されることほど、彼の説教を聴くことが出来ないほど、悲しいことはありません。

故《ゆえ》に猊下に対し、全市民は、深い謙遜《けんそん》とともに、修道士《フラ》ジローラモ・サヴォナローラへの御慈愛を下されることを請願してやみません。彼が、以前にしていたように、われわれの都市を導いてくれることが再びできるように。……
猊下が、この願いを聞きとどけてくださる時、猊下には、われわれ政府関係者だけでなく、フィレンツェ共和国の全市民から、いや、その他のすべての人々からも、賞《しょう》讃《さん》と感謝が捧げられることでしょう。……
心からの謙遜と、心からの懇願を、全市とすべての市民たちが法王猊下に、
政庁にて　一四九五年十一月十三日」

バルトロメオ・フロリドの日誌

「ローマ、十一月十六日。一ヵ月前に送り出した、法王からサヴォナローラにあてた手紙の返書がいっこうにとどかないと思っていたら、今日、法王宮に、フィレンツェ共和国政府から法王にあてた手紙がとどいた。サヴォナローラが返書を書かない、その代りとでもいう感じがする。

私が、この手紙を法王の前で読み上げた時、法王庁裁判所判事補の司教ロモリーノが同席していたが、法王は、三十三歳という若さでありながら、その才能を高く買っているロモリーノにも、一言も読後の感想をもらさなかった。ただ一瞬彼の眼をじっとみつめ、彼もまた、法王をじっと見返しただけだった。そして法王は、そのまま立

って出て行った。私とロモリーノは、法王宮の回廊に出て、しばらく話し合った。私たち二人は、互いに意見が一致した。

サヴォナローラの身分証明書のようなあのフィレンツェ政府の手紙は、少しもサヴォナローラに対する法王の疑惑を晴らすには役立たなかったであろうと。いや、ますます監視を強めることになったにちがいない。あの手紙は、いかにフィレンツェが、今、サヴォナローラの影響下にあるかをよく示している。しかも、法王の心配していること、すなわち、サヴォナローラとフィレンツェの政治との関係を、あの手紙は、否定するどころか肯定している。

だが、それにしてもフィレンツェ人は、人間社会の現実を知らないのであろうか。善良な人間、清廉な人間といえども、必ずしも良き指導者となるとは限らないという現実を」

二——一四九六年

ルカ・ランドゥッチの年代記

「フィレンツェ、二月七日。今日、群をなし、頭巾《ずきん》をかぶった少年少女たちが、路《みち》という路を走りまわり、少しでも贅沢品《ぜいたくひん》を身につけていれば人々からそれを取り上げ、子供たちの玩具《がんぐ》まで奪うという事件が起きた。修道士《フラ》サヴォナローラに心酔しての行動だという。

『あれが修道士《フラーテ》の少年たちだ』

と、大人たちは驚きながらささやきあった。中には、少年たちの群が近づくと逃げる者もいたが、それでも人々は、堕落した習慣を追放するという、この少年たちの行為を賞《ほ》め讃《たた》えていた。

このようなことは、老人たちも話していたが、フィレンツェではまったくはじめてのことだそうだ。私も、ありがたい時代に生きる幸せに恵まれたものである」

同じく、ルカ・ランドゥッチの年代記

「フィレンツェ、二月十六日。今日は謝肉祭である。昨年までは、ほとんど伝統の行事になっていた、少年たちの石投げ遊びや、道で行き会う人々に金をねだり、その金で馬《ば》鹿《か》騒《さわ》ぎをするのが今年は見られない。サヴォナローラが、以前からこれをやめるよう、説教してきたからだろう。それどころか、この危険な石投げ遊びや、金をねだるのに代わって、今年の謝肉祭には、驚くべきことが起きた。

六千人以上はいたであろう。少年たちは皆、五、六歳から十六歳頃までの年齢で、それらが、フィレンツェの街の四つの区別に列を作り、それぞれの区の旗を先頭に立てて行進してくる。少年たちは、手に手にオリーブの枝を持ち、『キリストばんざい《ヴィーヴァ》、われわれの女王処女マリアばんざい』と叫び続ける。

沿道の大人たちは、あまりのありがたさに涙を流しながら、少年たちの行列を迎え、皆、『これこそ、この新しい変りようこそ、神の御業《みわざ》だ』と言い合った。

まるで、かつてイェルサレムで、人々がキリストの前や後をかこみながら、祝福されたる君よ、神の名によって来られた君よ、と賞め讃えた場面の再現を見るような気がした。

サヴォナローラの弟子の修道士《フラ》ドメニコがひきいるこの少年たちの行列が、フィレンツェ第一の教会であるサンタ・マリア・デル・フィオーレに到着した時、教会の内も外もいっぱいの人で埋まっていたが、それでも、男と女の場所に、きちんと分けられていた。男たちの場所は、中に物珍しさで見にきた者もいて、比較的静かだったが、女たちの席は、もう泣き声と歓声で、大変なものだ。

その間を少年たちは、貧しい人々への喜捨を求めてまわった。誰もが、競って喜捨に応じる。中には、金貨を投げる者もいた。金貨だけではなく、絹のヴェールを渡す者、銀のスプーンを与える者、レースのハンカチ、テーブル・クロスなどその他いろいろなものが集まった。惜しいと思う者は、一人もいなかった。誰もが、身につけているものすべてを、キリストと処女マリアに捧《ささ》げたい気持だった。金貨だけで、三百ドゥカート集まったという。

私がこのことを書くのは、すべてが真実であり、私自身がこの眼で見、この心で感じたからである。私の息子たちも、〝サヴォナローラの少年兵〟に加わっていた」

同じく、ルカ・ランドゥッチの年代記

「フィレンツェ、二月十七日。四旬節の最初の日である。サンタ・マリア・デル・フィオーレでサヴォナローラが説教するというので、それを聴きに行く。教会へ向う道、法王が説教を禁じたというのはどうなったのだろうと、そのことが頭をかすめたが、教会の中に入って、その様子にあまりに驚き、そんなことは忘れてしまった。

広い教会の中は、いっぱいの人で身動きもできないくらいだ。そのうえ、壁にそって特別に作られた段がずっと上まで並び、そこに、大勢の少年たちが坐《すわ》っている。この桟敷《さじき》は、ちょうど説教壇を遠くから囲むようにできていて、少年たちの向い側の桟敷には、女たちが、これも驚くほど多く並んで坐っている。

彼らは、聖歌を合唱しはじめた。少年たちが一節を歌うと、女たちが次の一節を歌い、それを繰り返していく。これを聴いている者は、法悦の気分に満たされ、思わず涙が流れる。教会の床に立っている男たちの中には、かつてメディチ家に出入りしていた教養の高い人々の顔も見え、彼らでさえも、これは神のなされることだ、と言って感動していた。

これは、四旬節の間中、サヴォナローラが説教をする限り、続くのだそうだ。それならば、今朝、フィレンツェの多くの家で起ったように、子供たちが朝早くから起きだし、皆、母親の行ったところへ、母親と同じように説教を聴きに、自分から進んで教会へ行くという珍しいことが、毎日のように起るのだろう。

そんなことを考えている時、サヴォナローラが、武装した信者たちに囲まれて教会内に入ってきた。群衆から大歓声が湧《わ》き起る。その中を、信者たちに守られて説教壇に登った修道士《フラ》サヴォナローラは、いっせいに彼に向って喜びの声をあげる群衆に答えるかのように、ぐるりと一同を見わたした。彼の眼は、火の点《つ》いた炭火のようだ。それを見て、群衆は静かになった。熱気に満ちた沈黙の中、サヴォナローラの、いつものかん高い声がひびきはじめた。

サヴォナローラの説教

『修道士よ、おまえは休息していたのか？　なぜおまえは、おまえの兵たちを助けるために戦場に来なかったのか？

わが息子たちよ、私は休息していたのではない。私は戦場に来る代わりに、城を守って闘っていたのだ。しかし、神のおかげで城は守られた。

では修道士よ、おまえは死が恐ろしかったのか？

わが息子たちよ、もちろん私は死を恐れない。もし恐れたら、今、ここには来なかったであろう。なぜなら私は、この上に立つことによって、以前よりももっと大きな危険の中にいることになったからだ。……

さて息子たちよ、私は、上位者の命に服従すべきであろうか。だが上位者は、私の信仰に反するようなことを、命じることはできない。法王は、キリスト者の愛と福音書に反することを、私に命じることはできない。法王も、おそらくそんなことはしないであろう。しかし、もしそれを命じてきたとしたら、私は次のように答えるであろう。

おまえは今や、羊飼い《パストーレ》（法王）ではない。おまえは、聖ローマ教会の長でもない。おまえは道をはずれた者だ。聖書にも書いてあるのだ、〝人間によりも神に服従しなければならない〟と。……

おお神よ、私は平和が欲しかった。平穏にくらしたかった。しかし、あなたが私を外に連れ出した。あなたの光が、私を目覚めさせた。私は休息したかった。だが、休む場所がない。私は沈黙していたかった。だが、それもできない。あなたの言葉が、火となって私の心を身体《からだ》を燃やすのです。もし私がここに登らなかったら、私は骨となっていたでしょう』

聴衆は泣いていた。感動が教会を爆発させるほどに高まる中で、サヴォナローラは続ける。

『少年たちよ、おまえたちこそ私の希望であり、神の希望なのだ。おまえたちは、フイレンツェを、良く治めていけるはずだ。なぜならばおまえたちは、父親たちのように悪に染まっていないからだ。

だが、大人たちは、私についての誤ったことを、ローマに知らせたりした。でなければ、私の説くことに、素直に従わなかった。私は預言する。おまえたち大人の罪には、鞭《むち》が振りおろされるであろう。戦争や疫病《えきびょう》によって、不信心者は滅びるのだ。

市民たちよ、もしおまえたちが神を恐れずに生き続け、また、今の自由の政体を愛さずに生きるならば、おまえたちは神に滅ぼされるであろう。幸せと救いは、おまえたちの息子たちにだけ、与えられることになろう』

こうして、サヴォナローラの第一日目の説教は終った。教会を出る時は皆、涙顔で、口々に、ありがたいお方だ、預言者だという声が、いつまでも聞こえていた。まだ泣いている妻を見つけて、一緒に家まで帰る」

同じく、ルカ・ランドゥッチの年代記

「フィレンツェ、二月二十七日。修道士《フラーテ》に勇気づけられた少年たちの群が奔流のように市内にあふれ出て、贅沢品や女の装飾品を奪っている。家の前でカルタ遊びをしていた人々も、少年たちが来るとの声に、急いで家の中に逃げこむほどである。それでも、ここ数日、道を行く女たちの服装が、目立って質素になった」

同じく、ルカ・ランドゥッチの年代記
「フィレンツェ、二月二十八日。少年たちは街中にあふれている。城壁の附近とか、立食い屋の前とかに集まってきて、群になって出歩く。街の全区にそれが見られる。もし彼らに反抗する者がいたりすると、その者は生命の危険にさらされるほどだ」

同じく、ルカ・ランドゥッチの年代記
「フィレンツェ、三月八日。ここ数日、ペスト発生の兆候が見えはじめた。たいしたことにならねばよいと思う。

四旬節の第三日曜である今日、サヴォナローラの説教を聴く。一万四千から五千ぐらいの人が集まっていた。彼が説教壇に現われると、『キリストばんざい《ヴィーヴァ》』と叫ぶ声が、教会の扉を破るほどだった。ほとんどの人は、彼を、真の預言者だと信じている。サヴォナローラの説教は、まず、ローマの堕落の非難からはじまり、神の下される鞭の恐ろしさを預言し、そして最後に、悔いあらためて神に近づくよう説いて終った。はじめの部分は、聴衆をひどく驚かせ恐れさせたので、ここにも書かずにはいられない。

『私には、旧約のアモス預言にある肥え太った牝牛《めうし》とは、ローマの娼婦《しょうふ》を意味するとしか思えない。では、ローマには何人の娼婦がいるか。千人？ 少なすぎる。一万人？ それでもローマには少ない。一万四千人？ まだ少ない。ローマの娼婦とは、あそこに住む男も女も何もかもだ。

彼らは、神の教会を支配し、それを醜くし、娼婦たちの畜舎に変えてしまった。私は、豚や馬の小屋に変えてやる。その方が、娼婦たちの畜舎にするよりも、神の御心にかなうはずだ。だが彼らも、神の怒りの剣がふりおろされる時、滅亡する。その時になって悔いあらためても無駄だ。神はもはや許されないからだ。

われわれフィレンツェ人、いやローマ以外に住むすべての人々は、ローマの法王庁の命に従う必要が、はたしてあるのだろうか。キリスト者の愛と福音書に反する彼らの命には、従う必要は少しもないはずだ』」

同じく、ルカ・ランドゥッチの年代記
「フィレンツェ、三月二十六日。一日中雪が降る。夕方までに半ブラッチア（約三十センチ）も積った。農作物が、相当に害を受けたとのことである」

同じく、ルカ・ランドゥッチの年代記

「フィレンツェ、三月二十七日。今日は、〝しゅろの日曜日〟だ。修道士《フラ》サヴォナローラは、少年たちに祭りの行列をさせた。少年たちは、手に手にオリーブの枝を持ち、頭にまで飾り、そのうえ、一スパンナ（約二十センチ）の長さほどの赤い十字架を持って歩く。この五千人はいる少年たちの他に、大勢の少女たちも加わり、それもまた、オリーブの枝を手に持ち、葉で作った冠を頭に、赤い十字架を持って歩く。皆、白い服を着けている。

この少年と少女たちの行列の後には、フィレンツェ共和国政府の高官たち、同業組合の委員たちが続き、その後に、多くの男たち、そして、これまたそれ以上に大勢の女たちが続く。このような祭列は、フィレンツェではかつて見ることができなかったものである。昨日降った雪の上に、白い服の行列とその上に見える赤い十字架、そして緑色のオリーブの葉と、まるで、おごそかで美しい幻を見るような想《おも》いがした。

祭列が、サヴォナローラが説教することになっているサンタ・マリア・デル・フィオーレに到着した時、反対側のサン・マルコ修道院の道から、しゅろの日曜日に、ろばに乗ってイエルサレムに行かれた主イエスを描いた画像が、修道士たちに捧げ持たれて近づいてきた。人々の中から、いっせいに『キリストばんざい《ヴィーヴァ》！　われわれの主ばんざい！』と叫ぶ歓声が起った。祭列に参加していた人だけでなく、まるで、全市が叫んでいるようだった。

教会の中に入り、高い窓の辺にまでしつらえられた桟敷に、例のごとく少年たちと女たちが坐り、床には、桟敷に坐れなかった人々が、身動きもできないほどぎっしり立ち並んだ中で、説教壇の上に登ったサヴォナローラの声が、一段と高くひびく。

『〝おまえはペテロ《ピエトロ》だ。この岩《ピエトラ》の上に、わたしの教会を建てよう。地獄の門も、これには勝てないだろう。おまえに、天国の鍵《かぎ》を与えよう。これによって、おまえが地上でつなぐものは天でもつながれ、おまえが地上で解くものは天でも解かれるのだ〟

福音書によれば、主イエスはこうして、聖ペテロを自らの代理人とされたのだ。そして法王は、聖ペテロの後継者である。だから法王は、キリストの代理人でもあることになる。

しかし、われわれは、法王の下すあらゆる命令に服さなければならないということはない。もし、これらの命令が、誤った情報によったものであるならば、命令は無効となる。もし、これらの命令が、キリスト者の愛と福音書に反しているのならば、絶対に反抗すべきなのだ。かつて、聖ペテロに反抗した聖パウロのように。

そしてやむをえない場合には、上位者に対しても、次のように答えなければならない。おまえが間違っている。おまえは聖ローマ教会の長でもない。おまえは、罪を犯したただの人間にすぎないのだと。

私に送られた法王教書が、私のことを悪くいいふらし、私を陥《おとしい》れようとする私の敵、フィレンツェ共和国の敵を支援するために送られてきたのを、知らない者がいようか。私のローマへの出発が、私自身の身を危険にさらすだけでなく、フィレンツェの民とその自由をも危険にさらすことになるのだということを、知らない者がいようか。われわれの敵は、真の宗教を追放し、われわれの持つ良き生活を破壊しようとしている。

だが私は、法王は、われわれの敵の策略にだまされたのだ、と思わないではいられない。だから、だまされている今の彼に従うよりも、いっそ従わない方を選ぶのだ。

では、この戦いの終末はどうなるのか、とおまえたちがたずねるならば、私はこう答える。大きな意味では勝利だと。しかし、小さな意味では、すなわち私自身のことならば、切り刻まれて死ぬことだ、と答えよう。

だが、おまえたちは心配することはない。この小さな意味の終末も、すべては、私の従う神の教理を護《まも》るために役立つのだから。教理は、私が与えるのではない。神が与えられたものである。私は、法王の道具ではない。だから私は、最後の最後まで戦うつもりだ。

今朝方、私は幻を見た。大十字架が、ローマとイェルサレムの間にあった。その十字架からは、血がどくどくと流れ出していた。不信心者たちは、その血を喜んで浴びていたが、キリスト教徒たちは、それをするのをためらっているようだった。

突然、闇《やみ》が地上をおおった。そして、恐ろしい大音響とともに、天から、火と矢が降ってきた。これが神の怒りの鞭だ。血を浴びていた者も、また、それをするのをためらっていた者も、すべてが滅びた。

わが息子たちよ、親愛なるフィレンツェの民よ、悔いあらためるのだ。神の怒りの剣は、ほらすぐそこまで近づいている。ローマから逃げるのだ。ローマを捨てるのだ。そうすることだけが、悔いあらためて神に許しを乞《こ》うことだけが、われわれを救う道である』

こう結んで、修道士《フラ》サヴォナローラの、四旬節最後の説教は終った。身のふるえがとまらないまま教会の外に出た私は、そこに、これも説教を聴きにきていたらしい、何人かの顔見知りの、薬種香料組合の委員たちに出会った。その中の一人が私にささやいたことは、私の身体を氷のように冷たくした。

『サヴォナローラは、ほんとうの預言者だ。彼の預言は、またも的中しつつある。政府委員会にとどいた、ミラノ駐在のフィレンツェ大使からの報告によると、フランス王シャルル八世が、再びイタリア進攻の意志を明らかにしたという。ヴェネツィアでは、その時にそなえて、大軍の集結をはじめたそうだ』

この恐ろしい噂《うわさ》は、私がサンタ・マリア・デル・フィオーレから、わずかしか離れていないシニョリーア広場まで歩いてくる間に、もう街中に拡《ひろ》まっていた。シニョリーア広場では、祭日の食卓に帰ることも忘れた人々が、あちこちにかたまって、心配そうに恐ろし気に、ひそひそと話し合っていた」

バルトロメオ・フロリドの日誌

「ローマ、四月三日。復活祭だというのに、法王は、午前中のミサを行い、サン・ピエトロ広場に集まった群衆に祝福を与えるのが終った後も、休むどころか、まことに忙しい一日をおくった。

まず、フィレンツェ大使との会見があった。その時、法王は、反フランス王同盟に、イタリアで一国だけ参加しようとしないフィレンツェ共和国政府を、そして、サヴォナローラの説教を依然として許している政府を、いつになく厳しく激しい調子で非難した。大使ベッキが、思わずたじろぐほどだった。

そして午後、あらかじめ召集を受けていたドメニコ派の神学者たち十四人が呼ばれ、サヴォナローラの問題について討議が行なわれた。討議というよりも、法王が、神学者たちに対して、ドメニコ派のフィレンツェ修道士会を、ロンバルディア説教修道士会に帰属させることが、教会法に照らして可能か否《いな》かの意見を聞いたのである。

これについて、ほとんど全員の神学者たちは、次の理由によって、教会法上は不可能であると答えた。なぜならば、フィレンツェ修道士会は、以前は独立していたのだが、ペストの流行時に人員がひどく減り、やむをえずロンバルディア修道士会に属することになった。しかし今は、修道士の数も増え、独立した修道士会の結成を望んだサヴォナローラの考えには、何の非難すべき点もなく、フィレンツェを中心とした別の新しい修道士会を結成するのならともかく、ロンバルディア修道士会に帰属せよとだけでは理由が成り立たない、というのである。法王も、これには納得せざるをえなかったようだ。

ただし、サヴォナローラの、説教で説き、出版物で書いていることに関しては、サヴォナローラが正しいとした二人を除く他の十二人は、いずれもサヴォナローラの、説教師としての越権行為は、十分に処罰の対象になりうると答えた。修道士は、政治に口出しをすべきでないし、彼の教理は独断的であるというのが、神学者たちの意見である。これで、法王アレッサンドロ六世は、決定的行動に出るための、少なくとも教理上の理由は得たことになった」

同じく、バルトロメオ・フロリドの日誌

「ローマ、五月五日。あいかわらず、法王は動こうとしない。そういう法王について、法王庁内では、いろいろの臆測《おくそく》が入り乱れている。サヴォナローラに同情したり共鳴したりしている人々は、法王ボルジアはまだ、あの修道士を説得する望みを捨てていないと言う。彼らは、サヴォナローラの説くことは理性的には納得できないのだが、心情的にはわかるというのである。そして、法王も同じ考えだろうと言う。

どうも私は、こういう人々を信用していない。しかし、彼らこそ、法王庁内では多数派を占めていて、その上に、カラーファ枢機卿《すうきけい》が乗っているわけだ。ロペッ枢機卿も、この派にあって積極的な一人である。

一方、法王のやり方を、なまぬるいと非難する一派がある。これは、強硬な反サヴォナローラ派である。この派を代表しているのがアスカーニオ・スフォルツァ枢機卿だが、スフォルツァ枢機卿の反サヴォナローラは、明確に個人的なものである。枢機卿の実兄であるミラノ公爵《こうしゃく》のイル・モーロにとって、フランスがミラノの領有権まで主張しだしてきた今、最も防ぎたいのは、フランス軍のイタリア侵入だからである。フランス王が、サヴォナローラの煽動《せんどう》におどらされてイタリアに侵入してきた場合、まず最初に被害を受けるのは、イル・モーロのスフォルツァ家であるからだ。

だが、私の見るところでは、アレッサンドロ六世は、この両派のどちらにも属していない。というより、属そうとしない。法王は、第三の道をとろうとしている。まず先決するのは、フランス王をイタリアへ来させないようにすることであろう。個人攻撃をされて怒るような彼ではない。ローマでは、法王を非難したり中傷したりする落首を書いて、処罰された例はひとつもなかった。おそらく、彼の心中にあるのは、イタリアを外敵から守ることと、教会の秩序維持だけであろう。

サヴォナローラは、法王が誤った情報に欺《あざむ》かれているというが、それは当っていない。法王は、サヴォナローラの行なうすべての説教を、逐一筆記させてはローマに送らせている。これらを、私が法王の前で読みあげるのだから確かなことである。また彼は、サヴォナローラの出版物にも、すべて眼をとおしている。

それでいて、彼がいっこうに動き出そうとしないのはなぜであろうか。最も近くにいる私でさえ、法王の心中を想像することはむずかしい。心情的といえども、法王庁内でさえサヴォナローラ派が強いということのためか。また、フィレンツェ市民の三分の二、これに女や子供を加えれば大変な数になるが、それらのサヴォナローラ信奉者の規模を考えてのことか。おそらく、人間としてまことに複雑なこの法王には、あらゆることがその判断の材料となるのであろう。

サヴォナローラは、自らを、聖ペテロに反抗した聖パウロになぞらえた。しかし、法王ボルジアは、狂信的でないところは聖ペテロと似ていても、あのキリストの第一の弟子のような善良な男ではない。そして、聖パウロといえども、自説をつらぬきとおすために、外国の軍隊まで利用しようとはしなかった」

ルカ・ランドゥッチの年代記

「フィレンツェ、八月二十日。今年の夏は、雨がことのほかよく降る。こんな有様では、作物の出来具合が心配だ。小麦粉も値上りしている。

今日は、薬種香料組合の委員の一人として、政庁の中にある大審議会会場での、サヴォナローラの説教に参列した。修道士が、こういう政治の席でなぜ説教するのか不思議だったが、政府関係者、同業者組合など、共和国の代表はすべて来ていた。サヴォナローラの説教のうち、われわれをひどく驚かせたところだけ、ここに書き残す。フィレンツェの政治についての説教に続いて、彼は、一段と声を高くして、次のように言った。

『人は、今の私のやっていることを非難して言う。修道士《フラーテ》は、金が欲しいのだ。修道士《フラーテ》は、専制君主になりたいのだ。修道士《フラーテ》は、赤い帽子（枢機卿の位）が欲しいのだと。それでは答えよう。私は、そんなものが欲しかったら、今着ているこのボロの修道衣など着ていない。私は、俗界の栄誉など欲しくもないのだ。

おお神よ、私は、司教冠も赤い帽子もいらないのです。同じ赤い帽子なら、あなたが聖者たちに与えたもの以外はいらないのです。死が欲しいのです。赤い帽子が、赤い血の帽子が欲しいのです』

これを聴いて、さすがの私もまさかと思った。サヴォナローラの説教を聴いていると、何か、ローマの法王が、彼を黙らせるために、枢機卿の位を与えると言ってきたように感じるのである。説教が終って、私が階段を降りようとした時、友人のカッポーニが近づいて来ていった。

『どうも法王は、修道士に、枢機卿の位に就けてやると言ってきたらしい。今朝方、懺悔《ざんげ》をしに行った妻が、懺悔僧から聞いたところによると、法王の命を受けた一人のドメニコ派の僧がフィレンツェに来て、サヴォナローラに、枢機卿昇格について、その気持を打診したのだそうだ。おそらくサヴォナローラは、即座に拒絶したのだろうが』

恐ろしいことである。法王ボルジアは、法王の選挙を金で買ったと前々から噂には聞いていたが、そういう法王なら、修道士を赤い帽子で買収することなど、簡単にやりそうな気がする。ローマは、やはり恐ろしいところだ」

バルトロメオ・フロリドの日誌

「ローマ、八月三十一日。ここ数日、法王庁内は、馬鹿気《ばかげ》た噂でもち切りだ。法王が、サヴォナローラに、枢機卿にしてやろうと申し入れたというのである。理由は、フランス王のイタリア再侵入の流言が絶えないので、それを心配した法王が、フランス王とサヴォナローラの仲を裂こうとして、この策をとったというのである。

だがこの噂は、もし仮に事実だとしても、次の二点で、実にその根拠が薄弱である。まず、法王アレッサンドロ六世は、一四九四年のフランス軍侵入時のような、孤立した立場にはない。今は、フィレンツェだけはフランス派だが、他の国々はすべて、法王と歩調を合せて反フランスの態度を明確にしているので、以前と違ってその立場は楽だといえる。だから、窮余の策までは考える必要はない。第二に、わかりきったことだが、あれほど反ローマ的態度を強調しているサヴォナローラが、こういうたぐいの申入れに応じるはずもないことは、人を見る眼のある法王が、誰よりも見通しているはずであることだ。

だからこの噂は、ここローマでは誰も信ぜず、サヴォナローラに同情的な人々の間でも、フィレンツェで広まっている馬鹿気たこととして、笑い話の種になっているだけである」

（著者注＝このことに関しては、信用できる歴史家はすべて否定しているか、またはまるで問題にしていない。熱狂的なサヴォナローラ派のパスクワーレ・ヴィラーリでさえ、説教の一部を引用しているだけで、他には一言もふれていない。このことを書き残しているのは、サヴォナローラ処刑直後に、サヴォナローラ信奉者のフィレンツェ人の手になった、いくつかの手稿だけである。サヴォナローラも、説教の中で明確に、申入れがあったと言ったのではなかった。）

ルカ・ランドゥッチの年代記

「フィレンツェ、九月十九日。雨が降り続いている。これでは、オリーブの実は落ちるし、ぶどうの出来も悪いにちがいない。市内では、食糧不足の兆候が見えはじめてきた。

共和国の財政も、楽観を許さないところにきているらしい。なにしろ、フランス王に、十二万フィオリーノの年貢金《ねんぐきん》を毎年支払わねばならないのだ。それはそうと、フランス王シャルル八世には男子出生、という喜ばしい便りがあった。はじめての男の子であるらしい」

同じく、ルカ・ランドゥッチの年代記

「フィレンツェ、十月二十八日。今日は、これから十二月末まで続く、サヴォナローラの説教の第一日目である。だが私は、家業の方が忙しく、説教を聴きに行く暇がない。トルナヴォーニ通りに店を持ってから、一段と忙しくなった。聴きに行きたいという妻と息子たちだけを、行かせることにする」

同じ日の続き

「ここずっと、少年たちの集団が、サヴォナローラの行くところにはどこにでも、行列を成して従うのは見て知っていたが、今夕、この少年たちが、若い女を襲い、頭の飾りやらレースのえりなどを引きちぎったという事件が起きた。さすがにこれは、人々の怒りを買い、サヴォナローラも少年たちに、暴力はいけないとさとしたそうである」

同じく、ルカ・ランドゥッチの年代記

「フィレンツェ、十月三十日。奇跡が起った。奇跡が起ったのである。今日、聖母マリアの画像が、以前にフィレンツェのために描かせていたのだが、それが完成して、修道士や少年少女たちの行列に守られて、フィレンツェのサンタ・マリア門を入ってきた時だった。馬に乗った使者が、オリーブの枝を高くかかげながら、サン・フェルディアーノの門を駆け抜け、アルノ河ぞいの道を、まっしぐらに政庁へ向ってくるのが見えた。

聖画像を守って進んできた行列は止まり、騎馬の使者のまわりを、たちまち大勢の人が囲んだ。人々は皆、何が起ったのかとたずねた。使者は、上ずった声で答えた。『リヴォルノ港に、小麦粉を満載した船が着いた。風が、船到着をはばもうとしたヴェネツィア兵を蹴散《けち》らし、積荷は、すでにこちらに向っている』

母国の食糧危機を心配したフランス在住のフィレンツェ商人たちが、フランス船を

やとい、それに小麦粉を満載して母国に向けて送ってくれたのだが、リヴォルノには
ヴェネツィア兵が駐屯していて、港に入るにも入れなかったのだ。それが、今朝の強
風のために自然に港に入ることができ、そのうえ、警備に付いていたヴェネツィア人
たちも、この強風のために何も出来ないでいるうち、積荷の陸揚げに成功したという。
まったく、神の御業《みわざ》である。聖画像を送らせるよう決議した日、マルセーユから船
が出帆し、聖画像がフィレンツェに着いた日、船がリヴォルノに入港したのだ。これ
は、聖母マリアが、フィレンツェを救おうとされている証拠である。
この知らせに、フィレンツェ中は歓喜の叫びにつつまれた。騎馬の使者は、喜びに
わく人々によって、ほとんどかつがれるようにして政庁に着いた。使者の言葉は、
人々の口から口へと、またたくまに伝わった。教会の鐘が鳴り出した。まるで祭りの
日のように。誰もかも、仕事を放り出し、教会に向った。
サンタ・マリア・デル・フィオーレでは、神への感謝に涙を流す人々を前に、サヴ
ォナローラが話した。
『わが民よ、よく覚えておくがよい。神は、それに値する者には、救済と恵みを与え
てくださるのだ』
今のフィレンツェは、大きな危機の中にある。フランス王への年貢金と、絶え間な

いピサとの戦いのための出費によって、国庫は破産寸前の状態だ。そのうえ、悪天候のおかげで、食糧不足にも悩んでいる。さらに、ペストと、フランス病と呼ばれる不思議な病気の流行で、病院は破裂しそうだ。こういう悲惨に加えて、イタリアの国々は、周囲からフィレンツェを、まるでイタリアの裏切り者のように敵視する。

この困難の中で、われわれフィレンツェ人が頼りにできるのは、預言者サヴォナローラだけである。援助物資の到着を知った人々は、口々に言っている。

『修道士《フラーテ》の説教は、われわれをもう助けてくれた』」

アレッサンドロ六世より、トスカーナ、ラツィオにあるドメニコ派の全修道院の長と修道士全員にあてた法王教書

「次の修道院にいる、余の息子たちへ、

ローマのサンタ・マリア・ソプラ・ミネルヴァ修道院

ヴィテルボのサンタ・マリア・デ・グラーディ修道院

ヴィテルボ城外のサンタ・マリア・デッラ・クエルチア修道院

シエナのサント・スピリト修道院

ピサのサンタ・カテリーナ修道院

ローマのサンタ・サビーナ修道院
サン・ジミニャーノのサン・ドメニコ修道院
フィレンツェのサン・マルコ修道院
フィエゾレのサン・ドメニコ修道院
ピストイアのサン・ドメニコ修道院
プラートのサン・ドメニコ修道院
ルッカのサン・ロマーノ修道院
モンテプルチアーノのサンタ・アグネーゼ修道院
ペルージアのサン・ドメニコ修道院
コルトーナのサン・ドメニコ修道院
サッソのサンタ・マリア修道院
これらの修道院の説教修道士、修道院長、全修道士へ、
法王アレッサンドロ六世より

真の息子たちへ、あいさつと法王の祝福とともに、
法王として余は、われわれの聖なる信仰を高め拡《ひろ》めるために有効な、改革は歓迎する義務がある。……ゆえに、次のような修道院の機構の改良をはかることに決めた。

……

すなわち、これまでロンバルディア説教修道士会に属していた、ヴィテルボ城外のサンタ・マリア・デッラ・クエルチア修道院、シエナのサント・スピリト修道院、ピサのサンタ・カテリーナ修道院、ローマのサンタ・サビーナ修道院、サン・ジミニャーノのサン・ドメニコ修道院、これらのドメニコ派の修道院を、ロンバルディア説教修道士会から切り離し、それに前述の修道院を加えて、新しく別の説教修道士会を結成することである。この新修道士会は、トスカーナとローマ全域に散るドメニコ派の修道院から成るもので、名称を、トスコ・ロマーナ説教修道士会とする。……

総長には、オリヴィエロ・カラーファ枢機卿をまず最初の総長とし、二年後に、全修道士から選ばれた者を総長とする。任期は、いずれも二年。もし、総長が任期中に死去した場合は、ローマのサンタ・マリア・ソプラ・ミネルヴァの修道院長が、六ヵ月間の臨時の総長に就き、新総長の選出の指導にあたる。……

総長は、法王の代理であり、全修道院、全修道士は、彼に服従する義務を持つ。これまで持っていたすべての権利、すべての自由は、新修道士会の下でも同様な意味を持つ。……

余は、キリスト者としての徳と、宗教界にある者の第一の義務である絶対の服従をもって、おまえたちがこれを受けることを望んでやまない。従わない者には破門の罰を与えることをここに明示して、以上のことを命ずる。……

サン・ピエトロ大寺院にて、漁夫の指輪とともに、

一四九六年十一月七日　　筆記者　L・ポドカターロ」

ルカ・ランドゥッチの年代記

「フィレンツェ、十一月二十六日。今日、サヴォナローラの説教を聴きに教会へ行っていた妻が、ひとつの書き物をもらって帰ってきた。そして、自分は読めないから、私に読んで説明してくれと言う。妻の言うところによれば、法王がまた、サヴォナローラに説教を止《や》めさせようと、新しく修道士会を作って、それによって、彼の修道院長としての権限を弱めようとしたのだそうである。枢機卿をえさにしたり、何と恐ろしい時代であろうか。これに書いてあることは、おそらく、サヴォナローラの答えであろうと思われるので、ここに書き残す。

『私は、これらの私に対する妨害にも、決してくじけはしないだろう。私は、ほどなく光をあてられる十字架の勝利のために、私のなすべきことを止めないであろう。私は、新修道士会結成についての法王の命に、次のように答える。

すなわち、服従しないのは、私の修道院長としての権限からではない。私の下にいる二百五十人の修道士全員は、法王に対し、法王の下した命令には反対することに決めた。私一人に何が出来よう。私には、彼らの希望に反するようなことは出来ない。なぜならばそれは、正しいとは思われないからだ！』」

バルトロメオ・フロリドの日誌

「ローマ、十二月二日。サヴォナローラは、法王教書にも服従しないばかりか、禁止されているはずの説教も、あいかわらず止めようとはしない。アレッサンドロ六世の打った手は、またしても無駄に終ったわけだ。

新修道士会結成についての法王教書は、サヴォナローラにとって、ずいぶんと都合良く出来ていると、強硬な反サヴォナローラ派からは、不評だったほどである。総長には、親サヴォナローラで有名なカラーファ枢機卿が任命されており、次期の総長からは、二年毎《ごと》の選挙によって決まるので、サヴォナローラ自身が当選する可能性だってあるわけだ。それが、破門でおどしても無駄であるとの、サヴォナローラ自らの言葉に見られるように、完全に反古《ほご》に帰したのである。

だが、はたして無駄であったのか。よく考えてみると、無駄であったと何度も思わせるのも、アレッサンドロ六世の策のひとつではないか。もし、うまく行ったらそれにこしたことはない。しかし、もし無駄に終っても、その無駄は、反古にはならない無駄だ。これが、彼の深意ではないだろうかと思いはじめてきた。

おそらく、多くの人々は、法王は努力していると思っているのだろう。何と忍耐強いお方であろうという声も、よく聞く。だが私には、彼を、そう単純に見ることはできない。

私の考えでは、アレッサンドロ六世がサヴォナローラに対して、いまだに決定的な行動に出ようとしないのは、サヴォナローラを殉教者にしてはならない、と思っているからである。民衆の支持を得ながらも権力の犠牲になった者に、させてはならないからである。

これまでのサヴォナローラの言行を取りあげるだけで、法王は彼を裁くことができる。だが、彼を滅ぼしてみたところで、なおフィレンツェの民衆がサヴォナローラへの信奉心を持ちつづけるとしたら、いや、彼を滅ぼしたために、かえってフィレンツェの民衆のサヴォナローラへの信奉心が強固になるとしたら、それは、フィレンツェ共和国をフランス王から引き離し、イタリア各国と共同歩調させようとする法王の意図を実現するうえでは、決して有効な策とはならないからである。

しかし、危険の少しもない時期なら、無駄を重ねながら待ってみるのもたいした勇気はいらないが、今は違う。フランス王は、いつアルプスを越えて、再びイタリアへ侵入してくるかもわからないのだ。フィレンツェでは、あの修道士のかん高い声が、ますます狂的な調子をおびてきた」

三——一四九七年

ルカ・ランドゥッチの年代記

「フィレンツェ、一月二十五日。小麦粉、一スタイオが三リーレと十四ソルディにまで値上りする。それも、量はひどく少ない。小麦粉やパンを売っているグラーノ広場で、今日、パン売り女が殺された。殺したのは、近在からきた百姓だが、彼は、殺してパンを奪ったものの、家へ帰ってみると、飢えてパンを待っているはずの子供たちが、すでに飢え死にしていた。絶望した百姓は、パンをそのままに、自分も首をつって死んだという」

同じく、ルカ・ランドゥッチの年代記

「フィレンツェ、二月六日。今日、グラーノ広場に、女たちが押し寄せ、ひどい混乱が起きた。誰もが、先を争ってパンや小麦粉を手に入れようとしたためである。群衆に押しつぶされて、またも一人の女が死んだ。他にも、何人もの女たちが、半死半生の状態で助け出された。何とも悲惨な出来事である」

同じく、ルカ・ランドゥッチの年代記

「フィレンツェ、二月七日。謝肉祭の最後の日である今日、異教的な起源をもつ謝肉祭にしては、まことに聖なる一日をおくることができた。

朝、男も女も子供たちまで、サヴォナローラの行うミサに列席し、その後で家に帰り、彼の教えに従ってごく質素な食事を済ませた。午後は、誰もが、街をねり歩く大行列に加わった。行列の中心には、ドナテッロ作の幼いイエス像が捧《ささ》げ持たれる。イエス像は、四人の天使たちにかしずかれたもので、幼いイエスは左手にいばらの冠を持ち、右手は、人々を祝福する手ぶりを示す。

イエス像の行く後には、大勢の人々が従い、その多くは、白い衣を着ている。白衣の人だけでなく他の人々も皆、手に赤い十字架を持っている。皆、聖歌を歌い続ける。行列の両側には、銀の盆を持った白衣の少年たちが、道に群がっている人々に、喜捨を求めて歩く。誰もが、先を争って喜捨に応じている。

行列がシニョリーア広場に着いた時、そこには、大きなピラミッド形に作られた贅《ぜい》沢品《たくひん》の山ができていた。高さは、三十ブラッチア（約十八メートル）もあろうか、周囲も、百二十ブラッチア（約七十二メートル）はあると思われる。山は七段にきざまれ、それらの段は、すべて謝肉祭用の贅沢品でいっぱいだ。謝肉祭に使う仮面や仮装用の品物だけでなく、かつらやまげ、くしやトランプ、それに異教的な題材の絵画や彫刻もある。人々の噂《うわさ》では、尼僧院《にそういん》から押収したボッカッチョの『デカメロン』もあるということだ。これらの贅沢品のピラミッドの周囲には、薪束《まきたば》が積まれてある。

広場は、いっぱいの人で埋まった。少年たちは、ロッジア・ディ・ランツィの中に並んでいて、いっせいに聖歌を歌う。とかくするうち、誰かが合図したらしく、ピラミッドの四すみに火が点《つ》けられた。火は、またたくまにピラミッド全体をおおう。煙が、もうもうとあたりを満たし、火が天までとどくほど高くあがる。政府の楽隊の奏楽がはじまった。政庁の塔の鐘が鳴り出し、それを合図のように、全市の教会の鐘も鳴りはじめた。群衆は、喜びの声をあげ、神への感謝の祈りがはじまる。祈りと聖歌と鐘の音が入りまじって、ひざまずく人々の上を流れていった。

これこそ、神の国である。焼けていくピラミッドのそばに立って祈りを捧げている、サヴォナローラの神々《こうごう》しいまでの姿を、人々はひざまずきながら見上げていた」

バルトロメオ・フロリドの日誌

「ローマ、二月九日。数日後にはじまる四旬節期間中のミサについての事務的な打合せのため、私は法王のそばで、午前中いっぱいを過ごした。ようやく仕事を終え、ゆったりした気分になったのは、私だけでなく法王も同じであったらしい。二人の会話は自然に、一昨日のフィレンツェで起った出来事におよんだ。

『猊下《げいか》、フィレンツェではあのことを、〝虚栄の焼却〟と呼んでいるそうです。あの時、火が点けられる前に、一人のヴェネツィア商人が、全部を四万ドゥカートで買い上げたいと申し出たそうですが、即座に拒絶されただけでなく、堕落の見本として、街中を追いまわされたそうです。

だが私には、どうしても理解できないのですが、フィレンツェは今、深刻な食糧危機に悩んでいて、ひときれのパンのために人間が死んでいるというのに、なぜ高価な写本や芸術品を、いたずらに燃やしてしまうのでしょう。買うといったヴェネツィア人に売っていたら、それでいくらでも多量の小麦粉が買えたのにと思うのです』

『フロリド、おまえはまだ若いから、よく理解できないかもしれない。だが、もし私がサヴォナローラの立場にあったら、やはり、彼と同じことをしただろう。なぜ彼が、最も深刻な食糧危機にあえいでいるこの時期に、わざわざ〝虚栄の焼却〟とやらをやったのかをよく考えてみるがよい。なぜ彼が、山と積み上げた芸術品が、多量のパンになるのを知りながら、それを拒絶したかを考えてみるがよい。彼が、神に命ぜられたと思いこんでいることを貫くためには、こうすることが必要だったからだ。

〝人は、パンのみにて生きるにあらず〟という。まったく、人間性の真実を指し示した言葉だ。この言葉と〝虚栄の焼却〟とを結びつけたサヴォナローラという男は、民衆の操作がなかなかに巧みらしい。彼は、民衆に、真の救いは小麦粉でできたものでなく、空腹状態での祈りだということを、信じこませることに成功したからだ。

しかし、パンのみにて生きるにあらずとはいっても、パンのみであって、パンなしではない。だがサヴォナローラにとっては、パンなしの方が都合が良いわけだ。なぜならば、人間は、満腹状態にある時よりも、空腹の時の方が狂信的になりやすいのだから。

フロリド、おまえは以前にサヴォナローラが、全世界が滅亡しても自分は屈しない、と言ったことを覚えているかね。この言葉に、人々は感動した。何と真摯《しんし》な思想だろう、何と潔癖な人柄だろうと言って。だが私は、その時、何と利己的で残酷な男だろうと思ったものだ。私なら、もし自分の思想を貫くために世界が滅亡するならば、そんな思想はさっさと引き下げるがね。

これが、理想主義者といわれる人間の恐ろしさだ。自分の主義主張に殉ずるという人間の危険さなのだ。私は、これだけは確信している。世界の滅亡どころか、一民族の滅亡とさえも引きかえに出来るほどの思想などは、絶対に存在しないと確信している』」

ルカ・ランドゥッチの年代記

「フィレンツェ、二月十二日。四旬節最初の日曜なので、サヴォナローラの説教を聴きに行く。はじめから終りまで、法王庁に対する激烈な攻撃で終始した。一万人を越える聴衆も、深海のように沈まりかえって聴く。

『神の言葉を聴くがよい。私はおまえに、清らかな修道衣を与えようと努めた。しかしおまえは、それにふれもしなかった。

聖水盤の中には、聖水でなく傲慢《ごうまん》があふれ、秘蹟《ひせき》は、金によって売買される。多淫《たいん》はおまえを、あつかましい娼婦《しょうふ》に変えた。おまえは、畜生より下等だ。おまえは、いまわしい化物だ。

かつては、これらを少しは恥に思ったものだ。それが今では、誰一人として恥にも思わず、これらの罪を隠そうともしない。

かつては、聖職者たちも、自分たちの子を甥《おい》と称していた。それが今では、堂々と息子だと言ってはばからない。

まるで、ソロモンの椅子《いす》に坐《すわ》っているようだ。金のある者には、希望をかなえてやる。しかし、金もなく、それでいて正しい心を持った者は、ローマから追い出されるのだ。

『ローマ教会よ、おまえは、全世界にその醜さを知られてしまった。おまえの放つ臭気は、天にもとどいている。そのうちに、おまえにも泣く時がくる。神の言葉を信ずる人々が攻めて来て、ローマを、イタリアを滅ぼす時がやってくるのだ』

サヴォナローラの説教を聴いての帰途、シニョリーア広場に行ったら、そこで同業の仲間と会った。彼によれば、昨夜、グラーノ広場では、市当局が貧乏人にだけ与えようとしたパンの奪い合いで、男と女が一人ずつ、群衆の下じきになって圧死したという。世もいよいよ終りに近づいたのかという気がして、暗い気持になる」

バルトロメオ・フロリドの日誌

「ローマ、三月九日。ここ数日、法王庁内の空気が微妙に変化しはじめている。今までは多数派だったサヴォナローラ・シンパの人々が、少しずつ、サヴォナローラに対して反感をいだきはじめたのだ。気持はわからないでもないなどと言っていたこの派の人々も、サヴォナローラの説教が、露骨に反ローマ教会的になったのを見て、自分たちの足許《あしもと》にも火が点きはじめたと感じたのかもしれない。この派の頭領格のカラーファ枢機卿さえ、この頃は法王の前で、サヴォナローラを弁護しないようになった。

だが、これで、法王庁内が反サヴォナローラに結束したというわけでもない。まだ、若い司祭たちの中には、サヴォナローラ・シンパが、隠然とした勢力を持っているようだ。

それにしても、これまでに打ったすべての方策に失敗した法王アレッサンドロ六世は、いったいこれからどうするつもりなのであろうか。

今年の一月頃から、リヨンに兵が集結しはじめたという流言が絶えない。フランス王が、次のイタリア侵入の準備に専心していることは、もはや確実な情報といわれている。サヴォナローラとフランス王の間に、たびたび手紙が交換され、その取次ぎをしているのが、法王ボルジアを敵視するジュリアーノ・デッラ・ローヴェレ枢機卿だという噂が事実ならば、三年前のフランス軍侵入を再びくり返すことになる。フランス軍イタリア侵入の口実は、われわれから見れば不当でも、フランス王には、いくらでもある。ナポリ王位継承権、ミラノ公国継承権、それに、フィレンツェ共和国の保護者としてフィレンツェから年貢金《ねんぐきん》をもらっている以上、フィレンツェを外敵から保護する義務。現状は、楽観を許さないところに来ているようだ」

同じく、バルトロメオ・フロリドの日誌

「ローマ、三月十一日。今日、ローマ駐在のイタリア諸国の大使たちが、法王からの召集を受け、ヴァティカンで会談が持たれた。議題は、いうまでもなく、対フランス同盟に対する各国の態度の再確認である。ヴェネツィア、ミラノ、ナポリらの強国をはじめとして、他の参加国もすべて、一致団結してフランス軍に対抗することで同意が成立した。

ただし、唯一《ゆいいつ》の同盟不参加国であるフィレンツェに対しては、個別に交渉することにし、法王から、特命全権大使を派遣するよう、フィレンツェ政府に要請がなされた。

どうやら現実主義者アレッサンドロ六世は、従来のサヴォナローラ問題の処理法よりも、別の道をとるつもりになったらしい」

同じく、バルトロメオ・フロリドの日誌

「ローマ、三月十四日。昨夜ローマに到着したフィレンツェ共和国特命全権大使ブラッチと法王との間で、会談がはじまった。法王は言う。

『私は、三年前にフランス軍をイタリアへ引き入れた人々の罪は、もう問うまいと思っている。イタリア各国の勢力均衡の上に成り立っていた平和もその他のすべてのことも、あの事件によって一変してしまった。だが、今われわれが考えねばならないことは、あれで変わった今のイタリアをどう立て直すかということなのだ。フランス軍侵入の時の張本人ミラノ公イル・モーロも、今ではそれがわかっている。おまえの国フィレンツェ以外の各国も皆、その必要を理解してくれている。立て直すためには、フランス軍をイタリアに入れてはならないということがわかったのだ。

だから、フィレンツェも、フランス王との同盟を固守するようなことは考え直してほしい。われわれのところへ帰ってきてほしい。おまえたちも、良きイタリア人ではないか。フランス人などは、フランスに置いておけばよいのだ』

大使ブラッチは、この法王の要請に対して、フィレンツェにはピサが絶対に必要であること、それを与えると約束したのはフランス王だけだと言って、反論を試みた。

だが、法王は続ける。

『私が、ヴェネツィア大使としばしば会って話したのは、ピサをフィレンツェに譲渡する可能性を打診するためだった。ヴェネツィアも賛成してくれた。ピサは、おまえたちに与えよう。

だがそれには、確たる証拠がほしい。言葉などはいらない。フィレンツェが、フランス王との同盟関係を破棄するという確証がほしい。さらに、いまだにフィレンツェ政府は、私がしばらくの間でも説教を止《や》めるよう命じたにかかわらず、サヴォナローラが説教しつづけるのを放置しているのはどういうわけか。言いわけや弁解などは、私に対しては何の役にも立たないことを、もういいかげんにわかってくれてもよいと思うのだが』」

ルカ・ランドゥッチの年代記

「フィレンツェ、四月二十八日。夜の八時、全市の鐘がけたたましく鳴りひびき、非常召集を知らせた。追放されているピエロ・デ・メディチが兵をひきいて、フィレンツェを奪い返しに来たというのである。兵は、騎兵歩兵ともに約二千。すでにシエナからの道を、フィレンツェ城外に近づいているという。

武装した多くの市民は、サン・ピエロ・ガットリーノ城門を固めた。緊張の中に、沈黙の長い時が過ぎる。だがしばらくして、敵が去りはじめているという報告があった。メディチらは、市内からの呼応を期待していたのがそれを得られず、やむなく引き揚げたのだという。それにしても、災難はひとまず去った、安心した市民たちは、警備要員を残して、それぞれの家に帰ることができた」

バルトロメオ・フロリドの日誌

「ローマ、四月二十九日。これほど怒った法王は、今までに一度も見たことはない。めったに怒ったことのない彼も、メディチの失敗を知らせた急使と会った後、語気荒く、ジョヴァンニ・デ・メディチ枢機卿を呼ぶよう命じた。駆けつけてきた枢機卿は、法王の怒声を浴びねばならなかった。

『馬鹿者奴《ばかものめ》！　まるで狂気の沙汰《さた》だ！　市内でのメディチ派の蜂起《ほうき》への期待だけで兵をくり出すとは、おまえたちの見とおしの甘さにはあきれはてる。亡《な》きロレンツォ・イル・マニーフィコも、馬鹿な息子たちを持って気の毒なことだ。

いいかね。私は追放されたメディチ家に、少しも同情などしていないことをよく覚えておけ。以後、勝手な行動は絶対に許さぬ。おまえが、あの馬鹿な兄を監督して、今度のようなことはさせないようにしろ。もし、もう一度同じようなことを起したら、今度はおまえの責任だと思え』

二十歳にもならないメディチ枢機卿は、ふるえあがって一言の弁解もせず、早々に法王の前から退出した。その後も、まだ法王の怒りは鎮《しず》まらなかった。立っている私の前を、のしのしと行ったり来たりしながら、独り言のように続ける。

『馬鹿者奴、私だってフィレンツェ内で反サヴォナローラ派が動き出したことは知っている。しかしそれは、何も親メディチというのではない。メディチが武力で復帰をはかれば、彼らとて迷うことなく、サヴォナローラ派と協力して立つだろう。ようやく事がうまく行きはじめた矢先に、余計なことをしてくれた』」

ルカ・ランドゥッチの年代記

「フィレンツェ、五月四日。昨日、政府はサヴォナローラに対して、説教をひとまず中止するよう申し入れたという。それではキリスト昇天祭の今日が最後になるかもしれないと思い、彼の説教を聴きにサンタ・マリア・デル・フィオーレへ行った。あいかわらず聴衆は多く、一万五千は越えているにちがいない。サヴォナローラは、話しはじめる。

『人々は私が、破門されるという。ところが私は、その破門こそを望んでいるのだ。神よ、それが早く来ますように。私は、そんなものは怖《おそ》れない。私には神がついていてくださる。たとえ破門されようとも、私の声は全世界に鳴りひびくであろう。神から見捨てられたローマ法王のくだす破門など、いったいどんな価値があるのか。何で従わねばならないのか』

ここまで来た時だった。サンタ・マリア・デル・フィオーレの中にいた一群の男たちが、床をふみ鳴らし大声をあげて、説教の妨害をはじめた。サヴォナローラは、それにひるまずに、説教を続けようとした。しかし男たちは、隠し持っていた武器を手に手にかざして、説教壇へ向って突進してきた。教会の中は大混乱に陥った。それでも、信者たちは、『主イエスよ、主イエスよ』と叫び、説教壇を守るために結束した。いつもサヴォナローラを守っている人々は、もう剣を抜いている。これにはさすがのならず者も手のくだしようがなかった。だが説教壇を遠まきにしたまま、口々にサヴォナローラへの非難を止めようとしない。

こんなことははじめてである。まるで、法王派《グエルフィ》と皇帝派《ギベリーニ》の時代にかえったようだ。これではサヴォナローラも、説教を続けることができなくなり、修道院に帰ることになった。説教壇から降りた彼を、信者たちがまわりを囲むようにして守り、女たちも『主イエスよ、主イエスよ』と叫び涙を流しながら、サヴォナローラに従って、彼を修道院まで送って行った。

騒ぎを起した連中は、自ら〝アラビアーティ（怒れる者）〟とか〝コンパニャッチ（徒党派）〟とか称し、またそう呼ばれている男たちである。彼らは、われわれサヴォナローラ信奉者を、〝ピアニョーニ（泣き虫）〟とか〝フラテスキ（修道士派）〟とか呼んでいるそうだ」

同じく、ルカ・ランドゥッチの年代記

「フィレンツェ、五月八日。今日、サント・スピリト寺院で反サヴォナローラ派の説教があるというので行ってみた。ところが驚いたことには、説教を聴きに来ている人が意外に多い。五千人はいるだろうか。それも全部といっていいほど男で、二十代から三十代の者が圧倒的に多い。サヴォナローラの説教の聴衆が、十代の少年たちに続いては四十代、五十代の男たち、その他は各年代の女たちであるのに比べて、雰囲気からしてまったく違う。私などは、教会の片すみに押しつけられるような気がした。

だがそれにしても、これらの若い男たちは、今までどこに隠れていたのだろう。たしかにサンタ・マリア・デル・フィオーレでのサヴォナローラの説教の席では、見かけなかった顔である。サヴォナローラがいつも言っていた、敵が多い、まだフィレンツェの改革は完成していない、ということは事実だったのだ。

サント・スピリトの説教修道士によれば、サヴォナローラは狂人であり、われわれは、その狂人に欺《あざむ》かれているのだという。何と馬鹿気た話かとあきれる。

一方で、こんな無慈悲な非難を浴びせられても、フィレンツェ内の全教会での説教を禁じられてしまったサヴォナローラには、いったい何が出来るのだろう。代理で説教させている修道士《フラ》ドメニコにも修道士《フラ》シルヴェストロにも、修道士《フラ》サヴォナローラほどの迫力はない。

この気の毒なサヴォナローラは、それでもわれわれの期待に応《こた》えて、説教の代りに文書を印刷して、われわれをはげましてくれている。毎日のざんげから帰る妻の持ち帰るその文書が、われわれとこの預言者との間をつなぐ、唯一の綱となった」

バルトロメオ・フロリドの日誌

「ローマ、五月十三日。ローマで受ける一連の情報では、フィレンツェでのサヴォナローラ派は、それまでの絶対多数がゆらぎはじめたようである。この機を失うまいと思ったのか、法王は、決定的行動のまず第一歩をふみ出した。今日、私は、破門状の筆記を命ぜられたのである」

「法王アレッサンドロ六世より、フィレンツェのサンティッシマ・アヌンツィアータ、サンタ・マリア・ノヴェッラ、サンタ・クローチェ、サント・スピリトの各修道院へ

法王アレッサンドロ六世より

真の息子たちに、あいさつと法王の祝福とともに、

ここ数年にわたり、わたしは、聖職者とか世俗界の人々とかに関係なく多くの人から、サン・マルコ修道院長ジローラモ・サヴォナローラが、その狂信的な思想によってフィレンツェの民衆を煽動《せんどう》し、素朴な民衆の心を欺いてきたことを聞いていた。もちろんわたしは、大きな心配と悲しみでそれを受けた。だが、同時に彼が、その行動の誤りを悟り、その危険なやり方から立ち戻ってくれることを願っていた。真の魂の素朴さを理解し、キリストに返り、聖ローマ教会に対する聖なる服従の精神に目覚めてくれることを願って、これまで待っていたのである。そのためにわたしは、親書や教書の形式の手紙を彼の許に送り、キリスト者として最高の義務である聖なる服

従の精神に従って、ローマのわたしの許へ来て、彼の思想、彼が主張している彼に対して不当になされた誹謗《ひぼう》などについて話し合いたいと伝えた。そして、それまでは説教も文書による伝達も、ひとまずはやめるよう命じたのである。

しかしながらサヴォナローラは、わたしの命を無視した。それでもなおわたしは、彼の弁明を聞き入れ、なおも待ち続けた。だが彼は、余の期待を裏切る行為を止めないばかりか、ますますかたくなに服従を拒否し続ける。……

だが、わたしには、聖ペテロの後継者、キリストの代理人としての義務がある。ゆえにわたしは、おまえたちの修道院、またおまえたちの一人一人に対して、次の決定に従うよう命ずることに決めた。すなわち、祝祭日を選び、すべての教会で、修道士《フラ》サヴォナローラを破門に処したことを公表すること。彼が、法王の、すなわち使徒たちの命に反した理由を挙げて、その破門を公表することである。このわたしの命に従わない者は、彼と同様、破門の罰を覚悟するよう。

また同時に、破門されたサヴォナローラの説教を聴いたり、書いた物を読んだり、彼と話をしたり、彼を助けようとしたりする者は、聖職界、世俗界を問わず、法王からの破門を受けるものと覚悟するよう。……

ローマ、サン・ピエトロ大寺院にて、漁夫の指輪とともに、一四九七年五月十三日筆記者　B・フロリド」

サヴォナローラより、アレッサンドロ六世へあてた書簡

「祝福されたる法王猊下《げいか》へ、聖なる御足への接吻《せっぷん》の後に、わが主君よ、どのような理由から、あなたはその下僕に対して、これほども立腹なさるのでしょうか。私がどんな悪いことをし、また私のしたことが、どんな悪い結果をもたらしたのでしょうか。もし、不正な者どもが私を誹謗したとしても、わが主君よ、それらを信じるまえに、なぜ私を尋問なさらないのですか。なぜ私の言うことも聞いてくださらないのですか。

私は、法王猊下に対して、すなわち地上での神の代理人であられる方に対して、屈辱を与え瀆神的《とくしん》なことをしたとして、不敬罪に問われております。このように二年間もの間、弾劾《だんがい》されて来たのです。

しかし、何千のいや何万の人々が、私の無罪の証人になってくれるでしょう。また、あちこちに散乱したとはいえ、私の書いた書物や文書も、私の無罪を証明してくれるはずです。……猊下には、私が説教の時に説いたことと書物に書いたこととが、違うとでもお思いなのでしょうか。私は、その差というのを、白日のもとに示していただ

きたいと思います。どんな無謀が、どんな気狂いじみた頭脳が、このようなことをやれるのでしょう。私には、猊下が、いまだに悪人たちの恐怖と悪意にお気づきになっていないのが、不思議に思われるほどです。……
神に感謝しましょう。私はまだ、キリストの代理人であられる猊下に対して、屈辱を与えるためにあらゆる機会を利用するほど、狂気でも馬鹿でもありません。……しばらくすれば、『十字架の勝利』と題した私の書物が出版されるはずです。これは、信仰を守る心得を説いたもので、これによって私が、真のカトリック教徒であるということがわかっていただけることでしょう。……
今や私には、助けてくれる人がいなくなりました。もはや、神の助けを待つしかありません。神が、私を誹謗する悪人どもをこらしめてくださる時を待つしかありません。それが実現したあかつきには、彼らとて、はじめてその罪を悔悟するようになるでしょう。
猊下に対する心からの尊敬の気持とともに、
フィレンツェのサン・マルコ修道院にて、
一四九七年五月二十日
猊下の卑《いや》しい息子であり下僕である

修道士《フラ》ジローラモ・サヴォナローラ」

バルトロメオ・フロリドの日誌

「ローマ、五月二十七日。フィレンツェ政府も、法王の強硬な態度に、だいぶあわてているようである。今日も、特命全権大使として派遣されているブラッチと、ローマ駐在フィレンツェ大使ベッキの両人が、法王と会って、破門処置を撤回してくれるよう要請した。

だが、法王はもはや、彼らの弁解を聞こうとはしない。弁解しても無駄だと、そばにいる私には思われる。なぜならば、法王アレッサンドロ六世は、サヴォナローラも含めて、彼らフィレンツェ人が考えているよりは、よほど事情に通じているからだ。サヴォナローラの説教、彼の出版物、フィレンツェ政府内の親サヴォナローラ派と反サヴォナローラ派の勢力分布の移動、フィレンツェ市民の動きなど、あらゆる情報を集めさせているからである。もしかしたら、フィレンツェに住む人よりは、よほどフィレンツェの事情に明るいかもしれない。

こういう法王に対しては、説教で言うこととはまったく違うことを書いてくるサヴォナローラの手紙による弁明も、またフィレンツェ大使たちの弁解も、無駄というものだ」

ルカ・ランドゥッチの年代記

「フィレンツェ、六月十八日。今日、サヴォナローラへの破門が、市内のほとんどの教会に公示された。理由は、キリスト者としての第一の義務である服従の徳に背いたからだということである。公示をしなかったのは、サン・マルコ教会だけだった。日曜日というのに、人々は家にも帰らず、広場や道路に立ちどまって、この話でもちきりである。私のような者には、よくわからないことが多すぎる」

同じく、ルカ・ランドゥッチの年代記

「フィレンツェ、六月十九日。サヴォナローラの言い分を印刷したものを、今日、妻が持ち帰った。破門された者の書いたものも読んではならないということになっているのだが、妻や子供たちにせがまれ、やはり読んでやった。それには、こう書いてある。

『この破門は、無効である。神に対しても人間に対しても、無効である。なぜならば、法王によるこの破門は、われわれの敵が、虚偽によって捏造《ねつぞう》した事柄をもとにしているからである。
私は常に、ローマ教会の判断に従ってきた。今でも私は、服従の義務に服す気持は十分にある。しかし、神の法とキリスト者の愛に反する命令には、服すべきではない。われわれの上位者が、神の与えたその地位にふさわしくない者である時は、絶対に服従する義務はない。
おまえたちは、目下のところ、おまえたちの義務である神への祈りを続けながら、来たるべき世界の終末にそなえて、準備をするがよい。その時にこそ、われわれは、全世界に真実を伝え示すことができるのだ』」
同じく、ルカ・ランドゥッチの年代記
「同日。法王の息子が殺され、テヴェレ河に投げこまれたということである。この噂《うわさ》は、夕方に店に来た客から聞いた」
バルトロメオ・フロリドの日誌
「ローマ、六月十九日。法王の第三男で教会軍総司令官のガンディア公爵《こうしやく》が暗殺されてから、今日で五日が過ぎようとしている。法王は、公の死後三日というもの、食事も睡眠もとらないほど気落ちしていたようだが、ここ二、三日は、はためには以前の法王にもどっている。だが、口数はひどく少なくなった」

サヴォナローラより、法王アレッサンドロ六世にあてた書簡

「最も祝福されたる父上へ、聖なる御足への接吻の後に、

多くの奇跡によって、数々の神の御業《みわざ》によって、称讃《しょうさん》の言葉によって、著名な人々の理性や教えによって証明され、また、多数の殉教者の流した血によって蘇生《そせい》したものといえども、人間の魂を安らかにし、なぐさめてくれるものはただひとつ、その人間の心からの信仰しかありません。

理性や感性を超越し、神の力と寛容さに身をゆだねることこそ、あらゆる不幸を忍耐強く耐えしのばせるだけでなく、苦悩そのものを喜びに変えてくれるものです。聖書にも書いてあります。〝いかなることが起きようとも、それは正義を消し去ることにはならない〟と。

正義は、信仰に生きる人とともにあります。正義は、信仰の中にこそ生きるのです。この信仰の喜びに生きる人こそ、幸福な人です。信仰なしには、どんな人にも平和はありません。〝無信仰者には平和はない〟(イザヤ書)。

法王猊下、聖なるキリスト者の父上よ、猊下の悲しみはまもなく清らかな喜びに変わることでしょう。なぜならば神は、われわれの罪に対して、無限に寛容であられるからです。どのようななぐさめも、この信仰に比べては表面的でむなしいものです。〃時は短い〃（コリント前書）。永遠の世界に移りましょう。ただひとつ信仰だけが、われわれを遠いその世界に移してくれるのです。私が聴き、私がこの眼で見、この手でふれて知ったことだから言うのです。迫害も不幸も、甘んじて受けましょう。主キリストをわが内に持つため、永劫《えいごう》の罰を避けるためです。恐ろしいものです。生きる神怒れる神の手に落ちることは。

猊下よ、あらゆる信仰を助けとなさってください。……無信仰者の言に耳を貸してはなりません。神こそが、苦悩にさいなまれた魂に、あふれる喜びを与えてくれるのです。……

聖なる、われらキリスト者の父上であられる法王猊下、謙虚なキリスト者としての愛が、私に、この手紙を書かせるようしむけました。しかし、賢者には、多くの言葉は必要ではないでしょう。だから私は、ただひとつのことを、猊下に熱望します。神の御言葉をお聴きくださいますよう。信仰だけをなぐさめとなさいますよう。〃神こそすべてのなぐさめである〃（コリント後書）。

御自愛を心から祈ります。

フィレンツェにて

一四九七年六月二十五日

法王猊下の息子であり下僕である

修道士《フラ》ジローラモ・サヴォナローラ　自筆」

バルトロメオ・フロリドの日誌

「ローマ、六月二十九日。サヴォナローラの自筆の手紙は、いろいろなことを考えさせる。まず第一に、彼が書いていることを信じて、この手紙が、悲しみの中にある法王に対しての彼の心からの同情から書かれたものとする見方がある。このように考えるのは、法王庁内の心情的サヴォナローラ派の人々だ。しかし、これとは反対に、サヴォナローラは狡猾《こうかつ》にも、この機会を利用しようとしたのだという見方がある。法王の苦悩を知りながら、それに乗じて相手を説得しようとしたというのだ。もちろんこう考えるのは、反サヴォナローラ派である。

だがこのどちらの見方も、私を納得させない。たしかに、同情から出たにしては、あまりにも説得意識が強く出ていすぎる。しかし、かといって、サヴォナローラが書いていることは、キリスト教の真髄をついているのだ。だが同時に、この手紙と、彼が今までに書いたり説教したりしていることとは、調子というか態度というか、あまりにも違いがありすぎることも事実だ。当の法王は、どのように考えているのであろうか。

今夕、法王は、フィレンツェ大使ブラッチと会った。その席で、アレッサンドロ六世はこう言った。『大使、何度会談を重ねても、私の考えには変りはない。フィレンツェは、一日も早くフランスとの同盟関係を断ち切り、われわれイタリア人の許《もと》へ帰って、イタリアの平和の確立に協力すべきである。

だが、サヴォナローラ問題については、私はあらためて、もう一度こちらから手を差しのべることにした。サヴォナローラに対して、彼が出来るだけ早期にローマの私の許へ来るよう、フィレンツェ政府の方から働きかけてもらいたい。私が、彼の道中の安全も、彼のローマ滞在中の安全も、責任をもって保証する。そして、私と彼との間で十分に話し合い、私の立場を彼が理解してくれ、協力してくれるとなれば、破門は撤回もしよう』

フィレンツェ大使ブラッチは、ほっと安堵《あんど》したような顔つきで、早速、本国政府に報告するからと言い、いつになく急いで退出して行った。

法王のこの態度の変りようを、親サヴォナローラ派は、法王がサヴォナローラの手紙に感動したからだという。しかし、そう単純には断定できないだろう。アレッサンドロ六世ほど、人間の心の動きを読み取るのに長じている人を、私は知らない。一人の時の人間の心の動きと、群衆となった時の心の動きとを、彼は実に正確に読み取る。アレッサンドロ六世のこれまでの成功は、すべてこの彼の才能によるといえるほどだ。だから、法王はわかっているにちがいない。サヴォナローラという男をよく理解していて、それでいてもう一度、彼を殉教者にしないための、わずかの可能性でも試すつもりになったにちがいない。私はこう考える」

ルカ・ランドゥッチの年代記

「フィレンツェ、八月五日。アンテッラ家の一人が捕まって、メディチ派の陰謀が発覚した。このランベルトという若者は、メディチ家をフィレンツェに復帰させるための計略など、すべてを白状したという。フィレンツェにいてこの陰謀に加担した者は五人で、ベルナルド・デル・ネーロ、ジャンノッツォ・プッチ、ロレンツォ・トルナヴォーニ、ジョヴァンニ・カンピ、ニコロ・リドルフィである。いずれも、フィレンツェの有力な家の人々だ」

同じく、ルカ・ランドゥッチの年代記

「フィレンツェ、八月十日。市内は、メディチ派の陰謀の話でもちきっている。陰謀はほんとうだったのだと言う者もいるし、一方、ランベルト・アンテッラが、拷問《ごうもん》苦しさに、知人の名をしゃべっただけだと言う人もいる」

同じく、ルカ・ランドゥッチの年代記

「フィレンツェ、八月十五日。共和国政府は、反逆人五人の処置について、連日討議を続けている。宣告はすでにくだったのだそうだ。国家に対する反逆罪で死刑である。

だが、この五人だけがランベルトが名をあげた犯人ではなくて、他にもいたのだが、彼らはいち早く逃亡してしまい、この五人だけは逃亡せず、政庁の呼出しに応じて出頭したのだそうである」

バルトロメオ・フロリドの日誌

「ローマ、八月十五日。十日前にフィレンツェで発覚したメディチ派の陰謀事件には、あまりにも奇妙なことが多すぎる。

　まず、ランベルト・アンテッラの白状によれば、フィレンツェにいるメディチ派の人々が、八月十五日の夜、秘《ひそ》かにピエロ・デ・メディチをフィレンツェ内に引き入れる。これを機に、ピエロの連れてくる兵とフィレンツェ内のメディチ派は呼応して立ち、反メディチ派の有力者の家々を襲撃し火を放ち、政庁を占拠して、いっきょにフィレンツェの政権を手中に収めてしまうというのが段取りだったらしい。

　だが、この計略自体があまりにも大胆で、成功するとは思われないしろものだ。ジョヴァンニ・デ・メディチ枢機卿は、法王の質問に答えて、まったくそのようなことは知らないと言っている。

　次に、国家に対する反逆罪に問われた五人だが、
　ベルナルド・デル・ネーロ——七十五歳の彼は、フィレンツェ政府の有力者の一人で、政庁の長官をつとめたほどの経歴の持主である。サヴォナローラ問題に関しては、穏健派の頭領格と目されていた。サヴォナローラの右手といわれるフランチェスコ・ヴァローリとは、政治上の宿敵の関係にある。彼に対する判決は、陰謀を知っていて、それを通報しなかったということにある。

　ロレンツォ・トルナヴォーニ——フィレンツェ一の優雅な紳士として有名な彼は、

メディチ家とは縁戚《えんせき》関係にあり、ピエロ・デ・メディチとはかつて親しい仲であった。市民にはあまり人気はない。だが、サヴォナローラの心酔者の一人と目されていた。裁判では、たくらみを持って、サヴォナローラに近づいたということになっている。

ジョヴァンニ・カンピ――フィレンツェ有数の富商の一人。当然、民衆の人気はない。

ジャンノッツォ・プッチ――未熟な、ごく普通の若者。

ニコロ・リドルフィ――リドルフィ家の当主であり、メディチ家とは縁戚関係にある。彼もまた、穏健派の一人。

この事件が人々の耳目を集めている間、サヴォナローラは、僧院にこもって、『十字架の勝利』と題する書物を執筆中だという」

ルカ・ランドゥッチの年代記

「フィレンツェ、八月十七日。百八十人ものフィレンツェ共和国の有力者を集めて、朝から深夜まで、会議が続けられた。宣告を、どうあつかうかについてである。フランチェスコ・ヴァローリらは、死刑と財産没収の宣告は当然だと主張しているが、五人の弁護をする人々も、相当に多いらしい」

同じく、ルカ・ランドゥッチの年代記

「フィレンツェ、八月二十一日。今夜、五人の死刑が行なわれた。棺《ひつぎ》を守って家へ帰る途中の、ロレンツォ・トルナヴォーニの家族と道で出会ったが、私は、別に哀れとも思わなかった。

だが、彼ら五人は、控訴《こうそ》を願い出ていたそうである。これは、サヴォナローラが作った新しい法律で、これによれば控訴の権利があると、グイド・アントニオ・ヴェスプッチが主張したのだが、これが受け容《い》れられなかったのは、少々哀れに思わないでもない。

しかし、すべてのことは神の御意志なのだから、これもまた、そのひとつであろう」

バルトロメオ・フロリドの日誌

「ローマ、八月二十三日。すべて自分が先に立って決めたことは、自分自身がそれを守ってこそ、民衆の信用を得られるというものである。サヴォナローラは、大きな誤りを犯した。

彼が力を貸して作ったその新しい法律によれば、政府委員会によって有罪を宣告された国事犯といえども、人民に控訴できることになっている。彼ら五人は、死刑を宣告された。そして当然、控訴した。しかし、控訴は棄却された。これは、認められている控訴権を無視したことになる。しかも、控訴を受理するかどうかで、長時間にわたった第二回目の討議が終った直後の死刑執行である。これは、控訴権を主張したのが、アラビアーティ（反サヴォナローラ派）の有力者ヴェスプッチであったため、反サヴォナローラ派の蜂起《ほうき》を心配して、フランチェスコ・ヴァローリが決定をくだしたのだそうである。そのうえ、ヴァローリは、死刑が行なわれるバルジェッロ宮の周囲を、三百の兵を自ら指揮して警戒にあたった。被告の親族らの行動を牽制《けんせい》するというのが、その理由であった。

四年前にメディチ家の追放に活躍したフランチェスコ・ヴァローリは、今度は、宿敵のベルナルド・デル・ネーロを死刑にし、どうやらフィレンツェ政府を手中にしたようである。サヴォナローラはといえば、この事件によって、心酔者ヴァローリは政府をにぎり、アラビアーティの勢力は減少して、彼が心ひそかに期待していた事態が訪れたということになろう」

ルカ・ランドゥッチの年代記

「フィレンツェ、八月二十四日。処刑者の財産は没収された。各家ごとに、武装兵の警備の下、不祥事も起らずに済んだことは幸いである」

同じく、ルカ・ランドゥッチの年代記

「フィレンツェ、九月十七日。今日、少年の一団が政庁に押しかけ、修道士《フラ》サヴォナローラの説教を許すよう、政府委員会に要請した。少年たちは、サンタ・マリア・デル・フィオーレでの説教再開を願ったそうである」

同じく、ルカ・ランドゥッチの年代記

「フィレンツェ、十月十六日。例のメディチ派陰謀事件に関係したとして、多くの市民が、共和国領内から追放された。その中には、今まで監獄にいたアンテッラもはいっている。彼は、すべてを白状したので、例の五人のように斬首刑《ざんしゅけい》にはならなかったのである」

同じく、ルカ・ランドゥッチの年代記

「フィレンツェ、十月二十八日。今年の夏頃からはやりはじめたペストが、秋になってもいっこうに下火になる様子も見えず、困ったものである。食糧危機の方は、ようやくもち直してきたように見え、ほっとした矢先の伝染病発生だ。フィレンツェ市当局も、対策に困り果てているらしい。

だが、不思議なことに、ペストで死ぬのは、ほとんど男であることだ。とくに、一家の当主がやられている。女も少年もピンピンしているというのに。人々はこれを、信仰の強さによるのだと噂《うわさ》している」

同じく、ルカ・ランドゥッチの年代記

「フィレンツェ、十二月二十五日。キリスト聖誕祭の今日、サヴォナローラは、サン・マルコ教会でミサを行なった。前夜の深夜ミサと今日の午前中に二回、計三回のミサを行なった後、サン・マルコ広場の周囲を、祭りの行列の先頭に立って練り歩いた。

その後、彼は、集まった群集に向って、翌年の二月十一日、七旬節の主日を期して説教を再開すると伝えた。

『神を怖《おそ》れる者、信仰深き人々よ。私は、何ものをも怖れない。主の命に従って、七旬節の主日に、私は私のつとめに再びもどるであろう』」

四――一四九八年

バルトロメオ・フロリドの日誌

「ローマ、一月六日。ローマの冬は豊かだ。傘松は、こんもりと緑のかたまりを作り、その中に陽光を溜《た》めこんでいる。毛の刈入れ前の羊は、どこが頭だかわからないほどふくれあがっていて、遠くから見ると、いくつもの毛のかたまりが、ころころと集まったり散ったりしているように見える。

風はない。秋の頃とは違って、ごく薄いヴェールを張ったような空からは、細かに屈折した陽光がさんさんとふりそそぐ。

ここモンテ・マリオの丘の上からは、ヴァティカンの建物やカステル・サンタンジェロの城塞《じょうさい》の向うに、大きく蛇行して流れるテヴェレ河が、銀色に輝いているのが見える。テヴェレの対岸には、パンテオンの大きな円屋根、古代ローマ時代の遺跡のそびえるパラティーノの丘、そしてコロッセウムが、薄い靄《もや》の向うに、どっしりと腰を落ち着けている。

今日、午前中のミサを終えた法王は、昼食まで外の空気を吸いたいと、私に、モンテ・マリオの丘までの散策の供を命じた。白い法王衣につつまれたどっしりした体軀《たいく》が、ゆっくりと歩いて行く。私も、一、二歩遅れながら、その法王に続いた。この散策の間、法王と私との間には、こんな会話が交された。

『フロリド、おまえは幾歳になった』

『三十三歳になりました。猊下《げいか》』

『ちょうどわたしの半分の年齢だな。あのフィレンツェの修道士は幾つだろう』

『四十五歳と思われます』

『そうか、わたしとおまえの中間の世代ということになるな。

フロリド、おまえは、あの修道士の説教の中に、こんな一句があったのを覚えているだろうか。人間の一生はすべて、いかに良き死に方をするか、その一事のためにのみ存在すると。こういう彼の考えが、マルシリオ・フィチーノやピコ・デッラ・ミランドラのようなフィレンツェ一級の知識人を、またフィレンツェ以外の多くの知識人層を、彼の心酔者にした原因らしい。

だが、わたしは、サヴォナローラから非難を浴びているこのわたしは、彼の言うことよりも、別の言葉が気に入ってしまっている。いにしえのユダヤ人の言ったという一句で、〝生ける犬は、死せる獅子《しし》にまさる〟というのだ。

こうやってローマを一望のもとに眺めていると、歴史の中に浮いたり沈んだりして去っていった多くの人々の死が、ひどく身近なものに思えてくる。はなばなしく散った死、恨みをこめた死、使命感に燃えて自ら選んだ死、そんな死は、歴史の表面に浮んでいる。

ちょうどおまえと同じ年齢だった頃、わたしは、一人の獅子の死に出会った。枢機卿時代は、洞察力の非常に鋭い教養人だったが、聖ペテロの座に着いたとたん、その使命を感じすぎ、思いつめてしまったのだ。その結果、十字軍遠征を提唱したが失敗し、怒りと絶望のために狂ったようになって死んだ。

彼の死は、わたしの考えを大きく変えた。それまではわたしも、はなばなしい悲劇的な死に憧《あこが》れていたものだ。しかし、今ではそうは考えていない。死は、求めてはならぬ。受けとめるべきものだと考えている。

人間には誰でも、一生のうちにやり遂げたいと思っていることが、何かあるものだ。わたしもまた、いくつかのことをやり遂げたうえで死にたいと願っている。だが、もしその中途で、神が、おまえの生命は終ったと言われたとしたら、わたしは、やりかけている仕事をそのままにして、神の御召に応じるだろう。仕事の未完成を歎《なげ》かず、そういう自分の運命も呪《のろ》わずに。

だがそれまでは、犬のようにでも生きるつもりだ。私は、必ず訪れてくる死を常に考えているほど、自虐的《じぎやくてき》には出来ていない。死が肩をたたいた時は、自分を彼の手にまかせるだろう。しかし、それまでは生き続け、自分の仕事をやり続けていくつもりだ。

犬のように生きるのだから〝良き死〟とか、どういう死に方をしようかなどということには心を使わない。たとえ、路傍で野たれ死にしようとも、悪評の中に死のうとも、また、死後に後世の非難攻撃を浴びようとも、わたしには少しも関係のないことなのだ。

大切なことは、決してあせってはならないということだ。反対に危険なことは、自分のやっていることが無駄なことかもしれないとか、未完成に終るかもしれないと思いだし、それではならないと考えた末、あせって思いつめてしまうことである。〝死せる獅子〟の多くは、こういう人々である。

サヴォナローラは、四十五歳だそうだが、あの年代が一番危険だ。おまえの年頃だと、やりたいことが山ほどあり、それらの整理がようやくついて、仕事が軌道に乗ってきだした頃だ。力にあふれている年頃だ。一方、わたしの年代ともなると、ふてぶてしいほどの覚悟が出来てくる。自分の仕事が無駄であろうとも、未完成に終ろうとも、それを怖《おそ》れずに、残された時間を、それまでと同じ、自分に合った速度で使っていく心がまえが出来てくるのだ。自分の仕事に疑いを持つことは、狂信的独善的になるのを防ぐに役立つから、かえって良いのだとさえ思えてくるのさ。

だが、サヴォナローラの年代は、あせりが最も強く出てくる頃だ。当然でもあるのだが。だが、それを越えられる人もいるし、越えられない人もいる。

〝生ける犬は、死せる獅子にまさる〟とは、何と楽しい言葉ではないか。だが、こんなことを言った男は、おそらく歴史の底に沈んでいるのだろう。

フロリド、おまえならどちらを選ぶ。やはり死んでも獅子になりたいかな』

私は、答えることができなかった」

ルカ・ランドゥッチの年代記

「フィレンツェ、一月七日。昨日、政府委員会の面々が、サン・マルコ修道院に行き、サヴォナローラの前にひざまずき、その手に接吻《せっぷん》して、説教の再開を願ったそうである。これは、毎年のこの月の行事だから、別に驚くこともないのだが、今年のサヴォナローラは、破門されている身である。それで少し不思議に思わないでもない。だが、今朝からは、サンタ・マリア・デル・フィオーレの内部に、聴衆用の桟敷《さじき》が作られはじめた」

同じく、ルカ・ランドゥッチの年代記

「フィレンツェ、二月十日。ここ数日ひどい寒さが続き、今朝はとうとうアルノ河が凍った」

同じく、ルカ・ランドゥッチの年代記

「フィレンツェ、二月十一日。サンタ・マリア・デル・フィオーレで、サヴォナローラの説教がはじまった。多くの人がそれを聴きに行った。私の妻も子供たちも行った。だが、一方、説教を聴きに行かない人も多かった。彼らは、『正しいか正しくないかは別として、法王のくだされた破門は尊重しなければならない』

と言っている。私も、説教を聴きに行かなかった一人だ。

ここしばらく、ペストが下火になっている。時々、一人か二人の死者が出る程度である」

同じく、ルカ・ランドゥッチの年代記

「フィレンツェ、二月十五日。私は、ここ数日間というもの、考えに考えぬいた。サヴォナローラの説教を聴きに行くかどうかについてである。だが、年代記を書き続けるためにはやはり聴いておくべきだと思い、今までどおり、説教を聴きに行くことに決めた。こう決めたとたん、私はなぜかほっとした。

今日の説教で、サヴォナローラはこう話した。聴衆は以前より少ないようだが、熱狂は、かえって高まっている。

『良き君主といえども、良き聖職者といえども、民を治めるために神が使われる道具にすぎない。だから、もしこれらの上位者が神から離れた時は、道具でさえもなくなるのだ。壊れた鉄片になるのだ。われわれは、この壊れた鉄片に従う必要があろうか。

私は、破門された。だが、壊れた鉄片のくだす破門を、私は認めない。法王は、誤りを犯さないと誰が言ったか。われわれの敵の誹謗《ひぼう》のみを取り上げ、それによってくだした破門を、私は無視する。破門を怖れる人々よ。私は言おう。主キリストの教えを守ることだけが大切なのだと。

おお、神よ、もし私が、この破門を解除してもらうようなことをしたならば、私を地獄へ落したまえ。私を、永劫《えいごう》の罪で苦しめたまえ。

主イエスよ、あなたは、多くの地獄へ落ちる人々の死を見た。ローマでは、ある人の息子が殺された（法王の息子ガンディア公のこと）。フィレンツェでは、五人の刑死者が出た。

フィレンツェ市民よ、この真実から眼をそらしてはならない。だが、神は、両手を拡《ひろ》げて待っていてくださる。悔いあらためよ、神に近づくのだ。アーメン。

主イエスよ、あなたは、われわれの罪をあがなうために死なれた。そして私は、あなたにお願いする。私を、あなたの教えを守るために、あなたが選ばれた民フィレンツェの人々の信仰を守るために、死なせてほしいと』」

同じく、ルカ・ランドゥッチの年代記
「フィレンツェ、二月十八日。六旬節の日曜日である。サヴォナローラは、サンタ・マリア・デル・フィオーレで説教した。

『なぜローマの法王は、私に対してこれほどのむごい仕打ちをするのか。宗教についてか？　いや違う。彼は、われわれの政府をつぶそうとしているからだ。フィレンツェ共和国に、独裁者として君臨したいからだ。そのために、私が邪魔なのだ。

サンタ・マリア・デル・フィオーレ

だが、これが、正しい生き方を地上に拡める人のすることだろうか。正しい教理と反するやり方ではないか。福音書にあるキリスト者の愛に反するやり方ではないか。それならば、彼こそまさに、異教徒であり、邪教のやからではないか。

彼こそは、神の王国に反することを行ない、悪魔と結託して、真の信仰を堕落させる者である。このような邪教のやからは、キリスト者の世界から追放しなければならないのだ』」

バルトロメオ・フロリドの日誌

「ローマ、二月二十二日。今朝、法王は、フィレンツェ大使ブラッチと会った。サヴォナローラの説教再開の知らせに、法王が激怒していることを聞き心配したフィレンツェ政府が、大使に、事情を説明するよう命じたからである。だが、法王は、大使の弁解をさえぎり、語気荒く言った。『権威に対する反逆であり、挑戦である。トルコ人さえも、これほど私を怒らせはしなかった』

続いて、サヴォナローラが説教するままに放置しているフィレンツェ政府を非難し、自分から会談を打ち切って立ち上りながら、はき捨てるように言った。『修道士《フラ》サヴォナローラには、説教をしたいだけさせるがよい。だがわたしは、自分がこういうあつかいを受けるとは思ってもみなかった』」

同じく、バルトロメオ・フロリドの日誌

「ローマ、二月二十五日。アレッサンドロ六世は、怒りにまかせてすべてを投げ出すにしては、あまりにも現実的に出来ている。今日、法王の方からの要請で、フィレンツェ大使との会談が持たれた。カラーファ枢機卿と並んで、親サヴォナローラ派の有力者といわれたロペツ枢機卿、法王の息子であるチェーザレ・ボルジア枢機卿、ローマ市の総督、法王の秘書官長アドリアーノ、それにわたし。フィレンツェ側からはブラッチ、ボンシの両大使。これが、会談の列席者である。

法王は、フィレンツェ大使二人に向って、外敵に対するイタリア諸国結束の必要性を説き、ただ一国、同盟に参加しようとしないフィレンツェに、フランスとの同盟を破棄してイタリア諸国と一致した歩調を取るよう、そのためには、フィレンツェが満足がいくように、ピサを与えると約束した。
だが、サヴォナローラの問題については、断じて説教を止《や》めさせるよう、フィレンツェ政府が断固とした処置を取るべきであるとして、一歩もゆずらない立場を明らかにした」

ルカ・ランドゥッチの年代記
「フィレンツェ、二月二十五日。五旬節の日曜日である。サンタ・マリア・デル・フィオーレで、サヴォナローラの説教があった。彼は説く。
『法というものは、あらゆることを良き方向に導く目的で作られたものである。だから、理性とキリスト者の愛とに合致したものでなければならない。このように、法の行きつくところが正しく良きものであるならば、法の良し悪《あ》しは、それがどんな果実を結ぶかにある。
さて、兄弟たちよ。キリスト教の教理は、正しき生き方をするために、神が与えられたものだ。ところが、私の受けた破門はどうだろう。あれは、正しくない生き方をしている者がくだしたのだ。すなわち、悪魔がくだしたものだ。悪魔は、気に入らないというだけで破門する。今日では、法王は、気が向いた時に簡単に破門するようになった。このような破門が、価値があるのか。尊重すべきものなのか。答えは明白である。価値はない。無視すべきなのだ』」

同じく、ルカ・ランドゥッチの年代記

「フィレンツェ、二月二十六日。アラビアーティ（反サヴォナローラ派）も少なくないらしいのだが、街ではやはり、サヴォナローラ信奉者が多く目につく。女たちは、ほとんどといってよいほど、地味でまじめな服装をしているし、少年たちは、修道士《フラーテ》の命に従って、長く伸ばしていた頭髪を短く刈ってしまった。彼らは、修道士《フラーテ》の説教のない日も、毎日教会へ通い、ざんげをするのを喜びともし、誇りともしている。やはり、これが正しく良き生活ではないだろうか」

バルトロメオ・フロリドの日誌

「ローマ、二月二十六日。今日、法王は、二通の法王教書を発布した。一通は、サンタ・マリア・デル・フィオーレ大聖堂の長にあてたもので、このフィレンツェの本寺でのサヴォナローラの説教を、直ちにやめさせるよう命じたものである。他の一通は、フィレンツェ共和国政府にあてられたものである」

法王アレッサンドロ六世より、フィレンツェ政府委員会にあてた法王教書

「真の息子たちへ、あいさつと法王の祝福とともに、

長期にわたって、わたしは、説教修道士ジローラモ・サヴォナローラという不正の息子のまき散らす害毒について、考え心配してきた。だが彼は、このわたしの苦悩をよそに、あいかわらず無思慮にも、おまえたちの都市において、その暴言と不遜《ふそん》な行動を止めようとはしない。

わたしは、民衆の心が危機にさらされているこの現状を、放置しておくわけにいかず、彼に、ローマへ来るよう命じ、次いで、しばらくの間は説教を中止するよう命じた。

しかしながら彼は、このわたしの命令のいずれにも従わなかった。だが、わたしは、カラーファ枢機卿の願いを容《い》れて、従わない者は破門を覚悟することを前提に、新しくトスコ・ロマーナ説教修道士会を結成し、サン・マルコ修道院も加えて、そこに新

しい秩序を打ち立てようとした。しかし、彼は、これにも服従しなかった。

このように、執拗《しつよう》に何度も続けて聖ローマ教会を冒瀆《ぼうとく》する行為は、聖職界の懲戒罰の限界を越えるものである。ゆえに、わたしは、民衆の魂とキリスト教の精神を護《まも》るうえでの配慮から、ついに破門の罰をくだす決心をした。

フィレンツェ共和国内の主要な教会において、祝祭日を期して布告されたサヴォナローラに対する破門処置は、男も女も、聖職者も俗界の人間も、またいかなる会派を問わずすべての人々は、ジローラモ・サヴォナローラを、異端の疑いを問われた破門者として遇すること、すなわち、彼と話したり、彼の説教を聴いたり、その他のことでも、直接的にしろ間接的にしろ、彼とつながりを持ってはならないこと、さらに、いかなる方法においても彼を助けたりしてはならず、いかなる場所においても、彼を訪問してはならないことなど、これらを宣告したものであった。

しかしながら、いまだに彼は、厚顔にも、わたしの命令も説諭も無視し、執拗にその強情と無恥をひけらかしてやまない。フィレンツェの本寺で説教を続け、その言動はますます狂信的になり、民衆を欺《あざむ》き、カトリックの信仰と聖ローマ教会の権威を冒瀆する罪を改めようともしない。そのうえ、破門されている身でありながら、祭日の行列に加わり、ミサを行い、キリスト教徒に対して、聖餐《せいさん》の儀式をもほどこしている。

悲しむべきことは、素朴な民衆がこれに欺かれ、彼の説教を求め、彼と話すことを欲し、彼を助けていることである。

フィレンツェ市は、今まで常に、聖ローマ教会に忠実であった。わたしの方もまた、この都市の平和と安全を確保するために力をつくしてきた。そのためにも、この不祥事に知らぬ顔をし、時が解決してくれるのを待つような態度は、取るわけにはいかないのである。

ゆえに、わたしは、法王としての当然の義務と配慮から、また、聖ローマ教会に対するわたし自身の尊重と献身の気持から、フィレンツェ政府委員会に対して、服従の徳の自覚をうながし、厳しく次のことを命ずる。

サヴォナローラを、十分に確実な警護のもと、ローマへ護送すること。わたしは、この罪びとの死を望んではいない。彼がわたしの許《もと》へ来た時には、そしてその誤りを改めた時には、わたしは、父親と同じ気持で、彼を迎え入れるであろう。だが、もしもローマへの護送が不可能な場合は、誰とも会わせず、不祥事を避けるために、どこか確かな場所に、十分な監視のもとに閉じ込めておくように。

もし、万が一にも、そんなことは思ってもいないが、おまえたちの政府がこのわたしの命を蔑視《べっし》するような時は、わたしは、わたしと聖ローマ教会の権威と尊厳を守るために、法王の命に反して異端の疑いとその有害な言動によって破門された者を助けたとして、フィレンツェ市全体に、ミサその他の儀式いっさいを禁止する処置を取るしかなくなる。さらに、より有効な処置さえも、取らねばならなくなるかもしれないことを覚悟しておくように。

ローマ、サン・ピエトロ大寺院にて、漁夫の指輪とともに、

一四九八年二月二十六日　　　　筆記者　B・フロリド」

ルカ・ランドゥッチの年代記

「フィレンツェ、二月二十七日。謝肉祭最後の日の今日、サン・マルコ寺院で、サヴォナローラはミサを行い、集まった多くの人々に、自らの手で聖体拝領を行なった。その後で説教壇に登った。左手に聖書を持ち、右手を高くかかげたサヴォナローラは叫んだ。

『おお神よ、もし私が、真実の魂なしに生きてきたならば、もし私の言葉が、あなたから与えられたものでないならば、ここで、この瞬間、私を雷光《いなずま》で打ちたまえ！　雷光で殺したまえ！』

こう言ったサヴォナローラの顔は、高揚した精神のために輝き、彼の信仰の強さが、われわれにまで伝わってくるようだった。彼こそ、真の預言者である。聴衆の中からも、『プロフェータ（預言者）』と叫ぶ声が、風のように広まった。

昼食が終った後、民衆は広場に集まった。四つの整然とした祭列が、四方から、シニョリーア広場にはいってくると、そこには、昨年と同じ、いやそれ以上に多く集められた贅沢品《ぜいたくひん》の山が、ピラミッド形につくられ、火を点《つ》けられるのを待っていた。サン・マルコ教会の方角から、キリストの像をかかげたサヴォナローラと、その彼に従うオリーブの枝と赤い十字架を持った白衣の行列が入場してきた。聖歌が、いっせいに歌われる。

火が、異教的な書物や絵画、彫刻、鏡などの贅沢品のピラミッドの山に点じられた。二回目の〝虚栄の焼却〟である。ひざまずいた人々は、十字を切り、神に感謝の祈りを捧《ささ》げた。

だが、今年は、邪魔者がいた。アラビアーティやコンパニャッチの連中が、広場の周囲に群がって、〝焼却〟の儀式を笑いながら眺めていた。高笑いしたり、嘲《あざけ》ったり、そのうちの何人かは、どこからか死んだ猫を持ってきて、聖なる焼却の中に投げ込んだりした。質素な服装をしているわれわれや、白い僧衣風の服に頭髪を短く刈っている少年たちに比べて、彼らはわざと、以前の派手な色とりどりの服装をし、頭髪も、肩の辺まで伸ばしている」

同じく、ルカ・ランドゥッチの年代記

「フィレンツェ、二月二十八日。四旬節の最初の日の今日から、サヴォナローラは、サンタ・マリア・デル・フィオーレで説教をはじめた。彼は、ローマの法王を非難し、それと結託していると言って、フィレンツェ内のアラビアーティの連中を非難した」

同じく、ルカ・ランドゥッチの年代記

「フィレンツェ、三月一日。今日もまた、サヴォナローラは、サンタ・マリア・デル・フィオーレで説教したが、その最後に、明日の説教は、サン・マルコ教会で行なうと言った。法王が、フィレンツェ本寺での説教を禁じてきたからだという。彼は、自分は法王に、手紙を書いて釈明した。しかし法王は、聞き容れようとしない。おそらく、近いうちに、自分の身に何か、試練がくだされるにちがいないと言った。女たちは泣いていた」

同じく、ルカ・ランドゥッチの年代記

「フィレンツェ、三月二日。サヴォナローラは連日、サン・マルコ教会に場を移して説教を続けている。だが私は、商売のことがあって、説教のある朝も夕方も店を外にはできない。妻と子供たちが行っているが、彼らの話だと、この頃は説教中に、反サヴォナローナ派の妨害がひどくなったということである」

同じく、ルカ・ランドゥッチの年代記

「フィレンツェ、三月七日。今日、噂《うわさ》に聞いたところによると、法王は、政府委員会に教書を送り、サヴォナローラを黙らせないと、フィレンツェ全体を破門にするとおどしてきたそうである。かわいそうな修道士《フラーテ》よ、敵にかこまれているのだ。

広場でそんな話をしていると、そこに、ニコロ・マキアヴェッリが通りかかった。私と彼は、家が同じグイッチャルディーニ通りにあるので、隣り近所の間でもある。この二十九歳になろうとしている青年は、二ヵ月後には、フィレンツェ政庁の第二書記局の書記官に就任することが内定していて、なかなか頭の良い若者である。話にはいってきた彼は、こんな風に言った。

『明日にでも、ローマ駐在の大使ベッキに手紙を出すつもりで、その時にも書こうと思っているのですが、サヴォナローラが説教で説くことは、法王とローマ教会を堕落ときめつけて非難する、いわば時流に乗ったやり方です。しかし、これが有効なやり方とは思えませんね』

中には、うなずく者もいた。だが私は、うなずけなかった。彼が、アラビアーティの一人だという噂は、どうやらほんとうだったらしい」

バルトロメオ・フロリドの日誌

「ローマ、三月七日。今朝、昨夜到着したというフィレンツェ政府の法王教書に対する返書を持って、ベッキとボンシの両大使がヴァティカンを訪れ、法王と会った。返書は、私がその席で読み上げた。返書の内容は、サヴォナローラは、すでにフィレンツェ本寺のサンタ・マリア・デル・フィオーレでは説教をしていないことを述べ、次いで、彼の説く教えを擁護し、法王は誤った情報にもとづいてこの処置を取っておられるとして終っている。すなわちフィレンツェ政府は、サヴォナローラの説教を直ちに止《や》めさせ、彼をローマへ護送するか、またはどこかに隔離するよう命じた法王教書の主旨を、婉曲《えんきょく》に拒絶したことになる。私が、返書を読み終った時、法王はこう言った。

『大使、あなた方の政府は、私に不愉快な手紙をよこした。だがわたしは、あなた方が考えているように、誤った情報にもとづいたり、何も真実を知らないで判断をくだしたりしているのではない。あの修道士が説教でいったことも、彼の出版物も、すべて読んでいる。そのうえ、彼の説教を聴いた人々とも会い、その話を聴いて、なるべく真実を知ろうとする努力も怠ってはいない』

大使ボンシが、サヴォナローラを弁護しようとした。彼は、今ローマに駐在している三人のフィレンツェ大使のうちで、当初から、サヴォナローラ派と目されていた者である。

『法王猊下《げいか》、しかしサヴォナローラの説く教理は、根本的には正しいものであります。キリスト教の精神に、かなっているものです』

『それはわかっている。だから、彼の説く教理の根本を非難しているのではない。彼の説き方が問題なのだ。

現代において、説教というものの占める重要性、それを行なう説教師の立場の重要さを考えてみるがよい。民衆と接する唯一《ゆいいつ》の道ではないか。しかも、多数の民衆と同時に接する唯一の立場なのだ。ざんげが一対一であるのに比べて、その重要性ははかりしれない。ここに、説教師の責任が問われてくる。

教理の根本が正しいだけでは不十分だ。どのような説き方をされようと、その根本を把握し理解できる人は、ごく少数に限られている。だが、その他の大多数の素朴で単純な人々は、説き方しだいで、どんな方向にも動いてしまうものだ。根本などは忘れてしまい、説くのに使われた材料の方が、大きく印象づけられてしまうのだ。だから説教師は、どう説くかにも責任を持たねばならない。そして、サヴォナローラの説き方が、煽動《せんどう》的でその責任を感じていないものであることは、少しはイタリアの現状を知っている者には明らかなことである。

大使たち、あなた方といえども、フランス王シャルル八世が、またも軍を動かしはじめているという噂を、知らないわけではなかろう。フィレンツェ政府に対し、サン・マルコ教会においても、またその他の教会においても、直ちにサヴォナローラの説教を止めさせるように伝えてもらいたい。

わたしはまだ、彼に対して、異端と断定をくだしたわけではない。そして、何よりもあの男の死を望んではいない』」

ルカ・ランドゥッチの年代記

「フィレンツェ、三月十一日。四旬節の第二日曜である。サン・マルコ教会で、サヴォナローラの説教を聴く。

『おお、修道士《フラーテ》よ、法王は地上の神だ、キリストの代理人だ、と言う人がいる。しかし、神も主キリストも、われわれを子として兄弟として愛され、われわれのためと考えて命令をくだされるのだ。ところが、神に反したことをする法王が、おまえに命令をくだした時、おまえはやはりその命に服すのか。それではおまえは、神の意志に反したことをすることになる。

悪《あ》しき法王は、狐《きつね》のように権力の座に登り、犬のように生き、そして死ぬのだ。私には、神の声だけが聞こえる。神の声だけを聞いて死にたい』」

同じく、ルカ・ランドゥッチの年代記

「フィレンツェ、三月十七日。この日サヴォナローラは、サン・マルコ教会で、女だけのために説教を行なった。それを聴いた妻の話によると、サヴォナローラは、集まった女たちに向って、静かに説き聞かせるように、話したそうである。

『おまえたちは、息子を司祭にしたいと思うだろうか。あの堕落した世界に、自らの腹を痛めた宝を、放りこむ勇気が誰にあろう。さあ、一緒に神に祈りを捧げよう。

神よ、私たちは、平安を与え給《たま》えとは望んでいないのです。苦悩を求めているのでもありません。あなたの御心《みこころ》をください。愛の御心をください。襲って来る不幸に打ち勝つだけの、力と慈愛の心を与えてください。私たちは、あなたの愛が地上で栄える時のみを待っているのです。

今や悪人は、ますますその力を強めています。ますます、私たちの息の根を止めようと狙《ねら》っています。ああ、私には、もう泣くしか他に、何もできなくなりました』」

バルトロメオ・フロリドの日誌

「ローマ、三月十九日。法王庁内はもはや、完全に反サヴォナローラに一致している。サヴォナローラに同情的だったカラーファ枢機卿やロペツ枢機卿も、彼らが積極的に賛同したトスコ・ロマーナ新説教修道士会の結成が、サヴォナローラによって無視された頃から、はっきりとサヴォナローラに反対の立場を取りはじめた。その他にも、心情的にサヴォナローラを擁護していた人々も、今ではもはや、彼を弁護しようとしないばかりか、口をきわめて非難するように変わった。

ローマ市内の空気も、反サヴォナローラ、反フィレンツェ一色である。フィレンツェ大使たちの宿泊先に、市民が石を投げたり、その他のいやがらせをする不祥事が続発し、大使の安全を確保するために、法王は、法王庁の近衛兵《このえへい》の一隊を、警備にさし向けたほどである」

同じく、バルトロメオ・フロリドの日誌

「ローマ、三月二十日。今日、三月十三日附のサヴォナローラの手紙がとどいた。こんなに長くかかったのは、この手紙が、いつもの彼の手紙とちがい、大使を通じてではなく、個人的に送られてきたからだろう。早速、法王の許《もと》へ持っていく」

サヴォナローラより、アレッサンドロ六世にあてた書簡

「法王アレッサンドロ六世へ、

最も祝福されたるお方へ、

私は、何人かの教会の羊飼いの悪例を見て、彼らによって堕落させられた教理が、羊たちを悪に地獄に追いやるのを見て、神の名誉を守り、カトリック信仰の真実性を守り、堕落した生活を立て直し、キリスト教の下での規律を呼びもどすことこそ、私の使命であると思ったのです。

しかし、私がそれを実行しつつある間に、罪深き悪人どもは、この私の仕事を、事

あるごとに妨害しようとしました。そのため私は、民衆を守るために、彼らを〝細い道〟（マタイ伝）に強《し》いて行かせたのです。この頃の私の煩悩《ぼんのう》と苦悩は、私を病気にしたほどです。だが、私をなぐさめ力づけてくれる人は、私を助けてくれる人は、誰もいませんでした。

実は私は、法王猊下が、私を助けて、信仰の敵と戦ってくださることを期待していたのです。しかし結果は、私の期待とは反対に出たようです。猊下は、無実の私を守ることを拒否され、私が示した多くの理由、それらは私自身の原罪を許していただくつもりではないのですが、それらの理由を取り上げてもくださいませんでした。私が示した理由は、私が説教で説く教理の誠実さを明らかにし、法王猊下と聖ローマ教会に対する、私の心からの服従の意志を明示したものにほかならなかったのです。

それどころか、猊下は私の敵の言に耳をかたむけられました。これでは私が、聖職界に身を置く者の権利として、同じキリスト者であり、しかも、最高の羊飼いであられるお方からの助けを待っていたのは、無駄であったということになります。

いずれにしても、狼《おおかみ》どもは今や私に対して怒り狂っております。もはや私には、神は強き者をこらしめるために、弱き者を地へ送った（コリント前書）と思うしかなくなりました。猊下には、私が、神の御言葉を遂行するために味わった、苦悩と忍耐を認めていただくよう願うばかりです。

もはや今の私は、キリストの例にならい、栄光などは決して求めますまい（ヨハネ伝）。ただ、心からの希望とともに、死を待つばかりです。

猊下の御自愛を祈りつつ、

フィレンツェにて、

ローマ暦にならって、一四九八年三月十三日

イエス・キリストのとるに足らぬしもべ（ルカ伝）

ジローラモ・サヴォナローラ　自筆」

ルカ・ランドゥッチの年代記

「フィレンツェ、三月十八日。四旬節の第三日曜の今日を最後に、サヴォナローラはしばらくの間、説教を中止するということである。一家そろってサン・マルコ教会へ、その最後の説教を聴きに行った。サヴォナローラは、また一段と痩《や》せたようだが、表情も声も、以前の彼とは少しも変わっていない。聴衆も、あいかわらず多いようだ。説教壇に登った彼は、こう話し出した。

『時々、この説教壇から降りた時に、私はこう、自らと語ってみることがある。私はもう話したくない。説教をしたくない。もう後は神にまかせて、自分は黙っていたい。静かにくらしたいと。

ところが、いったんこの上に登ると、もう自分をおさえることができない。この上で神の御業《みわざ》について説くことが、燃えさかる火のように、私の骨と私の魂を焼くのだ。私は、この火を消すことができない。そして話しだす。神と聖霊が、私の魂に火を点《つ》け燃やすのを感じながら。

だが、説教壇を降りると、再び、同じことを考えはじめる。私はもう、説教などしたくない。平和にくらしたいと。しかしだめなのだ。この上に登るやいなや、私の舌は止まらなくなる。神のくだされる御言葉を、留めておくことができなくなるのだ。

おお、神よ、あなたは誰も怖《おそ》れない。人の顔など人の気持など心配しない。あなたの望まれる時、あなたは真実を示される。おお、聖霊よ、なぜあなたは私を苦しめるのです? まるで海に波を起す風のように、私に対して嵐《あらし》を巻き起し、私を襲わせるのですか。

しかし、私は何もできないことを知っている。神にすべてをまかせよう。神は、その道具として使われた者の最後をも考えてくださる名人なのだから。預言者エレミヤは、神が必要としなくなった時殉教した。私にも、同じ運命が待ちうけているのであろう。神よ、どうぞあなたのお気に召すようなさってください。どんなに苦しもうとも、それはここ地上でのこと。苦しめば苦しむほど、天国での冠も大きくなろうというものです。

昨夜の第三時（九時頃）、政府委員会からの五人の使いが私のところへ来た。そして言うには、私にしばらくの間、説教を中止してくれと言う。私は、彼らにたずねた。あなた方は、主人たち《シニョーリ》（政府委員たち）の命で来たのかと。彼らは、そうだと答えた。私は言った。それならば私の方も、主人《シニョーレ》（神）に相談したうえで答えようと。今、私は、この説教壇の上から、それに答えようとしている。良く聴いてもらいたい。

神は、承諾された。しかし、間違わないように。神は、ひとつのことについては承諾されたが、もうひとつのことについては承諾されなかった。すなわち、私に説教を中止させることについては承諾されたのだが、おまえたちに、平安と正しく清らかな生活を与えるための努力を中止することについては、承諾されなかったのだ。

近いうちにフィレンツェは、新たな悪の洪水に襲われるだろう。しかしその中で、神は、別の人を送ってくださる。悪人をこらしめ、堕落した生活からおまえたちを守るために。それまでは、説教ができなくなった今では、祈ることしかない。ともに祈りを捧《ささ》げよう。おお、神よ、どうぞあなたの御将来を、あなたの誓約を、あまり延ばさないでください』
これで、しばらくはサヴォナローラの説教が聴けなくなったことになる。だが、彼に最も忠実な一人といわれる修道士《フラ》ドメニコが、サヴォナローラに代わって、サンタ・マリア・デル・フィオーレで説教を続けるそうだ。それに、これまでの彼の説教は、ロレンツォ・ヴィオリという者の手によってすべて筆記され、それらは次々と出版されるという。もう、はじめの頃のものは、出版がはじまり、飛ぶような売行きで、アルマーニヤ(ドイツ)でも読まれていると聞いた。
だが、それでも私には、どうしてもわからないことがひとつある。なぜ、ローマの法王が、われわれキリスト者すべてを統治される、キリストの代理人であられる法王が、サヴォナローラの説教をあれほど強く禁じられるのか、あれほど強く嫌われるのかである。私の心の片隅には、サヴォナローラは真の預言者なのか、それとも単に、神の名をかたる偽《にせ》預言者なのかという疑いが、どうしても消えず、それどころか、だんだんと大きくなってくるような気がする。
私は知りたい。彼が、神の代理人である法王よりも正しい預言者なのかを知りたい。それが示されれば、私のこの不安定な気持も落ちつき、彼の説教もミサも、年代記を書くためなどという理屈をこしらえなくても、心からの喜びとともに受け容《い》れることができるであろうにと思う」

バルトロメオ・フロリドの日誌

「ローマ、三月二十三日。今までフィレンツェ大使たちは、しばしば法王に会見を申しこんでいたが、法王は、それをことごとく拒絶して、会おうともしなかった。だが、今日、ようやく会談が持たれた。

大使ブラッチが、サヴォナローラが説教を止《や》めたことを伝え、法王庁とフィレンツェ共和国の関係ももとに戻ったと言いはじめると、法王は、苦い顔をしてそれをさえぎった。

『大使、サヴォナローラが説教を止めたことは、もうすでに知っている。しかし、修道士《フラ》ドメニコが説教を続け、サヴォナローラと同じことを説いているのはどういうわけか。しかも、サヴォナローラも説教を止めたというだけで、サン・マルコ教会内ではミサを行い、祭列も先導しているではないか。これでは、私の要求に少しも答えていない。

大使、フィレンツェ政府内には、わたしがサヴォナローラを、政治的意図で問題にしていると非難する者がいるという。すなわち、わたしもサヴォナローラも同じ聖職界の人間だから、その解決は宗教的であらねばならないという理由でだ。だが、法王は、正しいか正しくないかは別として、現状では、法王庁領土を治める役目を持っている。その場合、法王庁領が含まれる全イタリアの政治をも考えねばならないのは、当然のことではないか。

一方、その宗教的ということだが、大使、まさかあなたにまで、聖職者の義務を解説する必要もあるまいとは思うが、聖職者の第一の義務は、上位者に対する服従である。そして、キリストがペテロを自らの代理人に指名され、ペテロが初代の法王となり、代々の法王はペテロの後継者と認められたところに、カトリック教会は成り立っているのだ。カトリック教会は、上位者に服従することで成り立っている。上位者の命令は、時には不合理で正しくないこともあるかもしれない。しかし、服従しなければならない。それだからこそ、服従を、キリスト者の徳というのだ。

修道院は、何のためにある。不合理で卑《いや》しい仕事に耐え、自分の自由を個性を神に捧げた後に与えられる喜びを得るためにあるのだ。修道士こそ、この徳を最も自覚しているべきである。それが嫌なら、修道院を出たらよかろう。法王は、俗人にまではこの徳を求めない。

サヴォナローラは、ドメニコ派に属する修道士《フラーテ》である。私は、ドメニコ派も含めた他の会派すべての聖職者の統御をする、法王である』

アレッサンドロ六世は、さらに続けて、サヴォナローラ配下の修道士たちの説教も禁止すること、また、サヴォナローラをローマに送るようにという法王の要請を遂行することの二点を、大使に向って、重ねて強調した」

同じく、バルトロメオ・フロリドの日誌

「ローマ、三月二十六日。今夕、驚くべき知らせが、ヴァティカンにもたらされた。まず、あわただしく法王に会見を申し込んだアスカーニオ・スフォルツァ枢機卿が、サヴォナローラの、フランス王シャルル八世にあてた手紙を持ちこんできたことからはじまった。法王ボルジアを退位させるための、公会議召集を提唱したものである。

これとほとんど時を同じくして、フィレンツェ市内に放っておいた密偵の一人から、フランス王だけでなく、ヨーロッパ各国の王にあてたサヴォナローラの手紙の写しが、急使によってもたらされた。アスカーニオ・スフォルツァ枢機卿の持ってきたフランス王あての手紙は、枢機卿の兄のミラノ公イル・モーロの部下が、ミラノ公国領内で捕えたフィレンツェ人が持っていたもので、そのフィレンツェ人は、ひどく急いでフランスへ向っていたので怪しまれたのだという。サヴォナローラの手紙はフランス王、スペイン王、イギリス王、ハンガリー王、それにドイツの神聖ローマ帝国皇帝にあてたものだが、そのいずれも大部分は同じ文章から成っており、次のようにはじまる。

『復讐《ふくしゅう》の時は来た。神は私に、新しい秘密を、世界に向って、教会が危機に瀕《ひん》している実状を、おまえに訴えることを望んでおられる。聖ペテロの船は、今や沈もうとしている。おまえの怠慢のために、沈もうとしている。

教会は、頭から足の先まで、いまわしいもので満ちている。それなのにおまえは、それを救済するために手を差しのべなかったばかりでなく、教会を汚す張本人を敬いさえした。ゆえに神は、長い間教会を、羊飼いのいない場所にしなければならなかった。

今、私は、神からくだされた言葉を伝える。このアレッサンドロは、法王ではない。彼は、聖職売買《シモニア》によって今日の地位を獲得し、聖職を、金を支払う者に売っている。その他の彼の罪は、数えあげるにきりがない。私は断言する。彼は、キリスト教徒ではない。神の存在を信じない者である。不信仰をまき散らす悪の張本人である。

今や、彼を破滅させる時がきた。公会議を召集し、その席で退位させるべきである。おまえに対し、この神の命を伝える。良き時と所を選ぶのは、おまえにまかせよう。神は、私の言葉が真実であることを、おまえに、何らかの奇跡によって示されるであろう』

このあとに、サヴォナローラは、それぞれの王にふさわしい文章で、しめくくりをする。

まず、ドイツの神聖ローマ帝国皇帝マクシミリアン一世には、

『神聖ローマ帝国の尊厳と、聖ローマ教会を擁護するその役割を思い起すならば、皇帝こそまず先に、危機に瀕している教会を救うために立ちあがるべきなのだ』

スペインのフェルディナンド王とイザベッラ女王には、一四九二年のスペインからの異教徒一掃にふれ、

『おまえたちのやりとげた異教に対するあの勝利は、神にとっていかに大きな喜びであったか。しかし、おまえたちが外を固めている間に、教会の土台が崩れはじめ、教会全体が崩壊しようとしているのだ』

サヴォナローラが最も期待し、誰よりも最初に手紙を送ったフランス王シャルル八世には、

『おまえは、神がおまえに与えた多くの機会を、ことごとく無駄にしてきた。だが、おまえが、イタリアに対する聖なる征服を遂行しない限りは、神はおまえに対して、他の誰に対してよりも恐ろしい罰を与えられるであろう。すでに神は、おまえに一人息子を失わせるということで罰を与えたのを、思い起すがよい。

おまえは、〝キリスト者の王〟という名を持っている。それは、神がおまえを、たのだ。そしておまえに、聖別した剣を与えたのだ。これらはすべて、神がおまえに与え復讐の旗手として選んだからである。教会の堕落をともにしてはならない。おまえの任務を遂行するために、いかに障害が多かろうとも、いかなる危険が待ち受けていようとも、それを越えて行くのだ』

イギリス王ヘンリー七世とハンガリー王ラディスラオ二世への手紙の結びの部分は、密使が写しを取る時間がなかったとのことである。だが、だいたい同じようなことであろう。

この手紙が読みあげられた時、部屋には、法王アレッサンドロ六世の他に、アスカーニオ・スフォルツァ枢機卿、チェーザレ・ボルジア枢機卿、カラーファ枢機卿、ロペッツ枢機卿らが同席していた。皆、沈黙したまま、法王の言葉を待った。私などは、法王の怒声が飛んでくるかと思ったほどだった。しかし、アレッサンドロ六世は、顔が真赤になり、椅子《いす》のひじをつかんだ手が一瞬ふるえただけで、一言も発しなかった。そしてすぐ私に向い、ジュリアーノ・デッラ・ローヴェレ枢機卿とサヴォナローラとの間に、連絡が交されはじめたのはいつ頃からか、と聞いた。私は、二月の末からは、こちらも確実な情報を得ております、と答えた。

それだけだった。いつもと同じように、ていねいな態度で枢機卿たちにあいさつしながら、法王は、部屋を出て私室へはいってしまった。

私は、一人になって考えてみた。公会議は、一四一四年のコンスタンツ公会議で、召集権は法王にあること、法王は十年に一度は公会議を召集する義務があることを決定している。アレッサンドロ六世は、在位六年で、まだ彼にはその義務はない。

しかし、一四九七年一月に、フランス王シャルル八世の答申に対して、ソルボンヌ大学の神学者たちが、一票の差だったが、王の公会議召集の権利を認めた事実がある。だから、法王アレッサンドロ六世にとっては、一四九四年のフランス軍侵入の時と考え合せて、フランス王の動きが、最も気がかりであったにちがいない。その他の、ドイツ皇帝、スペイン王、ハンガリー王とは友好関係にあるうえに、彼らが、あの手紙で行動を起すほど軽率であるとは思っていないだろう。イギリス王は遠すぎる。問題は、法王ボルジアを敵視するローヴェレ枢機卿がフランスに逃亡中であることを考えても、やはりフランス王シャルル八世の動きである。だが、そのフランス王にあてた手紙は、今では法王の手の内にあるのだ。

私は、サヴォナローラという男を、はじめて気の毒に思った。もし、この手紙が、ローヴェレ枢機卿に煽動《せんどう》された結果だとすれば、なぜ彼は、ローヴェレ枢機卿をそれほど信頼したのだろう。ローヴェレ枢機卿にとっては、サヴォナローラなどは、たいした意味を持っていないのだ。彼は政治家だ。ボルジアを倒すためには、どんなことでも利用する男だ。それにローヴェレ枢機卿は、サヴォナローラの属するドメニコ派とは、ことごとに敵対しているフランチェスコ派の有力者である。

サヴォナローラが、簡単に人を信用してしまうことには驚くほどだ。イタリアの諸君主の中で彼が最も信頼しているのは、フェラーラ公エルコレ・デステとミラノ公イル・モーロだが、フェラーラ公の方は、サヴォナローラ自身がフェラーラ出身だし、サヴォナローラの心酔者としても知られているからわからないでもない。だがミラノ公の方は、サヴォナローラの言動を探るために、大使に親しくさせているのだ。それをサヴォナローラは、自分の心酔者と思い、ミラノ公に何でも書き送ったり、その大使に話したりする。それらはみな、ローマにつつぬけなのを感づきもしない。

サヴォナローラは今頃、フィレンツェの僧院で、フランス王の返事を待っているのであろう。手紙が着くどころか、ローマにあるのも知らずに」

ルカ・ランドゥッチの年代記

「フィレンツェ、三月二十七日。今朝方、サンタ・クローチェ教会で説教したフランチェスコ派の修道士フランチェスコ・ディ・プーリアが、サヴォナローラに対して、〝火の試練〟をもって挑戦したとのことである。

彼によれば、サヴォナローラは日頃から、自分の言葉の正しさは、自分が真の預言者であることは、神が奇跡によって示されるであろう、神よ、自分が間違っているのなら、今ここで、雷光をもって自分を焼きつくしたまえと言っていたが、それならいっそ、実証してもらおうではないかというのである。

修道士《フラ》フランチェスコの挑戦は、彼とサヴォナローラが相前後して燃えさかる火の中を歩いて通り抜ける。もしサヴォナローラが焼かれなかったら、その時こそサヴォナローラを預言者と認め、彼に従う覚悟だと言うのだ」

同じく、ルカ・ランドゥッチの年代記

「フィレンツェ、三月二十八日。今日、サンタ・マリア・デル・フィオーレで説教した修道士《フラ》ドメニコが、昨日の修道士《フラ》フランチェスコの挑戦を受けると発表した。彼は、こう言った。

『神の教会は、改革を必要としている。だが改革は、すべてが破壊された後に行なわれるだろう。フィレンツェもまた、今の堕落と混乱が底をついた時、再び花開くであろう。不信仰者は、キリストの前に怖《おそ》れおののき、破滅する。これらは、われわれの眼前で実現するのだ。

われわれドメニコ派の聖なる指導者サヴォナローラにくだされた破門は、無効である。法王の命令に服従しないことは、罪を犯したことにはならない。

昨日、不信の徒、法王のまわし者であるフランチェスコ派が、われわれドメニコ派に対し、〝火の試練〟をもって挑戦してきた。もちろん、私は受けて立つ。師サヴォナローラの説かれたごとく、神が私を守ってくださるであろう』

この説教を終えた修道士《フラ》ドメニコは、その足で政庁に行き、〝火の試練〟を行なう意図を明らかにするための、署名をも終えたという」

同じく、ルカ・ランドゥッチの年代記

「フィレンツェ、三月三十日。ようやく今日、フランチェスコ派の修道士《フラ》ロンディネッリも署名した。フランチェスコ派が今日まで署名しようとしなかったのは、挑戦の相手にあくまでもサヴォナローラを主張して譲らなかったからである。

だが、いずれにしても、〝火の試練〟を行なう両派の代表が決まったことになる。フランチェスコ派からは修道士《フラ》ロンディネッリ、ドメニコ派の代表は、修道士《フラ》ドメニコである」

同じく、ルカ・ランドゥッチの年代記

「フィレンツェ、四月一日。サン・マルコ教会で、ドメニコ派の修道士やサヴォナローラに心酔している俗人など三百人ほどを集めて、ミサと祭列が行なわれた。サヴォナローラが先頭に立った祭列は、教会を出て、その前の広場を一周した。そして、広場に集まっていた人々に、サヴォナローラの書いた印刷物が手渡された。それには、こう書いてあった。

『私は、自分で火の中にはいりたい気持だ。しかし私には、あまりにも大きな仕事が控えている。われわれは、この不当にも挑んできた不信仰のやからに対して、やむをえず受けて立つのだということを忘れてはならない。

だが、もし私が火の中にはいったとしても、神は、必ず私を無傷で通り抜けさせてくださるだろう。修道士《フラ》ドメニコも、そして他のあらゆる信仰深き人々も、神は同じように守ってくださるはずである』」

同じく、ルカ・ランドゥッチの年代記

「フィレンツェ、四月三日。今日、ピアニョーニ（サヴォナローラ派）たちが政庁に押しかけ、政府委員会に対して、〝火の試練〟を早くやってくれと要求した。男も女も、少年たちまで加わったこの一団は、ほとんどシニョリーア広場を埋めたほど多勢だった。私も、一家でそれに加わった」

同じく、ルカ・ランドゥッチの年代記

「フィレンツェ、四月四日。今日、サヴォナローラが、しばらくぶりに説教をした。だが彼は、サン・マルコ教会に集まった聴衆の熱狂的な歓声で、説教をしばしば中断しなければならなかった。サヴォナローラが、自分が火の中にはいりたいといった時、聴衆は一人残らず立ちあがり、

『私もはいる！　私も師に続く！』と叫んで騒然となったほどだ。

われわれサヴォナローラを預言者と信じている者はみな、今はじめて、神が彼を、

その使いとして選ばれたという証拠を見ることができるのだ。サヴォナローラの預言は、すでに四年前のフランス軍侵入によって立証された。そして、ローマに神の鞭《むち》が振りおろされる日も近づいている。しかも今、神の代理人であるローマの法王よりも、破門を受けたサヴォナローラの方が正しかったという証拠も、示されようとしているのだ。われわれにとっては、それが、どれほど大きな喜びであろうか。信仰に対する、何にもまして大きな確証ではないか。

近頃、目に見えてアラビアーティ（反サヴォナローラ派）の横暴がひどくなっている。だが、彼らも、火の中から袖《そで》ひとつ焼けずに出てくる修道士《フラ》ドメニコを見れば、信仰の強さに怖れおののくにちがいない。彼らに思い知らせてやれる時が、ついにやってきたのだ。われわれの信仰の正しさを示す時が、ついにやってきたのである」

バルトロメオ・フロリドの日誌

「ローマ、四月五日。今朝、フィレンツェ大使ボンシと法王との会談が行なわれた。フィレンツェ側から申し込まれたものである。大使は、法王がフィレンツェの事情に精通しているのを知っているので、話はすぐに核心にはいる。

『法王猊下《げいか》、本国政府は、〝火の試練〟について、猊下はどのようなお考えなのかを知りたいと申しております』

『わたしは不賛成である。それどころか、非常に不愉快な気持で、この知らせを受けた。なぜならばこれは、神を試すことである。キリスト者にはあるまじき不遜《ふそん》な行為だ』

『猊下、この事態を避けるには、ただひとつの道しかありません。猊下が、サヴォナローラを赦免してくださることです。サヴォナローラの破門を解かれ、彼に、その配下の修道士ともどもに〝火の試練〟から手を引くよう命ぜられることです』

法王は苦笑しながら言った。

『大使、ここまでに追いやった最高の責任者は、あなた方の政府であるということを知っていて、今の言葉を口にされたのかな』

大使ボンシは、それでも屈しなかった。

『猊下、サヴォナローラの赦免が不可能なことは、私も予想しておりました。ですがそれなら、フランチェスコ派に対して、手を引くようにお命じいただけないでしょうか。彼らの方がはじめたことですし』

アレッサンドロ六世は、無言で大使の顔を見やり、そして、何も言うことはないといって、会談を打ち切ってしまった」

ルカ・ランドゥッチの年代記

「フィレンツェ、四月六日。今日の早朝、政府委員会の代表がサン・マルコ修道院を訪れ、〝火の試練〟を翌七日に行なうと伝えたそうである。これで、いよいよ勝利の時が近づいたのだ。今年のしゅろの日曜日（四月八日）には、信仰の勝利を祝う人々でフィレンツェ中が埋まるのが、今から目に見えるような気がする。

だが、政府は、もし修道士《フラ》ドメニコが火傷《やけど》した場合は、サヴォナローラは、三時間以内にフィレンツェ領を出なければならないと決議したという。すべては、明日にかかっているのだという思いを強くする」

バルトロメオ・フロリドの日誌

「ローマ、四月六日。明日に決まった〝火の試練〟について考える。ヴァティカンでは、誰一人、修道士のどちらにしろ無傷で、衣に火も点《つ》かずに、火中から出てくると信じている者はいない。焼死の可能性の方が強いくらいだ。この法王庁の空気を堕落と呼ぶならば、ローマはやはり、サヴォナローラのいうように堕落しているのであろう。

それにしても、預言者という存在も気の毒なものだ。民衆を満足させるために、奇跡を行なってやらねばならないとは。だがそれも、自らはじめたことではないか。後始末は、やはり自分自身でするしかない」

ルカ・ランドゥッチの年代記

「フィレンツェ、四月七日。市中は、朝から昂奮《こうふん》の渦に巻きこまれている。ピアニョーニは、勝利を間近にして、早くそれを見たいと願う。一方、アラビアーティの連中は、今日こそサヴォナローラの破滅が見られると、これも昂奮している。仕事などする者は、一人もいない。誰もが、〝火の試練〟の行なわれるシニョリーア広場のなるべく良い場所を得ようとして、早々に広場に向った。

シニョリーア広場への入口は、すべて閉鎖され、三つの主な入口には、武装した兵士が警備についている。市民は、武器を持って入ることを禁止されている。女と子供は入れない。広場に面した政庁は、武装兵が周囲を固めている。市の城門は、すべて閉鎖されたということだ。フィレンツェ領内に駐屯する傭兵隊《ようへいたい》も、その場所を動くことを禁じられた。

広場には、すでに〝火の試練〟のための舞台が出来ている。それは、政庁の前からななめの方向、すなわち広場の中央に向ってせり出した形になっている。レンガを積み重ねた土台は、高さが二ブラッチア半（約一・五メートル）あり、その上に、高さ四ブラッチア（約二・四メートル）、長さ五十ブラッチア（約三十メートル）、幅が十ブラッチア（約六メートル）に及ぶ、木材と薪《まき》の束の廊下が出来ている。修道士たちが通り抜ける道の幅は、ほぼ二ブラッチア（約一・二メートル）で、その中央を通っている。木材と薪の束の間には、ところどころに火薬が置かれ、油が、まんべんなく振りかけられた。

規定の時刻である十七時（正午）が迫ってきた。広場は、立錐《りっすい》の余地もないほどの人だ。広場の周囲の家々の窓までが、鈴なりの人でいっぱいだ。武装した兵が、広場を埋めた群衆の前を行き来しながら、警備にあたっている。

まず、サンタ・クローチェ教会の方角から、フランチェスコ派の修道士たちが、列を作って入場してきた。別に聖歌も歌わず、祈りの声もしないほど静かな入場である。全員、こげ茶色の修道衣になわの帯という、彼ら独得の服を着けている。これらフランチェスカーノたちは、あらかじめ半分に区切られてあったロッジアの中の、政庁に近い側の席に着いた。

すぐ続いて、サン・マルコ教会の方角の入口から、ドメニコ派の修道士たちが入場してきた。整然と二列縦隊を組み、聖歌を合唱しながらの入場である。おそらく二百五十人はいる修道士たちの黒い僧衣の列の中ほどに、火のような色のビロードの長衣を着けた修道士《フラ》ドメニコが、大きな十字架を捧《ささ》げ持って来る。そのすぐ後には十字架上のキリスト像をかかげた修道士《フラ》サヴォナローラの姿が見える。修道士たちの列がつきると、たいまつやろうそくを手に持った多くの人々がそれに続く。みな、サヴォナローラに、心からの崇拝を捧げている人々だ。入場してきた彼らドメニカーノたちは、広場を半周して、すでにフランチェスカーノたちが着席しているロッジアの、他の半分を占める席に着いた。ロッジアは、その中間に作られた柵《さく》を境にして、こげ茶色のフランチェスカーノたちと、黒服のドメニカーノたちで埋まった。着席を終ったドメニカーノたちは、最前列に作られた祭壇に、修道士《フラ》ドメニコが大十字架をすえ、その前にひざまずいて祈りを捧げる彼をかこむようにして、全員が十字を切った。その間にも、ロッジアの周囲には、武装兵が警備につく。

これで、準備はすべてととのったわけだ。早朝から広場に来て待っている群衆は、今にも火が点けられるかと、かたずをのんで見守る。

ところがである。催し物はなかなかはじまらない。まずフランチェスカーノたちから、修道士《フラ》ドメニコの仕度がもののものしすぎる、あの衣服の下には何を着けているかもわからないし、魔法をかけたものかもしれないから、衣服を脱いでもらいたい、という抗議が出された。ドメニカーノたちは協議の末、修道士《フラ》ドメニコは衣服を脱ぎ捨て、同僚の一人の衣服と取り換えた。だが、フランチェスコ派を代表して火の中にはいることになっている修道士《フラ》ロンディネッリが、十字架上のキリスト像を持って火の中にはいるつもりらしい修道士《フラ》ドメニコを見て、強硬に抗議をはじめた。彼に言わせれば、聖別された聖体は、カトリック教理によって、個人的な試練には使用を禁じられている、キリストの像は、信仰者の崇拝と聖餐《せいさん》にのみ用いられることになっているのだから、修道士《フラ》ドメニコが、その十字架上のキリスト像を持って火中にはいるのは、神への冒瀆《ぼうとく》行為であると言うのだ。

これは当然の理屈だから、ドメニカーノたちは譲歩すると思っていた。ところが彼らは、断固として譲らない。キリスト像を持たないでは〝火の試練〟を行なうわけにはいかないと言うのである。フランチェスコ派とドメニコ派の代表たちが政庁に入り、政府委員たちと協議をはじめた。なかなか外に出て来ない。両派とも、自説を主張して譲らないものと見える。ようやく出て来たと思っていると、両派の代表とも、一方はサヴォナローラのところへ行き、他方は、修道士《フラ》フランチェスコのところへ行き、何か指示をあおいでいる様子で、それが終るとまた、政庁の中にはいってしまう。こんなことを、何回もくり返している。

その間にも、待ちくたびれた群衆から、抗議の声があがりはじめた。彼らは、朝からほとんど何も食べていないうえ、約束の時刻からにしても、すでに三時間以上は待たされているのだ。不穏な空気が流れた。しかし、警備兵の手早い処置によって、また再び、それまでの自分たちの場所に戻って待つ態勢になった。だが、政庁にはいったり出たりは、まだ止《や》まない。

そうこうするうち、およそ午後の第十時（五時ごろ）近くであったろうか、それまで厚く雲のたれこめていた空から、パラパラと降りはじめたと思っているまに、たちまちしのつく豪雨になった。その時、屋根のあるロッジアの中にいたドメニカーノの何人かが立ち上り、『奇跡だ！　奇跡だ！　神が〝火の試練〟を望んでおられないという証拠だ！』

と叫んだ。われわれは怒った。こちらは、何時間も待たされたあげくに雨まで浴びたのだから、怒るのはあたりまえである。群衆から、怒声が飛びはじめた。彼らの非難は、ドメニコ派に向けられた。

『あいつらは、はじめからやる気がなかったのだ』

『なぜ、サヴォナローラ自身がやらない。彼が、キリスト像を持たずに火中にはいっていたら、こんなことにはならなかったのだ』

『何だってキリスト像にそうこだわるのだ。あれは、やる気がないからだろう』

もう、アラビアーティもピアニョーニの区別もない。いや、かえってピアニョーニの方が、サヴォナローラに対して激しい怒りをぶちまけた。群衆は、騒然となった。

一方、ロッジアの中でも、修道士たちの間で口汚いののしりあいがはじまった。フランチェスカーノたちは、ドメニコ派の連中は弱虫だ、詐欺《さぎ》だとののしる。ドメニカーノたちも負けてはいない。乞食《こじき》、犬、あほうなどと叫ぶ。修道士《フラーテ》は、聖職者の中でも一番下の階級に属す僧で、司祭《プレーテ》に比べて教養の低い人種ということになっているが、それを眼の前に見る思いがした。

今にも爆発しそうな広場の空気に、政府委員たちも気づいたとみえ、大事が起きないうちにと委員の一人が、政府の決定を伝えに来た。〝火の試練〟は中止するというのである。呆然《ぼうぜん》として声も出ない群衆をよそに、まず、フランチェスカーノたちが帰りはじめた。同時に、ドメニカーノたちも、来た時と同じように二列の縦隊を作り、聖歌を合唱しながら、サン・マルコ教会へ通ずる入口へと向った。怒り心頭に発した群衆が、その行列に向って走りだした。怒声が、雨あられと、行列の中ほどで修道士たちに囲まれて進むサヴォナローラに浴びせられる。襲って来る群衆からドメニカーノたちを守るために、広場にいたほとんどすべての警備兵が動員され、行列の前後左右を固めたので、ようやく行列は、サンタ・マリア・デル・フィオーレの前を通り、サン・マルコ教会に近接するサン・マルコ修道院に帰り着くことができた。

群衆の怒りは鎮《しず》まらない。口々に、

『われわれは欺《だま》されたのだ。あの偽《にせ》預言者のために欺されたのだ』

と、つい数刻前まではサヴォナローラに心酔しきっていたピアニョーニたちが叫ぶ。

一方、アラビアーティたちも、

『それ見たことか。あいつははじめから詐欺師だったのだ』

と、どちらも同じに怒っている。

預言者サヴォナローラに対する民衆の尊敬の心も、こうして消えてしまった。

その夜、市中には厳重な警戒体制が布《し》かれた。サヴォナローラを憎悪《ぞうお》する群衆が、彼を殺そうとしているという噂《うわさ》が拡《ひろ》まったためである。道という道には、たいまつがあかあかとともされ、市民の外出も禁止された。街中を行くのは、隊を組んで警戒にあたる武装兵だけである。この緊張した空気の中で、夜が過ぎていった」

同じく、ルカ・ランドゥッチの年代記

「フィレンツェ、四月八日。ついに、民衆の怒りが爆発した。サンタ・マリア・デル・フィオーレで日曜日の朝ミサが行なわれた後、ドメニコ派の修道士が説教壇に登ったとたん、教会内になだれを打って侵入してきた群衆が、説教壇から修道士を引きずり降ろし、桟敷《さじき》に並んでいた聴衆を蹴散《けち》らしはじめた。みな、手に手に棍棒《こんぼう》や短刀を持っている。侵入者の一人が叫んだ。

『行け！ 泣き虫の神のところへ行け！』

教会の中は、大混乱におちいった。女たちは泣き叫ぶ。誰もが、扉に向って殺到した。侵入者たちは、教会内から聴衆を追い出してしまうと、

『サン・マルコへ！ サン・マルコへ！』

と叫んだ。これには、ミサに来ていた他の者まで加わった。逃げようとしていた者も、少年たちまでが、そこいらにある石をつかんだ。女もいる。

群衆は、ラルガ通りを、メディチ宮の前を通ってサン・マルコ広場へ向う。見るまに、群衆がふくらんだ。あちこちの小路から出てくる人で、どんどん増えるのだ。

その群衆の前を、一人の老人が、ミサにでも行くつもりだったのだろう、聖歌を歌いながら歩いていたが、たちまち、数人の男にかこまれた。彼らは、

『まだ飽きないのか、この偽善者奴《め》！』

と言い、老人をののしった。哀れなことに、老人は、棍棒のひとふりで死んでしまった。

サン・マルコ広場に着き、ますますふくれあがった群衆は、口々に、

『サン・マルコに火を点けろ！　修道士どもをいぶり出せ！』

と叫び出した。サン・マルコ教会の中でミサに参加していた人は、逃げ出してしまった。僧たちはそれに隣接した修道院の中にはいって、入口の扉を閉め、その後ろにはバリケードを築いている。

群衆の中には、だんだんと武器を持つ者が増えてきた。だが、高い堅固な塀をめぐらせた修道院の内部では、少なくとも二百五十人の修道士がおり、その他に、三十人ほどの一般市民も、サヴォナローラを守るために一戦を辞さない覚悟らしい。武器も十分にある。時折、塀の上から、修道衣の上に胸甲を着けた何人かの修道士が、おどしのためか、広場で叫んでいる群衆に向って矢を射てくる。

その時、誰かが、フランチェスコ・ヴァローリの家へ、と叫んだ。その声に応《こた》えた

群衆が、街の中心に向って走り出した。サヴォナローラの右腕といわれた彼の家を襲撃するつもりなのだ。フランチェスコ・ヴァローリは、必ずサヴォナローラの近くにいるはずだから家には家族だけが残されているのを、みな知っている。

だが、フランチェスコ・ヴァローリは、塀の外の叫び声を聞いたのか、それとも修道院の守りが手薄なのを心配し、自分の配下を集めに行こうとしたのか、変装して修道院を出、家へ向っていた。群衆が彼の家を囲んだ時は、一足違いで彼も、家へはいった時だった。鉄杭《てつくい》が一面に打たれた厚い扉の前で、群衆が口々にわめいている時、政府委員会からの使いが到着し、彼に政庁へ来るよう伝えた。ヴァローリはそれに従い、扉を開けて出てきた。政庁までの道を、警備兵に守られ、遠巻きにしてついてくる群衆の嘲笑《ちようしよう》を浴びながら歩いていこうとした彼を、武装して馬で乗り入れてきた一団がはばんだ。昨年の夏に処刑された五人の親族たちである。あの時の恨みを晴らそうとしたのであろう、馬上から、同時に数本の槍《やり》が突かれた。一時は、フィレンツェ政府を思うままにしたほどのフランチェスコ・ヴァローリも、それで終りだった。窓からその有様を見て、悲鳴をあげた彼の妻の胸を、一本の矢が突き刺した。入口から中に殺到した群衆は、階上に駆けあがり、そこに寝ていた幼児、ヴァローリの甥《おい》を、枕《まくら》を使って窒息死させてしまった。あとは、略奪である。

最初の血祭りに熱狂した群衆は、もう留まるところを知らなかった。サヴォナローラ派の主要人物と目されたアンドレア・カンビーニ、パオロ・ソデリーニ、ジョヴァン・バッティスタ・リドルフィらの家が次々と襲撃され、略奪された。だが、彼らはあらかじめ逃亡していたので、犠牲者は出なかった。

そうこうするうち、夜の闇《やみ》が迫ってきた。略奪に満足した群衆は、再びサン・マルコ広場に集まり、修道院襲撃がはじまった。ある者は、扉に火を点《つ》けようとする。他の者は、修道院の裏側へまわり、塀を乗りこえようと試みた。だが、修道院側の守りも固く、

『キリスト、ばんざい！』

と叫びながら、修道士たちは侵入者を押し返す。

そんなことがくり返されている時、およそ第四時（夜の十一時頃）であろうか、政府委員会の代表が、武装兵の一隊を従えて到着した。代表たちの顔ぶれを見ると、そのほとんどがアラビアーティである。代表は、修道士を呼び出し、サヴォナローラとその配下の二人を政庁に護送するという政府委員会の決定を伝えた。中に引っこんだ修道士は、なかなか戻ってこない。その間に、また、修道院の外と内とで戦いがはじ

まった。怒った政府代表は、もう一度、今度は使いを修道院の中にやり、サヴォナローラに政庁へ出頭するよう伝えさせた。その使いも、なかなか戻ってこない。第六時（夜中の一時頃）近くなって、ついにサン・マルコ修道院の扉の破壊に成功した。群衆は、なだれを打って侵入した。必死に防戦する修道士たちとの間で、激しいせり合いがはじまった。侵入した側だけで、死者は十五人から二十人近く、負傷者は百人を越えた。

ついに力尽きたのか、第七時（夜中の二時）になって、二人の修道士と、先に中に使いにやられた者が外に出てきた。修道士二人は、政府の代表に向って、

『もし、あなた方があの三人を安全に政庁まで護《まも》っていくと保証するなら、あの三人を外に出そう』

と言った。代表は承諾した。

しばらくして、サヴォナローラとドメニコ、シルヴェストロの三人が、修道院の入口まで出てきた。すぐに、警備兵がまわりを囲む。手錠と足枷《あしかせ》をはめる音が、鋭く周囲にひびいた。そのまま群衆の中を通り、政庁へと向う。

引かれて行く三人に、群衆から、怒声と嘲笑が浴びせられた。死んだ者の母親らしいのが、鳥のような悲鳴をあげながらサヴォナローラの腕をつかみ、その袖《そで》を引きち

ぎった。彼らの足をけとばす者もいた。

『消え失《う》せろ、疫病神《やくびょうがみ》！』

と叫ぶ者もいた。修道士《フラ》シルヴェストロだけは、頭をたれて引かれて行ったが、修道士《フラ》サヴォナローラと修道士《フラ》ドメニコの二人は、引かれて行きながらも頭を高くあげ、正面に目をすえたまま、そんな群衆にひるんだ様子もなく、堂々とした態度を崩さなかった」

バルトロメオ・フロリドの日誌
「ローマ、四月九日。四年間にわたってフィレンツェを支配し続けてきたサヴォナローラの権力も、ただの一夜にして崩れ去った。
民衆とは、不可思議な存在である。その一人一人を取り出してみれば、善良で、同時にずる賢いほどに利口で、また自分自身の身に危害が及びそうだと感じると、とたんに臆病《おくびょう》になる。
ところが、それらが集まって群れになると、性格は一変する。その変容も、多種多様だ。おとなしい子羊の群れかと思っていると、瞬時に、暴走する豚の群れに変わる。つつましい幸せに涙しているかと思うと、どんちゃん騒ぎに羽目をはずし、その結果は死人まで出す始末だ。

だが、民衆のこの畜生性を軽蔑《けいべつ》してみたところで、またそれを歎《なげ》いてみたところで、いったい何になろう。現実は、それを直視するしかない。

民衆をある事柄に熱狂させることは、さほどむずかしいことではないはずだ。なぜならば、民衆は、常に何かに熱狂することを欲しているのだから。ただし問題は、民衆のその熱狂を続けさせることである。それはむずかしい。

民衆の支持をあてにすること自体は、誤りではない。それどころか、権力を得るまでは、民衆の支持のみをあてにするのもひとつの方策であろう。だが、いったん権力を得た時は、その方策を一変する必要がある。民衆には、ひとさじの蜜《みつ》を与え、それ以外はがっちりと枠にはめてしまうことである。民衆は、その蜜に満足してしまい、はめられた枠に気づきもしないことになる。

サヴォナローラの誤りは、以上のことを悟らなかったことである。彼は、自分は権力など欲してはいなかったと言うであろう。もちろん、民衆が、はじめは権力など欲していなかった彼を、権力の座に祭りあげたのである。だが、彼もまた、それに乗ってしまったところがなかったか。自分の立つ足場のもろさに気づかず、強い自信がその眼を曇らせ、やみくもに舞いあがってしまったと言えないであろうか」

同じく、バルトロメオ・フロリドの日誌

「ローマ、同日の続き。深夜になって到着した急使が、フランス王シャルル八世の死を知らせた。すでに寝室にはいっていた法王にこの報告を持っていくと、アレッサンドロ六世も、さすがに喜びを隠せないようだった。

法王にとっては、サヴォナローラの失脚に続く朗報である。いや、おそらくそれ以上の満足を与えたにちがいない。サヴォナローラの武器は、その弁舌だけだったが、フランス王は、ほんものの、しかも強大な武力を持っていたのだから」

同じく、バルトロメオ・フロリドの日誌

「ローマ、四月十日。アレッサンドロ六世はことのほか機嫌がよいとみえ、早朝に会見を申し入れてきたフィレンツェ大使を、直ちに迎え入れた。

大使ボンシは、フィレンツェ共和国政府からの指示であるとして、サヴォナローラ事件に関する、それまでのたび重なる不手際《ふてぎわ》を詫《わ》びる旨《むね》を伝えた。さらに、囚人となったサヴォナローラとその弟子二人の裁判を、共和国の法に従って行ないたいと述べ、その許可を法王に請《こ》うた。最後に、フランス王に支払わねばならなかった莫大《ばくだい》な年貢《ねんぐ》金《きん》と、長びくピサ戦役の費用捻出《ねんしゅつ》のため、危機に瀕《ひん》しているフィレンツェの財政状態を説明し、全歳入の十分の一を教会に納める、いわゆる〝十分の一税〟のしばらくの間の免除を要請した。

それに対して法王は、次のように答えた。

『共和国政府のこの態度を、心からの喜びをもって受け容《い》れるであろう。今までのことは許そう。わたしは、フィレンツェの民を、ようやく手許《てもと》に戻ってきた息子のように感じているのだ。

彼ら三人の裁判のことだが、今のところはそれを政府にまかせる。ただし、彼らが聖職界の人間であることを忘れないように。できるだけ早期に、彼らをローマへ送るよう、わたしから重ねて政府に要請する。

十分の一税に関しては、即答はしかねる。だが、目覚めたフィレンツェ人に免じて、悪いようにはしないつもりだ。おそらく、要請は容れられるであろう』

フィレンツェ大使は、法王のこの答えを得て、安堵《あんど》もあらわに退出して行った。

だが、私には、アレッサンドロ六世の言葉が、どうも巧妙に出来すぎているように思われる。それは、十分の一税についてなのだが、フィレンツェ一国だけにそれを免除してしまったら、他の国々が黙っているはずもない。以前に、法王は、ピサをフィレンツェに与えると約束したことがあった。全イタリア同盟にフィレンツェが参加したならばの話だが。ところがピサは、ピサ人が頑強に自立を主張しているうえ、ヴェネツィアがあいかわらず反対している。アレッサンドロ六世は、この事態を十分に承知していて、フィレンツェに約束を与えたのだ。十分の一税についても、ピサの二の舞になりそうな気がする。どうやら法王アレッサンドロ六世は、相当な悪人らしい」

ルカ・ランドゥッチの年代記

「フィレンツェ、四月十日。今日の第二十一時(午後の四時頃)、三人の囚人は、政庁内の牢獄《ろうごく》からバルジェッロ宮に移された。手枷足枷つきで護送されていく彼らを見た人の中に、涙を浮かべた者すらいなかった」

同じく、ルカ・ランドゥッチの年代記

「フィレンツェ、四月十三日。七日の日にフランス王が死んだとのことである。では、あの時の豪雨は、その知らせでもあったのか」

同じく、ルカ・ランドゥッチの年代記

「フィレンツェ、四月十九日。今日、政庁内の大審議会場で行なわれた、サヴォナローラに対する裁判を傍聴した。彼が、すでに自筆で、自分は預言者ではない、自分が説教したことはすべて、神からの啓示によったものではないと書いており、それが読みあげられた。サヴォナローラはそれを認め、さらに、われわれが説教で聴いてきたこととは、まったく相反することなども告白しはじめた。

私は、それを聴きながら、唖然《あぜん》となり、驚きで胸が痛むようだった。われわれが築きあげようと努めてきたものが、たったひとつの嘘《うそ》の上に立っていたのかと思うと、そしてそのために、築きあげつつあったものが地に崩れ落ち、破片となってしまったのを見なければならないとは。

私は、フィレンツェが、新しいイェルサレムとなるのを待ち望んでいたのだ。正しき生活の良き見本となるように、正しき法に守られ、そういう生活によってフィレンツェが栄えることを願っていたのだ。教会も新しく生れ変わり、不信心者は心を入れ換え、正しき人々が敬われ力を持つ国、そのような神の国になることを望んでいたのである。

だが、それがこういう結果に終ってしまった。私には、怒りを感じることができない。ただ、むしょうに悲しい」

同じく、ルカ・ランドゥッチの年代記

「フィレンツェ、四月二十二日。サンタ・マリア・デル・フィオーレで、法王からの赦免が公表された。われわれフィレンツェ市民は、サヴォナローラが破門された後も彼の説教を聴いたり彼が行ったミサに参列したりしたので、罪を負っているわけである。だが、今日、特別の法王の御慈悲によって、その罪を許されることになった」

同じく、ルカ・ランドゥッチの年代記

「フィレンツェ、四月二十四日。修道士の失脚後、国外に逃亡した者のうち、フランチェスコ・ヴァローリに次いでサヴォナローラ派の有力者といわれたパオロ・ソデリーニが、逃亡先のルッカで、刺客の手で殺された」

同じく、ルカ・ランドゥッチの年代記

「フィレンツェ、四月三十日。政府委員会は、サヴォナローラに荷担したとして逮捕されていた二十三人の市民に対し、罰金刑をいい渡した。罪の重さに応じて、それぞれ百とか二百とか一千である。合計は、一万二千フィオリーノになる」

同じく、ルカ・ランドゥッチの年代記

「フィレンツェ、五月一日。今日、二十三人の市民が罰金を支払った後、釈放された。牢獄に残されたのは、哀れな三人の修道士だけである。

また、かつてサヴォナローラの説教を聴く人々のために作られ、ほとんど常備のようになっていたサンタ・マリア・デル・フィオーレの内部の桟敷《さじき》が、政府の命令で、完全に取り壊された」

同じく、ルカ・ランドゥッチの年代記

「フィレンツェ、五月二日。今日、十五時（朝の十時頃）から夕方まで、バルジェッロ宮の中から悲鳴とうめき声が聴こえてくるのを、多くの人が耳にした。修道士たちを拷問《ごうもん》しているのだ。

聞くところによれば、拷問は、手首をしばって引き上げ、そして急に下に降ろすもので、拷問としては最も軽い部類にはいる。しかし、サヴォナローラは、以前から弱い身体《からだ》つきだったから、この程度の拷問でもこたえるのだろう。尋問に対しても、自分は預言者ではなかったといった翌日にはその言葉を取り消し、やはり自分は神からつかわされた者だと言ったりして、始終答えが変わるのも、そのためであろうか」

バルトロメオ・フロリドの日誌

「ローマ、五月三日。法王は今、ひとつの決断を迫られている。フィレンツェ政府がサヴォナローラをローマへ送るようにとの法王の要請を、拒否してきたからである。法王は、重ねて要請したが、答えはいつも同じだった。それどころか、法王に特使を任命してもらい、彼らにフィレンツェに来て、その地で裁判してほしいと伝えてきたのである。

サヴォナローラの失脚後のフィレンツェ政府は、反サヴォナローラ派のアラビアーティたちが権力をにぎった。彼らは、サヴォナローラを生かしておいては、いつまたもとの勢力を取り返されるかと、それを怖《おそ》れているのだ。だから、なるべく早く殺してしまいたい。もしローマへ送りでもしたら、法王はサヴォナローラを、カステル・サンタンジェロの牢に入れてしまうだけだろう。法王の在位期間などしれたものだから、それではいつ出て来られ、もとの地位に復帰されるかもしれないという不安から離れられないことになる。彼らは、それでローマへ送りたくないのだ。だが、それにしても彼らには、サヴォナローラに死刑を宣告できる理由がない。フィレンツェでの裁判が長びいているのは、彼らが、その理由を何としてでもでっちあげようとしていたからである。だが、それは無理な話だ。国家に対して反逆行為をしたわけでもないサヴォナローラには、世俗の法に照らしては、罪になることは少しもない。それで彼らは、あくまでもローマへ送らずに、しかも教会法によって裁くことを考えたのである。それが、法王特使のフィレンツェ派遣の要請となったのだ。

ここで法王は、自らの思惑に閉じこもってしまった。すでに十日以上も、フィレンツェ大使は会見を許されない。それどころか法王は、側近と話している時でも、このことについては一言もふれない。だからわれわれは、法王の胸中を想像するしかない。

私の想像では、法王は、サヴォナローラの死の責任をとることについて考えているのだと思う。今の事態では、法王特使派遣の決定は、サヴォナローラの死を意味する。教会法では、異端、分派、反逆の罪で死刑は成り立つのである。

フィレンツェ政府は、これによってサヴォナローラの死の責任を、法王に転嫁《てんか》しようとしているのである。法王は、もちろんこんなことは知っている。知っていて、それに乗った方が得策かどうかを考えているのだ。

法王にとっての最大のやっかい者、シャルル八世は死んだ。フランス王位には、オルレアン公ルイが就いている。だから以前のように、フィレンツェとの友好関係保持は、緊急な問題ではなくなった。とはいえ、イタリア五大国のひとつフィレンツェ共和国政府に恩を売り、それを味方にしておく利は十分にある。

ここにおいてのサヴォナローラは、もはやチェスの駒《こま》のひとつでしかない。だが、いったん権力の座からすべり落ちた者の、それが運命ではないか。

サヴォナローラは、同じ奇跡を見せるのだったら、雨を降らせる奇跡よりも、火の中をくぐり抜ける奇跡を示して見せるべきであった。民衆は、手に汗にぎる見世物の方を好むものである」

ルカ・ランドゥッチの年代記

「フィレンツェ、五月八日。ここ数日、群衆が政府やバルジェッロ宮へ押しかけ、『修道士《フラーテ》を殺せ！』

と叫んで騒いでいる。彼らは、長びく裁判にしびれを切らしたのだ。早く人の死が見たいとは、何と浅はかな者どもであろう。

一方、サヴォナローラは、すでに死を覚悟したらしく、牢内で書きものに専念しているらしい。それらの書きものは監視の眼を盗んで、牢獄に働く人々が少しずつ外に持ち出しているとのことである。看守人の中にも、修道士たちを尊敬している者がいて、彼らもそれを助けているのだという。その書きものの題は、〝Miserere mei（主よ、われを憐《あわ》れみたまえ）〟」

バルトロメオ・フロリドの日誌

「ローマ、五月八日。法王はついに、決断をくだした。法王特使には、ドメニコ派の総長ジョアキーノ・トゥリアーノと、司教でローマ教会裁判所の判事補でもあるフランチェスコ・ロモリーノが任命された。ロモリーノは、まだ三十六歳の若さだが、その教会法の識見を買われての任命であろう」

ルカ・ランドゥッチの年代記

「フィレンツェ、五月十九日。今日、サヴォナローラを裁くために、ローマから、法王特使が到着した。ドメニコ派の総長とイレルダの司教である。彼らを迎えた群衆は、口々に、

『修道士《フラーテ》を殺せ！　あの偽《にせ》預言者を葬《ほうむ》れ！』

と叫んだ。特使たちは、しばらくそれを眺めていたが、別に答えもせず、政庁へはいって行った。直ちに中で、尋問がはじめられたとのことである」

同じく、ルカ・ランドゥッチの年代記

「フィレンツェ、五月二十日。政庁内での裁判が公開された。日曜日だというのに、人々はミサにも行かず、それを見に行った。

連れ出されてきたのは、サヴォナローラだけである。司教ロモリーノは、彼の手首に、縄を結びつけるよう命じた。そして、高く引き上げさせるまえに、サヴォナローラに向ってたずねた。

『おまえが昨日白状したこと、すなわちおまえは神の言葉を聴いたわけでもないのに聴いたと人々に言い、自分は神からつかわされた預言者であると高言したが、あれはすべて嘘いつわりであったという昨日のおまえの言葉を、この場であらためて認めるか』

サヴォナローラは、認めない、自分は預言者であると答えた。

司教は、目くばせをした。とたんに、サヴォナローラは、高々とつり上げられた。

傍聴席のわれわれの頭上から、うめくようなサヴォナローラの声が降ってきた。

『認める！　私は罪人だ！　神の声は聴かなかった！』
その日の公開裁判は、これで終りだった。席を立つ裁判長やわれわれ傍聴人をよそに、床に降ろされたサヴォナローラのぐったりとなって動かないのが、私の眼の底に焼きついて離れなかった」

同じく、ルカ・ランドゥッチの年代記
「フィレンツェ、五月二十二日。サヴォナローラとその弟子修道士《フラ》ドメニコと修道士《フラ》シルヴェストロの三人に、死刑の判決がくだった。罪名は、異端の罪、分派活動を行なった罪、聖ローマ教会に対する反逆の罪である。処刑は、まず絞首刑《こうしゆけい》、その後に火刑と決められた。日時は、翌二十三日の朝とある。早速、シニョリーア広場では、処刑の準備がはじめられた。私が、夕方そこを通った時は、すでに準備は完了していた。政庁の前を通って、廊下は、獅子《しし》の像の前から広場の中央まで延びている。その板で作られた廊の端は、円型の舞台のようになっていて、ものすごい高さの太い木の柱が、その中央に立てられている。その柱の頂上には、木材が、ちょうど十字架の形に横に結びつけられている。
そばで見ていた人々の中から、

『修道士たちは十字架に掛けられるのだ』
という声がした。皆、そうだ、そうだと言い合う。それを聞いたのか、政庁から役人が出てきて、彼の命で、横木の上に出ていた柱の先の部分がけずられた。T字形にすることで、十字架に見えないようにするためだろう」

同じく、ルカ・ランドゥッチの年代記

「フィレンツェ、五月二十三日。昨夜の三修道士の様子を、人伝えの噂《うわさ》に聞いた。それによれば、判決を知らされた時、修道士《フラ》シルヴェストロは、恐怖のため気を失ったという。彼は、フランチェスコ・ヴァローリやピエール・カッポーニなど、フィレンツェの有力市民のざんげ僧であったほどなのに、獄中では、サヴォナローラの許《もと》に出入りしていた市民の名簿を提出したりして、終始サヴォナローラを信じ続けた修道士ドメニコに比べて、動揺が激しいとされていた。

一方、修道士《フラ》ドメニコは、まるで祭に招かれたようにうれしそうな顔で、判決を聞いた。そして、なぜ生きたまま火刑にしてくれないのか、その方が十字架上のキリストの苦しみがわかり、彼のために殉教する喜びが味わえるのに、と言ったという。その後、出された夕食を残さずに食べ、自分が修道院長であったフィエゾレのサン・ドメニコ修道院の修道士たちにあてた遺書を書いた。それには、教えのために死ぬ自分たちのために祈ってくれるよう、また、サヴォナローラの著作や説教集をよく読むように、と記されていた。

サヴォナローラの方は、判決を知らされても、喜びも悲しみも示さなかった。ただ、無言で祈りを捧《ささ》げていた。そして、出された夕食を、自分には魂を強くする必要はあるが、肉体を強くする必要はもうない、死への準備のために頭脳を明晰《めいせき》にしておきたいから、と言って、手をつけなかった。

最後に何か望みはあるか、とたずねた法王特使に、他の二人に会わせてほしい、と答えた。連れて来られた二人とともに、サヴォナローラは短い時を過した。これで修道士《フラ》シルヴェストロの恐怖もおさまり、彼にも勇気が出てきた。二人はまた、それぞれの牢《ろう》に帰った。修道士《フラ》ドメニコは、すぐ横になり、熟睡したという。


その日、法王特使、政府高官、フィレンツェ教区内の高位聖職者たちが政庁から出てきて、政庁の壁にそって作られた桟敷《さじき》に並んで坐《すわ》った。広場の群衆は、〝火の試練〟の日よりも多いほどだ。その他に、あらゆる会派の僧たちが来ている。皆、しんと静まりかえっている。

政庁の中から、修道士三人が連れ出されてきた。判決文が読みあげられる。修道士たちは式服を着ていたが、それを脱がされ、白い修道衣だけにされた。裸足《はだし》で、手は背後でしばられている。

まず最初に、修道士《フラ》シルヴェストロが、廊下の上を歩かされて行った。その端に立っている大木の上にわたされた横木から出ている左の角《つの》にかかっていた綱が、するすると降ろされた。それが、彼の首に巻きつけられた。そのまま綱は、彼の身体とともに引きあげられた。修道士《フラ》シルヴェストロの口から、『主イエスよ！』という弱い叫びが、何度も発せられた。綱が、きつく絞められていなかったのである。だが、それもやんだ。

二番目は、修道士《フラ》ドメニコの番だった。彼もまた『主イエスよ！』と、これは大声で叫びながらつるされた。

最後に、真中にひとつ残っている角に、サヴォナローラがつるされる番だった。彼を信じていた者には、これが最後の機会だった。何か言ってくれるにちがいない、何か、われわれに対して言葉を残してくれるにちがいない、奇跡でなくても、神の栄光を讃《たた》える言葉とか、正しく良き生活への勇気をふるい起せとか、教会は改革されるだろうとか、不信心者は滅びるだろうとか、われわれには何でもよかったのだ。

だが、彼は、何も言わなかった。神に許しを乞《こ》う言葉さえも、なぜ自分を見捨てられたのかと、神に歎《なげ》きを訴える言葉さえも口にしなかった。サヴォナローラは、低く何事かをつぶやきながらつるされた。それが、多くの人をがっかりさせ、それらの人々の心から彼への信仰を失わせた。

絞首台の周囲の木材や薪《まき》の束に火が点《つ》けられた。それらには、あらかじめ火薬がしかけられてあったり、油をかけられてあったので、火の勢いはひどく強かった。またたくまに火は、高い柱をはいあがり、火炎が、死んだ修道士たちをなめまわした。四肢が、下に落ちてきた。残った胴体を落そうと、群衆はそれに向って石を投げた。彼らの歓声があがった。落ちた胴体も、徹底的に焼きつくされた。信者の手に、何も渡らないようにするためである。

手押車が運ばれてきた。それに、焼きつくせなかった骨片と灰が積みこまれた。どんなに少ない灰のひとさじも残されなかった。車は武装兵に囲まれて、ポンテ・ヴェッキオへ向った。そして、その橋の上から、アルノ河に投げ捨てられた。だが、まだサヴォナローラへの信仰を捨てない少数の人々が、河の下流にこっそりと隠れて待ち、流れてくるものを拾おうとしていたそうである。骨片だって、はたしてあの広い河で拾えるほどあったであろうか。灰にいたっては、水に溶けてしまったであろうに」

サヴォナローラの処刑

同じく、ルカ・ランドゥッチの年代記

「フィレンツェ、五月二十六日。今日、夕闇《ゆうやみ》の広場を通り過ぎようとした時、ちょうど彼らが焼かれた場所あたりに、ひっそりとひざまずいて祈りを捧げる、黒い服を着た数人の女を見た」

バルトロメオ・フロリドの日誌

「ローマ、五月二十七日。サヴォナローラは滅びた。その死を憎悪《ぞうお》と好奇の眼で見守ったのは、かつては彼を、神からの使節とあがめたてまつったと同じ民衆だった。

あの日、報告を受けた法王は、それを終始無言で聴いていたが、その後でひとことだけ言った。『まじめだが、未熟な一人の男の生涯が終った』

それだけだった。特使二人が帰って来て法王に報告に来た時も、彼らの長い話をじっと聴いていたが、それが終った時に二人の労を謝しただけで、別に感想を述べるでもなかった。そのまま彼は、平常の彼の仕事ぶりにもどった。事情を知らない人がその彼を見たら、サヴォナローラなど、はじめから存在しなかったと思ったかもしれない。

アレッサンドロ六世とサヴォナローラ。この二人は、やはり相容《あいい》れる仲ではなかった。

サヴォナローラは、その説教でも著作でも、キリスト者の信仰は、異教徒を排撃し滅亡させることに示されると言っている。

だが、アレッサンドロ六世は、あらゆる宗教の共存と信教の自由を認め、それを実践する唯一《ゆいいつ》の法王である。一四九二年、スペイン人が異教徒をグラナダから追い出した時、アフリカへ逃げたイスラム教徒に比べて、行きどころのなくなったのがユダヤ教徒だった。彼らを引き取ったのが、法王に即位したばかりのアレッサンドロ六世である。法王は、ローマの中心の一画を彼らの居留地と決め、そこに住まわせた。そこではユダヤ人たちは、自分たちのシナゴーグを持つこともできた。キリスト教徒の本山、法王庁のあるローマで、ユダヤ教徒たちは、他のどこでよりも平穏にくらしている。そのうえ法王は、優秀な医者の評判を得ていた一人のユダヤ人を、何のためらいもなく自らの侍医にした。

イスラム教徒に対しては、法王とトルコのスルタンとの間の友好関係は、すでに知られた事実である。ユダヤ人保護とこのこととは、サヴォナローラの、アレッサンドロ六世非難の理由のひとつであった。だが法王は、スルタン・バヤゼットとの友好関係に寄りかかってばかりいるわけではない。トルコと国境を接し、キリスト教国の最前線を守る立場に立たされたハンガリー王には、法王庁の財政の中でも大きな部分を占める金額が、援助として何回となく送られている。

また、サヴォナローラの理想は、フィレンツェに、キリストを王とする神権政治を樹立することであった。だが、彼の考えによれば、哲学も文学美術も無用なもので、政治は、真に神に身を捧げた者のみが行なうべきだとなるから、結局のところ、聖職者だけが政治を行なうことになる。反サヴォナローラ派の人々が、サヴォナローラは全世界を修道院にする気だと言ったが、それは、宗教と政治をひとつにしようとした彼の意図を突いたものだ。

一方、アレッサンドロ六世は、サヴォナローラとはまったくちがう考えを持っている。彼は、政教分離を考えた最初の法王ではないだろうか。イタリアの不幸は、多くの君主国や共和国に分裂していることにある。しかも法王庁も、その中で七分の一ほどの領土を持っている。これでは、君主の下に統一の進んでいるフランスやスペインの餌食《えじき》になるだけではないか。それを避けるには、法王庁領も含めたイタリア全土を、統一された世俗国家にしてしまい、それでもって各国に対抗するしかない。従来のような世俗領土を持った法王庁国家は、存在しなくなるのである。だが、その時には、法王庁は今のような中途半端《はんぱ》な形でなく、全キリスト教世界の、真の意味での教会の役目だけを果すようになる。

だが、アレッサンドロ六世は、この意図を、自分の息子を使って実現しようとする。それが、法王庁を食い物にして自分の息子の栄達をはかっていると、人々の非難を浴びることになるのだ。もちろん法王が、息子たちの栄達を望んでいることは事実だ。法王も、それを否定していない。彼ほど、使命という言葉を使わない者もまれである。だが、彼は、自分個人の野心とイタリアの利益が一致していることも知っている。法王が彼の意図の実現を託したガンディア公ホアンは、不幸にして政治的軍事的に無能であり、幸いにして暗殺された。だが、もし法王の意図を実現できる誰か他の者が出てきたとしたら、どうであろう。法王は、全力をつくしてその者を援助するにちがいない。

法王庁とイタリアは、密着しすぎている。それが、双方にとって悪い結果をもたらす原因である。スペイン生れの外国人であるアレッサンドロ六世は、イタリア人の法王たちよりも、その欠陥を鋭く見抜いている。そして、フィレンツェ一国の改革を考えたサヴォナローラに比べて、その規模において限りない差があり、その方向においてはまったく逆なのだ。

アレッサンドロ六世は、自らが長である法王庁を、世俗的な権力を持つ聖ローマ教会を、破壊しようとしているのである。まず法王庁国家を完全に世俗化し、その力で全イタリアを統一された世俗国家とする。そうなれば、世俗的領土を失うことによって、聖ローマ教会の世俗的権力は失われることになる。宗教と政治を結びつけようとしたサヴォナローラに対し、アレッサンドロ六世は、この二つを切り離そうとしているのである。

だが、法王のこの大胆な意図を知っている者は少ない。私は、ある時、法王にこうたずねたことがあった。

『猊下《げいか》、サヴォナローラの著作や説教集は版を重ねており、ドイツ語やフランス語にも訳されていると聞きます。それに、歴代の法王の中にも、自ら筆を取って自分の考えを書き残した方や、人文主義者《ウマニスタ》を傭《やと》って、それらに書かせたりした方々がおられました。それなのに猊下は、そのどちらもしようとはなされませんが』

アレッサンドロ六世は、微笑を浮べながら答えた。

『人間の心などというものは弱いものでな。自分がやっていることについて書いたり話したりすると、つい高揚した気分になったり、自己弁解するようになる。前者は、現実を見失う。そして後者は、もう言うまでもあるまい。自分の行為を弁解しはじめた人間は、何もできなくなる』」

〔付記〕

アレッサンドロ六世とサヴォナローラの書簡は現存している。それらをなるべく忠実に訳したが、それでも重複の激しい箇所は……印で中略にした。原文は、当時の公文書の形式にならって、ラテン語で書かれている。

ルカ・ランドゥッチの年代記も、実在のものである。多くの年代記作者の中から彼を選んだ理由は、他の人々に比べて、彼が市井《しせい》の人であり、当時のフィレンツェ人の気持を、最も素直にあらわしていると思ったからである。その年代記は、一四五〇年から書きはじめられ、一五一六年で終っている。彼自ら、一四五〇年には十四歳だったと書いているから、この事件の頃は、五十代から六十代にかけての年頃であったはずだ。ただし、知識人でもない市井の男であるために、その記述は、事件以外のことに関しては簡単すぎる。そのために、サヴォナローラの説教集や著作から引用したり、当時のフィレンツェの人々の手紙などを材料にして、彼の年代記を軸にしながらも大幅にふくらませた。

また、引用したサヴォナローラの説教についてだが、彼はその説教では、ほとんど毎回、同じ主旨のことをくり返していたのである。だが、ここでは、その中でもなるべく違ったことを説いている部分を選んで訳した。しかし、同じことのくり返しが効果的であることは、何も今日の宣伝広告方法や政治プロパガンダにまで思いを馳《は》せずとも、納得がいくことであろう。

バルトロメオ・フロリドの日誌は、完全な著者の創作である。この人物は、確かに存在した。法王の秘書官であり、その側近の一人として、後にはチェーザレ・ボルジアの許《もと》に派遣されて、その下で働いていたらしい。だが、このボルジアの父と子の側近には、主人たちを見習ってか、日誌のたぐいを書き残した者は一人もいなかった。しかし、それでは書く方としても困るので、当時の年代記、各国大使の本国への報告書、法王庁に送られた報告書などを材料にして創作したのである。

なお、いわゆる〝ボルジアの悪徳、堕落〟に関しては、拙著『ルネサンスの女たち』の第二部、ルクレツィア・ボルジアの項と、『チェーザレ・ボルジアあるいは優雅なる冷酷』を参照されたい。ここではサヴォナローラとの関係に焦点をしぼったため、〝悪徳〟を詳述することまではできなかった。

剣と十字架

ジュリオ二世（ラファエッロ画）

動機が純粋で真面目《まじめ》であり、利己的でなかったという理由だけで、その行為の結果に対する人々の評価が驚くほど寛容になるのには、暗澹《あんたん》たる気持にさせられる。そういう人は、一私人として見れば、善人で尊重すべき人物で済むのである。だが、彼が、多くの人の生活に影響を与える立場と力を持つ人物であった場合、はたして、その動機の純粋さを賞《ほ》め称《たた》えるだけで済むであろうか。利己的でないということは、それほど立派な免罪符であろうか。

一

一五〇六年八月二十六日の早朝、ローマの街路という街路は、時ならぬ群衆でごったがえしていた。誰もが、サン・ピエトロ広場へ向って走る。走りながら、その朝、ローマの街中に風のように拡《ひろ》まった奇妙な噂《うわさ》について、大声でしゃべりあっていた。誰かが何かいうたびに、群衆はいっせいに陽気な笑い声をあげる。それが、狭い街路にびっしりと並ぶ石造の家々の壁にこだまして、それに驚いた人々が、何事が起ったのかと窓から半身をのり出し、この騒ぎの原因がわかると、彼らもまた急いで服を着け、走る群衆に加わった。

「法王様が戦争に行くんだとさ」

「トルコ人相手のかい」

「いや、キリスト教徒を攻めるんだと」

「じゃあ、野蛮人《バルバリ》（アルプス以北の民族）を攻めに行くんだね」

「ところがそれが違うんだ、イタリアなんだ」

「へーえ」

その後は、群衆の笑声に消される。

ローマの民衆は、豪勢な行列を従えて嫁入りする法王の娘や、古代ローマの皇帝のように凱旋《がいせん》してくる法王の息子には慣れていた。それどころか、自らも謝肉祭や宴会に出席する法王は、もはや彼らを驚かせもしなかった。だが、聖ペテロの後継者としてキリスト教世界の精神上の指導者であり、本来は、ミサを行い信者に祝福を与える平和の人であるはずの法王が、自身で軍を率いてキリスト教徒を攻めに行くというのだから、まさに前代未聞《みもん》の出来事である。めったなことには動じないローマの民衆が、呆気《あっけ》にとられたのも無理はなかった。とはいえ、自分たちには害は及ばないとわかれば、これこそ、絶対見ておくにかぎるというものだ。女も子供もまじえた群衆は、無料で面白い見世物への期待に眼を輝かせながら、テヴェレ河にかかる橋を、押しあいへしあいしながら渡って行った。

サン・ピエトロ広場では、五百の騎兵が整列を終っていた。いずれも、頭から足の先まで鋼鉄製の甲冑《かっちゅう》に身を包み、大槍《おおやり》を持ち、馬まで完全武装した重装騎兵団である。かぶとの顔の部分を隠している鉄板を上にあげて、馬上待機の姿勢をとっている騎士たちのかたわらには、簡単な鉄かぶとと胸甲を着け、弓を持った歩兵が、一人ずつ控えている。馬の口をとっている馬丁は、武装していない。彼らはそれぞれ、大きな袋をそばに置いている。その中には、主人である騎士の身のまわり品一切、武具をみがく油から着がえの品、食器までがつまっている。馬の口をとらないで済む時は、この大袋を背負ってついていくわけだ。この一千五百の男たち、実戦数は一千を見て、広場を遠まきにした群衆の中から、呆《あき》れたような声があがった。

「何とまあ少ないではないか。これで戦争をやる気かね」

十二年前にしても、フランス王シャルル八世の率いる九万の大軍を見ているローマ市民なのだから、これは当然の感想である。だが、整列している騎士たちは、そんな声には耳もかさない。彼らは、大将を待っているのである。

その大将だが、すぐ眼の前のサン・ピエトロ大寺院の中で、今度のペルージアとボローニャの攻略の成功を神に祈っているのだった。ただし法王でもあるのだから、自分一人で祈っているわけにはいかない。枢機卿《すうきけい》や各国大使や隊長らのために、ミサを行う役目もあった。

戦勝祈願のためのミサは、終ったらしい。重々しい音をたてて、サン・ピエトロ大寺院の扉が内に向って開かれた。その音が合図のように、騎士たちが馬を降りる。寺院に続く石段の上に、法王ジュリオ二世が姿をあらわした。丈の高い法王冠と金糸の縫い取りのある長いマントのために、その朝の法王は、いつもより一段と大きく見える。法王冠の下の角張った顔が、厳粛な表情であたりを見すえる。騎士たちは、いっせいに片ひざをついてひざまずいた。甲冑の鉄片が互いに接触して立てる、にぶい音が一瞬あたりを圧した。広場の周囲を埋めた群衆も、ドヤドヤと、あの法王衣の下にはよろいを着けているんだってさ、とささやきあいながら、こちらの方は両ひざをついて地面にひざまずいた。法王の左右に扇形に並んだ緋《ひ》のマントの枢機卿たちも、同じ姿勢をとる。立っているのは、法王と馬だけである。

法王ジュリオ二世は、ひざまずく騎士たちとその向うの群衆に向って、神とキリストと聖霊の御名《みな》においてと、右手で大きく十字を切り祝福を与えた。左手に持つ銀の十字架が、今しも広場に差しこんできた朝日を受けて、金色に輝いた。皆、いっせいに十字を切り、アーメンと唱和する。

いよいよ出陣である。石段の下まで引かれてきた馬に、そのままの服装で乗ったジュリオ二世は、全軍の先頭に立って広場を後にした。その前には、大十字架を捧《ささ》げ持つ従者が行く。馬上の法王に続くのは、いずれも馬に乗った二十人の枢機卿たち。ジュリオ二世出陣中のローマ教会を守る役として残されたラファエッロ・リアーリオ枢機卿と、よほどの老齢か病気のために同行できない者をのぞいた枢機卿全員である。枢機卿たちの後には、法王庁駐在と思ったのがひょんなことに戦争に従軍する羽目となって、いまだに驚きの消えない各国大使たちが続く。その後は、秘書、書記、式典係などの法王庁の役人たち。この、戦いとはまるでちぐはぐな人々の後に、はじめて重装騎兵団が行進してきた。

一行は、カステル・サンタンジェロの要塞《ようさい》を左手に見ながら、その前の橋を渡ってテヴェレ河を越える。しばらく河ぞいの路《みち》を進んだ後、街中の小路に入った。両側の窓という窓は、見物人で鈴なりだ。コルソ通りを、大十字架を先に立てて馬を進めるジュリオ二世の顔は、生き生きと輝き、緋色のつば広帽の下にうんざりしたような表情を隠し、いやでたまらないのだがやむをえず従っていくのだという風な枢機卿たちに比べて、一人だけ別人のように元気で、六十三歳を迎えようとしているのに、まるで二十歳は若返ったかのように見えるほどだった。

コルソ通りを抜けると、ポポロ広場に出る。そこは、ローマを守る城壁の北にあたる。城門のところに、ローマ市民代表が送りにきていた。法王に向って、武運を祈ると言ってよいものかどうか、前例がないためにまごついている市民代表は、それでもあいまいな言葉をならべて、ローマを発《た》つ法王にあいさつした。ジュリオ二世は、馬を降り、大十字架を引き寄せ、自分の不在中のローマ市民のために、おごそかに祝福を与える。

再び馬に乗った法王とその一行は、城門から真北に向うフラミニア街道を進み、蛇行するテヴェレ河を、ミルヴィオ橋を渡ってもう一度越える。ここから、カッシア街道を行くわけだ。だが、カッシア街道に入る前に、やることがあった。出陣の式も終り、市民代表のあいさつも受けたとなれば、暑苦しい法王冠と重いマントを着けていることもない。それらを脱ぎ、白い帽子と法王衣だけになったジュリオ二世は、ますます元気に馬を進めて行った。

真夏の太陽が、容赦なく照りつける。だが、濃い緑の傘松の並木がつづく古代ローマ時代からの道カッシア街道には、さわやかな風が吹きわたっていた。傘松の並木の間に、白い服の法王、緋色の枢機卿の列、そして、陽光を受けて時折キラリと光る黒光りの甲冑と槍の一団が、北へ向って遠ざかって行く。

聖ローマ教会領の再復という旗印のもとに決行されることになったペルージアとボローニャ攻略には、人々は不意を衝《つ》かれて驚いたが、法王ジュリオ二世としては、即位から三年、十分に考えての行動であった。マキアヴェッリの言葉を借りれば、全身これ神経、という彼である。十分に考えるというよりも、さまざまな事情のために、今まで我慢してきたといった方が当っている。

ジェノヴァ近くの小村に、貧しい剪毛《せんもう》職人の子として生れたジュリアーノ・デッラ・ローヴェレは、〝僧侶の伯父さん《ゾィオ・フラーテ》〟と呼んでいたフランチェスコ・デッラ・ローヴェレと同じ道を選んで修道院に入る。そして、この僧侶《そうりょ》の伯父さんがシスト四世として法王に即位した時から、職人の息子ジュリアーノにも運が開けてくる。彼は、二十八歳で、伯父の枢機卿時代の司教区を受け継ぎ、サン・ピエトロ・イン・ヴィンコリの枢機卿となった。

だが、たちまち頭角をあらわしたわけではない。シスト四世は、かつて自分が家庭教師をし、その縁で妹を嫁がせるのに成功した、ジェノヴァ近辺では少しは知られたリアーリオ家側の甥《おい》たちを、自分の出たローヴェレ家よりは、なぜか目をかけて重用したからである。ジュリアーノにとっては、忍耐の時代だった。

シスト四世が死んだ時、それまでローマを牛耳っていたリアーリオ家の甥たちは、たちまち勢力を失ったが、ジュリアーノは上手に立ちまわり、同郷のチボーを、インノチェンツォ八世として法王にかつぎ出すのに成功した。以前より、枢機卿中第一の実力者といわれたボルジアとの、宿命的な対決が表面化したのも、この時からである。法王の座を狙《ねら》っていたボルジアの出鼻をくじき、昨日とはうって変わったリアーリオ家の、自分とはいとこの関係にある人々を見くだし、自邸を引き払って法王宮に移り住んだほどの、ジュリアーノの得意の時代が六年間続いた。もはや次期法王の座は確実と、自他ともに認めたほどに。

しかし、ボルジアも、それで引きさがるような男ではない。狩を楽しみ、何人かの女に子供を産ませながら、悠々と好機の到来を待っていた。そして、一四九二年、インノチェンツォ八世の死後の枢機卿会議《コンクラーベ》で、自信満々のジュリアーノ・デッラ・ローヴェレ枢機卿を、土壇場《どたんば》で破り、アレッサンドロ六世として法王に即位する。ジュリアーノにとっては、打倒ボルジアに専念する十一年間の始まりになった。宿敵ボルジアを倒すためには、フランス王シャルル八世をおだてて、フランス軍をイタリアに引き入れ、その力を背景に公会議を召集し、ボルジア法王を蹴落《けお》とそうとも計った。それが失敗するや、サヴォナローラを利用して、反ボルジア運動を起そうとさえした。

打倒ボルジアの策がことごとく失敗に帰したと思った矢先、突然幸運が訪れる。一五〇三年の夏、アレッサンドロ六世がマラリアに倒れた。同時期、同じ病で病床から起き上ることもできなかった息子のチェーザレが、立ち直る機会を逸したのが、ジュリアーノに幸いした。自発的亡命の地アヴィニョンから、十年ぶりにローマへ帰ってきた彼は、好機をのがさなかった。たった二十六日間の法王だったピオ三世の死後、フランス人の法王実現を阻止する目的で彼を支持していたヴェネツィア共和国の後援と、たくらみをもって籠絡《ろうらく》したチェーザレ・ボルジアのにぎるスペイン人枢機卿らの票のおかげで、ジュリアーノ・デッラ・ローヴェレ枢機卿は、ジュリオ二世として法王の座に就いたのである。戴冠式《たいかんしき》の当日、あまりの感動のために気を失った彼は、法王庁の役人たちにいだかれるようにして、サン・ピエトロ大寺院の石段を登った。

即位後のジュリオ二世にとって、緊急に解決を迫られている問題がふたつあった。第一は、チェーザレ・ボルジアである。二人の間には、チェーザレの教会軍総司令官の地位とロマーニャ公爵《こうしゃく》の所領を再確認する代りに、チェーザレ派のスペイン人十二人の枢機卿は、コンクラーベではローヴェレに投票するという約束が成り立っていた。この約束は、誰知らぬ者がなく、ヨーロッパ諸国は、この宿敵同士の和解が成り立つかどうか、異常な関心をもって見守っていた。だがジュリオ二世は、はじめからそんな約束を守る気はなかった。約束を守らなかったジュリオ二世を非難することはできない。非は、最も大切な事態に、人間の感情への洞察と判断を誤った、チェーザレの側にあるからである。ボルジア父子もジュリオ二世も、人を欺《あざむ》いた後、少しも後ろめたい思いをしなかったことでは似ていた。

しかし、この欺きを、ボルジアは、悪業《あくごう》と知りつつ自らの野望を実現する有効な手段と思っていただけだが、ジュリオ二世は、そうではなかった。彼は、正義を行ったと信じて疑わなかったのである。教会の独立と栄光のために、ボルジアは倒さねばならないと。こうして、枢機卿時代のボルジアに対する私憤は、法王となったジュリオ二世にとって、ごく自然に公憤となったのだ。チェーザレ・ボルジアは捕われ、スペイン王の手に引き渡された。伝統あるスペイン貴族の出で、優雅なしぐさの内側を権力支配の感覚で満たしていたボルジア家の父と子を、ジュリオ二世は、はじめて忘れ切ることができたように思われた。

第二の問題は、これまた自分の選出に力を貸してくれたヴェネツィア共和国である。ヴェネツィアは、チェーザレの失脚をいち早く利用して、ロマーニャ地方に勢力を浸透させていた。リミニ、ファエンツァは、すでにヴェネツィアの手に落ちている。ジュリオ二世は、それを認める気などなかったが、法王選出時の借りもあり、強国ヴェネツィアを簡単に敵にまわすわけにはいかなかった。即位後まもない、自派勢力の安定していない時期ではなおさらである。ロマーニャ地方に進出をつづけるヴェネツィアを、ただ手をこまねいて見ている、それが、今のところジュリオ二世のやれることだった。

それにしてもボルジアは、ジュリオに、秩序が再建された教会領を残してくれた。もちろんボルジアは、それを教会のためにやったのではなく、自分たちの野望達成の中枢とするためにしたのだが、彼らが中途で失脚したことで、結果としては、ジュリオ二世は、教会に不従順な教会領内の小僭主《せんしゅ》を滅ぼしたボルジアの遺産を、そっくり受け継いだことになる。これは、ヨーロッパ諸国の誰もが知っていることだった。そして、その後を継いだジュリオ二世としては、遺産を受け継いだだけでなく、自分もまた、それを拡大する力があるのだということを内外に示したい気持になったのも当然だ。そのうえ、即位後の二大問題のうち、チェーザレ・ボルジアの処遇はひとまず解決した。残るヴェネツィアだが、これもジュリオ二世が、教会領の主としての実力を示せば、ヴェネツィアとても、今のようにジュリオの意向を無視した露骨な侵略行動はさし控えるようになるだろう。これが、即位三年目を迎えようとしていたジュリオ二世の考えだった。

この彼が目をつけたのが、ペルージアとボローニャの二都市である。いずれも教会領内の国で、法王代理《ヴィカーリオ》の名のもとに、それぞれバリオーニ、ベンティヴォーリオが統治していた。バリオーニは、チェーザレ配下の傭兵《ようへい》隊長時代に反乱を起し、セニーガリアの地で他の反乱派の隊長らは処刑されたが、彼だけは危くそれを逃れ、ペルージアの主として返り咲いていた。ベンティヴォーリオ下のボローニャは、チェーザレが、フランス王ルイ十二世の反対のために、攻略を中絶しなければならなかった都市である。ボルジアとは違い、教会のためを思い、そしてそれを実行できる力を持つ法王であるということを示すには、絶好の攻略目標だった。

ジュリオ二世のやり方はすばやかった。一五〇六年八月十七日、今度の攻略へのフランスやヴェネツィアの援助を要請した回答がまだとどいていないというのに、秘密裡《り》に枢機卿会議を召集し、その席で、自ら陣頭に立つと宣言したのである。枢機卿のほとんど全員が、ペルージアとボローニャの攻略そのものに反対した。しかし、ジュリオの決心は変わらない。二十一日、マントヴァ侯、ウルビーノ公らに出陣を要請する法王飛脚がローマを発《た》つ。そして二十六日の、彼自ら五百の騎兵を率いてのローマ出発となったのである。このあまりのすばやいやり方に、フランス王は深く考えもせずに援軍派遣を約束し、ヴェネツィアは、心ならずも中立の立場を取らざるをえなくなった。ヨーロッパ諸国が、法王出陣の通知を受けたものの、まさかと思っている間に、すでにジュリオ二世は、ローマを後にしていた。

話を、夏の陽光の下を行軍するジュリオ二世とその一行にもどす。

ローマの北の城門を出た一行は、その日は三十キロほども進んで、フォルメッロで最初の夜を迎えた。この地には、数ヵ月前に結婚したジュリオ二世の三番目の娘フェ

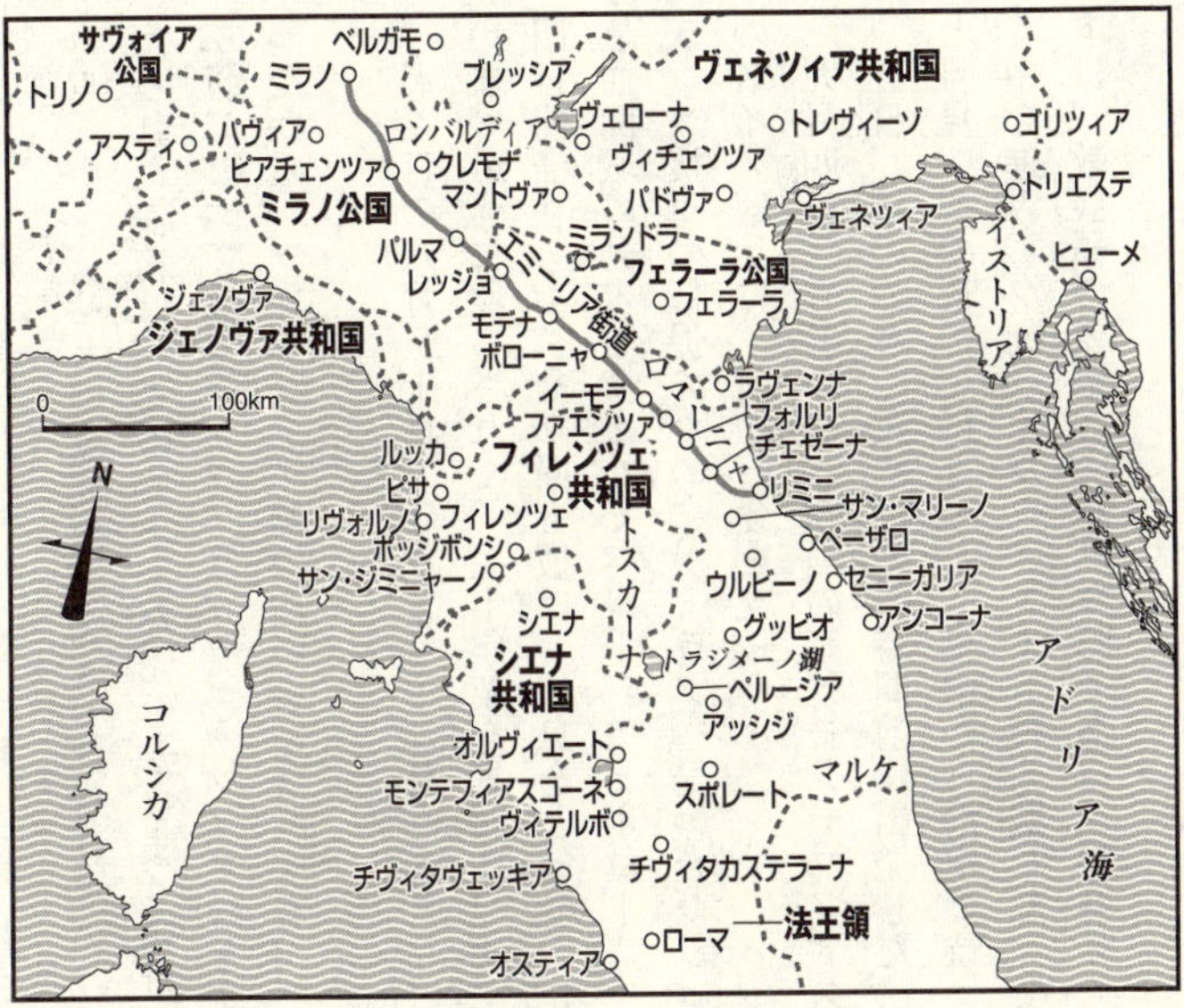

ルネサンス時代の中部および北部イタリア

リチアが、夫のジョヴァンニ・オルシーニと住んでいる。息子のないジュリオ二世は、この末の娘をことのほか愛していた。

翌日は、ネピに泊まる。ボルジアの所有だったのを取り上げ、今では法王領になった地だ。

次の日、チヴィタカステラーナに到着したジュリオ二世を、フィレンツェ使節マキアヴェッリが待っていた。法王からはフィレンツェ共和国に、援軍派遣とフィレンツェ下の傭兵隊長マーカントニオ・

コロンナを貸せという要求が突きつけられていたからである。マキアヴェッリに与えられた任務は、この要求をなんとかうまく逃げようというものであった。ジュリオ二世にとってフィレンツェは、ヴェネツィアほど気にしなければならない国ではなかったから、フィレンツェ側のあいまいな態度も、それほど彼の意気を減じはしなかった。

翌々日の八月三十日、これまででは最も大きな町になるヴィテルボに着く。夜、たいまつの光に照らされて、大十字架を先頭に、法王冠を着けての入城である。ここに、四日間滞在した。その間も彼は、休息をとっていたわけではない。二人の大司教を、無血開城の勧告を持たせてペルージアとボローニャへ派遣。もう一人の大司教は、フランス援軍の催促のために、ミラノへ発った。ジュリオ二世自身は、落ち合う手はずのスイス傭兵に、前払い金を支払う。

九月四日、有名なぶどう酒の産地モンテフィアスコーネへ向う。

五日、例のごとく夜明けの二時間前に出発した法王とその一行は、法王様の姿をひと目見、その祝福を得ようと、夜中から沿道で待っていた近在の百姓たちがひざまずく中を進み、夕刻、オルヴィエートに入城した。切りたった崖《がけ》の上の町オルヴィエートは、教会領の要塞といわれた町である。ジュリオ二世は、ここで、打った手の反応を見るつもりだった。反応は、当の法王が有頂天になったほど、早く返ってきた。同じ日の深夜、ペルージアへ派遣したフェレーリ枢機卿とウルビーノ公が到着した。無血開城を勧めた彼らとバリオーニとの話し合いは成功だった。冷酷無情といわれたバリオーニも、さすがに法王自らの出陣と聞いては、防衛手段も立たなかったとみえる。追って、当のバリオーニも到着した。

法王の出した要求をすべて受け容《い》れ、無条件降伏を申し入れるためである。法王の出した要求というのは、バリオーニとその一族の身の安全を保障する代りに、バリオーニは、ペルージア領内の全要塞を法王に譲渡し、息子たちを人質として、法王の親族でもあるウルビーノ公の宮廷に預けること、さらに、彼自身が百五十騎を率いて、法王のボローニャ攻略に従軍することなどである。バリオーニは、これを受け容れた。この話し合いの成立後、バリオーニはその足で、再びウルビーノ公とともに、法王の入城を迎える準備をするために、ペルージアへ発って行った。

朗報は、続いてやってきた。かねがね出陣を要請してあったマントヴァ侯フランチエスコ・ゴンザーガより、出陣承知の返事である。フランス王から送ってきた、援軍派遣に気乗り薄な返書も、もはや法王の気を変えるどころではなかった。ジュリオ二世は、一日も早く、自分に屈服したペルージアに入城したい思いを抑えることができないでいた。

オルヴィエートを出発した法王の一行は、山間の道を急行軍で北へ向った。九月十日、トラジメーノ湖畔の村カスティリオーネに着く。同行の枢機卿たちのための宿泊施設も十分でないというこの村に、ジュリオ二世は数日泊まると言い出した。ただでさえいやいやながら従ってきている枢機卿たちは、不満たらたらである。だが、法王は無視した。ペルージアは、この湖の対岸から二十キロ余りの距離にある。ジュリオ二世のこの不可思議な行動の解釈は、同行していた法王庁式部官パリード・デ・グラシスの日誌によれば、教会の祭日である日曜日にペルージアに入城したかったからだ、となる。

九月十三日、待っていた日曜がきた。その前々日湖を渡っていた法王の一行は、ペルージアから十キロのコルチアーノの村に泊まり、入城の仕度をしていた。

ペルージア入城は、華やかに荘厳に行なわれた。緋衣《ひい》の枢機卿たちを従えた法王ジュリオ二世は、白いどんすに金のししゅうの長いマントに法王冠という第一礼装である。丘の上の町ペルージアの城門を入る手前で、騎兵隊は待機し、法王はごく少数の近衛兵《このえへい》を従えて入城した。

城門の前で、八人の市民代表が城門の鍵《かぎ》を捧《ささ》げる。町中の教会の鐘が鳴る中を、この征服者を迎えるために急いで作られた凱旋門《がいせんもん》をくぐり、ジュリオ二世はまず、本寺《カテドラーレ》に入った。ここでペルージア全市民に、僭主バリオーニとともに犯したこれまでの教会に対する不服従の罪を許すこと、以後は法王から代理に任命されたフェレーリ枢機卿の下で、教会の良き子として生きるようにとの、布告が公表された。

その数日後、ペルージア無血征服という成功に有頂天になったジュリオ二世は、自らは演説を苦手としていたので、自派の説教修道士を通じて全キリスト教界に向け、法王の方針というものを発表させた。

第一、教会の指導のもとに、イタリア内に秩序を打ち立てる。

第二、聖ローマ教会の権威と栄光と秩序を、全キリスト教世界にゆきわたらせる。

第三、対トルコ十字軍を率い、コンスタンティノープルとイェルサレムを異教徒から解放し、今ではイスラム教のモスクに変っているサンタ・ソフィア大聖堂で、カトリック・キリスト教にのっとったミサを行うであろう。

何とも勇ましい宣言である。これを歓声をもって迎えた人々もいたが、そうでない者もいた。法王の一行に同行していたフィレンツェ使節マキアヴェッリは、報告書の中に、ここには法王以下枢機卿全員からなるローマ法王庁の首脳陣がそろっているのだから、彼らを引っ捕えていたら、ジャンパオロ・バリオーニもたいしたことをした人間として、歴史上に名を残したであろうに、と書いた。だが、このためにマキアヴェッリは、以後四世紀以上にわたって、カトリック系歴史家たちから、ふとどきなる無信仰者と、ののしられ続けることになる。

八日間のペルージア滞在が終って、九月二十一日、法王とその一行はこの町を後にした。第二の関門、ボローニャ征服が待っていた。二十二日、グッビオ入城。もうここは、ウルビーノ公の領国内である。二十五日、アペニン山脈の有名な峠フルロを越え、ウルビーノに入城する。親族の関係にあり、ジュリオ二世の最愛の甥《おい》フランチェスコ・デッラ・ローヴェレが養子になり、次の公爵《こうしゃく》ときまっているウルビーノ公国だから当り前だが、法王の入城は民衆の大歓呼に迎えられた。だが、ジュリオ二世には、ルネサンス芸術の粋を集めたといわれる美麗な公爵宮殿を鑑賞している暇はなかった。ボローニャとフランスとの交渉に、かかりっきりであったのだ。再度の特使が、ボローニャとミラノに送られた。ボローニャへは、無血開城を勧告に。ミラノへは、約束の援軍派遣の催促に。彼は、これらの返事を、この安全な地ウルビーノで待つつもりだった。

ところが、これまで邪魔する者もない勢いできたジュリオ二世に、はじめて待ったたをかける者があらわれたのである。ボローニャ僭主ジョヴァンニ・ベンティヴォーリオであった。この老狐《ろうこ》は、法王自らの出陣という前代未聞《みもん》の出来事にも、バリオーニのように、われを失うようなことはなかった。六十六歳の妻、スフォルツァ家出身のジネブラともども、法王特使の大司教を鼻先であしらう有様である。これは、ジュリオ二世を激怒させた。法王は、交渉に失敗した大司教が帰途に着いたとの知らせを受けるやいなや、その到着を待つどころか、周囲の大反対を押し切って、直ちに出陣を決意した。

二十九日、例によって夜明け前に出発して、マチェラータへ向う。このあたりは、山間の道である。そのうえに悪天候に出会った。雨と風に悩まされ、ひどいぬかるみの道を進む。馬やらばの足が滑って、危険なほどだった。三十日の日などは、さすがのジュリオ二世も、そのために夕食後の行軍をあきらめねばならなかった。それでも、行軍は続けられた。サン・マリーノの近くでは、森の中に野宿さえした。だが、その野宿の地に、フランス王ルイ十二世からの使節が到着した。ミラノ総督シャルル・ダンボアーズに、八千の兵を率いさせて出発させたという朗報である。さらに加えて、来年の四旬節には、ボローニャへ法王を訪問したいとあった。この最後の部分には、法王はフンと肩をそびやかしただけだったが、援軍出発の通知は、彼をひどく喜ばせた。フランス援軍の確約を取るというこれまでの大心配がなくなり、これで事実上、ボローニャ攻略は成功したといってもよかったからである。ジュリオ二世は、勇躍出発した。

しかし、普通ならば、ここからヴェネツィアの勢力圏に入ることは避けられない。北西に道をとり、リミニへ着いて、そこからまっすぐにエミーリア街道を行くのが、道の良さからいっても便利である。だがジュリオ二世は、ヴェネツィアとの間のめんどうを避けたかった。将兵には、死刑をもってヴェネツィア領内のすべてにふれることを禁じ、山間の不便な道を、北へ向った。十月一日、サヴィニャーノの貧しい村に一泊する。すでに、エミーリア街道に来ている。そのまま、平野の中をまっすぐに北東に走っているエミーリア街道を進み、十月二日、チェゼーナの町に入った。チェゼーナは、チェーザレ・ボルジアが創立したロマーニャ公国の本拠だった地である。ジュリオ二世の一行は、チェーザレ派残党のゲリラ対策に悩まねばならなかった。

この地に、ボローニャの市民代表が到着した。彼らは、ボローニャ市民は彼ら自身の手で平和にくらしており、現状に満足している、法王が攻略に来る理由は少しもないという、市政府の意向を伝えにきたのである。法王ジュリオ二世は、彼らに対し、平和といっても、神の下での平和に優《まさ》るものはないと言いはなった。この頃では法王の率いる軍は、マントヴァ、ウルビーノ、ペルージアからの援軍に法王の近衛騎兵五百、スイス歩兵三百、アルバニア兵百を合わせて、二千五百を数えるまでになってい
る。さらに、フランス軍数日後にモデナ着の予定、との知らせも入る。

だが、この数日間というもの、ひどい雨が降り続いていた。枢機卿たちは、こんな状態では行軍は無理だと主張したが、ジュリオ二世は聞かなかった。十月八日、チェゼーナを後にした。昼食の時間も早目に切り上げ、エミーリア街道を一路、フォルリへ向う。

フォルリの町は、これまたチェーザレに、最後まで忠誠をつくした地である。チェーザレ・ボルジアの匂《にお》いが、町中にしみわたっている感じだった。ジュリオ二世の一行も、チェーザレ派残党のゲリラ活動のために、手ひどい打撃をこうむった。法王の私物まで奪われるという始末である。

苦虫をかみつぶしたような顔で城塞《じょうさい》に入ったジュリオ二世を、ベンティヴォーリオからの手紙が待っていた。それには、こう書いてあった。ボローニャの城門を開けるのはけっこうである、ただし、兵を連れずに来て、年貢金《ねんぐきん》の未支払い分を受け取り、そのままおとなしく帰るならばである。

ただでさえ怒りっぽいジュリオ二世である。顔を真赤にして怒った。卑俗なののし

り言葉が、たてつづけに発せられた。同席していた枢機卿たちや各国大使らは、もっともらしい顔つきで拝聴していたが、心中では秘《ひそ》かに意地悪な楽しみを満喫したものだ。だが、そんなこととは気づきもしない怒り心頭に発しているジュリオ二世は、直ちにベンティヴォーリオを破門に処し、九日以内にボローニャ市民が考えを変えなければ、全市を聖務禁止《インテルデット》に処すと通知させた。聖務禁止になると、その市ではミサもざんげも出来なくなり、生れた子は、洗礼を受けられないためにキリスト教徒になれず、死ぬ者も、サクラメントを受けられないために、地獄行きも免れないということになるのである。

にもかかわらず、ベンティヴォーリオはあきらめなかった。ミラノからエミーリア街道を南下してくるフランス軍を、大金を約束して買収しようと策す。フランス兵は、この誘惑におおいに迷い、途中で止まってしまった。フランス軍遅延の原因を知ったジュリオ二世は、またひどく怒り、フランス王ルイ十二世にあてて、抗議の急使を送る。しかし、もともと法王の力が強くなりすぎるのを喜ばないルイ十二世は、約束を果す気はあるのだが、兵たちが中風にかかっているためだと答えてきた。これがまた、ジュリオ二世を怒らせる。法王は再び、約束を守らないのなら、ヨーロッパの全君主にフランス王の不誠実を公表すると伝えさせた。今度はルイ十二世が怒り、それならフランス軍を呼び返すと言ってくる。北と南で怒り狂っている二人の間を、自分には害が及ばないようにとだけ祈る急使たちが何度か往復した後、それでもルイ十二世は、ようやくフランス軍に進軍を命じた。ジュリオ二世も、フォルリを出発する。

さて、フォルリ、イーモラ、ボローニャ、モデナの位置関係だが、いずれも直線に近いエミーリア街道に沿って、三十キロ、三十四キロ、三十九キロの距離をへだてて位置している。だから、フォルリからイーモラまでは、平野の中の道を行く一日の行程である。ところがその中間に、ヴェネツィア勢力圏のファエンツァがあった。ジュリオ二世は、またもヴェネツィアに遠慮し、ファエンツァを避けて行くことにした。だがそのためには、アペニン山脈の北のはしの山間の道をとらねばならない。もう前の難行軍でこりている枢機卿や法王庁役人らは、絶対にイヤだと言う。ついに彼らだけは、かまわずにエミーリア街道を通り、ファエンツァ領内を通過し、法王とは、イーモラで落ち合うことに決まった。法王ジュリオ二世に従うのは、軍勢と法王の側近たちのほかは、この法王は何をするかわからないから、職務上一刻も目を離せないと観念している各国の大使たちである。その中に、マキアヴェッリもいた。

ジュリオ二世とその一行は、エミーリア街道なら北西に進むところを、南西に道をとる。カストロカーロまでは、道はまだ平坦《へいたん》だ。しかし、カストロカーロを出て、モディリアーノも後にする頃から、行軍の困難は一歩ごとに増してきた。少し前の悪天候のために、山中の細道は水を吸ってふくらみ、ひどいところでは、ジュリオ二世も馬を降り、徒歩で行かねばならなかった。雨で水かさが増し、危険な渓流を十回も越えた。力の強そうな従者が、両側から法王をささえて進む。夜は、谷あいの小さな村に泊まり、翌朝また、行軍が再開される。マラーディ、パラッツォーロと村をひとつずつ後にして行くにつれて、人々の疲労も増してくる。誰もが、ブツブツ苦情を言いはじめた。ジュリオ二世自身も、持病の痛風が痛む。それでも六十三歳の法王は、ヴェルギリウスの詩句を声高らかに朗詠し、従ってくる人々を激励しながら、山道を越えて行った。

十月二十日、ようやくの思いでイーモラに入ることができた。エミーリア街道を行っていれば、三十キロの平坦な道を行く一日行程で済んだのだが、大きく迂回《うかい》したために、百三十キロ余りもの山道を、五日もかけて踏破したことになる。ファエンツァを通過してイーモラに着いていた枢機卿たちは、その間に十分な休養をとっていた。イーモラから目ざすボローニャまでは、三十四キロの距離しかない。ジュリオ二世は、休む間もなく軍の編成にとりかかった。彼とて、軍の実務にはくわしくない。マントヴァ侯爵フランチェスコ・ゴンザーガやフェラーラ公爵アルフォンソ・デステが助言する。総司令官には、マントヴァ侯が任命された。いくらジュリオ二世でも、軍の司令官までは兼ねるわけにはいかない。本来ならば、教会軍総司令官の職にあるウルビーノ公爵が受けるべき役目なのだが、公は病気がちで無理だった。

ところが、十一月一日、万聖節のミサに行く途中の法王に、予想外の知らせがもたらされたのである。ベンティヴォーリオが、妻と子を連れて、ミラノに亡命したというのだった。

ジョヴァンニ・ベンティヴォーリオは、法王からの破門処置にもたじろがず、法王の聖務禁止の処置に怖《おそ》れおののいた聖職者たちが町を出て行ったのにも屈せず、不安におびえる市民たちをなだめ、法王に対し一歩も退《ひ》かない態度を保ち続けたが、シャルル・ダンボアーズに率いられたフランス軍がモデナに入ったとの情報に、ついに亡命を決心したのだった。そして、フランス軍から通行許可証を受け、ミラノで亡命を認められ、ボローニャを去ったのである。

直ちにボローニャ市民の代表が、イーモラの法王を訪れた。無条件開城の意を伝えることと、聖務禁止処置を解除してもらうためである。ジュリオ二世は、上機嫌で代表らを引見した。ボローニャは、ペルージアのような小国ではない。教会領内最大の都市である。その、チェーザレ・ボルジアも狙《ねら》って果さなかった都市が、今自分に恭順を申し入れてきた。法王ジュリオ二世の得意も想像できよう。

ところがボローニャ市民の方だが、一難は去ったとほっとしたのも束《つか》の間《ま》、別の災難が彼らを待ち受けていた。モデナまで来ているフランス軍である。フランス兵たちは、ミラノからくり出しては来たものの、ボローニャに着かない前に、もう自分たちには用はないのだと知らされたのだから頭にきた。まして、当時の慣習では、給料の支払いが十分でない場合は、征服地での略奪が暗に認められている。それなのにジュリオ二世は、聖教会のために奉仕している法王を、キリスト者の王という称号を与えられているフランス王が、援助するのは至極当然のことと信じていたから、フランスに対して金を払う気などはじめからなかった。給料の支払いはない、そのうえ略奪もできないときては、フランス兵の不満もわからないではない。

フランス兵は、モデナを離れ、ボローニャの近郊に出没しはじめた。これに驚いたボローニャ市民は、急ぎ城壁をかため、運河を通って市内に流れ込んでいるレノ河の水門を閉じ、水を、フランス兵のたむろしている野に放った。フランス兵は、荷物も大砲も捨てて逃げた。これが、フランス兵の不満解消に、格好な理由を与える。再び今度は隊を組んで押し寄せてきたフランス兵は、ボローニャ全市の大略奪と市民の殺《さっ》戮《りく》を強行すると伝えてきた。あわてふためいた市民たちは、早速代表を、イーモラの法王のもとに送り、どうにかしてくれと頼みこんだ。ジュリオ二世は、フランス兵におとなしく引き取ってもらうために、金を払えと言った。大将のシャルル・ダンボアーズには八千ドゥカート、兵たちには一万ドゥカートでよかろうと言う。ボローニャ市民には、この忠告を受け容《い》れるしか道はなかった。こうして、フランス兵問題は片がついた。

十一月十日、ようやく、ジュリオ二世にとっては夢にまで見た、ボローニャ入城の日がきた。ローマを発《た》った時は、刺すように降りそそぐ陽光に満ちた夏の盛りだったが、今ではもう、畑にも森にも城壁の石にも、秋の気配が濃く影を落している。平野の中を走るエミーリア街道から眺めると、一ヵ月前、あれほどの苦労をして踏破したアペニン山脈も、すでに頂上は白く輝きはじめていた。ジュリオ二世の乗った輿《こし》が進む。征服地に馬で入ってはあまりに武張った印象を与えるのを怖れた彼は、やはり法王らしく、輿で入城することにしたのだった。

城門の前には、市民代表が控え、法王に恭順を誓い、市の鍵《かぎ》を捧《ささ》げた。そして、法王の先導をするため門の中に入りかけたが、法王の輿がいっこうに動かない。何かまた、法王の怒りを買うことでも起ったかと心配した彼らがもどってみると、そうではなかった。ジュリオ二世は、先頭を行っていた大十字架をもってこさせ、それを左手に一言いいたかったのである。一時のざわめきが静まった後、ジュリオ二世の大声がひびきわたった。

「神の名において、余は入城する」

　これで行列は動きだした。銀の大十字架を先頭に、八人の従者にかつがせた輿に乗った、正装のジュリオ二世が進む。その後に、これも緋衣《ひい》の正装の二十人の枢機卿が馬で続き、法王庁高官、各国大使、マントヴァ侯を先頭にした重装騎兵が続々と入城した。イタリアの小国の住民は、征服者の入城には慣れている。そして、征服者が始終代わるものだから、今日はこの征服者に歓声を浴びせて迎えながら、明日はその敵側の人間を昨日以上の大歓迎で迎え入れるぐらいの器用さは、十分持ちあわせている。ジュリオ二世は、沿道にぎっしり並んだ市民のあげる大歓呼の中を、満足気に進んだ。

「ジュリオ、ばんざい《ヴィーヴァ》！　イタリアの父、ボローニャの自由の回復者！」計三千ドゥカートもの銀貨や銅貨が、歓呼する民衆に投げ与えられた。この頃ボローニャには、エラスムスとデュラーが滞在していたはずだが、この二人の北国人が、この情景をどのように見たかは知られていない。

翌日、前日にまさる大行列を従えたジュリオ二世は、市の本寺サン・ペトローニオ教会へ行き、ミサを行った。ボローニャ市の代表的な市民たちは皆、うやうやしくそれに列席する。この席でジュリオ二世は、ペルージアでしたと同じ勇ましい内容の宣言を、再び全キリスト教世界に向って公表したのである。

攻略は成功した。しかし、市政改革という問題が残っている。ジュリオ二世は、ボローニャを、ペルージアと同じ法王直轄領《ちょっかつりょう》にする考えでいた。もちろん、ベンティヴォーリオの復帰は、絶対に認めない。従来の教会領は、法王代理の官名をもらった僭主《せんしゅ》らによって統治されていたのを、チェーザレが、世俗国家の形で統一に成功したのである。だが、チェーザレの失脚後は、またもとどおりの形になりつつあった。ジュリオ二世の意図は、それを、同じ法王代理の名称ではあっても聖職者をすえることによって、全教会領土に、法王による直轄統治体制を創《つく》り出すことにあったのである。ボローニャは、このジュリオ二世の意図の実現の、モデルになるはずの都市であった。

十七人の市民からなっていた政府委員会は、ベンティヴォーリオ色を一掃し、四十人の市民による新委員会が創設された。それまでは、僭主ベンティヴォーリオの下で市政を担当していた委員たちは、これからは、法王によって任命されたフェレーリ枢機卿の下で働くことになる。ジュリオ二世は、ペルージア攻略後に、その地の法王代理に任命していたフェレーリを、ボローニャに呼び寄せ、ペルージアには、また別の枢機卿を送った。フェレーリ枢機卿は、当時、ジュリオ二世の最も信任厚い側近とされていた。

翌年の二月二十二日、市民たちからうやうやしく送られて、ジュリオ二世は、ローマへ帰るためボローニャを後にした。彼の心中は、大きな満足ではちきれそうだった。今度の遠征の記念碑になるであろう彼の銅像は、ミケランジェロの手によって近いうちに完成し、ボローニャの本寺サン・ペトローニオ教会の、正面の扉の上にすえ置かれる日も遠くはなかった。銅像の件は、ボローニャの市民が申し出たのではなく、ジュリオ二世自身の発案ではあったが、聖ローマ教会の守護者と自認している彼としては、ごく自然な気持のあらわれであった。

そんなジュリオ二世にとっては、冬の旅も苦にはならなかった。あいかわらずヴェネツィア共和国に対する遠慮から、ファエンツァもリミニも通り抜けるのを避けたが、ボローニャ攻略で自信をつけたジュリオ二世は、前のように山間の道を選んで大きく迂回することもせず、ファエンツァは申しわけ程度に避け、リミニは、チェゼナーテイコから海路を取った。ローマに着いたのは、一ヵ月余りが過ぎた三月二十七日である。

復活祭の一週間前の〝しゅろの日曜日〟を選んで、ジュリオ二世のローマ帰還が行なわれた。武将の凱旋《がいせん》のように、四頭立ての白馬にひかせた戦車を御して帰還するわけにはやはりいかなかったが、輿はやめ、白馬に乗って、サン・ピエトロ大寺院まで、行進の先頭にたった。それでもローマの民衆は、彼をまるで凱旋将軍のように迎え、金融業者フッガーの寄附した凱旋門には、次の文字が大きく書かれてあった。

〝Veni, Vidi, Vici.〟（来た、見た、勝った）

これは、古代ローマの将軍ユリウス・カエサル（英語的発音ではジュリアス・シーザー）が、母国ローマの元老院へ送った戦勝報告として、史上有名な言葉である。また、ラテン語のユリウスは、イタリア語ではジュリオになる。

法王ジュリオ二世には、いつにない上機嫌の日が続いた。ほとんど笑ったことがない、気むずかしい法王を見慣れている各国の大使は、驚きながらその様子を、本国に書き送っている。そして法王を、さらに上機嫌にしたのは、四月四日にもたらされた、ヴァレンティーノ公爵《こうしゃく》チェーザレ・ボルジアの死の知らせだった。

スペインの牢獄《ろうごく》から脱走したチェーザレは、身を寄せていた先のナヴァーラ王国の軍に入って、スペイン王下の軍と戦っている最中に討死したのであった。ジュリオ二世にとっては、すでに以前の勢力者チェーザレではないとわかっていても、その若者がまだ生きている間は、やはり気にかかる存在だったのである。チェーザレを捕えた時に没収した、チェーザレのぜいたくな衣装の中に、緑色のマントと、それと同じ色のしじゅうの美しい長靴があった。四日の夜、ジュリオ二世はそれを身に着け、一晩中、まるで酔ったようにほがらかだった。

二

情勢判断には長じているはずの現実主義者が誤りを犯すのは、相手もまた同じで、それゆえに馬鹿《ばか》なまねはしないにちがいない、と思いこんだ時である。ヴェネツィア共和国にとっては、高い代価を支払わされる結果となった。

ヴェネツィアは、異教徒トルコに対する最前線を守っているのは自分たちだ、と自負していた。たしかに、半世紀前の一四五三年にコンスタンティノープルが陥落して以来、トルコの侵略行動は露骨になっていたし、まだ三十年も経《た》っていない一四八〇年、イタリア南端のオートラントに上陸したトルコ軍が、一万二千もの住民を惨殺《ざんさつ》し、大司教と城代は、生きながら切り刻まれたという事件は、当時のヨーロッパ諸国に深刻な恐怖を与えたばかりでなく、いまだにヨーロッパ人には、ぬぐいきれない暗い記憶として残っていた。だから、ヴェネツィア人にしてみれば、自分たちは感謝こそされ、憎悪《ぞうお》される理由は少しもない、ということになる。事実、守勢にまわったとはいえ、ヴェネツィア海軍が東地中海でにらみをきかせていなければ、オリエントとヨーロッパの間は、無防備状態になっていただろう。

しかし、他人はそうは考えてはくれなかった。ヴェネツィアがレヴァンテの海の防衛に全勢力をそそいでいるのは、自国の経済利益を守るためではないか、と思っている。もちろん、これが一番の動機であることは、ヴェネツィア人自身が十分に承知していた。だが、他国は、次にこう考える。それならヴェネツィアは、海だけを心配していればいいので、陸にまで力を広げることはないではないか、と。それでもヴェネツィアは、主張をひっこめない。背後の陸地《テッラ・フェルマ》の安全は、海に全勢力を投入するための、必要不可欠な保障であるという。だがこの弁解は、レヴァンテでの劣勢を挽回《ばんかい》しようという真意があるうえに、ヴェネツィアの侵略意図の直接の的にされている周辺諸国にとっては、説得力に欠ける言い分に聴こえたとしても無理はない。しかも、イタリア半島を勢力伸長の場としてしか見ていないドイツ、フランス、スペインの列強にとっては、ヴェネツィアは、単なる競争相手でしかなかった。ドイツ神聖ローマ皇帝マクシミリアンは、当時、臣下の一人にこう書き送った。
「ヴェネツィア人どもは、彼らの獅子《しし》(ヴェネツィアの紋章はサン・マルコの獅子)をこんな風に描く。二本の足は、海に、一本は陸地《テッラ・フェルマ》に、もう一本は山地に」。二本の足が置かれた海とは、東地中海とアドリア海を、陸地はロマーニャとロンバルディア地方を、山地とは、皇帝領になっているトレント、トレヴィーゾなどのヴェローナ以北を指している。
この言葉によく示されているように、十六世紀初めのヴェネツィアの勢力圏は、一都市国家としては当時では他に類のない広大なものになっていた。
キプロス、クレタの島を含むレヴァンテの海(東地中海)、
アドリア海の制海権を独占、
北イタリアは、ヴェネト地方はもちろんのこと、ベルガモ、クレモナに至るロンバルディア地方の大都市を領し、ジェノヴァの港の近くにまで海軍を常駐させる。
南イタリアでは、オートラントを含むプーリア地方の海岸都市。中部イタリアは、ラヴェンナを足場にファエンツァ、リミニのロマーニャ地方の二都市。

これらに加えて、一五〇八年の春、ローマで神聖ローマ帝国皇帝の戴冠式《たいかんしき》を行なうとの大義名分でイタリアに南下しようとしていたマクシミリアンを迎え撃ち、これを大敗させ、ゴリツィア、トリエステ、ヒューメの町をも獲得していた。四月、これらの町の領有権をヴェネツィアに譲渡する代り、年貢金《ねんぐきん》を皇帝に支払うという約束で講和は成立したが、進路を阻止され、ローマでの戴冠を断念させられ、トレントからそのままドイツに引き返さねばならなかったマクシミリアンの、対ヴェネツィアの敵意は増すばかりだった。

皇帝ばかりではない。強大化する一方のヴェネツィアへの不安から生じた敵意は、各国ともそれぞれの理由で持っていた。

レヴァンテに関しては、各国とも利害関係はないから問題はない。だが、アドリア海制海権の独占は、沿岸に都市をもつロマーニャ、マルケ地方、すなわち教会領と、ナポリを中心に南イタリアを支配下に置くスペインの不安の源となり、ロンバルディア地方に関しては、ミラノとジェノヴァを持つフランスの利害とぶつかる。

プーリア地方の海岸都市については、南伊を狙うスペインには我慢できないことになる。

そして、ロマーニャ地方の二都市を支配下に収めるに至っては、教会領を法王直《ちょっ》轄《かつ》にしたいという一心のジュリオ二世とは、真正面からぶつかることになった。

この状態の中で、反ヴェネツィアの気運は熟しつつあった。

まず動き出したのは、フランスとスペインである。一五〇七年六月、フランス王ルイ十二世とスペイン王フェルディナンドは、ジェノヴァ近くのサヴォーナで会った。二人の王は、フェルディナンドがカスティーリア女王であった妻のイザベッラの死後にルイ十二世の姪《めい》と再婚したので、親族関係になったばかりでもあったのだ。

そしてこの一年後には、ヴェネツィアに敗戦を喫した神聖ローマ帝国皇帝マクシミリアンが加わり、ここに、ヨーロッパの三列強ドイツ、フランス、スペインが歩調を合せることになった。一五〇八年十二月、マクシミリアンの娘が摂政をしている、後にオランダと呼ばれる地方のカンブレーで調印されたことから「カンブレー同盟」と呼ばれる同盟は、他の国も参加して正式に成立した。各国は早々と、ヴェネツィアが敗れたときの戦後処理まで決める。これは、手まわしがよいというのではなく、あらかじめ戦後処理を決めておかないと、戦線に加わらない国が出る怖《おそ》れがあるからだ。

スペイン王は、プーリア地方の海岸都市を取る。

フランス王は、ベルガモ、クレモナ、ブレッシアの町と、旧ミラノ公国領で現ヴェネツィア領となっている地方すべてを、
ドイツの皇帝は、ロヴェレート、ヴェローナ、パドヴァ、ヴィチェンツァなどのヴェネト地方に、イストリア半島を取る。
ハンガリー王は、ダルマツィア、クロアツィア地方の、旧ハンガリー領で現在はヴェネツィアの支配下にある町を、
サヴォイア公は、キプロス島を、
フェラーラ公とマントヴァ侯は、かつての両国の領で、後にヴェネツィア領になった地方を再復する。
そして法王は、ロマーニャ地方のリミニ、ファエンツァを手中に収める。

しかし、この段階ではまだ、対ヴェネツィア開戦と最終的に決まったわけではなかった。ヴェネツィアの軍事力のあなどりがたいことは、誰もが十分承知していたし、何よりも、法王の参加が決定していない。それに、同盟国内の戦争準備が、各国バラバラの状態であった。

法王が参加するかしないかは、同盟国側にとっては重要な問題だった。法王参加と

なれば、何よりもキリスト教徒である兵たちを安心させるうえに、戦争をはじめる大義名分が得られるというものである。といって同盟国の君主たちは、法王を参加させるために、それほど精力を使おうとはしなかった。ジュリオ二世の胸につもった、ヴェネツィアへの年来の不満を十分に知っている彼らは、法王の参加を楽観的に考えていたのである。だから戦後処理の決定にも、あらかじめ法王の取り分も入れておいた。しかし、あくまでも法王の動向が、カンブレー同盟の動向を左右する鍵《かぎ》であったことはいうまでもない。

一方、ローマのジュリオ二世は迷っていた。彼の再三の要請にもかかわらず、ヴェネツィアは、ロマーニャ地方の二都市をにぎったままでいる。それにヴェネツィア共和国は、ボローニャやペルージアを敵にまわすのとは比べようもない強国だった。かといってカンブレー同盟諸国と行動をともにするのも、イタリアに外国軍を導入する点で、その後が危険である。ジュリオ二世は、一五〇九年と年が変わっても、態度を決めかねていた。

ヴェネツィアの方も、ただ手をこまねいて事態の進展を傍観していたのではない。当時最高の情報網を持つといわれたヴェネツィアは、各国の動きとともに、各国の戦力、その準備情況まで知りつくしていた。戦いは避けられないであろう、だがその場合でも、一国ごとに対していけば十分に戦える。最も準備の完了しているのはフランス軍だが、ドイツ軍は一年前の敗戦から立ち直る必要があるから遅れる。スペイン軍は、勇将コルドーバに代わる者がいない今は、それほど怖しい敵ではない。これらの国は、それぞれの打算から統一行動がとれるはずはないと判断し、戦いをしかけてくる国とだけ対し、その間に外交手段を用いて各国を離反させ、個別に講和にもちこむ。これが、ヴェネツィアの考えていた戦略である。

そして、法王の動向については、まさか、たかだかロマーニャ地方の二小都市のために、ジュリオ二世が、イタリアへ外国軍隊を引き入れるような馬鹿なまねはすまい、と思っていたのである。イタリア第一の強国であり、ミラノ公国、ナポリ王国が姿を消した今、イタリア諸国の中で唯一《ゆいいつ》、外国勢力に対抗できる国であるヴェネツィアを滅ぼすのに、力を貸すはずはない、ヴェネツィアという盾がなくなれば、ローマへの道は明け渡されたも同様なのだから、と判断したのである。自然に、ヴェネツィア人特有の誇りの高さを、隠そうともしなかった。

ある一日、法王ジュリオ二世は、ローマ駐在ヴェネツィア大使ピサーノと会っていた。例のごとく、ロマーニャ地方の二都市を返せと要求しているのである。だが、ピサーノは、あいかわらず同じ返事を繰り返すばかりだった。機嫌をそこねた法王ジュリオ二世は、大声で怒鳴った。

「それなら余は、誰の力を借りても、ヴェネツィアを昔のような漁夫の村にしてくれるわ！」

ヴェネツィア大使は、静かな口調で答えた。

「猊下《げいか》、もし猊下が理性をわきまえてくださらなければ、われわれとて、猊下を田舎の司祭にもどすしかないでありましょう」

ジュリオ二世は、憎々しげに大使をにらみつけた。だが、ヴェネツィア人は眉《まゆ》ひとつ動かさなかった。

三月半ばもすぎた頃、法王はローマを離れて、チヴィタヴェッキアの港に来ていた。天気はすばらしく良く、海は波ひとつない。ジュリオ二世は、釣を楽しんでいた。小舟には、船頭の他は、彼とヴェネツィア大使ピサーノがいるだけである。大使も、法王と背中合せになって、釣糸をたれていた。ふとジュリオ二世が、ふり向いて言った。

「なぜヴェネツィア政府は、リミニとファエンツァを、誰か一人のヴェネツィア市民に統治させると、余に提案しないのかな」

誰か一人のヴェネツィア市民とは、ヴェネツィア出身の枢機卿《すうきけい》の意味であることは、問うた方も問われた方もわかっている。ヴェネツィア大使ピサーノは、これまたふり返りながら、冷ややかに答えた。

「わが共和国は、絶対に、一市民を王の立場にするようなことはいたしません」

ジュリオ二世は、今度は怒鳴らなかった。二人はまた背中合せになって、釣を続けた。翌朝早く、法王はローマへ発《た》った。

ローマへ帰り着くやいなや、ジュリオ二世は、直ちに秘密枢機卿会議を召集した。ヴェネツィア人の枢機卿コルネールとグリマーニの二人は、招《よ》ばれていない。それでも、大多数の枢機卿は、カンブレー同盟参加に反対した。だが、ジュリオ二世の決意は動かなかった。次の日の三月二十三日、同盟参加を宣言した法王教書が、各国に向け発せられた。

ヴェネツィアは、はじめて事態の急を悟った。四月四日、リミニ、ファエンツァを、法王に返還すると伝えてきた。だが、すでに遅かった。四月二十七日、ヴェネツィアに対する破門が公表された。

破門状は、まず、これまでのヴェネツィアの不実なやり方を非難し、次いで、横領、内政干渉、傲慢《ごうまん》、強奪を、ヴェネツィアの犯した悪として列挙する。さらに、二十四日以内に強奪した地方を返還し、それを横領していた期間の歳入すべてを支払わなければ、ヴェネツィア市内ばかりでなく、ヴェネツィア領の全地方、それに、ヴェネツィア人を避難させたりかくまったりした町を「超破門《スコムニカ・マジョーレ》」に処すと続き、全キリスト教界は、これらの大罪によってヴェネツィアを、主キリストの敵、全キリスト教徒の敵と見なすべし、彼らこそ、奴隷《どれい》の境遇に落とすべき輩《やから》、ときめつけて終っている。

超破門に処せられると、最後の審判でも救ってもらえる可能性が皆無で、地獄行きは決定的となる。それにしても、ずいぶんと怒ったものである。この破門状は、すぐさま六百部印刷され、全ヨーロッパにばらまかれた。

ついにヴェネツィアは、一都市国家の身で、全ヨーロッパを敵にまわして戦う羽目におちいった。フィレンツェ市民ブオナコルシは、もはやヴェネツィア人は、ミサと祈りを助力にすがるしかないだろう、と言ったが、伝統的に反教会主義の強いヴェネツィア人は、それこそ、他のすべてのことはこの一大事に対処するのに動員したが、ミサと祈りだけには、助けを請《こ》わなかった。それは、女たちにまかせておいた。

戦力には自信はあった。白と赤の軍服で有名な九千の歩兵は、精鋭として聞こえ、歩兵軍団の中核をなす。砲器は、最も完備しているといわれたフランスをしのぐ質で、当時普通に使われていた石の弾丸に代え、鉄の砲弾を準備し、あらためてヴェネツィアの富の豊かさに、各国の目をみはらさせたものである。軽騎兵は最高の水準。重装騎兵だけが、他国に比べて質的に劣るといわれた。この、総勢五万の軍勢を指揮するのは、一五〇三年の対フランス、一五〇八年の対ドイツ戦の勝者で、激しい性格で知られたバルトロメオ・ダルヴィアーノに、熟練、慎重な老将軍ピティリアーノ伯である。だが、これとてすべて傭兵《ようへい》の集まりだった。海軍には傭兵を用いず、常に自国民だけで固めたヴェネツィアも、陸では、当時のイタリアの習慣を脱せなかったのである。

全軍は、ミラノとの境界線、アッダ河に向った。

一方、同盟軍の総帥《そうすい》には、法王から、聖ローマ教会の保護者として、キリストの敵ヴェネツィアと戦う名誉を与えられた皇帝マクシミリアンが就任。それに、キリスト者の王の称号を再確認されたフランス王ルイ十二世。両者とも、自ら出陣すると伝えてきた。イタリアでは、法王の破門公表以後にカンブレー同盟に参加を表明したフェラーラ、マントヴァ、ウルビーノ、さらに、ピサをもらうことを条件に参加国となったフィレンツェが戦線に加わる。これらを教会軍の名のもとにまとめ、フェラーラ公アルフォンソ・デステが総指揮官に任命された。

その間、ヴェネツィアは、再三、リミニ、ファエンツァの返還と、これまでの全歳入を支払うと申し入れたのだが、ジュリオ二世は、もはや、聞こうともしなかった。破門状には、二十四日以内に返還しなければ云々《うんぬん》とあったが、それは、法王としての立場を考えての粉飾というものである。加えて、ヴェネツィア軍の隊長に傭《やと》われているローマ豪族オルシーニ家の男たちを、破門で脅し、彼らが前渡し金として受け取っていた八千ドゥカートを返させ、ヴェネツィア軍から脱退させてしまった。

戦いがはじまる。戦況は、はじめのうちはヴェネツィア軍に有利に展開した。法王の二十一歳になる甥《おい》、新ウルビーノ公爵《こうしゃく》フランチェスコ・マリーア・デッラ・ローヴェレの率いる法王軍は、ロマーニャ地方で苦戦し、前進も後退も出来なくなり、立往生してしまった。皇帝は、まだドイツから出て来ない。ローマの法王は、歯ぎしりをするばかりだった。

しかし、五月、戦況は一変する。フェラーラ公アルフォンソ・デステ指揮下のイタリア軍と合流したフランス軍が、いよいよ動き出したからだった。自ら出陣するルイ十二世の下には、ミラノ総督シャルル・ダンボアーズ、ジャンジャコモ・トリヴルツィオが控える。だが、指揮の実権は、歴戦の強者、イタリア人の老将軍トリヴルツィオにまかされた。総勢四万に五十門の大砲が加わる。

その頃、アッダ河沿いのヴェネツィア陣内では、戦術問題で二将が対立していた。ダルヴィアーノは、直ちにアッダ河を越え、ミラノへ進軍し、出陣準備の完了していないフランス軍をたたくべし、と主張する。しかし、ピティリアーノ伯は、ここは後退して、オーリオ河岸に前線を置くべきだといってゆずらない。決定は、はるか後方のヴェネツィア本国がくだすことになった。元老院は、総司令官ピティリアーノ伯の意見を採択した。ヴェネツィアは、この決定的瞬間に、攻撃型の戦法よりも防御反撃型の戦法をとるという、大きな誤りを犯したのである。軍は、陣を引き払い後退した。

フランス軍は、ミラノを発ち、難なくアッダ河を越える。

フランス軍の動きは、直ちにヴェネツィア軍に察知された。だが夜中である。ピティリアーノ伯は、軍を留めたままでいる。

五月十四日、史上アニャネッロの会戦として知られる戦いが、幕を切って落された。だが、会戦というよりも、混戦というべきだろう。オーリオ河岸に布陣するはずであったヴェネツィア軍は、横にも、固まってもいず、クレモナの町を捨てたくないという元老院の意向を考慮して、なんとたてに長く、しかも、オーリオ河の右岸と左岸に分かれて、兵を集結していたのである。当然、大砲の布陣などは出来ていない。ついに元老院が、クレモナを捨てる気になった時は遅かった。

当時の銃の射撃距離は百メートル余り、弓矢は、六十から七十メートルだから、有能な将の指揮を得て、敏速な行動がとれれば、戦いの主役は騎兵となる。ヴェネツィア軍の前衛を受けもつ軽騎兵は、ダルヴィアーノの指揮、フランス軍の方は、トリヴルツィオが指揮する。こうして、アニャネッロの野いっぱいに、激烈な軽騎兵戦が展開した。ヴェネツィア軍優勢のうちに進む。

だが、トリヴルツィオの命でくり出したフランス歩兵によって、ヴェネツィア軽騎兵は包囲されてしまった。ヴェネツィアの歩兵隊が、たて長の陣形のため、到着が遅れた間の出来事である。しかも、後方に陣を置いていた総司令官ピティリアーノ伯は、ダルヴィアーノを助けに援軍を急派するでもなく、まだ手つかずの残軍を率いて、ヴェローナに向けて退却してしまった。午後の一時からはじまり、四時には終ってしまったこの戦闘は、軽騎兵と歩兵のめざましい活躍にもかかわらず、あっけないヴェネツィアの敗戦に終った。敵にかこまれたダルヴィアーノは、負傷して捕虜になった。その他に、多くの隊長が戦死した。

ヴェネツィア、フランス両軍とも、全戦力を投入して戦ったのではない。五万と四万余りの中で、実際に戦ったのは、ヴェネツィア側は騎兵六百、歩兵七千四百、フランス側は騎兵二千六百、歩兵一万一千だけであった。両軍とも前線には、それぞれ二五パーセント、四〇パーセントの軍勢を配していたのだが、そのうちで実際に戦ったのは、ヴェネツィア軍は一六パーセント、フランス側は三四パーセントでしかない。しかし、この数字からだけ見ても、ヴェネツィア軍に比べてフランス軍は、より効果的に兵力を投入したといわねばならない。

東に退却して行く軍服にはちりもついていないヴェネツィア軍は、残軍といっても、全兵中の半ば以上が安全で、敗軍の面影など少しも見られなかった。しかし、見えぬところで、内容を一変していた。兵の士気である。それまでのヴェネツィア陸軍は、大きな戦いでは一度も敗れたことがなかった。それは、金で傭われた傭兵たちの心理に、強く影響していたのである。こういう事態では、よほど統率力のある指揮官でないと、切り抜けることは不可能である。だが、ダルヴィアーノはすでにいなかった。ヴェネツィアは、このアニャネッロの会戦で、戦術的だけでなく、戦略的にも敗北した。

そして、イタリアの悲劇は、外国フランスに敗けたのではなく、シャルル・ダンボアーズを引きずるようにして、戦術を駆使し、自らも先頭に立って戦った、同じイタリア人のトリヴルツィオに敗れたことであった。

ヴェネツィアは、受けた痛手をかみしめていた。いつもならリアルト橋のあたりは、活発に商談を交す人々のたまりとなるのだが、敗戦の報がとどいた日からは、うってかわったように、あちこちに数人でかたまり、暗い顔つきでひっそりと話す男たちしか見られなくなった。その有様を、遠くギリシアやアラビア、トルコなどから来ている商人たちが、不思議そうな顔で眺めていた。

共和国政府も、沈痛な雰囲気のうちに会議を重ねる。方針の変更は避けられなかった。戦いは続行しながらも、主力は外交戦に移す。

まず、勝ちに乗ずるフランス軍との合流を防ぐために、ドイツ軍の南下を阻止することだった。皇帝マクシミリアンに、前年の勝戦の結果獲得した地方を皇帝に返還することを条件に、講和をはかろうとした。しかし、フランス王ルイ十二世がアニャネッロで得た勝利をもとに、イタリアに決定的な勢力をきずくことを心配する皇帝は、自分もそれに遅れてはならないと思っているから、ヴェネツィアの申し出に耳をかたむけようともしない。

その間に、ヴェローナ、ヴィチェンツァ、パドヴァまで失ったヴェネツィアは、ついに法王ジュリオ二世に、講和の仲介役を願うことにした。七月二日、六人の特使がローマへ着いた。いずれも、ヴェネツィアきっての名門の出で、政府の要職にある者ばかりである。彼ら六人は、破門を受けた者のならいで、夜になってようやく城門を入る。直ちに、法王に謁見《えっけん》を申し入れた。ジュリオ二世から受諾が伝えられた。翌朝、六人は法王宮に入った。控えの間で待てとの言葉だった。しかし、いつまで待っても、彼らを法王の謁見の間に導く迎えの者が来ない。六人のヴェネツィア人は、それでも待ち続けた。こんな風にして、第一日目が終った。そして、翌日も、翌々日も、同じことのくり返しだった。待ちながら六人は、怒りと屈辱で蒼《あお》くなった。しかし、祖国の置かれている事態を考えて、彼らは耐え続けた。

六日目の七月八日、ようやく、ドナート一人だけが謁見の間に招じられた。彼を迎えた法王ジュリオ二世は、険しい表情をくずさず、特使ドナートに、法王が講和の仲介をとるにしても、ヴェネツィアが次の条項を実施してからのはなしだ、と言った。

罪を、全世界に謝罪する。

イタリア内に持つ領土は、すべて放棄する。

皇帝の領土も、すべて返還する。

アドリア海制海権を放棄する。

ヴェネツィア国内の聖職者人事権を放棄する。

ヴェネツィア国内の聖職者、修道院などに課していた税金を廃す。

相当の交渉権を与えられていた六人の特使も、これでは交渉に入る段階でもなかった。指令を請われた本国政府とて、この条項は受け容《い》れられるものではない。十人委員会の一委員は、これを受け容れるよりは、五十人の特使をトルコへ派遣して、トルコに援軍を求める方がまだましだ、と発言した。

アニャネッロ戦以来、ジュリオ二世はことのほか上機嫌だった。ヴェネツィアが、五十隻《せき》のガレー船を十字軍遠征のために提供するなら許してやってもよいなどと、ゴンザーガ枢機卿に話すほどだった。


しかし、ジュリオ二世の上機嫌も、それほど長くは続かなかった。七月十七日、反撃に出たヴェネツィア軍は、パドヴァを奪回することに成功したのである。そして、ヴェネツィアの街からは三十キロの距離しかないパドヴァを最後の線と見、ここを死守する覚悟を決めた。もう、傭兵にばかりはまかせておけなかった。ヴェネツィアの若者は、すべて、戦線に馳《は》せ参じた。貴族も平民も同じだった。かえって、元首《ドージェ》の息子や大貴族の子弟が、最前線の守りについた。五百の海兵までが、防衛軍に加わる。そのうえに、パドヴァの市民や周辺の百姓までが、自発的に援軍を買って出た。これら防衛軍の総指揮は、ピティリアーノ伯がとる。彼も、今度は必死だった。

八月十日、ドイツ、フランス、法王、フェラーラ、マントヴァの軍から成る攻撃軍の総帥、皇帝マクシミリアンが、パドヴァから五キロの地に陣を張った。攻撃開始は、九月三日と決められた。ずいぶんとのんびりしているようだが、フランス軍の大砲の到着を待ったためである。

ところが、攻撃側にとって、思わぬ事態が起った。防衛軍のゲリラによって、マントヴァ侯爵フランチェスコ・ゴンザーガが、寝込みを襲われ、捕虜にされてしまったのである。有能な武将マントヴァ侯を失ったことは、攻囲軍にとって痛手だった。とくに、ローマで、気もそぞろに戦況を心配していたジュリオ二世は、この知らせに激怒し、思わず法王らしくもない悪態をついてしまった。

「聖ペテロの豚野郎《ポルコ・サン・ピエトロ》！」

九月三日、いっせいの砲撃によって、攻防戦ははじまった。防衛側も砲撃で応酬し、合間に騎兵をくり出して、敵をかき乱す。

九月十五日、攻撃は激しさを加える。だが防衛側は、城壁の崩れた箇所を、夜中に修理してしまう。

九月二十日、スペイン兵が、はじめて城壁にとりつくが、たちまち矢の的にされ、二百五十人以上が一時に死ぬ。

九月二十六日、二度目の攻撃も不成功に終る。

九月二十九日、スペイン、ドイツ両軍の兵、三度目の城壁のとりつきに成功するが、それも城壁の上に立ったとたん、次々と殺されていった。その間連日、夜になると防衛側のゲリラの出没で、攻撃側は眠ることもできない。

この有様に、攻撃側の兵士の士気は、落ちるばかりだった。皇帝は、ミラノにいるフランス王に、フランス騎兵の出馬を要請した。だがルイ十二世は、それを拒否してきた。これが、攻撃軍内の不統一を表面化した。十月一日、腹をたてた皇帝マクシミリアンは、包囲を解き、ドイツへ帰ってしまった。攻撃軍は解散である。ヴェネツィアは、ついに守り抜いたのだった。

共和国は、この機を逃がさなかった。といっても、いっきに攻勢に転ずるのではなく、平和的解決の好機としてである。ヴェネツィア人は、パドヴァ防衛戦の勝利に酔うほど楽観的ではない。彼らは冷静に、自国の戦力の限界を見きわめていた。

そして今度は、ジュリオ二世の方も変わっていた。法王は、パドヴァ攻撃戦に失敗した皇帝に比べて、アニャネッロ戦の勝者フランス王の、北イタリア全体に及ぶ勢力を気にしはじめていた。それに、事実上の中立を守っていたスペインは、その間に、ナポリを中心とする南イタリアに勢力を確立してしまっている。ジュリオ二世は、この時になってはじめて、ローマ教会の独立は、イタリアの独立が保障されてこそ可能だという現実に気づいたのであった。さらに、対トルコ防衛にもヴェネツィアの海軍力は欠かせない。また、これ以上ヴェネツィアを追いつめた場合、絶望した彼らが、フランスかスペインかのどちらかと接近し、反法王の武力行為に出てくる可能性も考えられた。当時、ジュリオ二世は、マントヴァ大使にこう言っている。

「もし、ヴェネツィアが滅びてしまうようなことがあったら、もうひとつのヴェネツィアを、またあらためて創《つく》らねばならないだろう」

法王の転向を知ったフランス王は、直ちに厳重な抗議の手紙を送ってきた。

「ヴェネツィアをこの機に救うのは、私の胸に短剣を突きつけたままで放置すると同じことである」

だが、ジュリオ二世の心は決まっていた。

年も改まった一五一〇年二月十五日、前年の七月からローマに滞在している六人のヴェネツィア特使は、法王の出した講和の条文を、すべて受け容れた。ヴェネツィアは、ロマーニャ地方のリミニ、ファエンツァを返還し、さらにラヴェンナ、チェルヴィアを譲渡する。

法王の権威を認め、尊重する。

アドリア海は、ラヴェンナとヒューメに線をひき、その線以南の海の独占制海権を放棄する。

国内の聖職者に課税しない。

国内の聖職界は、治外法権とする。

法王庁の敵を援助しない。

法王の側からは、ヴェネツィアにくだした破門と聖務禁止を解除することだけであった。

二月二十四日、破門解除式が行なわれた。緋衣《ひい》の官服に礼を正した六人のヴェネツィア代表は、まずサン・ピエトロ大寺院の扉の外にひざまずき、内の法王玉座に坐《すわ》ったジュリオ二世が、さんざん皮肉を言うのを拝聴し、それからようやく中へ入れてもらって、枢機卿らにかこまれた法王の前で、聖書に手を置いて、講和の条文の実施を誓う。それが終ってはじめて、調印が行なわれた。

海の覇者を屈服させた、ジュリオ二世の得意や思うべしである。この翌日、ドナート一人を残して帰国する五人が、法王にあいさつに来た時、ジュリオ二世は、こう言った。

「偉大なる大使たちよ、つい昨日までわれわれの間が険悪であったとは、信じられないとは思わないかね。おまえたちは、わたしを頼ってくるべきだった。それをわからせるために、力を用いなければならなかったのは残念に思う。これからも、法王の側についている方が安全なのだということを忘れないように。講和が成立した今、おまえたちは、わたしからの祝福に欠けることはないであろう」

無言で聴く、六人のヴェネツィア人の心境は複雑であった。ジュリオ二世は露知らぬことだったが、調印式の九日前の二月十五日、ヴェネツィア政府内の、重大事項だけをあつかう「十人委員会」は、極秘に、この講和は暴力下の強請によるものであり、条文不履行の権利は保有する、と決議していたのである。そして、ヴェネツィアの民衆は、より正直だった。リアルト橋のたもとに、もっと法王らしく、羊飼いにたちかえれとジュリオ二世を叱《しか》る、イエス・キリストからの手紙というのが張り出された。

自らを獅子《しし》の調教者と豪語するジュリオ二世は、そんな風評は心にもかけない。側近を従えて、上機嫌に、建築現場や製作場にしげしげと足を運んだ。その頃、新しいサン・ピエトロ大寺院が、ブラマンテの指揮のもとに建立《こんりゅう》されつつあった。ミケランジェロも、一年前からシスティーナ礼拝堂の天井画にかかっている。ラファエッロは、法王宮の壁画の制作に余念がない。

ジュリオ二世には、彼ら芸術家の仕事ぶりを眺めるのが、大きな楽しみであった。これらのひとつひとつは、聖ローマ教会の栄光と、それを確立するために全力を捧《ささ》げている自分の、記念碑となるべきものだと思っていたからである。

三

「ジュリオ二世は賤民《せんみん》の出だ。奴《やつ》には常に棍棒《こんぼう》が要る」

「フランス人のことを考えると、食欲も眠気もなくなる。あいつらを、何としても追い出さねばならぬ」

第一は、フランス王ルイ十二世の言葉、第二は、法王ジュリオ二世の言葉である。ジュリオ二世は敵を代えた。ヴェネツィアからフランスに。北イタリアを我がもの顔にのし歩くフランスが、何よりもローマ教会の独立維持を思い、そのためにはまずイタリアの独立確保が先決だとわかったジュリオ二世には、耐えがたい存在となっていた。

　フランス王の方も負けてはいない。徹底的に追いつめる気だった、そしてその可能性もあったヴェネツィアと、横からきたジュリオ二世が勝手に講和してしまったため、それが妨害されたという恨みがあった。フランス全土の聖職者たちに、ローマ訪問とジュリオ二世への服従を禁じ、国中で反法王の世論を起す運動をはじめた。ローマでは、フランス人枢機卿《すうきけい》たちが浮足だっていた。ジュリオ二世は、全枢機卿に禁足令を出す。それをあえてローマから逃げ出そうとしたクレルモン枢機卿は、脱走直前に捕えられ、カステル・サンタンジェロに閉じこめられた。フランス派の枢機卿らは、釈放を要請したが、法王は、おまえたちもカステル・サンタンジェロに入りたいか、と突っぱなした。フランス大使も、厳重な抗議をつきつけてきた。だが、ジュリオ二世は、扉を指し示し、何も起らないうちに帰れ、と言っただけだった。枢機卿はともかく、大使の身の安全は、国際慣例として守らねばならなかったからである。その直後、ヴェネツィア大使にこう言った。

「フランス人どもは、わたしを彼らの王国付きの一神父にする気でいる。だがわたしは、あくまでも法王であり、それを彼らに事実で示してやるつもりだ」
哀れなのは、種々の理由でローマにいるフランス人だった。けんかしている祖国の王と法王との間にはさまれて、逃げもできず、かといって居心地は良くはない。ヴェネツィア大使の通信によれば、まるで死人のような顔で歩いている、ということになる。

もはや、衝突は避けられなかった。イタリアの民衆は、カンブレー同盟国対ヴェネツィアの戦いがようやく終ったと思ったのも束《つか》の間《ま》、それから半年もたたないというのに、またも新たな戦いに巻き込まれることになった。

だが、強国フランスを相手に、どうやって戦争するか、これが、ヴェネツィアとの講和を成立させた後の、ジュリオ二世の頭を占めていた問題であった。

教会軍――これは、チェーザレ・ボルジアの出る前には存在しなかったものである。チェーザレが、父法王アレッサンドロ六世の後楯のもとに、彼個人の軍事的能力によって、独立した戦力に作りあげたのだった。だが、ジュリオ二世自身が動いてチェーザレを失脚させた後、その作品であった戦力ある教会軍も、作り手とともに消滅した。だから、ジュリオ二世時代の教会軍は、法王の権威をもって召集した、イタリア中小国の軍の寄せ集めでしかなかったのである。フィレンツェ、フェラーラ、マントヴァ、ウルビーノと。

だが、フィレンツェ共和国は、軍事的には、一度も強国であったためしのない国だった。ピサ戦には勝ったとはいっても、蜿蜒《えんえん》と苦戦を続け、最後にピサが飢餓によって屈した結果でしかない。それに、伝統的に親フランスだった。案の定フィレンツェ政府は、マキアヴェッリをルイ十二世のもとに派遣し、フィレンツェのフランス王に対する友好関係に変りはないが、やむをえぬ場合の中立は認められたし、と言わせている。

フェラーラ公国だが、これはもう確実にフランス側である。軍事的にはフィレンツェより優れているのだが、旧教会領であるため、代々の法王がフェラーラ獲得を策し、そのためにやむをえず、法王とはこれまた昔から仲の悪いフランスと友好関係を保つことによって、法王の動きを牽制《けんせい》するのが従来の国策であった。

マントヴァ侯国は、ヴェネツィアに捕われていた侯爵《こうしゃく》が自由の身にはなったものの、その間侯国を守り通し、夫の釈放に尽力した侯爵夫人イザベッラは、フェラーラ公爵アルフォンソ・デステの実姉であり、夫の捕囚以後マントヴァの実権をにぎっているのは彼女で、戦力としてはどれほど期待できるかはなはだ怪しい。

ウルビーノ公国だけは、ジュリオ二世の甥《おい》フランチェスコ・デッラ・ローヴェレが公爵だから確実に法王側だが、あまりにも弱体だ。

これが現実では、信用できないにしても、ローマの豪族オルシーニとコロンナしかいないことになる。

ヴェネツィア軍――フランスに復讐《ふくしゅう》の念を燃やすヴェネツィアは、はじめからジュリオ二世のこの企てに賛成だった。全面的に協力の意志を伝えてくる。だが、ヴェネツィアの陸戦力も、以前とは比べようもないほど弱体化していた。こういう状態にさせたのは、カンブレー同盟の尻馬《しりうま》に乗ってヴェネツィアと戦った、ほかならぬジュリオ二世自身である。彼は後悔した。だが、後悔してみてもはじまらない。現状の戦力でも、ヴェネツィアは欠かせなかった。

他に、ドイツにいる皇帝とスペイン王が考えられたが、この二人は、よほどの交換条件を出さないと動かない。フランス王の件でこりている法王は、それはやりたくなかった。

思い悩むジュリオ二世に、突然、すばらしい考えが浮んだ。スイス兵である。彼らの戦闘能力は知られていたうえに、スイス人は、元来政治的に出来ていない。彼らの力を借りたとしても、その後、イタリアの政治に口を出してくる気づかいはなかった。

早速、シッテンの司教スキーネルをローマに招《よ》ぶ。この司教は、同胞スイス人の間に大きな影響力を持っていたうえに、神の代理人である法王とキリスト教界最高位の俗人である皇帝とが協力してキリスト教世界の治政にあたるべきという、もはや時代遅れともいえる中世的な思想を奉ずる男でもあった。フランス王などは、その彼にとっては、法王に服従すべき者でしかない。司教は、全力をつくして法王のために傭兵《ようへい》を組織すると誓い、スイスへとんだ。まもなく、司教から、六千の兵を集めたとの朗報がとどいた。彼らには、まず六千ドゥカートが支払われることになった。枢機卿たちは、ジュリオ二世は、ひとまずこれだけの戦力でやってみる気だった。枢機卿たちは、大胆すぎると反対したが、彼は、自分が陣頭に立つと言い、それだからこそ自信がある、と言い切った。

戦いは急ぐ必要があった。フランス本軍とぶつかる前に、フランスの出城のようなフェラーラを落とさねばならなかった。

一五一〇年八月九日、法王ジュリオ二世は、フェラーラ公爵アルフォンソ・デステの破門と、彼の統治権の失墜を宣言した教書を公表した。宣戦布告である。ジュリオ二世のたてた作戦計画は、次のようなものであった。

ヴェネツィア軍は、フランス軍が占拠しているヴェローナへ。スイス軍は、イタリアにおけるフランスの基地ミラノへ。これもフランス占領下のジェノヴァでは、市民による反乱を起す。教会軍総司令官に任命されたウルビーノ公の率いる教会軍は、ヴェネツィア軍の一部と協同でフェラーラを攻める。

八月十七日、これだけ決めた法王は、ローマを後にした。少数の近衛兵《このえへい》が従うだけである。オスティアからは船で、チヴィタヴェッキアへ向う。ジェノヴァの反乱軍を海から助ける艦隊を視察するためだった。出陣の同行を命じた全枢機卿には、ヴィテルボに集結して待つよう指令が発せられていた。

ところが、ジュリオ二世がヴィテルボに着いてみると、全員が来ているはずであるのに、二人のフランス人枢機卿が欠けている。ミラノへ逃げてしまったのだった。激怒した法王は、来ない者は枢機卿を免職にすると言い、彼らにボローニャ集結を命じた。引きずってでも連れて行きたかったのだが、枢機卿たちは、ぜいたくな生活に慣れていて、旅の間、宿泊先のことなどで苦情が絶えず、法王は、そのために旅の日程が長びくのを怖《おそ》れたのである。彼は、一日も早くボローニャに着きたかった。枢機卿たちは、それぞれ勝手な道をとってボローニャへ行くことに決まった。

ジュリオ二世は、建築家ブラマンテや少数の衛兵と従者だけを従え、オルヴィエートを通り、アドリア海へ抜け、アンコーナから、海路リミニへ着く。リミニからは、直線のエミーリア街道を一気に進み、ボローニャへ入ったのは、九月二十二日だった。前回の時のように、ヴェネツィアに遠慮して迂回《うかい》する必要もなかったから、早く、しかも苦労もなく旅することができたのだった。だが、元気とはいっても、六十七歳である。やはり、疲労は深かったにちがいない。

ボローニャに着いたジュリオ二世は、悪報を一身に浴びねばならなかった。まず、全員が顔をそろえているはずの枢機卿たちが、先のフランス人枢機卿二人の逃亡に加え、さらにカルヴァジャル、サンセヴェリーノ、フランチェスコ・ボルジアと、三人もの有力枢機卿の姿が見えない。またもミラノへ逃げたのだった。そのうえ、ヴェローナを攻めるヴェネツィア軍は苦戦中、ジェノヴァの市民反乱も苦しい戦いをしているとの報。法王が最も期待を寄せていたスイス軍も、フランス王の要請を受けた皇帝によって南下を阻《はば》まれ、引き返してしまったという。さらに追い打ちをかけるように、マントヴァ侯が、病気のため戦線に加われないと伝えてきた。ジュリオ二世にとっては痛手だった。彼は、教会軍総司令官のウルビーノ公が、まだ若く、しかもそれほど武将としての才能に恵まれていなかったので、戦歴の豊かなマントヴァ侯に、事実上の総指揮をまかせるつもりでいたのである。だが、このマントヴァ侯の病気は、弟のアルフォンソ・デステを、有能な武将でもある夫が攻めに行くのを嫌った、妻のイザベッラの策謀であった。彼女は医者を買収し、重病であるかのような診断書を書かせ、それを法王に送ったのである。ジュリオ二世は、知る由《よし》もない。

これらの悪報に、怒り、絶望したジュリオ二世は、次いでもたらされた報告には愕《がく》然《ぜん》となった。フランス軍が、シャルル・ダンボアーズの指揮下、ミラノを出たというのである。ベンティヴォーリオ一党を同道しているとのことだった。法王が追放したベンティヴォーリオを、ボローニャに復帰させるという、フランス王の嫌がらせである。ボローニャ市民の中に、法王の統治に不満で、旧主ベンティヴォーリオを迎える空気があるのを知っての策でもある。ジュリオ二世にとっては、まさに八方ふさがりの状態であった。

そんな時、彼がひどい風邪にかかった。熱が高く、寝台の上で歯をガクガクさせる日が続いた。それでもヴェネツィア大使を病室に呼びつけ、約束のヴェネツィア援軍が明日までにポー河を越えなければ、フランスに寝返ってやると脅す力はあった。だがその夜、熱は一段と高くなった。その夜のジュリオ二世の様子を、ヴェネツィア大使の報告書が伝えてくれる。

「一晩中法王は、毛布やシーツを掻《か》きむしり、大声でわめきました。——死んでやる、

死んでやる、死んでやるわあ！——そして次にはこうわめきました。——フランス人にはオレが向う、フランス野郎奴《め》、オレ一人でも向ってやる！——さらに続けて——毒薬をよこせ！　毒薬をみんなにふり撒《ま》け！——このようにして、法王は、一晩中怒り狂い、一睡もしませんでした」

枢機卿たちは、もう次の法王選挙を考えはじめ、ボローニャの北西五キロの地点に来ていたフランス軍中にいるベンティヴォーリオは、時間を数えはじめた。

ところが翌朝、ジュリオ二世は静かになり、熱も、嘘《うそ》のようになくなった。まだ、寝台に釘《くぎ》づけではあったが、言葉はもうはっきりしている。彼はまず、そこまで来ているフランス軍対策にとりかかった。時間かせぎを考える。フランス軍中に、軍をモデナまで後退させることを条件に、講和の使者を送った。危機に直面しているジュリオ二世を救ったのは、フランス軍の指揮官シャルル・ダンボアーズの、キリスト教徒的なためらいだった。ダンボアーズは、王の命とはいえ、法王に弓を引くことに気が進まなかったのである。そんな彼に、ジュリオ二世の講和の申入れは、それこそ絶好の理由となった。彼は、モデナに近いカステルフランコまで、軍を後退させた。

法王の風邪は、まだ完全には治ってはいない。よほど弱っているとみえ、ジュリオ二世にしては静かな数日が過ぎた。やることといえば、シャルル・ダンボアーズとの間に、なれあいの交渉係を往復させることと、援軍として来るはずの、ヴェネツィア軍を待つことだった。しばらく前から、フェラーラの外堀といわれるミランドラでは、教会軍の攻囲戦が続いている。そちらの方の戦果がはかばかしくなく、ジュリオ二世も気にかかっているのだが、ヴェネツィア援軍が到着しないことにはどうしようもなかった。彼は、寝台に横になり、毎晩のように、ダンテの『神曲』を朗読させて聴きいり、また、ローマから同行したブラマンテから、新造中のサン・ピエトロ大寺院や法王宮の増築について、その考えを聴いたりして過ごしていた。

その頃から、ジュリオ二世はひげを伸ばしはじめた。伸ばすというより、病気中に伸びたのを、剃《そ》らないでそのままにしているだけなのだが、ひげを伸ばす理由をたずねた人々に、彼は、フランス王をイタリアから追い出すまではこのままにしておく、と答えた。ラファエッロの描いたジュリオ二世には、白く長いひげがあるが、この時期以前のジュリオ二世は、いつもきれいにひげを剃っていたのである。

そうこうするうち、ヴェネツィア援軍が到着した。そして、まもなくキリスト聖誕祭である。少し元気を取りもどしたジュリオ二世は、それでも坐《すわ》ったままで、クリスマスのミサを行った。

十二月二十九日、突然、ジュリオ二世は、ミランドラ攻囲戦に、自分が行くと言いだした。周囲は、法王が気が狂ったのではないかと思い、厳冬の最中にしかも病後の身だと大反対したのだが、ジュリオ二世は、断じて自分が行くと言い張ってきかない。これには、さすがに世論も沸騰《ふっとう》した。大スキャンダルだというのである。異教徒相手ならともかく、同じキリスト教徒を、彼らを救うことが任務の法王が攻めるというのだから、問題になったのも当然だった。前回のボローニャ、ペルージア遠征は、出陣とはいっても、実際の戦闘はしないで済んだために、非難の声もそれほど高まらなかったのである。だが、ジュリオ二世は、それらすべてを無視した。フェラーラを攻める前に、絶対陥落させておかねばならないミランドラ攻撃に、これほど長期間かかっていてはやりきれない、自分の前線参加が、沈滞している戦局の転換に役立つにちがいない、と主張して譲らなかった。結局、年明けを待って行くことになった。

一五一一年一月二日、ジュリオ二世は、気のりしないコルネール、アラゴン、イスパレスの三枢機卿、ブラマンテ、それに、例のごとく法王から離れるわけにはいかない各国大使たちを従えて、雪の降る中をミランドラへ向った。ポー河の方角に、北に五十キロ余りの道である。大河ポーの流域だから、平野ではあるが、何度も小さな川を越えていかねばならない。ミランドラから真東に六十キロも行けば、フェラーラである。川は凍りつき、北へ進むに従って、雪も激しく降るように感じられた。その中を、法王の輿《こし》とそれに従う人々の馬が、あえぎあえぎ進んで行く。

小さな町ミランドラは、十四世紀初めより皇帝代官の格を持つ、ピコ家が治める町である。有名な哲学者ピコ・デッラ・ミランドラを出しているだけに、代々教養の高い家柄で、サヴォナローラの伝記を書いた者もいる。フェラーラのエステ家とは、距離的にも近いし文化愛好の趣味でも近い。また、自国の出城と見ているエステ家の援助で、堅固な城塞《じょうさい》作りの町になっていた。ここを、アニャネッロ戦の事実上の勝利者ジャンジャコモ・トリヴルツィオの一族のアレッサンドロが、四百余りの兵に一般市民を含めた防衛軍を指揮して、教会軍の攻撃に対し、しぶとく守っている。近いうちに、フランス軍の援軍が到着する約束にもなっていた。

ミランドラに着いたジュリオ二世は、側近の進言を容れ《い》て、ひとまず、八キロほど離れたコンコルディアの大きな百姓の家を宿所と決めた。だが、彼は、戦況のすみずみまで知りたく、翌日、前線を視察すると言いだした。法王は、胸甲を着け、その上に白い法王衣を着、その上をさらに、黒い毛皮の襟《えり》がつき毛皮で裏打ちしてある白いマントでしっかり包み、羊の毛皮の頭巾《ずきん》をかぶり、ひげぼうぼうの瘦《や》せた顔に眼玉だけギョロギョロ動かして、ひざまでとどく雪の中に立った。マントヴァ大使の言葉を借りれば、まるで白熊《しろくま》のよう、となる。この姿のまま、降る雪の中に整列する隊長たちを閲兵し、大砲の位置などに注文をつけたりした。城壁近く、堀を掘る作業も視察した。そのうちに、降り続く雪は風をまじえ、吹雪になった。兵士たちの身体《からだ》も、寒さのために思うようにならず、吹雪をとおして影のように見える彼らの像が、まるで幽霊のようにフラフラと動く。それでも法王の存在は、彼らの士気を駆り立てた。そして、兵士たちの間をヨロヨロと歩き、彼らに声をかけるジュリオ二世の眼は、何かはじめて自分の場に立っているという感じで輝いていた。

前線視察を終えたジュリオ二世は、安全なコンコルディアにいる気など失っていた。前線に本陣を移すと言ってきかない。本陣は前線にあるべきだと言うのである。総指揮官のウルビーノ公は、すっかり無視されたかたちになった。やむをえず側近たちは、城壁を見はらす低い丘の上のサンタ・ジュスティーナ修道院を、法王の宿所、法王にいわせれば本陣、と決めた。だが、小さな僧院なので、法王とその一行全員は収容できない。コルネールとアラゴンの両枢機卿と法王の従者たちだけが、法王とともにここに住むことになった。イスバレス枢機卿に各国大使たちは、ここより後方にある百姓家まで寝に帰る。

僧院の大台所が〝本陣〟となった。厳しい寒さは、健康を回復した法王にもやはりつらい。彼は、台所の大きな暖炉のそばに、終日釘づけである。台所の一角は、厩舎《きゅうしゃ》にも使われていた。毛皮のマントを頭からかぶり、火のそばに椅子《いす》を引き寄せ、上眼づかいに隊長たちをにらみつけるジュリオ二世は、多勢で攻めているのにいっこうに進展しない攻囲戦に、ひどく腹を立てていた。ようやく城壁の一角を破壊しても、防衛軍は、その夜のうちに修復してしまう。この有様は、隊長たちのやり方がなってないからだと、ジュリオ二世は、彼らを罵倒《ばとう》した。

「腰抜け！　卑怯者《ひきょうもの》！　臆病者《おくびょうもの》！　怠け者！」

火のそばに背中を丸めて、それでも口だけは勢いがいい。

「よくもこれほど能無しで、武将などといえたものだ。兵たちに言え、彼らがもう少しましな働きをすれば、条件付きの講和などではなく、略奪権を無条件で与えると」

隊長たちは、黙って頭をたれて聞いていた。法王の最愛の甥《おい》といわれたウルビーノ公とて、例外ではなかった。だが、彼らは、法王を怖れたからではなく、といって、法王の罵倒がもっともだと思っていたのでもない。この台所以上に、暖かい場所はなかったからである。ジュリオ二世の罵倒を浴びなかったのは、つい先頃到着した、マーカントニオ・コロンナだけであった。ジュリオ二世も、フィレンツェ政府に頼みこんで来てもらった、この高名なフィレンツェの傭兵《ようへい》隊長には、やはり少しは遠慮していたとみえる。

雪は、いっこうに降り止《や》まない。その中を、戦いは続けられた。防衛側の士気は、落ちる気配もなかった。彼らは、法王がいることを知っている。知っていて、僧院への砲撃を手加減しなかった。ここは危険だから、もっと後方に移られてはと勧めるウルビーノ公に、ジュリオ二世は答えた。

「まず、砲丸が落ちてくるかどうかを見る。安全な場所に移るのはその時だわ、馬鹿《ばか》奴《め》!」

ところが、それからまもない一月十七日の夜、ほんとうに法王の寝室を砲丸が直撃したのである。屋根は吹きとび、落ちてきた天井の太い横木で、同じ部屋の中に控えていた法王の二人の従者が、一人は即死、一人は瀕死《ひんし》の重傷を負った。幸いにして法王は、かすり傷ひとつ受けずに済んだ。しかし、さすがのジュリオ二世もこれには肝を冷やし、後方にあるイスバレス枢機卿の宿泊先に移ることを承知した。

だが、翌日、またも僧院にもどって来てしまった。法王の動静がよくわかっている防衛側は、再び僧院に砲撃を集中する。しかし、ジュリオ二世は、今度はもはや誰が何といっても動かなかった。

イタリア人には、法王など眼中に置かない者が比較的多いが、フランス人は一般に、いざとなると、信心深いためか徹底的な行動がとれない。ミランドラ防衛軍が、一日千秋の思いで待っているフランス軍の指揮官ダンボアーズも、そういうフランス人の一人だった。ミランドラから三十キロの地点まで来ているのである。それに王からは、この戦略要地を陥落させるなという、厳命も受けている。だが彼は、そこに軍勢を留めたまま、動こうとしない。王には、法王と講和の交渉中と伝えてある。彼は、なるべく早く時が過ぎてくれればいい、法王軍がミランドラを、自分の到着前に陥落させてくれればいい、と願っていた。

ミランドラ防衛軍の方は、もう疲労困憊《こんぱい》の状態だった。長い籠城戦《ろうじようせん》を続けているうえに、頼みの援軍はいっこうに到着しない。近くにいることはわかっているので、それはいっそう絶望を深くした。城壁も、いたるところ破壊され、もう修復も追いつかなくなっていた。

ついに、援軍到着の最後の期限の切れた一月二十日、町の代表を法王のもとに送り、降伏を申し入れた。条件は、住民と将兵の命と、彼らの財産の保障だけである。ジュリオ二世は、はじめ、住民の命はともかく、防衛軍将兵の命までは保障する気はないと突っぱねたが、枢機卿や味方の隊長たちに懇願されて、考えを変えた。法王は、住民と将兵の命と財産の保障をする代り、アレッサンドロ・トリヴルツィオら防衛軍の重立った隊長数人は、捕虜とする、ミランドラ市は、教会軍の戦費として二万ドゥカートを支払うこと、このふたつを認めよ、と言った。そしてすぐ続けて、支払いは分割でもよい、ただし支払い終了までは、ピコ家の息子を人質とする、とつけ加えた。

防衛軍兵士の撤退や町のとり片づけもまだ終っていないというのに、今度の勝利に狂喜したジュリオ二世は、城門を内側からささえていた柵《さく》がはずされるのも待ちきれずに、城壁の破壊された箇所にたてかけられた梯子《はしご》を這《は》い上って、ミランドラの町へ入った。町中を早足で見てまわる法王を、疲れきった表情の住民たちは、複雑な思いで眺めていた。翌日、町に、法王の保護下に入ったのだというしるしの美しい指輪を与え、フランス兵から町を守るために八百の兵を残して、ジュリオ二世は、はやばやとミランドラを後にした。彼の心は、すでにフェラーラに飛んでいた。

フェラーラ公国は、公式上では教会領内の一国だが、実質的な独立国としての歴史は古く、その実績も高い。イタリアでは、中小国の一番手という位置で、政治、外交、軍事、経済、そして文化でも一流であり、ヨーロッパ列強に伍《ご》しても、遜色《そんしょく》のない質を誇っている。まして、長年のエステ家の賢明な統治は、民心をすっかり把握していた。小さな町ミランドラ攻略にあれほど苦労した教会軍にとっては、このフェラーラ攻略など、まるで夢物語である。枢機卿たちは、こう説いて大反対したのだが、ジュリオ二世はあきらめなかった。教会軍の隊長たちは、戦い続行に異存はない。彼らとて、所詮《しょせん》は無理だとわかっているのだが、傭兵隊長だから、結果はいざ知らず、戦いをやっている分には金がもらえる。こうして、ミランドラ攻略を終えた法王の軍は、休む間もなくフェラーラへ向った。

だが、ジュリオ二世にも、フェラーラが、ミランドラはもちろん、ペルージアやボローニャの比ではないことはわかっていた。当然、フランス王の肩入れも強いであろう。このために彼は、まず、フランスをフェラーラから引き離そうと、フランス王に講和の申入れをした。だが、フェラーラと交戦中の法王と知っているルイ十二世の返答は、拒絶である。ではと、法王は今度はフェラーラをフランスから引き離す策に出た。しかし、これは、何ともまずいやり方である。アルフォンソ・デステからは、すげない拒絶が返ってきただけだった。この失敗に腹を立てたジュリオ二世は、攻撃軍の戦力増強に力を入れる。八人の新枢機卿が任命された。戦費調達のためである。一五〇三年に、法王ボルジアの悪例を廃止するという理由で、ジュリオ二世自身が決めた枢機卿任命権の制限法に反すると、枢機卿団は反対したが、ジュリオ二世にとっては、もうそんなことにかまってはいられない気持だった。マントヴァで、侯夫人のイザベッラ・デステの提唱で開かれようとしている、フェラーラ問題討議の会議にも、皇帝、フランス王、スペイン王らは代表の派遣を承諾したが、千五百騎に九千の歩兵からなる教会軍に自信を持っている法王は、代表派遣を拒否したほどであった。

アルフォンソ・デステ

　だが、二月十一日、法王にとっては都合の良い男だったシャルル・ダンボアーズが急死する。そして、これに代ったのが、アニャネッロ戦の事実上の勝者、勝った戦さの数知れず、つかえた主人の数知れず、といわれた、七十歳のジャンジャコモ・トリヴルツィオ将軍である。この経験豊富な傭兵隊長は、神の代理人に対して弓をひくことなど何とも感じない、イタリア人でもあった。五月、あらたに編成した一万余のフランス軍精鋭を率いたトリヴルツィオは、ミラノを出発し、エミーリア街道を二百キロ踏破して、またたくまにボローニャへ迫った。

さすがに今度はジュリオ二世も、事態のただならぬのを悟らねばならなかった。トリヴルツィオ将軍の性格は、彼も知っている。直ちにウルビーノ公に、軍をまとめてボローニャの城壁を固めるよう指示し、市民代表を召集した。法王は、彼らに、法王代理のアリドージ枢機卿の下で、教会の統治国として、法王の期待を裏切らないよう、全市民がフランスに対する市の防衛に立ちあがってくれるようにと、切々と説いた。代表らは、それを実行すると法王に誓った。これらをやり終えた後、ジュリオ二世は、フランス軍の捕虜にならないため、一時ラヴェンナに避難することにした。五月十四日、ボローニャを発《た》つ。

だが、それから一週間目の五月二十一日、ボローニャ市内で、反法王を旗印にした反乱が起った。市民の多くに、これまでの聖職者の治政に対する不満が積もっていたのが基盤になり、ベンティヴォーリオとアルフォンソ・デステの煽動《せんどう》がそれにかたちを与え、近づくフランス軍への恐怖が火を点《つ》けたのだった。これを知った法王代理のアリドージ枢機卿は、変装して、いち早く逃げ出してしまった。ウルビーノ公とその軍も、まるで狼《おおかみ》の匂《にお》いをかいだ羊でもあるかのように、砲器も何もかも重いものはすべて置き去りにして、こちらのほうも散り散りになって逃げ去った。二十三日、トリヴルツィオは、フランス全軍とともに、アルフォンソ・デステとベンティヴォーリオも同道して、市民の歓呼の中をボローニャへ入城した。ベンティヴォーリオは、四年半ぶりに、ボローニャの支配者に返り咲いたことになる。

反乱成功に狂喜した民衆は、サン・ペトローニオ寺院の正面の扉の上から、三年の間ボローニャを睥睨《へいげい》していたジュリオ二世の銅像を引き降ろし、町中を引きずりまわした後、このミケランジェロ作の銅像を、散々に打ちこわしてしまった。これはすぐ、大砲製作技術の第一人者でもあるフェラーラ公アルフォンソ・デステの指導によって、 溶解され、頑丈な臼砲に作り直された。フェラーラ公は、これを〝ジュリア〟と命名した。イタリア語では臼砲は、大砲が男性名詞であるのに比べて、女性名詞なのである。

一方、ジュリオの方は、この知らせをラヴェンナで受けた。ジュリオ二世にとっては、最も大きな打撃だった。続けて受けた、ミランドラも反法王派に開城との知らせとともに、彼の今までの苦労が、すべて無駄であったことを意味したからである。これは、法王としての彼の地位を危いものにすることになり、さらに彼自身を、各国の、とくに敵の軽蔑《けいべつ》の眼にさらすことにもなった。それみたことか、法王は法王らしくしていればよいのだ、という声が聞こえるような気がした。個人的感情でも、最愛の甥ウルビーノ公と、これも最も信頼していたアリドージ枢機卿の、ぶざまな失態を見せつけられた悲しみがあった。

だが、ボローニャを敵方に走らせた最大の責任者は、法王ジュリオ二世自身であったのだ。

ジュリオ二世が、最初に法王代理としたフェレーリ枢機卿は、被征服者に対する征服者の態度で、ボローニャ市民に弾圧策で対した。これは、世界最古の大学を持ち、伝統的に批判精神の強いボローニャ市民を刺戟《しげき》した。たちまち、反乱勃発《ぼっぱつ》寸前の状態になる。これに驚いたジュリオ二世は、フェレーリをローマへ召還し、別の枢機卿を送った。だが、この枢機卿も、同じ政策しかとらなかった。またも、ボローニャに不穏な空気が流れる。やむをえずジュリオ二世は、法王代理をもう一度再送した。これが、ジュリオ二世の第一の側近といわれたアリドージ枢機卿である。だが、アリドージも、前二者に優《まさ》るとも劣らない強硬策を行なった。すでにその頃では、ウルビーノ公さえもこれに気づき、アリドージ枢機卿を捕え、鎖つきで法王のところまで引き立て、法王に彼の悪政を訴えるという事件が起る。ボローニャの民衆は、これでようやく気が晴れた。ところが法王は、鎖を解いてやったばかりでなく、彼をボローニャの大司教に任命したのである。市民たちは、裏切られたような気になり、聖職者の行なう厳しい統治下で、将来に対し絶望的になる。絶望した人間は、簡単に急進化するのだ。

ジュリオ二世の犯した誤りは、民心の洞察と、それにもとづいた果断な処置をないがしろにした点にあった。だが、このふたつは、上に立つ者にとっては、第一の条件である。ジュリオ二世には、それが欠けていたと言わねばならない。敵や、味方とか、才能を認めていない者を果断に処置するのは、誰にでも出来ることである。だが、才能を認めその才能が惜しまれる者を切るのは、それが必要とわかっていながらも、誰にでも出来ることではない。側近中の側近といわれたロルカを切ったチェーザレ・ボルジアは、それによって、ロマーニャ地方全土の民心をにぎった。ジュリオ二世は、それほど有能でもなかったアリドージ枢機卿に対し、ただ彼が、誰よりも自分に忠実であるという理由だけで厳しい処置がとれず、それによってボローニャを失ったのである。だが、政治の技術《アルテ》ともいえるこういう才能は、一種の素質であって、年齢が進み経験が豊かになったからといって、誰にでも恵まれるものではない。

法王のいるラヴェンナに、相前後して、アリドージ枢機卿とウルビーノ公が到着した。枢機卿は、法王の前へ来るやいなやその足許《あしもと》にひれ伏し、自分の罪を許してくれるよう願った。同席していたウルビーノ公が、その彼の非をなじった。だが、今度もジュリオ二世は、甥をしりぞけ、アリドージをかばった。これは、公の心に、アリドージに対する憎悪《ぞうお》を掻《か》きたてた。その翌日、二人は偶然に道で出会った。アリドージ枢機卿は、ウルビーノ公に馬鹿《ばか》ていねいにあいさつした。二十歳の公は、これで自制心を失った。裏切者、ここが借金を払う時だ、と叫び、斬《き》りつけ、枢機卿に瀕死の重傷を負わせた。一時間後にアリドージ枢機卿は死んだ。公は、そのまま馬で、ウルビーノまで帰ってしまった。この事件は、法王の側近や他の枢機卿らに、密《ひそ》かな満足を与えた。彼らは、アリドージを認めていなかったし、嫌ってもいた。本心から悲しんだのは、ジュリオ二世一人である。彼は、最愛の甥と最も信頼していた部下を、同時に失った絶望を味わっていた。

もはや何もすることはなかった。ローマへ帰ること以外は、今の彼には残されていなかった。

しかし、ラヴェンナを発ち、リミニまで来たジュリオ二世を、とどめをさすような事実が待ちうけていた。五月二十八日の朝、リミニの本寺サン・フランチェスコ教会の扉に、九月一日を期し、ピサにおいて公会議を開こうと呼びかけた声明文が、でかでかと張りつけられたのである。それによれば、公会議召集権を持つ法王は、即位当時に公会議開催を誓っておきながら、他のことにかまけていっこうに実施しないため、やむをえず皇帝とフランス王が、枢機卿有志とともに公会議の開催を決意した、法王には、代表を派遣するか自身で出席するかのどちらかを選ぶよう願う、聖職者全員にも、法王の判断を待つことなく、出席の自由があるゆえ、招待に応じられたい、という主旨の文である。有志枢機卿として、九人の名があげられてあった。

声明文は、もうすでにヨーロッパ中に送られているにちがいなかった。と同時に、ジュリオ二世の自尊心は、徹底的に傷つけられた。と同時に、彼は、非常な危機に直面させられたわけである。この公会議は、明らかにジュリオ二世を破滅させる意図で開かれる。それを支持しているのが、ドイツ、フランスの二大強国であった。

六月二十七日、心身ともに疲れきり、苦い思いを隠しながら、ジュリオ二世はローマへ帰ってきた。凱旋《がいせん》入城であるはずだったのが、それどころの話ではない。法王軍の自然消滅も伝えられていた。しかし、ジュリオ二世は、ローマの民衆の、いや全ヨーロッパの皮肉な視線に挑むかのように、三年前カラドッソに作らせ、ボローニャ入城の時に誇り高く頭上にしていた、五万ドゥカートもする、黄金と宝石の輝く三重冠、教会と法王の尊厳を示す三重冠を着け、サン・ピエトロ大寺院までの行進を強行した。

だが、法王と終始行動をともにした式部官パリード・デ・グラシスの日誌のその日の記述は、次の一行で終っている。

「こうして、われわれの困難で無駄な行軍は終った」

四

法王ジュリオ二世の最良の性格は、土壇場《どたんば》に立たされた時に発揮される不屈の精神である。それを助けるのが、彼の一生を彩《いろど》った幸運だった。すなわち、彼を危機から救うのは、味方ではなく、常に敵なのである。

キリスト教世界の平和回復、教会の改革、対トルコの十字軍遠征計画の討議のためと、大義名分だけは堂々としたピサ公会議も、しばらくするうちに、後援国間の歩調が乱れてきた。フランス人ルイ十二世が、例のキリスト教徒的ためらいから、法王をこれ以上追いつめる気になれず、まずやったのが、ボローニャにがんばっていて、今にもローマへ進軍しそうな勢いのトリヴルツィオをミラノへ召還したことだ。次いで、ベンティヴォーリオの復帰を認め、フランス派の枢機卿《すうきけい》らと和解することを条件に、法王との話合いを申し入れたのである。これが皮切りだった。次は、声明文に名を連ねた九人の枢機卿の分裂である。まず、カレット、コルネート、ルクセンブルグの三枢機卿が、声明文に署名したおぼえはないと言いだした。イッポーリト・デステ枢機卿は、これは兄のフェラーラ公の深謀遠慮によって、ローマの法王の許《もと》に帰ってきた。残ったのは、二人のフランス人枢機卿に、カルヴァジャル、サンセヴェリーノ、フランチェスコ・ボルジアの五人である。洞察鋭いヴェネツィアは、もうこの時点ですでに、ピサ公会議は失敗と判断をくだした。

しかし、ジュリオ二世は、法王の座に手をかけようとした者と話し合う気など毛頭ない。まして、ピサ公会議に代表を派遣するなど、考えるだけで吐き気がする。法王の威光を無視したピサ公会議派を、そしてその背後にいるフランスを徹底的にたたきのめすまでは、それこそ夜も眠れない気持だった。ピサ公会議をつぶす最上の手段は、こちらもまた公会議を開催することである。ジュリオ二世は、反撃を開始した。

一五一一年七月二十五日、サン・ピエトロ大寺院の扉に、翌年の四月十九日を期して、法王の主催による公会議開催を告げる宣告文が張りだされた。場所は、ローマのサン・ジョヴァンニ・イン・ラテラーノ寺院である。主文は、更に激烈な文章で書かれ、法王こそ公会議召集の権利を有し、ジュリオ二世は、それをないがしろにしていないことをここに示すと続き、ピサ公会議派を分派行動として非難する。議題としてあげられているのは、キリスト教世界の平和と協調、教会内の道徳再建の方策、十字軍計画への合意と、ここまではピサ派と同じだが、それに、異端、分派活動との戦いについてという項が加わる。ピサ公会議の開催日は、九月一日とされていた。その前にラテラーノ公会議開催の宣言をぶつけたのは、明らかにジュリオ二世の挑戦であった。

ところが、それから一ヵ月もたたない八月十七日、ジュリオ二世が、突如病に倒れた。病因は今もってわからない。おそらく、これまで積み重なった心身の疲労のためであろう。それでもはじめは、病床に大使たちを引見したりしていた。だが二十日、もはやぐったりして、薬にも手をふれようとしない。二十五日、絶望と伝えられた。ローマは、法王死後に起る混乱にそなえはじめた。高位聖職者や貴族の宮殿は大扉を閉じ、ジュリオ二世の親族たちは、その邸宅にバリケードを築いた。枢機卿たちも、自邸に引きこもって待った。もちろん、法王の死の報をである。

ジュリオ二世の方も、死の準備を終っていた。終油の秘蹟《ひせき》を受け、ボローニャとフエラーラにくだしてあった聖務禁止処分を解除し、従者や召使らには、それまでの奉仕を謝していくらかの金《かね》を与え、そして、アリドージ枢機卿殺害の件で勘当したウルビーノ公を許した。これらを終えた法王は、病床にあお向けに横たわったまま動かなくなった。痩《や》せてとがった顔を、白く長いひげがおおい、まぶたは重く閉じられ、乾いた唇は半開きになっている。ジュリオ二世は、このまま昏睡《こんすい》状態に入った。

式部官パリードは、「これで私の日誌にも終りがきたようである」と書きつけた。

こうして三日間が過ぎた。四日目の夕方、それまでは死んだようだったジュリオ二世がふと目を開き、そばに、いつも忠実に仕えるパリードを見出《みいだ》して、何か食べたい、と言った。パリードは、隣室に控えている医者のところへ飛んで行った。病室に来た医者は、パリードの耳元で、何でも好きな物を食べさせろ、と言った。果物の大皿がはこばれてきた。西洋すもも、くるみ、いちご、そして特にジュリオ二世の好きな桃、その他に小玉ねぎの酢漬けも。法王は、病床に少し起きあがり、それらに弱々しく手をのばした。はじめは、嚙《か》んで汁だけ喉《のど》に流し込み、かすは吐き出す。そして、水をたくさん飲んだ。その後、再び寝入った。しばらくして目覚め、また、何か食べたいと望んだ。今度は、卵一個に少量のキャベツ、りんご一個、塩漬けの肉の切れを少し、そして、今度も好物の桃を食べた。ゆっくりと少しずつ、弱々しく、それでもみな食べた。これを何度かくり返した。はじめのうちは、このやり方は気分を悪くし、時には吐いてしまったこともあったが、次第次第に、元気がついてきたようだった。二、三日もすると、ジュリオ二世の病は、もうすっかり回復していた。少なくともはた目には、そう見えた。

一方、ピサ公会議派の方だが、四人の枢機卿だけはピサに到着したが、ヨーロッパ各国の君主派遣の代表や聖職者たちの集まりがいたって悪い。これは、ジュリオ二世が開催を宣言したラテラーノ公会議に出席するか、それとも皇帝やフランス王の支援するピサ公会議に出席するかで、各国の君主も聖職者も迷っていたからである。だが、ピサ公会議派も、法王の病状を絶望的だと判断し、それならば今無理をしてまで急ぐことはないと思い、会議開催日を、予定していた九月一日から十一月一日に延期した。これがまた、ジュリオ二世に幸いする。

病の回復した法王の最初の思いは、どうやればフランス勢力をイタリアから一掃できるか、の一事につきていた。これは、ピサ派の壊滅にも、彼が、法王の権威を賭《か》けて開くラテラーノ公会議の成功にも、つながっていた。ジュリオ二世は、法王の訴えという精神的な力だけで、これらがすべてうまくゆくと信ずるほど、楽観的ではない。なんとしても、フランスに対抗できる力が自分に欲しかった。しかし、教会軍は有名無実、ヴェネツィアも昔日《せきじつ》の観なしともなれば、やはりとる道はひとつしかない。別の強国との同盟結成である。ジュリオ二世の目は、新興国スペインの上に止まった。

スペイン王フェルディナンドは、この法王の招きにとびついた。早速、同盟結成について討議するために、特使をローマへ送ってくる。同盟を結ぶ理由は、カトリック王の称号を持つスペイン王が、ローマ教会と法王を保護するためとあるが、王の真意は、フランスを追い出した後のイタリアへの領土的野心にあるのはいうまでもない。ジュリオ二世も、それは十分に承知していた。しかし、承知していながら、フランスという毒を制するのに、スペインという別の毒を用いようとしたのである。

スペイン王は、法王の希望を実現するための全面的な軍事援助を約束した。その代りに法王ジュリオは、法王ボルジアも認めなかった、ナポリを中心とする南イタリアのスペイン領有権を認めることになった。

一五一一年十月四日、「神聖同盟」は、正式に発足した。参加国は、ローマ法王庁、スペイン王国、ヴェネツィア共和国である。イギリスも、二週間後に参加を伝えてきた。スイスも加わる。ドイツの皇帝だけが、態度を保留した。ジュリオ二世は、皇帝はまだカンブレー同盟にこだわっていて、反フランス王にふみきれないでいると判断し、強要しなかった。彼は、皇帝が常に形勢の有利な方に付くことを知っていた。そして、今度こそはという自信が法王にはあった。

しかし、ドイツにいる神聖ローマ帝国皇帝マクシミリアンの胸中は、その頃、奇妙な思惑でふさがっていたのである。彼はなんと、キリスト教世界の俗界の最高支配者である神聖ローマ帝国皇帝の地位に加えて、精神界の最高支配者である法王の位まで兼ねたいという欲望を持ったのだった。だが、その真意は、これまでの彼の性向から見て、各地から法王庁に流れ込む、莫大《ばくだい》な金《かね》にあったのはいうまでもない。彼は、ジュリオ二世の二度の病から、法王の死期は近いと判断した。そして、ジュリオ二世の死直後に、実行に着手すると決めた。計画は、はなはだ遠大ではある。だが、皇帝の考えた実行手段というのが、またふるっていた。

皇帝より、妻を失って一人身になった父に再婚を勧めた娘、オランダの摂政マルゲリータにあてた手紙。

「明日、グルックの司教ラングを、わたしを第三階修士にする許可を法王から得るために、ローマへ送ろうと思っている。これになっておけば、法王の死後、その座に昇るのに便利だからだ。司祭になるのだから、おまえとてわたしを、聖職者にふさわしくあつかい、敬ってくれなくてはいけない。……枢機卿らの操作を、近々はじめるつもりだ。二十万か三十万ドゥカートで、どうにかなるだろう。だが、このことは、極秘にしておいてくれ。といっても近日中には、この秘密は秘密でなくなってしまうだろうが。なにしろ、多くの人がこの件でわたし

皇帝マクシミリアン

に協力しなければならないのだ。〝賛成〟ひとつひとつに、多額の金を支払いながら。
おまえの良き父、そして次の法王マクシミリアンより 自筆 九月十八日

追伸

法王の熱は、またあがったらしい。もう、長くはないだろう」

この手紙だけならば、私信でもあり、再婚を勧める娘に、父親がふざけて、ユーモラスに答えたものにすぎないと見ることもできる。だが、この二日前に、皇帝は、腹心の部下であるリヒテンシュタイン元帥《げんすい》に、次の公文書を送っていた。
「高貴なる、親愛なる、忠節なる元帥よ、以前におまえに知らせたわたしの願望を、おまえが心に留めてくれていることは知っている。法王を兼ねるという思いは、わたしの心中にますますしっかりと根をおろしてきた。これほど高貴で立派で美しい考えはないと思う。

現法王ジュリオが、少し前、瀕死《ひんし》の病にかかり、ローマではもう死んだと思われたということは、おまえも知っているであろう。今や、絶好の機会である。おまえも予想できるだろうが、法王が死んだ時、これはもう間近に迫っているが、なぜなら彼は、少ししか食物を取らず、それも果物ばかりで、水ばかり飲みたがるそうだ、というわけで、まもなく死ぬだろう。

わたしは、グルックの司教をローマへ送ろうと思う。法王の座獲得の運動のためだ。だが、彼としても、資金がないことには何も出来ない。わたしの試算では、法王を選出する枢機卿らと、他にローマの有力者などをこちらの計画に協力させるために、三十万ドゥカートは必要と見た。

だが、おまえもよく承知しているように、今のわたしは、金に強くはない。だからフッガーから借金するしかない。おまえに命ずるのはそこなのだ。早速、おまえはヤコブ・フッガーと会い、この件について、極秘裡《ごくひり》に話し合うように。三十万ドゥカートを、ローマのフッガー銀行に準備させるのだ。利子は、十万ドゥカートとする。抵当は、わたし所有の宝石類である。この件が成立し次第、グルックの司教が動き出す。

抵当にする宝石だが、わたし所有のものの中から、最も高価なものを入れた四つの箱とする。それに、皇帝の装飾品も加える。これらは、帝国に所属するものではなく、わたしの家系ハプスブルグ家に所属するものだが、これも、法王になってしまえば、必要がなくなる品だ。……もしフッガーが、借金の返済方法を知りたいといったら、次のように答えよ。

三十万の元金に十万の利子を加えた額の返済は、次の国会で、フッガーを皇帝領の年貢金《ねんぐきん》の受取人に指名し、また、ハプスブルグ家の領地からあがる税も、それに当てる。さらに、スペイン王から年々きちんと送ってくる金も加える。しかし、これでもまだ、宝石類を抵当から解くに不十分な場合は、わたしが法王になった時の収入の三分の一を、全借金の返済が終了するまで、それに当ててもよい。

おまえに、交渉のすべてをまかせる。もし、フッガーが、このわたしの要請を受け容《い》れなくても、何度でもあきらめずに当れ。時を無駄にするな。機会を失うな。交渉が成立した時は、直ちに知らせよ。

ローマのオルシーニ家もコロンナ家も、次期法王には、フランス人もスペイン人も望まないとのことだ。状況は、わたしに幸している。この好機に、わたしは、フランスとは戦いなどしないつもりでいる。

一五一一年九月十六日」

この遠大で愉快な計画があえなくも挫折《ざせつ》したのは、実に卑近な理由のためであった。フッガーが、ついにウンといわなかったからである。金貸しの情況判断の確かさには、どんな現実主義者もかなわない場合がある。だが、フッガーは、秘密を守ることを知っている男だった。皇帝マクシミリアンの見た夏の夜の夢は、人々の笑いものにならずに済んだのである。

法王ジュリオ二世は、こんなこととは露知らない。皇帝が態度を保留しているとはいえ、反フランスを目的にした「神聖同盟」を成立させて自信を得た彼は、死ぬどころの話ではなかった。まず、開催日の迫っているピサ公会議の妨害に、情熱的に着手した。

十月二十四日、ピサ派の五人の枢機卿を、反法王の策謀の罪で破門に処すと公表した。これは、会議に代表を送る君主や聖職者に影響を与えるよりも、会議開催の場とされたピサの市民に打撃を与えた。破門者を援助すれば、した方も同罪になるからである。ピサが選ばれたのは、一世紀前の公会議場であったことと、フランスと親しいフィレンツェ共和国の領土であったからだが、ピサ人には、迷惑至極なことであった。

そのうちにも、公会議の出席者がピサに到着しはじめていた。四人の枢機卿、二人の大司教、十四人の司教、五人の修道院長、それに何人かの神学者たちである。フランチェスコ・ボルジア枢機卿はしばらくして死ぬが、当時は、重病のため欠席した。これらの出席者は、カルヴァジャル、サンセヴェリーノの二枢機卿と一人の神学者以外、全員フランス人である。キリスト教世界全域から、どころの話ではない。しかも、状況の厳しさを反映して、フランス兵の護衛付きだった。これらの中に、フランス王と並んでピサ公会議の後援国に名をつらねていた、ドイツの皇帝からの代表が一人もいない。その理由は、フッガーに借金はことわられるし、法王も死ぬ様子も見えずというわけで、皇帝が、従来の親フランスの方針を変え、法王に接近しはじめていたので、ドイツ人の出席を禁じたからである。

ピサの市民も、この歓迎しない客に対し、消極的抵抗に出た。出席者に、宿も会議場も貸したがらない。フィレンツェ政府のとりなしで、どうにか、宿と食事だけは確保できた始末だった。すかさずローマの法王は、ピサ全市を、聖務禁止処分にすると脅してきた。市民は、今度は積極的抵抗に出る。

十一月一日、ピサ公会議の会場である本寺《ドウオーモ》に集まってきた出席者たちは、そこが、バリケードで固められてしまっているのを発見した。やむをえず彼らは、カルヴァジャル枢機卿の宿泊先のサン・ミケーレ教会に会場を移した。だが、この教会は小さく、「教会は小さすぎ、かといってピサ公会議には大きすぎ」と、ピサ市民に笑われる。ピサ在住の聖職者たちは、会議の出席を拒否し、会議開催に必要な二人の市民代表にも、誰もなり手がない。公証人さえ、どこに隠れてしまったのか見つからない。ようやくその辺にいた二人の男をむりやり連れてきて、市民代表ということにし、会議は開会した。だが、ピサ公会議の主旨を述べた神学者の演説が終っただけで、十一月五日まで延期と決議する。

フィレンツェ政府も困り果てていた。特使マキアヴェッリをルイ十二世の許《もと》へ派遣し、どこか別の地で開いてもらえないか、と要請したが、フランス王は聞き容れてくれない。フィレンツェは、ピサ市民は聖職者といえども会議に出席しなくてよいとの条件で、ピサの本寺の使用権を確保した。十一月五日の第二日目の会議は、こういうわけでやっと本寺で開くことができた。広い教会の中に、従者の端くれまで含めて五十人である。ところが九日、護衛隊のフランス兵とピサ市民との間で、武力衝突が起った。発端は、フランス兵が市民の一人をこづいたことからであった。怒った民衆は、出席者らの宿泊先に押しかけ、騒ぎたてた。

「殺せ！　殺せ！」騒ぎは、フィレンツェ兵の出動でひとまずおさまったが、怖《おそ》れをなした出席者らは、十四日に予定していた第三日目の会議を十二日にくり上げ、以後は会議場をミラノに移し、第四日目の会議は、十二月十三日にミラノで開くと決めた。

そして、早々にピサを発《た》って行った。

しかし、ジュリオ二世は、うさぎを追いつめる狐《きつね》のようにしつこい。ミラノに着いたピサ公会議派の面々を迎えたのは、ピサに優《まさ》るとも劣らない、ミラノ市民の憎悪《ぞうお》のこもった冷たい視線だった。すでにジュリオ二世が、ミラノを聖務禁止処分に処していたからである。ミラノは、フランスの支配下にある。それでいながら、支配者の威力をもってしても、ミラノ在住の聖職者たちや民衆に協力させることは不可能だった。法王の意に反した者やそれを援助した者は、俗人ならば破門に、聖職者や修道院は破門のうえになお、収入と財産を徴発するとした法王の布告が、最後のとどめをさした。ピサ公会議派は、ついにイタリアを離れ、リヨンに移ることになった。もはや結末は、誰にも予想できた。

これらの経過を横目で見ながら、ローマのジュリオ二世は、ラテラーノ公会議の準備にとりかかっていた。自分こそ、公会議主催の正統な権利を持つ法王であることを、世界に向って示すために、それは、ぜひとも成功させねばならなかった。

六月の末に、絶望に打ちひしがれてローマへ帰ってきてから、わずか半年しかたっていない。その間に、もうだめかと思われたほどの大病までわずらった。それでいながら、ジュリオ二世は、イタリアのために有効であるかどうかの評価はともかくとして、スペイン、ヴェネツィア、イギリス、スイスを加えた神聖同盟を成立させ、フランスを孤立させることに成功した。ピサ公会議も、自然消滅の運命が待つばかりである。ドイツの皇帝も、同盟参加にふみきらないにしても、反法王の行動までは取らないにちがいない。その年の暮、ジュリオ二世は、自らの不屈の精神による成果を、満足をもって眺めていた。

五

ガストン・ド・フォア。一四八九年生れ、当年二十二歳。紀元一〇〇〇年頃にシチリアの一領主だったカルカッソーネ伯からはじまり、後にド・フォア伯領の主となった家系の出。フランス王ルイ十二世の甥《おい》。スペイン王フェルディナンドの義弟。現ヌムール公。おかっぱ風の髪で唇はやさしく、あごにわずかなひげあり。細面《ほそおもて》の顔に似ず、筋骨たくましい身体《からだ》。若いに似ず、すでに臆《おく》せぬ武人の風格がそなわっている顔。国際的にはまだ無名の存在。

この若者が、六十八歳になったジュリオ二世の心胆を寒からしめることになる。

フランス王ルイ十二世は、この若者を、神聖同盟軍と対決させるためにイタリアへ送り込んだ。二ヵ月間、ジャンジャコモ・トリヴルツィオ将軍のもとで、徹底的な司令官教育がほどこされる。

神聖同盟軍対フランス軍の戦いは、一五一二年一月、ヴェネツィア軍のブレッシア攻撃によって火ぶたが切られた。二十五日、市民と呼応したヴェネツィア軍は、ブレッシアの町の大部分を手中に収めた。

一方、スペイン人ライモンド・カルドーナを総司令官とするスペイン、教会連合軍は、二十六日、ボローニャの城壁に迫る。二月二日、ブレッシアの要塞《ようさい》にこもり、最後の抵抗をしていたフランス駐屯軍も、降伏寸前に追い込まれた。ローマの法王は、この知らせにわれを忘れるほど喜び、真夜中というのにヴェネツィア大使を呼び出して、彼を二時間もひきとめ、喜びをわかちあった。ブレッシア獲得は、ミラノへの東からの道を開くことを意味したのである。法王は、ボローニャも陥落間近と見た。これで、東と南東から一気にミラノに攻め入れると。そのうえ、スイス軍も北から攻め込むはずであった。ジュリオ二世は、もはやフランス人一掃に成功したかのように興奮していた。

しかし、スペイン、教会連合軍ボローニャに迫るの報を受けたガストン・ド・フォアは、フェラーラ近くのフィナーレにいたのを、雪中四十五キロの道を踏破して、その日の夜にボローニャに入った。だがここで、もっと緊急の報を受けることになった。ブレッシア陥落。

連合軍も、ド・フォアがボローニャに入ったのを知った。そして、彼は、必ずブレッシア再復を決行するにちがいない、しかし、厳冬の最中に大軍を率いての行軍は、平坦《へいたん》なエミーリア街道を取らざるをえないだろうと判断した。彼らは、ボローニャから四十キロ北西のモデナまで後退し、そこでフランス軍を待ち伏せる作戦に出る。ブレッシア再復決行の方は当った。しかし、ガストン・ド・フォアは、エミーリア街道は取らなかった。

彼は、思いきって、一万八千の兵の五分の一だけをボローニャの守りに残し、残りの全軍を率いて秘《ひそ》かにボローニャを出、真北へ向った。道は悪い。そのうえ、川がやたらと走っている。それを、いちいち渡って行かねばならない。まして、成功は、時間にかかっている。彼は、難行軍する兵の先頭に立ち、彼らを叱咤《しった》激励しながら進んだ。フランス軍といっても、全員がフランス人で成り立っているのではない。その半ばは、イタリア人の傭兵《ようへい》と、後に、名を聞けば泣く子も黙る、といわれたドイツの傭兵《ランツィケネッキ》を集めたもので、いわば混成軍である。これらのしたたか者を統一するだけでも、並大抵の指揮官ではおさまらない。それを彼は、困難な情況下での強行軍までも強《し》いた。

大河ポーを越え、百八十キロを三日で踏破した一万余のフランス軍は、二月十七日の朝、ブレッシアの城壁の下に着いていた。虚を突かれたヴェネツィア軍は、それでも、大砲の力で撃退しようとした。だが、いち早く城壁内潜入に成功したフランス軍に、ガストン・ド・フォアは、騎兵も馬を捨てて、全員歩兵として戦うことを命じた。町中は、狭い路《みち》が入り組んでいる。大砲の威力は、この場合無といってよい。激烈な市街戦が、二日続いた。十九日の夜、ブレッシアは、再びフランスの手に陥《お》ちた。六千の死体が、町中に捨て置かれた。その多くは、ブレッシアの住民だった。

ガストン・ド・フォアは、町の処置を兵にまかせた。ヴェネツィア軍と呼応して、支配者フランスに反旗をひるがえしたブレッシア人への懲罰と、難行軍に耐え、よく戦ったフランス軍兵士への報奨である。結果は、火を見るより明らかだった。イタリア人の傭兵たちは、略奪と強姦《ごうかん》だけで満足したが、フランス人とドイツ人は、それでは済まなかった。彼らは、略奪した後の家に火を放ち、強姦した後で四つ裂きにした。幼児の死体が、城門の上に点々と大釘《おおくぎ》で打ち付けられた。彼らはそれを、凱旋門《がいせんもん》と称した。

ブレッシア陥落の知らせを受け、その惨状を知らされたローマのジュリオ二世の口から、憤怒《ふんぬ》と悲痛にふるえる言葉がほとばしり出た。

「野蛮人は外へ《フォーリ・イ・バルバリ》！　野蛮人は外へ《フォーリ・イ・バルバリ》！」

不決断で名高いフランス王ルイ十二世も、今度ばかりは意を決したようだった。スイス軍は、今にもミラノに向って南下しそうだった。スペイン軍も、ピレネー山地のナヴァーラに向っている。ナヴァーラが陥落すれば、後はフランスになだれ込むだけだ。イギリス王も、ノルマンディアに上陸する勢いだった。そして、ドイツの皇帝は、もう浮足立っている。ルイ十二世は、これらが本格的に動き出す前に、法王との勝負を決しようとしたのである。

三月二十二日、ガストン・ド・フォアは、王からの決戦命令を受けた。決戦の場を思案した彼は、ラヴェンナに目をつけた。これは、ガストン・ド・フォアが、戦術家としてだけでなく、戦略家としても実に優れていたことを示している。なぜならば、決戦で勝ってそのままローマへ進軍し、法王を追放し、代りにサンセヴェリーノ枢機卿を法王にし、その勢いをもってナポリを攻め、イタリアからスペイン勢力を一掃する、という王の意図を実現するには、あらゆる障害を一気に解決する、文字通りの決戦でなくてはならない。まず同盟軍を、しかも全軍を誘い出す必要がある。それには、同盟軍の兵糧役《ひょうろうやく》であるヴェネツィア共和国に接し、そのために同盟軍の補給基地となっているラヴェンナをたたけば、同盟軍はそれを失うまいとして、必ず全軍をくり出してくるにちがいない。これに勝てば、同盟軍に軍事的打撃を与えるだけでなく、兵糧役ヴェネツィアとの間を切断することになり、軍の再編成もしばらくの間は不可能になるはずだ。そのうえ、ラヴェンナ一帯を手中にすれば、ローマへの道は開かれたも同然ということは、千五百年昔にユリウス・カエサルが、ルビコン川を渡ることで実証してくれている。これらの戦略的理由からラヴェンナを決戦場に選んだ、二十三歳になったばかりのこの若者の目は、実に確かであった。

ミラノを出たフランス軍は、四月三日、ラヴェンナから三十キロ離れたコティニョーラ近くに到着した。ガストン・ド・フォアは、フェラーラからの大砲が到着するまで、兵にこの付近の略奪を許した。決戦にそなえて、彼らの士気と欲を高めるためである。それをしながら、ラヴェンナにも、散発的な攻撃をかける。

ラヴェンナは、一千五百の歩兵に少数の騎兵を、勇将マーカントニオ・コロンナが指揮して守っていた。もちろん、援軍到着まで持ちこたえられればと思っている。

四月九日、到着した大砲を城壁ぎわにずらりと並べて、本格的な攻城戦がはじまった。それを指揮しながら、ド・フォアの目は、背後にばかり向けられていた。

案の定、翌朝、同盟軍の兵の姿が見えはじめた。ド・フォアは、ラヴェンナの防衛軍を釘づけにしておくに十分な歩兵一千を残して、あとの全軍に、百八十度の方向転換を命じた。大軍の移動には時間がかかるのである。その機を逃さずに同盟軍が急襲をかけていれば、勝利は彼らのものであったろう。しかし、同盟軍は、ラヴェンナから五キロ離れたロンコ川の向うに止まったまま動かない。しかも、そこで塹壕《ざんごう》などを掘りはじめた。その日一日中、掘っている。この暇にフランス軍は、やすやすと方向転換し、陣形までととのえてしまった。その夜も、同盟軍は、まだ塹壕掘りを続けていた。フランス軍は、ロンコ川の土手を平らにし、川幅二十メートルのこの川に急造の橋を作る。夜明け前、まず、歩兵が渡りはじめた。

一五一二年四月十一日、復活祭の朝、十六世紀前半の最も凄惨《せいさん》な戦闘《バトル》といわれる、ラヴェンナ会戦の幕が切って落された。

フランス軍は、重装騎兵一千九百、軽騎兵三千、ドイツ傭兵《ランツィケネッキ》五千を含む歩兵一万八千の計二万三千の大軍。それに、フェラーラ公アルフォンソ・デステ自慢の五十門の最新式大砲が加わる。

同盟軍の方は、重装騎兵一千七百、軽騎兵一千五百、歩兵一万三千の計一万六千。大砲は二十四門。

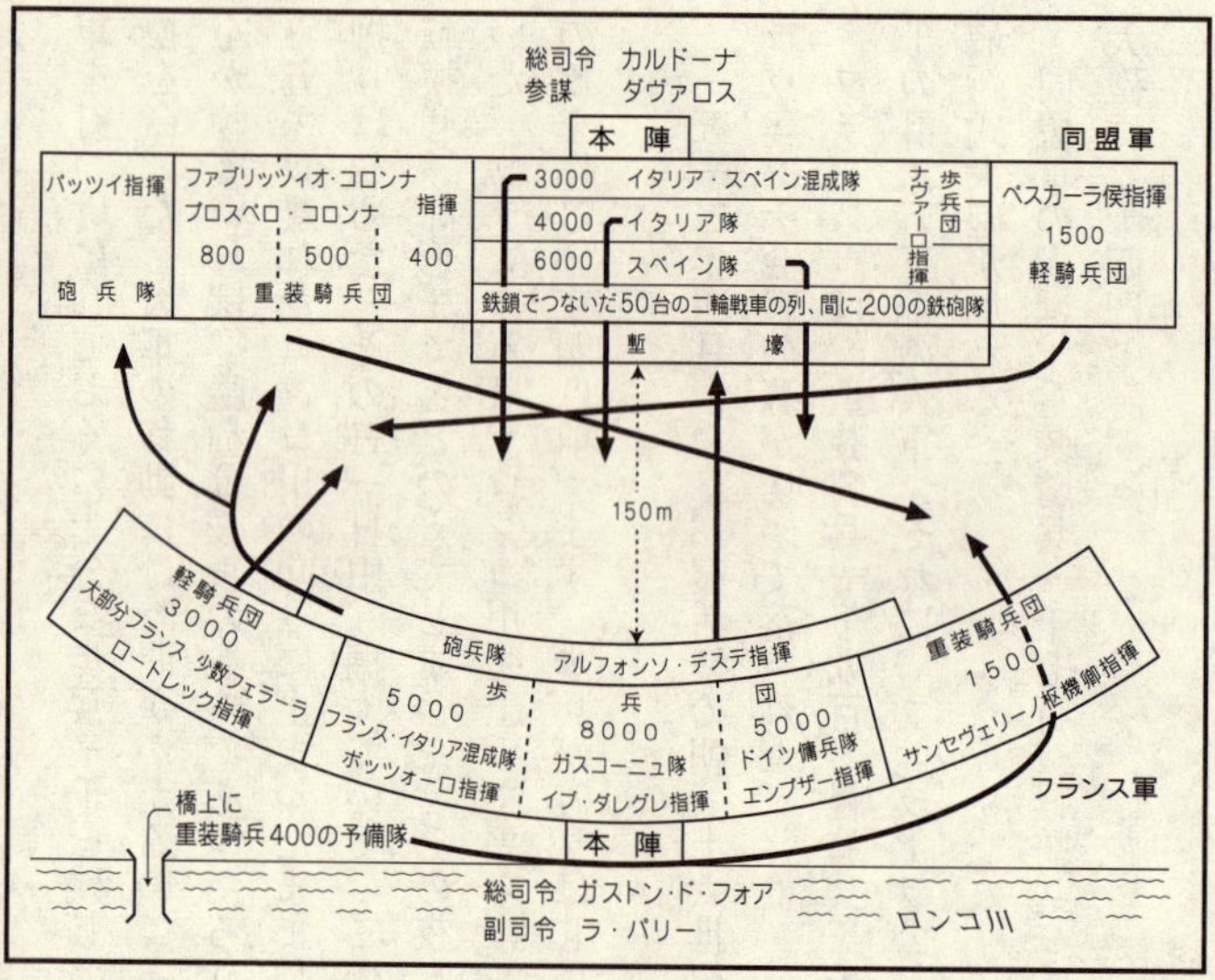

ラヴェンナの会戦

これらの軍勢を指揮する武将も、当時の最高の顔ぶれがつらなっていた。

フランス軍は、チェーザレ・ボルジアの副将として有名になったイブ・ダレグレの他に、ロートレック、ラ・パリー、後に歩兵の専門家として名をあげるフェデリーコ・ダ・ボッツォーロ、ヤコブ・エンプザー、アルフォンソ・デステ。それに、丈高く、黒光りする甲冑《かっちゅう》で身を固め、自ら重装騎兵隊を指揮するサンセヴェリーノ枢機卿と続く。総指揮は、ガストン・ド・フォア。

同盟軍の方も、見劣りするどころではない。キラ星のごとく、勇将が並ぶ。ペドロ・ナヴァーロ、後の名将でまだ二十三歳のフェルディナンド・ダヴァロス、ペスカーラ侯、ファブリッツィオ・コロンナ、プロスペロ・コロンナ。こちらにも、枢機卿がいる。ジュリオ二世の代理として来ているジョヴァンニ・デ・メディチである。だが、三十六歳のメディチ枢機卿は、武将の列に加わっている老サンセヴェリーノ枢機卿とは反対に、僧服のままで、なんとも気乗りしない表情で、白い乗馬用の馬に乗っていた。同盟軍の総指揮は、高名だったゴンザーロ・ダ・コルドーバの後を受けて、ナポリ総督となっているライモンド・カルドーナが取る。

ロンコ川沿いは、ところどころに盛り土の波があるほかは、見渡すかぎりの平野が続き、その先は海に入る。この平野いっぱいに、両軍が対陣した。

ロンコ川に向って、同盟軍が陣を布《し》いた。右翼から、盛り土沿いに砲兵隊が並ぶ。その次は、それぞれが八百、五百、四百と三隊に分れた重装騎兵団。中央は、塹壕を前に、五十の二輪戦車を互いに鉄鎖でつなぎ、その間に二百の鉄砲隊を配置したのが最前列。その次の列は、六千のスペイン歩兵。第三列は四千のイタリア歩兵。第四列は、イタリア・スペイン混成の三千の歩兵。いずれも槍《やり》を持つ。これらの背後に、本陣がくる。左翼は、一千五百の軽騎兵が守る。

一方、ロンコ川を背に、文字通り背水の陣を布いたフランス軍は、同盟軍の重装騎兵団と対する左翼には、軽騎兵三千。中央は、同盟軍と同じく歩兵団だが、敵が横隊であるのに、こちらは、左から五千のフランス・イタリア混成隊、八千のガスコーニュ歩兵、五千のドイツ傭兵《ランツィケネッキ》と縦隊になっている。本陣は、ここでも歩兵団の背後。右翼は重装騎兵一千五百が固める。この他に、四百の重装騎兵が、予備軍として、ロンコ川の橋の上で待機する。何よりも変わっているのは、アルフォンソ・デステの指揮する砲兵隊の位置である。同盟軍側が、右翼の端に配置しているのに反して、こちらでは、全軍の最前列に大砲が並んでいる。また、砲兵がいやに多い。

まず、フランス軍が前進を開始した。だが、横隊になっての前進ではなく、扇形をつくって進む。両軍の最長距離が、百五十メートルに達した時、フランス軍の大砲が火を噴いた。直ちに、同盟軍の大砲も応戦する。すさまじい轟音《ごうおん》が、あたりを圧した。被害は、両軍とも少ない。どちらかといえば、前進を続けるフランス軍側に多かった。同盟軍の歩兵は、地に伏せて砲撃を避ける。

その時である。アルフォンソ・デステ指揮のフランス軍砲兵隊が、味方の軽騎兵の前を通って、ぐるりと迂回《うかい》し、敵の右翼のななめ横に出た。重い大砲を五十門も動かすにしては、驚くほどの速さだった。これで、敵の砲と交叉《こうさ》させる角度に、しかも間近に位置したことになる。効果はすぐにあらわれた。同盟軍右翼の重装騎兵団は、その集中砲撃を、前と横から浴びることになった。馬は、狂ったようにあばれだし、このままでは、重装騎兵は戦わずして全滅しそうになった。騎士たちは、大声で、突撃させてくれ、と叫んだ。

指揮官ファブリッツィオ・コロンナは、本陣へ急使を走らせ、総司令官カルドーナと副司令のナヴァーロに、突撃の許可を願った。だが、二人とも許さない。反撃の機会を待つ、との答えだった。だが、もはや誰も、騎士たちを留めることはできなかった。憤怒の叫びをあげながら、まず、プロスペロ・コロンナが陣頭に立った第一重装騎兵隊八百が、地ひびきをたてて突進した。相手は、敵の右翼にある重装騎兵団である。ファブリッツィオ・コロンナも、迷わなかった。彼自ら指揮する第二、第三重装騎兵隊も、戦場をななめに突撃する第一騎兵隊に続いた。頭から足の先まで、鋼鉄の甲冑に身を固めた重装騎兵一千七百対一千五百の激突である。近代戦でいえば、戦車隊が正面からぶつかったようなものである。大槍が突《つ》かれた。甲冑が、音をたててぶつかる。騎兵に一人ずつ従いている歩兵など、食い込む余地もない。平野の中でそこだけが、鋼鉄色の一段高いうず巻きになったようだった。中世の華、重装騎兵の、これが最後で最大の見せ場となった。

戦況は熱した。戦の真の主役が大砲であることは、もはや誰の目にも明らかだった。フェラーラ公の大砲は、重装騎兵の去った場所を越え、地に伏す歩兵団の頭ごしに、同盟軍の軽騎兵を襲った。これに怒った軽騎兵一千五百が、ペスカーラ侯の指揮下、フェラーラ公の砲兵隊目がけて突撃した。だが、砲兵を押しつぶす前に、真横に、二倍の数のフランス軽騎兵を迎えねばならなかった。一千五百対三千の戦闘である。こうして、戦場の右と左で、激烈な重装騎兵戦と軽騎兵戦がくり拡《ひろ》げられた。

この時になって、ついにフランス歩兵団が動きだした。五千、八千、五千の三隊は、固まって、戦場の中央を前進する。同盟軍の鉄砲隊の猛烈な射撃を浴び、バタバタと倒れながらも、前進を止めない。敵の塹壕の近くまで来て、突撃態勢に入った。ある者は塹壕に突き落とされ、ある者は、塹壕の向うの戦車の列に食い入るのに成功した。

同盟軍の歩兵も、この挑戦を受けて立った。まず、第一列のスペイン兵六千が、五千のドイツ傭兵に向った。すぐ、四千のイタリア歩兵も、二倍の数のガスコーニュ歩兵の前面に出る。時を置かず、第四列にいたスペイン・イタリア混成軍も、五千のフランス・イタリア混成軍に立ち向った。三ヵ所にわかれて激闘が続いた。だが、終始同盟軍側が優勢を続けた。フランス軍は、後退しはじめる。この時、ガスコーニュ歩兵を率いていたイブ・ダレグレは、副将として連れてきていた息子が馬からひきずり降ろされ、敵歩兵の槍に串刺《くしざ》しになったのを見た。絶望した老隊長は、一人、敵の歩兵の海に馬を乗り入れようとし、大砲の直撃を受けて、馬もろとも吹き飛んだ。

戦場全体でも、三ヵ所に分れて激戦が続いていた。左は軽騎兵戦、中央は歩兵戦、右が重装騎兵戦である。軽騎兵戦の勝負は、すでに見えていた。二倍の敵では、同盟軍側もかなわない。歩兵戦の方は、数は劣っていながらも同盟軍が押していた。重装騎兵戦にいたっては、もはや死闘である。兜《かぶと》は飛ばされ、血まみれの顔で戦っている。白兵戦ともなれば、大槍は無用だ。誰もが槍を捨て、剣で斬《き》り合った。しかし、同盟軍に、少しずつ押され気味になる。これを見たガストン・ド・フォアは、ロンコ川の橋の上に待機させてあった予備の四百の重装騎兵に、出撃を命じた。彼らは、橋を渡りきり、土手に沿って味方の背後をまわり、剣で激闘する同盟軍の重装騎兵の横に出、大槍をかまえながら突撃した。これが、最後のとどめになった。同盟軍重装騎兵団一千七百は、ほとんど全滅状態。指揮官のファブリッツィオ・コロンナも、重傷を負って捕虜になった。フランス軍側一千五百も、その半数が戦死した。

戦いの様相は、ようやくはっきりしてきた。歩兵戦では、同盟軍が優勢に進めているが、騎兵戦は、重軽ともに勝負はついた。同盟軍総司令官カルドーナは、なおも戦いを捨てない残りの騎兵に、退却命令を出した。

しかし、歩兵戦はまだ続いている。騎兵の去った戦場の中央を、緊迫した空気が圧した。両軍とも、固まっては激突をくり返す。彼らの間が空くごとに、そこに死体が残った。これを何度もくり返すので、積み重なる死体が山をなす。そうすると両軍とも、位置を少しずらして再びぶつかる。だが、善戦する同盟軍歩兵に不幸だったのは、味方の砲兵隊が、蹴散《けち》らされて戦力を失ってしまったのに比べて、敵のフェラーラ公の大砲が、いっこうに威力を減じないことだった。騎兵というじゃま者のいなくなった今、その砲撃が、歩兵団に集中した。的中率は、すばらしかった。砲弾は、固まった陣形のあちこちに炸裂《さくれつ》し、そのたびに兵が、ひと固まりのまま吹き飛んだ。

これには、さすがの同盟軍歩兵もひるんだ。それを見たフランス軍歩兵は、直ちに大攻勢に出た。すさまじい白兵戦となった。同盟軍歩兵二隊は、これで完全に圧倒された。だが、スペイン歩兵六千からなる隊は、槍を捨て、短剣をかまえて敵のふところに入って戦い、敵を押し返した。この戦闘中、負傷した副司令官ナヴァーロは捕虜になった。指揮官を失ったスペイン歩兵は、それでも戦を捨てようとはしない。哀れなことに彼らは、総司令官カルドーナが、すでにチェゼーナ目ざして退却してしまったのも知らないでいた。

広い戦野でくりひろげられていた戦闘は、もはやこの一ヵ所だけになった。だが、多勢の敵と対しながら、スペイン歩兵の働きはめざましかった。ドイツ傭兵《ようへい》ですら、押され気味である。

これを見たフランス軍総司令官ガストン・ド・フォアは、勝利を完璧《かんぺき》にしようと思ったのであろう、軽騎兵を率いて、無謀にも敵中に突入した。だが、蹴散らされ、押しつぶされながらも、スペイン歩兵は、彼の馬の脚を断ち切る。ド・フォアは、もんどりうって地に落ちた。その彼に、怒り狂ったスペイン歩兵の群がおおいかぶさっていった。ド・フォアの、スペイン王の義弟だと叫ぶ声も無駄だった。この後はじめて、スペイン歩兵は、隊を組んで堂々と、敵の前から退却して行った。

戦闘は終った。朝の八時から午後の四時まで続いた激戦の後の平原を、一万四千もの死体がびっしりと埋めた。その三分の一はフランス軍の兵、残りの三分の二は、同盟軍側の死者だった。同盟軍兵士の死体の多くは、砲撃で殺《や》られたもので、頭のない死体、足や腕のない者など、見るも無残な様相だった。フランス軍兵士は、そのほとんどが、槍か剣で殺されたものである。負傷者の数にいたっては、両軍とも、後になってもわからないという状態だった。武将の中でも、ガストン・ド・フォアにイブ・ダレグレと二人も死者を出したのはフランス軍だが、同盟軍側も、捕虜となったペドロ・ナヴァーロ、ファブリッツィオ・コロンナ、フェルディナンド・ダヴァロスは、皆、重傷を負っていた。フランス軍武将でひどい傷を負ったのは、歩兵を指揮していたフェデリーコ・ダ・ボッツォーロである。サンセヴェリーノ枢機卿も、太股《ふともも》に巻いた布に、じっとりと赤い血がにじんでいた。

一人だけ、無傷で捕虜になった者がいた。ジョヴァンニ・デ・メディチ枢機卿《すうきけい》である。彼は、逃げ遅れて、敵歩兵にかこまれた。気色ばんだ敵兵は、誰か一人が槍を突き出せば、全員がどっと突きかかってくる気配だった。だが、枢機卿は、その年齢に似ずでっぷりと肥えた身体《からだ》を優雅な乗馬用の白馬に乗せたまま、逃げるでもなく、かといって身をかまえるでもなく、静かに彼らを見降ろしていた。これに兵たちが一瞬ひるんだすきに、傷を負いながらも駆けつけたボッツォーロに救い出され、サンセヴェリーノ枢機卿に預けられた。まだ甲冑のままのサンセヴェリーノは、軽蔑《けいべつ》した表情で彼を迎えて言った。

「ようこそ、枢機卿殿」

これから一年後に法王レオーネ十世となるこの捕虜は、それに対しおだやかな口調で、食事をしていないので腹が空《す》いているのだが、と答えた。

夕闇《ゆうやみ》が迫っていた。ラヴェンナの野を埋める死体に影を与えながら、少しずつそれらを隠していきながら。だが、勝ったフランス軍の隊長たちは、死体の処置も、残った兵をまとめることも、忘れてしまったようだった。横たわるガストン・ド・フォアの遺体のまわりに立ち、誰もひと言もいわず、動くことすら忘れて、長い間立ちすくんでいた。

翌日、怖《おそ》れをなしたラヴェンナの市民代表が、開城を申し入れてきた。その夜、フランス軍は、ラヴェンナに入城した。勝者ガストン・ド・フォアは、引き裂かれ、血にまみれた同盟軍の軍旗におおわれての入城だった。将兵は頭をたれ、重々しい空気に包まれ、凱旋《がいせん》入城というよりも葬列だった。四日後、要塞《ようさい》にこもって抵抗していたマーカントニオ・コロンナも降伏した。これに続いて、リミニ、フォルリ、チェゼーナ、イーモラ、ファエンツァと、続々とフランス軍に開城を申し入れてきた。ロマーニャ全土は、数日のうちにフランスの手に陥《お》ちたのである。

ローマは、恐怖の底に突き落された。今にもフラミニア街道に、フランス兵の姿があらわれるのを見るような思いに、誰もが苦しんだ。ローマ全市は掠奪《りゃくだつ》され、法王宮は、中に法王や聖職者を閉じ込めて火を放たれる、という噂《うわさ》が広まり、人々をますます恐怖に駆った。法王ジュリオ二世の恐怖も他と変りがあるわけではない。敗戦、しかも完敗とは信じられない気持だった。彼はまだ、ド・フォアの死を知らなかった。混乱した同盟軍敗残兵は、総司令官以下チェゼーナに逃げたものの、そこも住民から追いたてられ、マルケ地方まで逃げのびるのに精いっぱいだったので、ローマへ詳細な報告を送るのを怠っていた。それに、常に正確な情報を持つヴェネツィアからの知らせも、ラヴェンナの線で切断され、ローマまでとどかない。ジュリオ二世はあせった。彼とて、勢いに乗じたフランス軍が、今にもローマ目がけて押し寄せてくる幻想に悩まされた。

四月十五日、ローマにジュリオ・デ・メディチが到着した。彼もまた、同盟軍に加わっていたのだが、逃走に成功し、その翌日、捕虜になっているいとこのジョヴァンニ枢機卿に面会を許され、秘《ひそ》かに枢機卿から法王に次のことを伝達するように言いつかったのである。総司令官ガストン・ド・フォアが戦死したこと、ド・フォアの死後、フランス軍は茫然《ぼうぜん》自失の状態で、ラ・パリーが後を継いだものの、軍の統一がとれず、隊長たちの間で、今後のことについて意見が分かれていること、直ちにローマへと主張するのはサンセヴェリーノ枢機卿だが、ラ・パリーは王の指示をあおいでから決めるとして譲らないこと、他の隊長たちも半々に分かれ、その有様にあきれ果てたアルフォンソ・デステは、大砲を持ってフェラーラへ帰ってしまったこと、などであった。

しかし、これでジュリオ二世の心配が消えたわけではない。総司令官が死に、軍の指揮系統が乱れているといっても、二万三千の大軍の四分の三は健在である。しかも、ロンバルディア、ロマーニャと、北イタリアは完全にフランスの手に陥ちた。兵の補充など、簡単なことだ。一方、味方はといえば、スペインとヴェネツィアを主体とした同盟軍は、解体も同然だった。ジュリオ二世にとって、怖ろしいほどの不安な数日が過ぎていった。

だが、一週間が過ぎても何事も起らない。十日経《た》っても同じだ。二週間が過ぎる頃になると、人々は、ラヴェンナでは何も起らなかったのではないかとさえ、思うようになった。ジュリオ二世は、今度もまた、敵に救われたのである。

日が経つにつれて、フランス王ルイ十二世が、彼の生涯で最大の好機を逸したことが明らかになった。彼は、ラヴェンナの勝利を無駄にした。ロマーニャという伝統的に反教会思潮の強い地方を手中にしながらその活用を知らなかった。なんとフランス軍を、ミラノへ呼び戻してしまったのである。いかに、ガストン・ド・フォアという優れた統率者を失ったとはいえ、ラヴェンナ戦以後のルイ十二世のやり方は、いつもの彼の、政治に対する方針の不統一を示していた。ルイ十二世は、いつも最後まで行くと宣言しながら、ついにそこまで行ったことがない。決断力に欠けている証拠だった。そして、この代価は、ひどく高くつくことになる。反対にジュリオ二世は、決断力と勇気だけで出来ているような男だった。

五月二日の夕方、法王ジュリオ二世の行列がヴァティカンを出た。テヴェレ河を渡り、ローマ市の中心を通り抜け、サン・ジョヴァンニ・イン・ラテラーノ寺院へ向う。ジュリオ二世が、この戦時体制下、予告通り公会議開催を決行するのである。開会を明日に控えての、恒例の前夜の行列だった。ギリシアの騎兵隊が先頭を、次に槍《やり》を持った歩兵の一隊が続き、官服に威儀を正した法王庁の高官たち、枢機卿らの家族、ローマの市民代表と続いた後に、純白の法王衣に金色のマント、頭上に輝く三重冠のジュリオ二世が、緋色《ひいろ》の絹張りの輿《こし》に乗ってあらわれる。輿の両側は色彩豊かな制服姿のスイス傭兵が守り、法王の後には緋色の正装の枢機卿団が従い、最後を銃を持った百人の武装兵が固める。ラテラーノ寺院の前の広場には、不測の事態にそなえて、大砲が並べられていた。

ローマの民衆は、驚いて行列を見守った。フランス兵が押し寄せてくると怖れおののいた日から、二十日しか経っていない。いつフランス軍が動き出すかもしれない状態で公会議などとはと、誰もが呆《あき》れたのである。だが、ジュリオ二世は、それだからこそ決行するのだ、と思っていた。前年の七月に予告した公会議開催を、その予告通りに決行しなければ法王の威信にかかわるからというのではない。この不安な情勢下では、一年延期を発表しても、誰も非難はしなかったろう。では、なぜあえて決行するのか。

それまでの法王ジュリオ二世の政治は、右手に剣、左手に十字架を持ってやるものだった。だが、今は、右手に持っていた剣が折れてしまって使いものにならない状態にある。とすれば、今まで左手に持っていた十字架を、右手に、いや両手で頭上高くかかげるしかないではないか。少なくとも、新しい剣を再び手にするまでは、これで勝負してみるのだ。ジュリオ二世は、剣を振りまわす相手に、十字架だけで永遠に立ち向えるとは思っていなかった。そう信ずるにしては、彼はイタリア人であり過ぎた。

その夜はラテラーノ寺院に泊った。翌五月三日、教会史上十八回目、ラテラーノ開催としては五回目の公会議が開会した。全員が正装の列席者は、法王、種々の理由で出席できない者を除いても十六人の枢機卿、十二人の大司教、七十人の司教、ドメニコ、フランチェスコ、アゴスティーノと主要会派の総長三人、ローマ駐在の各国大使、市民代表であるローマ市議会議員、貴族の代表。そして、法王からこの公会議の名誉護衛兵に任命されたロードス騎士団員が白い十字架を胸の上に大きく染めた、十字軍以来の制服で立ち並ぶ。白、金、緋、黒、これら見事な色彩が、広いラテラーノ教会の中にあふれるほどであった。

まず最初は、リアーリオ枢機卿の主導で、ミサにはじまる。その次に、アゴスティーノ派総長エジディオの、壮重なラテン語による演説が行なわれた。教会の危機を訴え、それに対する公会議の責任を説き、ラヴェンナの敗戦は、武器に訴えようとしたことに対する神の警告であり、今後は、十字架に返ってキリスト教世界の統一につくすべきだとするこの神学者の言葉を、ジュリオ二世がどんな気持で聴いたかは想像がつく。彼は、今はこれでよい、と思って聴いたにちがいない。この演説が終った後、法王の名で、公会議の成果に期待するとファルネーゼ枢機卿が演説し、開会式は終った。

公会議二日目は、五月十日に開かれた。例によってはじまりは、グリマーニ枢機卿の行うミサである。その次に、神学者ザーネが、キリスト教世界に対するトルコの脅威を述べ、そのためには法王の下、ローマ教会の下で、結束することこそ重要である、と演説した。いよいよ、ジュリオ二世の番である。ラテラーノ公会議の正統性、早急な教会改革の必要性を説く法王の声を聴きながら、式部官パリード・デ・グラシスは、満足感とともに、秘かな微笑を禁じられないでいた。

彼が、この公会議全般の事務を一身に引き受け、その進行をまかされていたのである。だが、彼にとって、遠国から到着した聖職者の世話をすることも、会議を支障なく進めることも、それほどたいした苦労ではなかった。もちろん、成功しつつある公会議は、彼に満足感を与えた。しかし、パリードが最も苦労したことは、座談も苦手、演説も苦手のジュリオ二世をなだめすかして壇上に登らせることだったのである。演説の草稿は、法王の第一秘書で歴史家でもあるシジスモンド・ディ・コンティが書いた、見事なラテン語の文章だった。だが、ジュリオ二世は、五日も前からイライラと神経質になり、草稿を手に何度も演説の練習をくり返すのである。その聞き役がパリードだった。パリードは、練習が終るたびに、壮重な調子が出て良かったとか、もう少し低い声で押え気味にやった方が良いだろうとか、ここのところはもう少し強く言うべきだとか、感想を述べねばならない。そして、最後にはきまったように、これほど見事な法王の演説は、自分は四十年もローマにいるが、かつて聴いたことがない、と言って力づけるのである。だから、今日の本番を聴いている彼はおかしくてたまらなかった。ラヴェンナ敗戦の報にも取り乱さなかったジュリオ二世が、やむなく演説をしなければならないとなると、こうも落ちつかなくなるものかと思うと、押えても押えても、微笑がわいてくるのだった。

三日目は、五月十七日に開かれた。ハンガリー人の枢機卿が行ったミサの後、ドメニコ派総長トマソ・ダ・ヴィオが、神学上から見た法王主催の公会議の正統性を説き、反対にピサ公会議を異端ときめつける演説を行なった。次に、イギリス王ヘンリー八世からの、神聖同盟に全面的に参加し、法王の権威を認め、彼に従うと書かれた親書が読みあげられた。さらに、スペイン王からの同じ主旨の親書も朗読される。二王とも、ラテラーノ公会議に、正式に王の代理を派遣すると伝えてきたのだった。このあと、次回は十二月三日に開くと決め、ひとまず散会することになった。理由は、夏を避けてとなっているが、真因は、期間を置いて、その間により多くの外国人の参加を待つためであった。やはり、キリスト教世界俗界の第一人者とされているドイツの神聖ローマ帝国皇帝の参加がなくては、万国とは呼べないからである。

しかし、ジュリオ二世のラテラーノ公会議強行の効果は、驚くほど早くあらわれた。それまでは、ヴェネツィアへの敵愾心《てきがいしん》が忘れられず、このためにフランス王との友好関係を断ち切るのを躊躇《ちゅうちょ》していた皇帝マクシミリアンが、ラテラーノ公会議の進展を見て、不安になったのである。自分一人が取り残された感じを持ったのだった。彼は、まず、フランス軍に加わっているドイツ人を引き揚げさせた。ドイツ傭兵《ランツィケネッキ》は、彼自身が養成させたものである。次いで、それまで禁じていた、スイス歩兵団の領内通過と兵糧《ひょうろう》補給を許可した。

フランス王ルイ十二世は、突然、完全に孤立してしまったことに気づいた。イタリアでは、スイス軍を加えて再編成された同盟軍に、強力な戦力であったドイツ傭兵を欠いた、残りの軍で対さねばならない。イギリス軍は、ノルマンディアに上陸した。この方は、暑さと雨と赤痢のために実際は何も出来なかったのだが、ノルマンディア上陸の報に接した時のルイ十二世は、十分にあわてふためいていた。さらに、スペイン軍が、ピレネー国境を侵しはじめる。フランスとしては、イタリアばかりに戦力を投入することが出来ない状態に追い込まれた。本国の方が、危くなってきている。

五月末、アルプスを越えた一万八千のスイス軍が、ヴェローナに集結。直ちに、周辺からミラノ攻略に取りかかる。同時に、教会、スペイン、ヴェネツィア同盟軍が、ロマーニャに進軍。ジェノヴァも、フレゴーゾ指揮下、反フランスに蜂起《ほうき》。フランス軍は浮足立った。六月、ウルビーノ公の指揮する同盟軍は、ラヴェンナ、リミニ、チェゼーナを簡単に回復した。十三日、ベンティヴォーリオが再度逃げ出した後のボローニャに入城。その間スイス軍は、これまた簡単に、ブレッシア、クレモナを占拠する。同盟軍は、パルマを得、ピアチェンツァに進軍。東と南東からミラノを攻める網の目は、こうして段々とちぢまって行った。フランス軍は、後退に後退を重ねるばかりである。六月二十二日、ミラノの玄関ともいうべきパヴィア攻略に、スイス軍が成功した。ここで同盟軍とスイス軍が合流し、協同してミラノ攻略にかかる。

ミラノにいるフランス人は、事態のあまりに急激な変化に度を失っていた。住民の動揺も激しく、町ぐるみ城壁で防ぐことは無理だった。城塞《じょうさい》であるカステル・スフォルツェスコに、軍だけでもこもることになった。宮廷人や聖職者は、アスティへ逃げる。この混乱に乗じて、捕虜になっていたメディチ枢機卿は、逃亡に成功した。ラヴェンナ戦で捕虜になった他の武将たちは、それぞれ、フェラーラ公アルフォンソの口ききがあったり、身代金《みのしろきん》を払ったりして自由の身になっていたが、彼だけは、ルイ十二世の命令で、それが許されなかったのである。

そのうちにも、同盟軍兵士の姿が、ミラノ市内を徘徊《はいかい》するようになった。城塞にこもるフランス軍の士気は、目に見えて落ちていく。ようやくルイ十二世から、彼らの待ちに待った命令がとどいた。軍の本国帰還を命じたものである。彼らは早速行動を開始した。カステル・スフォルツェスコを引き払い、アスティで、フランス人とベンティヴォーリオらフランス派の人々をすべて拾い、トリノを通って、一路アルプスへ向った。こうして、六月二十八日には、イタリア内のフランス勢力は、完全に一掃されたのである。

この知らせを受けたジュリオ二世は、泣きだした。滂沱《ぼうだ》と涙を流しながら、偶然に部屋に入ってきた忠実な式部官の顔を見て叫んだ。

「パリード、オレは勝った！　パリード、オレは勝ったんだ！」

その夜、ローマ中の教会、宮殿、公共建築物の壁面は、輝くたいまつの列によって飾られた。カステル・サンタンジェロからは祝砲が鳴りひびき、民衆は町中を練り歩いた。この祝祭の理由は、ポーランド人がタタールに勝ったからだということになっていた。だが、誰もが、フランス人に対する法王の勝利を祝ってであることを知っていた。いくら何でも法王ともあろう者が、同じキリスト教徒に対する勝利を、表だって祝うわけにはいかなかったからである。

フランス人の方は、これで片がついた。だが、イタリア内でフランスに与《くみ》した者に対する処置が、まだ残っていた。

七月四日、フェラーラ公アルフォンソ・デステが、悔悛《かいしゅん》の意を表してローマへ着いた。彼は、破門に処されても何とも思わない性格だが、フランス勢が一掃された今、法王との関係をどうにかしないことには、フェラーラ公国の存亡にかかわるからである。悔悛の意を表して、まず破門を解いてもらわねばならなかった。捕虜の身の釈放に努めてやったファブリッツィオ・コロンナと、義兄のマントヴァ侯ゴンザーガが、法王への取りなしの労をとった。

ローマの民衆は、すでに、ラヴェンナ戦での、彼の大砲の果した役割について知っている。だから、法王ジュリオ二世が、普通のやり方では破門を解いてはやらないにちがいない、フェラーラ公は、罪人の衣を着け、首に綱を巻かれ、サン・ピエトロ大寺院の前で鞭打《むちう》ちにされる、という噂《うわさ》が拡《ひろ》まったため、それを見物しようとする群衆で、広場はいっぱいになった。

だが、これは彼らの期待はずれに終った。別に罪人の衣も着けず、首に綱も巻かれずに到着したアルフォンソ・デステは、サン・ピエトロ大寺院の中に招じられ、ジュリオ二世から、厳《おごそ》かに破門解除の式を受けた。

ところが、法王宮内に場所を移してから、空気はにわかに変わった。ジュリオ二世は、フェラーラを捨てろ、そのかわりとしてアスティの領地をやる、といいだしたのである。アスティは、フェラーラの二十分の一もないほどの小領である。アルフォンソは、たいがいのことは我慢するつもりでローマへ来たのだが、これだけは受け容《い》れられなかった。彼は拒絶した。法王は怒り出した。ジュリオ二世は、ラヴェンナでの大砲も忘れていなかったうえに、これまでのフェラーラ公の親仏《しんふつ》政策、宿敵ボルジア法王の娘ルクレツィアを妻にし、ボルジアの没落後、ジュリオ二世が結婚無効の可能性を示してやったのに対し、アルフォンソは、ルクレツィア・ボルジアを手放さず、あいかわらず妻として遇していることなど、ジュリオ二世の彼への不満はいくらでもあった。法王は、三十六歳になるこの男が、イタリアの君主の中では、抜群の器量の持主と認めているだけに、かえって憎さが増した。ジュリオ二世は、フェラーラを取り上げると、言い張って譲らなかった。アルフォンソは、懇願をくり返したが無駄だった。ついにアルフォンソ・デステは、しばらく時間をくれと、ローマ出発の許可を願った。法王は、これも許さない。

七月十九日、これ以上ローマにいても無駄だと知ったフェラーラ公は、ファブリッツィオ・コロンナの助けで、夜中、変装してローマを逃げ出した。怒った法王は、教会軍に命をくだして、フェラーラ領のモデナ、レッジョを占拠させてしまった。アルフォンソ・デステは、この法王となおも話し合おうとし、秘書のアリオストをローマへ派遣したが、ジュリオ二世はアリオストに対し、犬みたいにテヴェレ河へ投げ込んでやると怒り狂い、さすがにこれには、イタリア文学史を飾る傑作『怒れるオルランド』の作者も、ローマを逃げ出さざるをえなかった。

フェラーラの次に法王の怒りを向けられたのは、フィレンツェ共和国である。長年の親仏政策、神聖同盟不参加、ピサで公会議を開かせたことなどが、制裁の理由だった。フィレンツェは、スペイン軍の力による脅迫の前に、何のなすすべも持たなかった。終身統領ソデリーニは亡命し、九月十四日、共和国は、スペイン軍に同行したメディチ家の人々の前に、城門を開けた。メディチは、サヴォナローラの人民政府によって追放されてから、実に十八年ぶりにフィレンツェに復帰したのである。共和国の政体は残しても、メディチ家による僭主政《せんしゅせい》が布《し》かれることは明らかだった。

フランス勢が去った後のイタリアは、次のように分割されることになった。
ナポリを中心にシチリアを含む南イタリアは、スペイン王に。北イタリアは、ミラノに。ルドヴィーコ・イル・モーロの遺児マッシミリアーノが、十二年余のスイスでの亡命生活の後に復帰し、公爵領《こうしやく》を再建した。それ以外の北伊は、ヴェネツィア共和国が手中にする。

中部イタリアは、ロマーニャ、マルケ、ウンブリア地方が、完全に法王の統治下に入った。法王はこの他に、フェラーラから奪ったモデナ、レッジョに、ミラノ公国領だったパルマ、ピアチェンツァまで手に入れた。

巧妙に法王側に付いていたマントヴァ侯国は当然ながら、フェラーラ公国まで安泰を保った。フェラーラ全領を教会領にするとしたジュリオ二世の主張が容れられなかったのは、これ以上法王の力が強くなるのに不安を持った皇帝やスペイン王を動かした、マントヴァ侯夫人イザベッラの策謀のためだった。イザベッラの実家は、フェラーラのエステ公家である。

そしてフィレンツェは、法王の後援を受けたメディチ家の支配下に入った。

法王ジュリオ二世の勝利は、完成したかのように見えた。フランス勢力はイタリアから一掃され、教会領は、五百年の昔にカノッサ伯夫人マティルダが寄贈して以来、といわれるほど拡大された。法王の威信を賭《か》けた神聖同盟とラテラーノ公会議の前に、一敗地にまみれたフランス王はもちろんのこと、スペイン王、イギリス王、ヴェネツィアを先頭にイタリア諸国、そして、神聖ローマ帝国皇帝までが頭を下げたのである。歴代の法王が、いずれも望みながら成し遂げられなかったことを、自分は成し遂げたのだと思っている法王ジュリオ二世の自信と満足は、何かの形で、後世にも伝えられねばならなかった。法王の依頼を受けたミケランジェロは、モーゼ像を中心とする壮大な墓所の制作に取りかかった。

六

「猊下《げいか》、それは困ります。ちゃんとした医者がおられるのに、そんな怪し気な男を引き入れるわけにはまいりません」

「パリード、わしがやれといったらやれ。医者などは気にするにおよばん。あいつらはわしに、食い過ぎるなとか、夜は早く寝ろとか、あまりいろいろなことを心配しない方が良いとか、くだらんことばかりいって、実際に役立つことは何もしてくれん。放って置けばいいのだ」

「しかし、猊下。猊下は少し疲れておられるだけで、ご病気ではないのです。この夏、占星術師をお招《よ》ばせになった時もそうでした。そして、あの占星術師は、猊下にこの先確実に三年は生きられると保証し、それからの猊下は、一段と元気になられました」

「ああ、だがパリード、わしは、あらゆる手だてを尽くしてみたい。その男が調合するという長命薬というのも、ぜひとも試してみたい。わしは今、このままでは死ぬにも死にきれない思いなのだ」


十一月、秋も深まったローマで、法王ジュリオ二世は、怖《おそろ》しい事実に気づきはじめていた。フランス勢を追い出すためにだけ招じ入れたはずのスペインが、イタリアの中で、日に日に確固とした勢力を築きだしたのである。彼らは、南イタリアだけでなく、北イタリアまでわがもの顔にのし歩くようになった。ローマ駐在スペイン大使の言動も、周囲の憎悪《ぞうお》と反感を買うほど傲慢《ごうまん》になっている。早くこれをなんとかしなければ、イタリアにとって、いやローマ教会にとって、大変なことになる。これが、法王ジュリオ二世の心痛の種であった。

しかし、イタリア内で残った唯一《ゆいいつ》の強国ヴェネツィアは、彼自ら、その力を弱めてしまっていた。そして、フランスも、彼が手をくだして追い出していた。ここでまたも、別の外国の軍事力を導入せざるをえない立場に追い込まれたジュリオ二世は、唯《ただ》一《ひと》つ残された国でスペインと対抗できる国、ドイツに目をつけた。もう一度、別の毒で、他の毒を制しようとしたのである。

十一月四日、システィーナ礼拝堂の天井画完成式の三日後、ドイツ神聖ローマ帝国皇帝マクシミリアンの特使マッテオ・ラングが、ローマに到着した。この、金髪で背高く、頑丈な身体《からだ》、無作法で洗練された楽しみ方も知らない典型的なゲルマン男を、法王は、最高の栄誉と歓迎でもてなした。法王宮の背後にあるベルヴェデーレ宮の庭園では、気候温暖なローマのこととて、夜ごとの宴会が開かれた。詩の朗読、劇の上演の後には、きまったように、ミューズの女神に扮装《ふんそう》した美しい若者たちが、法王と皇帝の同盟の勝利を歌った。酔いつぶれるゲルマン男にかしずくのは、女装した少年たちだった。宴会は、法王ボルジアの時代には珍しくもないこととされていたが、法王ボルジアと、法王ジュリオ二世の宴会では、大きな違いがひとつあった。ジュリオ二世は、女と名のつくものは、一人として招ばなかったのである。その代りを、化粧し、女の衣装をつけた、美少年たちがつとめた。娘を三人得たにしても、彼のこの方の趣味は有名で、失策に失策を重ねるアリドージ枢機卿《すうきけい》を、そのたびに許したのも、このためではなかったかと、当時の多くの年代記は書き残している。幸いにも、ゲルマン男もまた、同じ趣味の持主だった。

皇帝との共闘を申し入れた法王ジュリオ二世に対して、皇帝側は、次の条件を出してきた。法王は、皇帝とヴェネツィアとの不仲を解消するための仲裁役となり、皇帝が、ヴェローナ、ヴィチェンツァへの領土主権を放棄する代りに、一時金で二十五万ドゥカート、パドヴァ、トレヴィーゾの領土主権放棄の代りに、年貢金《ねんぐきん》として三万ドゥカートを、ヴェネツィアが支払うようにする。一方、皇帝は、分派（フランスのこと）を否認し、それとの徹底的対決のために法王を後援し、さらに、法王が敵と見なしたいかなる勢力に対しても、法王への全面的軍事協力を約束する。これには、フェラーラのエステ家、ボローニャのベンティヴォーリオ家の名はあるが、スペインとは明記されていない。本来の主旨が対スペインにあることは、まだ隠されていた。

ところが、法王からこの話を聞かされたヴェネツィア大使は、本国に指令をあおぐまでもなく、断固拒絶の意を表明した。理由は、本来は皇帝領ということにはなっていても、何世紀もの間、実質的にはヴェネツィア領であるこれら四都市に対して、しかもドイツ、ヴェネツィア間の戦いに勝っているのに、今さら金を払ったり年貢金を納めねばならないという話はない、というもっともな理由である。だが、ジュリオ二世は、何としてもドイツを味方につけておきたかった。ヴェネツィアの抗議は無視された。

十一月十九日、ヴェネツィアの同意が得られたのかと心配する皇帝特使を押し込むようにして、法王と皇帝の同盟は、あわただしく調印を終った。皇帝特使ラングは、司教から一挙に枢機卿に昇格させるという餌《えさ》に釣られたのである。二十四日、枢機卿会議の席上、グルックの司教で皇帝マクシミリアンの側近第一号マッテオ・ラングは、公式に枢機卿に任命された。翌二十五日、サンタ・マリア・デル・ポポロ教会で荘厳な雰囲気のうちに、法王、皇帝間の堅い友好関係を示す同盟は公表された。スペイン、ヴェネツィアをはじめとする各国が、疑いの目でその成行きを注目しはじめたのは当然である。ただ一人、ジュリオ二世だけが、ひとまず胸のつかえがおりたような気持を味わっていた。

十二月三日、中断されていたラテラーノ公会議が再開された。例によって、ミサと神学者の演説とが終った後に、枢機卿となったラングが、皇帝の書簡を読みあげた。それには、ラテラーノ公会議以外のすべての公会議を異端と弾劾《だんがい》し、法王に対する世俗君主の全面的支持と服従の、皇帝自らが範となることが記されてあった。十日、ラテラーノ公会議四日目のその日は、フランス王ルイ十二世に対する糾弾で終始した。五十一年前、時の法王ピオ二世が、感激のあまり落涙したという、ルイ十一世の、法王への絶対服従とフランス内での聖職任命権放棄を記した書簡が、あらためて公表された。これによって、ルイ十二世の不誠実が明らかになったことになり、ドイツ、スペインをはじめとするヨーロッパ各国は一致して、フランス王を、教会の敵、法王の敵と見なすと決議した。一時、フランス王をしりぞけ、イギリス王ヘンリー八世を、フランス王として戴冠《たいかん》させるという法王の意向が流れ、ローマに来ているイギリス大使を狂喜させたほどだった。

法王ジュリオ二世の行くところ敵なし、と、一般の目には見えた。フランス勢の一掃、ラテラーノ公会議の成功、皇帝をはじめとする世俗君主らの統合と、法王の威光の前には、誰一人として立ち向える者はいない、と人々は思った。民衆の、とくにイタリアの民衆のジュリオ二世に対する感情は、これまでのどの法王も受けなかったほどの感謝と崇拝に変わっていた。

しかし、ごく少数ではあっても、事情を知り、鋭い洞察力をそなえた人々の目まではあざむけなかった。彼らは、ジュリオ二世が、非常に危険な勝負を続けながら、ついに、出口のない状況に追い込まれたことを知っていた。しかも、哀れなのは、当のジュリオ二世自身も、それに気づきはじめたことである。ラテラーノ公会議成功を神に感謝するという名目で、ローマ市内外の教会の巡礼に出かけたジュリオ二世の心中は、沿道に群がって歓呼を浴びせる民衆に囲まれながら、それとは裏腹に、暗く沈んでいった。巡礼は、サン・ピエトロ・イン・ヴィンコリ、サンタ・クローチェ、サンタ・マリア・マジョーレ、サン・ロレンツォ・フォーリムーラと、一泊ずつしながらまわる。これは、自分の足で歩くことによって、少しでも体力をつけたいという、法王の切ない望みをこめた巡礼行だったのだが、そちらの方もまた、彼の期待を裏切った。サン・エウセヴィオ教会までたどり着いた日、彼はもはやこれ以上、巡礼を続けることができないと認めねばならなかった。翌日、呼び寄せた輿《こし》に横たわって、ジュリオ二世は、ヴァティカンへ戻った。その日から、怖しいほどの疑いと絶望が、日夜、彼をさいなみはじめた。

六十九歳、九年間の治世、自分は、いったい何をしたのであろうか。やっとの思いで味方につけた皇帝も、その信頼を一身に受けるラングは枢機卿にしてやったにもかかわらず、ローマに留まるどころか、ミラノの新公爵《こうしゃく》のそばにつききりの有様である。皇帝の真意が、ミラノ公国を通じて北イタリアへ勢力を伸張するにあることを、明らさまに示していた。南イタリアもまた、ますますスペイン色に染まる一方だった。

しかも、十二歳になる一少年の存在が、大きな黒い影となって、老法王の頭上におおいかぶさっていた。スペインで、すくすくと育っているカルロス少年である。カルロスは、皇帝マクシミリアンの息子フィリップと、スペイン王フェルディナンドと女王イザベッラの間の娘ジョヴァンナとの間に生れた子で、皇帝にもスペイン王にとっても孫にあたる。フィリップは、すでに死んでいる。当然、この十二歳の少年が、いずれはスペインとドイツ、それに、後にオランダ、ベルギーと呼ばれる当時の〝低い国々《パエージ・バッシ》〟を含めた広大な領土を領有するのは自明の事実だった。イギリス、フランス、北欧三国を除いた、ヨーロッパ全土である。これを知っている皇帝とスペイン王が、イタリアからのフランス勢力衰退は喜んでも、その後を、自分たちの間で争う気が起きないのは、わかりきった心情だった。彼らの真意は、フランス勢を入れないように、がっちりと南北イタリアを固めることだけにある。ジュリオ二世は、ここに至って、自らの犯した致命的な誤りに直面させられることになった。

毒をもって毒を制すというやり方は、有効なやり方ではある。だが、十分に注意していないと、制するつもりで使った毒に、いつのまにか身体全体が冒されてしまう。この危険から免れる道はひとつしかない。なるべく早期に抗体を作ってしまうこと、それしか道はない。

ジュリオ二世は、その治世の初めから、毒をもって毒を制すやり方の達人だった法王ボルジアと、同じ政策を取らざるをえないことは、現状ではいたし方ないとは思っていた。だが、彼は、たとえ同じやり方を取ったとしても、この宿敵とは、目標が違うのだという自負心があった。ボルジア家の父と子、アレッサンドロ六世とチェーザレ・ボルジアの二人は、外国からのイタリア独立を、自分たちの利己的な野望、チェーザレのための王国創設という野望のために得ようとしたのに比べて、自分は、ローマ教会の権威の再建のためにしているのだと、それを誇りにさえしていた。

だが、ボルジアは、一五〇〇年、当初は軍事力を持たなかったチェーザレの後援のために、フランス王ルイ十二世を北イタリアに引き入れたが、その後は、ロマーニャ公国を基盤としたチェーザレが、教会軍の増強に努め、その力でイタリアを統一しはじめ、二度と外国勢力を導入しようとはしなかった。すなわち、ボルジア家の父と子は、毒に対する抗体を作りはじめ、毒をもって毒を制すやり方から、脱皮しつつあったのである。

一方、ジュリオ二世は、抗体作りを忘れた。ために、たえず新しい毒を使わねばならなくなった。

一五〇六年――ボローニャ征服のため、フランス勢を導入。同盟国、ヴェネツィア。

一五〇九年――対ヴェネツィア戦のため、再びフランス勢を導入。同盟国、ドイツ、スペイン、フェラーラ、マントヴァ、フィレンツェ。「カンブレー同盟」時代。

一五一一年――対フランス、フェラーラ戦のため、スペイン勢を導入。同盟国、ヴェネツィア、スイス。「神聖同盟」時代。

一五一二年――対スペイン戦を頭に置きながら、ドイツ勢を導入。

敵対国と同盟国の名を一望するだけで、ジュリオ二世の政策が、ひっきりなしに毒を取り換えることとともに、いかに支離滅裂であったかに驚かされる。昨日の味方は今日の敵となり、昨日の敵が今日は味方だという例は、小国まで数えていたらきりがない。

ここに、世に賞《ほ》めそやされる使命感に燃えた人間の持つ危険と誤りがある。たしかに彼らには、狭い意味での利己心はない。だが、高い使命のために一身を捧《ささ》げると思いこんでいるために、迷いや疑いを持たないから、独善的狂信的になりやすい。それで現実を見失う。だから、やり方は大胆であっても、やるひとつひとつが不統一になるのである。結果は失敗に終る。

一方、利己的な野望から出発した場合は、それを達成するためには、手段は常に有効でなければならない。そのために行動の最中も疑いを持ち続けるということになり、独善的狂信的にはなりえないから、現実を見失うことはない。やり方は、同じく大胆不敵だが、そのひとつひとつが統一された政策につながっていることは、有効を第一とするところから、当然の帰結である。この場合、成功か失敗かは、運が決める。ボルジアの失脚は、法王アレッサンドロ六世の突然の死と、同時期のチェーザレの重病という、悲運のためであった。

法王ジュリオ二世にとっては、宿敵ボルジアと、同じやり方をせざるをえなかったということだけでも、十分に腹立たしいことであった。しかも、それが、自分の方が失敗しつつあるとわかってはなおさらである。ボルジアが、外国勢という毒に対する抗体に使えるとしてふれなかったヴェネツィア、フェラーラというイタリア内の強国を、ジュリオ二世は弱めてしまっていた。今さら抗体を作ろうにも、基盤になれる国はなくなっている。ジュリオ二世の焦燥と絶望感は、日毎《ひごと》に、彼の肉体まで衰弱させていった。

キリスト聖誕祭も終ったある日、寝台に横たわったままの法王を見舞いに来た、ヴェネツィア出身の枢機卿グリマーニが、力づけるつもりでこう言った。

「猊下《げいか》、長生きしていただかねば困ります。まだ、おやりにならねばならないことが、たくさん残っておりますし」

別に、皮肉をこめて言ったわけでもないグリマーニ枢機卿のこの言葉に、ジュリオ二世は、身をふるわせて怒った。

「もし神が、わたしにもう少しでも生命を与えてくれるなら、スペインの奴《やっ》らも追い出してくれるわ」

だが、ジュリオ二世も、忠実な側近の一人、式部官パリード・デ・グラシスの前では、もっと正直だった。その翌日、起《た》ち上る法王をささえようとしたパリードは、独り言のようなジュリオ二世のつぶやきを耳にした。

「もし神が、もう少しでも生命を与えてくれるなら、初めからやり直すことが出来るものを……」

しかし、冷ややかさと、暖かいいたわりの気持の差はあっても、グリマーニもパリードも、二人とも同じ感慨にふけっていた。人間の持って生れた素質というものは、それほど簡単に変わるものではない。もし神が、あと十年の生命を与えたとしても、ジュリオ二世は、再びこの九年間にしたことと同じことをくり返すだけであろうと。

ジュリオ二世は、焦燥と絶望にさいなまれながらも、まだ、自分はローマ教会の栄光と独立のために身を捧げたのだという自負心を失わなかった。そして、イタリアの統一と独立は、法王の下にあってこそ可能なのだという確信も持ち続けていた。イタリアを、教会の指導下に統一し独立させる。この考えは、だが、宗教にとらわれない視点を持つ同時代の人々にとっては、妄想としかうつらなかった。マキアヴェッリも、ジュリオ二世に同情的なグイッチャルディーニでさえも、まったく否定的な判断をくだしている。

自分が所属する、いや自分自身が長である組織の持つ可能性の限界を冷静に見きわめることは、誰にとってもむずかしい。法王ボルジアはそれをやった。政教分離しかローマ教会とイタリアの両方を救う道はないということを、彼は知っていた。だから、息子チェーザレの王国創立という野望を、全面的に援助したのである。これより三百六十年後の一八七〇年、サヴォイア公、カヴール、ガリバルディの三人の前に、ヴァティカンにはじめて白旗がかかげられ、イタリアの統一は完成する。この歴史的事実は、イタリアは教会の下では統一出来ないということを実証してくれている。法王ジュリオ二世が、いかに神の代理人であるとされるローマ法王の役割を信じきっていたとしても、それはつまるところ、当時においてさえ、彼の時代錯誤でしかなかった。

年もあらたまり、一五一三年となってから、ジュリオ二世には、ほとんど病床を離れられない日々が続いた。イタリア中から呼び集められた、当時最高といわれる八人の医者も、病因がわからず、治療法に困りぬいていた。誰もが、今度はもはや終りだろうと思った。かつては頑健だったジュリオ二世の肉体が、日毎に痩《や》せ細ってくるのが、始終そばに控えている人々の目にも、はっきりとわかるほどだった。

しかし、法王だけは、まだ生にしがみついていた。長命薬が効果がないとわかれば、祈禱《きとう》も占いもさせてみた。その間にも、病室で各国大使を次々と引見しては、春になればフェラーラに征圧軍を出してやると宣言したり、スイス傭兵《ようへい》の給料支払いをきちんと定日に済ませるようにと指示を与えたりした。目はおちくぼみ、白いひげは伸びほうだいだったが、例の怒声は、まだ衰えていない。ただしそれは、以前とは違って空虚に響いた。もはや召使の末にいたるまで、かつてのようにその声でふるえあがる者はいなくなった。

二月に入った。三日、謝肉祭の喧噪《けんそう》が最高潮に達する。戦車の形を模した十五台の二輪馬車に満載された民衆が、ジュリオ二世の私室の窓の下を、次々と歓声をあげて通り過ぎた。

「ジュリオへ！ イタリアの解放者、ローマ教会の勝利者、ジュリオへ！」

ジュリオ二世が、彼らの声をどんな気持で聴いたかは知らない。その翌日、病室に招《よ》ばれたパリード・デ・グラシスは、法王から、常になくやさしい声で話しかけられた。

「わたしの一生も終りに近づいたようだ。神に、前法王アレッサンドロ六世のように、突然の死を与えられなかったことを感謝しよう。葬式は、質素でけっこうだ。だが、遺体だけは粗末にあつかってくれるな。墓は、ミケランジェロが完成するだろうが、遺体が粗末にあつかわれては、あまりにも惨《みじ》めではないか」

実直なパリードは、何とかして、法王を力づけようと努めた。しかし、ジュリオ二世は、弱々しく首をふりながら、何度も前と同じ言葉をくり返すだけだった。前法王ボルジアの遺体が、腐敗するまま放置されていたことが、ジュリオ二世の頭に、こびりついて離れなかったものとみえる。

二月十九日、事務的な用事で法王を訪れたパリードに、ジュリオ二世は、枕許《まくらもと》のマルヴァジア酒のびんを指さし、このギリシア原産の白ブドウ酒を一緒に飲もうといい、式部官を感動させた。パリードは、枢機卿たちが、すでに次の法王選出運動に動き出していることを知っている。法王と自分のための二つの杯にぶどう酒を注ぐ彼のほほ

ジュリオ二世の墓（部分、中央がミケランジェロ作のモーゼ像）

に、とめどもなく涙が流れ落ちた。ジュリオ二世は、終始忠実だったパリードのそんな様子を、おだやかな目つきで見守っていた。もはや、二人は何も話さなかった。沈黙の支配する部屋の中を、マルヴァジア酒の芳醇《ほうじゅん》な香りが満たしはじめた。

翌二十日、法王ジュリオ二世は、最後の法王教書を作らせた。ラテラーノ公会議の続行と、サン・ピエトロ大寺院の完成を命じたものである。それが終って、終油の秘蹟《ひせき》を受けた。枢機卿全員が、病床のまわりに集められた。ジュリオ二世は、彼らに向って、まるで公会議で演説でもしているかのように、荘重なラテン語で話しだした。自分は、キリスト教世界を十分に治めることの出来なかった最大の悪人である、これまでの不徳を許してほしい、自分に反対の行動をとったピサ公会議派の枢機卿たちは、個人としては許すが、教会の長としては許すわけにはいかない。だが、彼らの改心は心から祈るだろう、神が、彼らを許してくださるようにと願っている。

ここからイタリア語に変わった。甥《おい》であるウルビーノ公にペーザロの法王代理の地位を与えてやってほしいと言うジュリオ二世の声は、もはや哀願の調子をおびていた。これを聴く枢機卿たちの表情は同じでも、その心中はさまざまだった。もらい泣きをする者もいた。しかし、大部分は、この死につつある老人の言葉をうわの空で聴いていた。

次の日の早朝、パリードは、寝台の上で眠ったように死んでいる、ジュリオ二世を見出《みいだ》した。

この時から三年が過ぎた一五一六年、スペイン王フェルディナンドが死んだ。さらにその三年後、今度は皇帝マクシミリアンが死んだ。ジュリオ二世が生きていた頃は

十二歳の少年だったカルロスは、こうして、それからわずか六年後に、ヨーロッパ最強の君主になる。

一五二七年、ローマは、カルロス配下のスペイン・ドイツ連合軍によって、徹底的な破壊と掠奪《りゃくだつ》を受ける。「ローマ掠奪《サッコ・ディ・ローマ》」と呼ばれる、西ローマ帝国崩壊の時以来といわれるこの悲しい出来事の後、イタリアは、わずかにヴェネツィア共和国を除いて、スペインの実質的な支配下に入った。

歴史家グイッチャルディーニは、当時、苦い悲しみをこめて、ジュリオ二世の政治を、こう批評した。

「致命的な同盟、致命的な武器」

ローマ・十六世紀初頭

レオーネ十世（ラファエッロ画）

円形劇場で催すこともできそうな、古代ローマ式見世物を擬して

舞台裏にて

「シッ、お声が高うございます。ジュリアーノ様。お静かに、お静かに」

「なんだと、道化師ふぜいのおまえに、前に立ちふさがれるとは思わなかったわ。それとも法王庁は、スイス衛兵の代りに、道化師どもを使うことにしたのかな」

「そのお言葉どおりなら、ヴァティカンには笑いが絶えず、わたし奴《め》へのお手当てもあがろうというもの。喜びのあまり、卵を四十個も一度に食ってお見せいたしましょうが、残念ながらそうではなく、哀れにもこのマリアーノは、ここで、いやいやながらの張り番役。輝ける新法王猊下《げいか》の弟君であられるあなた様に比べれば、わたし奴は名もなき賤民《せんみん》、おん前に立ちふさがるなどとはめっそうもございませんが、なんとしても猊下が、式部官長グラシス殿と重要な事項について討議中ゆえ、部屋には誰も入れてはならぬと、わたし奴にお命じになったので」

「こちらも重要な相談で来たのだ。取り次げ。フィレンツェから、ジュリアーノ・

デ・メディチが、たった今到着したと取り次げ」

「困りましたな、メディチ様。ああ、グラシス殿、ちょうどよいところに……」

「外が騒がしいので何事かと猊下が言われて……おや、ジュリアーノ様でおられましたか」

「長官、道化師ではなく、あなたの口から重要事項の討議というのなら、わたしも待とう。あなたが招《よ》ばれているからには、フランス王かスペイン王かへの教書の作成であろうから」

「いえ、そういう政治向きのことではございませんが……」

「それなら、宗教会議についてか」

「いえ、会議関係でもございません。宗教関係のことではあるのですが……」

「法王の仕事で、これら以外に重要な事項はない。入れてもらおう」

「おお、ジュリアーノか。また一段と痩《や》せたようだのう。身体《からだ》には気をつけてくれなくては困るではないか。マリアーノ、おまえは何の役にも立たん。中へ入って扉には鍵《かぎ》をかけておけ」

「法王猊下、フィレンツェでは、フィレンツェ人としてははじめての法王ということで、市民たちはいまだに喜びで沸きたっております。メディチ家への感情も、一段と好転したようで、以前のような、圧政者とか僭主《せんしゅ》とかの陰口も、今では消えたようでございます。この機を失わぬためにも、猊下のご指示を仰ごうと……」

「弟よ、おまえは、われら兄弟三人の中では、誰よりも誠実な人柄で知られている。それで十分だ。今のフィレンツェ共和国では、表面に出すぎてはならぬ。フィレンツェ、ローマ間の往復も、今のおまえの身体では無理だ。フィレンツェに留まって、メディチ家の立場を確立することだけを考えるように。それにわたしは、ここローマでは、やることが山ほどあるのでな」

「よくわかっております。しかしこれは、この机の上に拡《ひろ》げられている図面のようなものは、いったい何でございます」

「ああ、これか。これは、四月十一日に挙行する祭列の企画図だ。サン・ピエトロ大寺院を出、サン・ジョヴァンニ・イン・ラテラーノ寺院に参詣《さんけい》して帰ってくる、新法王恒例の祭列の企画をたてていたところなのだ」

「猊下、このようなことは、式部長官グラシス殿の役目です。長官にまかせておくべきことです。謁見《えっけん》を禁ずるほどの重要な事項とは、こんなことだったのですか」

「ジュリアーノ、そのように気をたてるものではない。われわれメディチの子は、父上の許《もと》で、芸術家たちに囲まれて育ってきた。美しいものを愛するように教育されてきた。父上自らも詩を作られている。その子のわたしも、ひとつ自分で芸術作品を作りたいのだ。法王レオーネ十世の祭列は、法王が金を出し、脚本を書き、監督し、主演もする、レオーネ十世の芸術作品となるのだ」

「兄上、いや法王猊下、それでは世上が許しますまい。ローマ教会への評価が地に落ちた今、法王庁で起きたことは、法王の一挙一動にいたるまで、百倍の大きさになってアルプスの北に伝えられるのです。挙動にはご注意なさいませ」

「忠告には礼を言おう。だがわたしには、わたしの考えがある。そして、今ここで、反ローマ教会の動きについて、おまえと議論するつもりはない。

だが、ジュリアーノ、わたしは、ボルジアのように買収で、ジュリオ二世のように人を欺《あざむ》いて、法王に選出されたのではない。きれいな選挙だったよ。わたしは、一フイオリーノも金《かね》を使わなかった。三十七歳ではいくらなんでも若すぎると反対した枢《すう》機卿《きけい》たちには、秘書のビッビエンナが、あれは若いようでも不治の病持ちだから先は長くはないなどと、まったく無礼だが有効な運動をして納得させたのだよ。

だが何よりも、法王選出のための枢機卿会議《コンクラーベ》を支配していたのは、平和を待望する空気だった。貴族も庶民も、もう戦争はたくさんだと思っているのだ。誰もかれもが、平和を欲している。嵐《あらし》の連続のようだった先法王ジュリオ二世の治世の後だ。争いごとを好まぬわたしが、こうも簡単に選ばれた原因はここにある。人々に、平和を享受《きようじゆ》させてやりたい。わたし自身が楽しみながら、彼らにも楽しませてやりたい」

「それはそうと、ご病気の具合はいかがです」

「今は小康を保っている。いや、コンクラーベの時はつらかった。ローマへ来るのに、輿《こし》で運ばれて来たほどだ。コンクラーベ中も、外科手術をしなければならなかった。まったくうっとうしい持病でな。ひどい時は、坐《すわ》っているだけでも苦痛なのだ。そのうえ、周囲に悪臭を放つときている。ビッビエンナが、先は長くはないなどと言いふらしたが、あの時の状態では誰でも信じたろう。

　ところが皮肉にも、法王に選出されてからは、いたって調子が良いのだ。三月十九日の即位式もとどこおりなく済ませたし、翌日のしゅろの日曜日には、おまえは知らないだろうが、裸足《はだし》で街を歩き、貧民の足を洗い、それに接吻《せつぷん》するという、キリストの代理人らしい行事もした」

「そのことなら、もうフィレンツェでも大評判になっております。ローマ教会の首長であられる法王が、このような振舞いをされるのは見たことがないと、人々は感動して噂《うわさ》しておりました」

「そうか、わたしもけっこう楽しんだのだが」

「猊下、なぜこのような気高いご行為をお続けにならないのです。豪華な祭列を従えて練り歩くよりも、よほど人心をつかむことができましょうに」

「おまえは人心を知らぬ。これだけでは、ローマは修道院になってしまう。人々は、一時は感動もしようが、すぐにあきてしまうだろう。それにこれだけでは、わたし自身が楽しめぬ。

ローマは劇場だ。どんな劇でも上演できる、世界で唯一《ゆいいつ》の劇場だ。観客はいない。なぜならば、ここでは、全員が役者になる。外国人も旅行者も、はじめは観客のつもりでいても、いつのまにか登場人物にされている。ローマはそういう劇場さ。

弟よ、神が与えてくれたからには、楽しもうではないかわが治世を。悲劇か喜劇かは知らぬ。どちらにしても同じことだが、なるべく笑って終りたいのう」

「猊下、お返しする言葉がありません。退出のお許しをいただきとうございます」

「ジュリアーノ、身体には気をつけておくれ。兄上のピエロが亡《な》くなった今、メディチ家の再興は、おまえの肩にかかっているのだ」

「最後に、ひとつだけお願いがございます。マリアーノを、わたくしに引き取らせてください。法王のおそばに道化師とは、外聞が悪うございます」

「残念だが、それは聞きいれるわけにはいかぬ。劇には道化が付きものだ」

「では猊下、これ以上は何も申しますまい。失礼させていただきます」

「とんだじゃまが入ったのう。グラシス、さあ続けるか。どこまで進んでいたかな」

「沿道警備についてまででした」

「そうだった、そうだった。グラシス、わたしは、やはりおまえの意見には反対だ。沿道に武装警備兵が並ぶのは、どうにも武張っていていけない」

「しかし猊下、もしものことがありますと……」

「いや、やめよう。当日は、武器携帯禁止令を出すだけで十分と思う」

「猊下はやはりお馬を……」

「もちろんだ。一年前にラヴェンナ戦で乗って、捕虜になった時と同じのにしよう。法王は輿に乗るものだとおまえは言うが、若いところも見せなくてはいけない。それにあの馬は、婦人用の乗用馬で、勇ましすぎないところがわたしには似合っている」

「法王様、このマリアーノ奴はどの辺を歩かせていただけますんで」

「おまえか、おまえも曲りなりにも修道士なのだから、そうだな、俗界の列の後に続く聖職界の最初の列、銀の十字架を捧《ささ》げ持つ群にでも入っておれ」

「猊下、五大旗手の順列はどうしたものでございましょう」

「グラシス、やはりローマ市が最初だろう。その次にチュートン騎士団、聖ヨハネ騎士団と続き、教会軍総司令官の二つは最後に置こう。楽隊の制服は出来ているのであろうな」

「さすがにラファエッロ、白と赤と緑の制服の胸には、メディチ家の紋章のついた鮮かな衣裳《いしょう》が出来上っております。ミケランジェロの考案によるスイス傭兵隊《ようへいたい》の、黄と赤と青の制服と、色彩の競合《せりあ》いになることでございましょう」

「それは楽しみだ。ローマでなければ見られないようなものが出来そうだな」

「前代未聞《みもん》の華麗な祭列になりましょう。民間でも、猊下のお通りになられる沿道に、多くの凱旋門《がいせんもん》を造りはじめました。銀行家のキジは、ひときわ豪華なものを造るそうですし、猊下の故郷フィレンツェの市民たちも、凱旋門を献上するとのことでございます」

見世物一　キリスト教祭列

一五一三年四月十一日。その朝のローマは、暖かく、空は青く、微風が吹きそよぎ、陽光が惜し気もなくふり撒《ま》かれる、いかにもローマの春らしい豊かな日和《ひより》だった。その中で、アルプスの北に住む、まじめだが陰気な人々が、〝悪魔の巣ローマでの異教の祭典〟と弾劾《だんがい》した一日が、陽気にくり拡《ひろ》げられようとしていた。

市街の装飾は、市民それぞれの趣向にまかされていた。金持は、自邸の前の道に豪華な凱旋門を造り、それほど金持でない者も、今日のためにほこりを払い、しわを伸ばした壁掛けを、それぞれの窓からたれ下がらせて、粗い石壁を飾りたてる。壁掛けの無い者は、月桂樹《げっけいじゅ》の葉をつなぎあわせて、窓わくを飾るのだ。中には、古代ローマの遺跡から盗掘したらしい壺《つぼ》や破損した彫刻を、家の前にでんと並べる者もいた。まったく金の無い人々も、彼らなりの晴着に身を飾り、沿道をぎっしり埋めた群衆役で、すでにもう浮き浮きしている。

聖《サン》ピエトロ広場では、祭列の準備が出来上っていた。行進する順序に並んでいるのだが、あまりに長くて一列ではすまず、広場いっぱいに、まるで錦蛇《にしきへび》がとぐろを巻いたような形で待機している。整然たるなどというものではない。同僚にかぶとを直してもらう者、馬丁を叱《しか》りつける者、馬のいななきなどで騒然としている中を、祭列の責任者でもある式部官長パリード・デ・グラシスが、一群ごとにその先頭の者に、各群の行進距離など、最後の指令を徹底させようと走りまわっている。マリアーノは、今日ばかりは神妙な顔つきで、銀の大十字架の端をつかんでいる。錦蛇のとぐろの真中にいるレオーネ十世のひたいには、すでに汗がふきはじめた。この暖かさに法王の第一礼装なのだから、暖かいどころか暑いのである。

午前十一時、背後の聖《サン》ピエトロ大寺院の鐘を合図に、全市の寺院の鐘が鳴りはじめた。出発である。ジャンニコロの丘からは、礼砲が鳴りひびく。

まず、祭列の先払いをする二百のストラディオーティが、行進をはじめた。四列縦隊で、槍《やり》をきらめかせたギリシアとアルメニア出身の精鋭歩兵である。浅黒い固い顔に微笑すらも浮べず、整然と槍の列が進む。これが通り過ぎると、法王庁や枢機卿の下で働く、下級奉公人らの一群が近づいてくる。それぞれの職種を示す服装で、四列縦隊を作ってくる。公証人は黒の長衣を着け、左肩にたれる長い黒い三角帽の下の顔は、威厳を保とうと無理にこわばらせた感じだ。召使たちは、色とりどりの華やかなおしきせで、こちらの方は、沿道の群衆の中に若い女の顔を見つけるや、にっこりして眼を離さない始末。庭師もいる。大ばさみを、槍のように突き立てて歩いている。料理人たちも欠けてはいない。でっぷりと張り出した腹に、真白い大前掛をかけてのしのしと進んでくるその姿に、群衆からは、いっせいに笑い声があがる。

楽隊が近づいてきた。全員が、法王の色である白と赤と緑の制服で（これは後にイタリアの国旗の色となる）、胸の白の部分には、赤い六つの球が刺繡《ししゅう》されている。メディチ家の紋章だ。百人はいようか。フリュート、ラッパ、大小の太鼓が、陽気なリズムを奏《かな》で、人々の心を、いやがうえにもあおりたて、景気づける。

聖《サン》ピエトロ広場を出た祭列は、鐘の鳴り続ける聖《サン》ピエトロ大寺院を背後に、カステル・サンタンジェロの前を通り、その正面にかかるサンタンジェロ橋を渡って行く。その下を、黄金のテヴェレと歌われたテヴェレ河が、朝の陽光を浴びて、銀色にきらめきながらゆったりと流れている。橋を渡りきったところで、行列は、まず最初の凱旋門の下をくぐった。シエナの僭主《せんしゅ》ペトゥルッチ家の献上したもので、わざわざシエナから取り寄せた豪華なタペストリーをつらねて作った、見事な門である。正面には絹のリボンで「平和の使節、レオーネ十世へ」と書かれてある。

祭列の最初の一人がこの門をくぐり終るやいなや、それを合図に、あらかじめ止められていた全市の噴水から、赤ぶどう酒がいっせいに噴きあがった。法王からの、全市民への贈物である。女房たちは、この時とばかりに大がめを持ち出して、せっせとためにかかる。幼い子供たちまでが、一人前の顔をして、木の杯をもって右往左往しながら、母親に協力している。女たちほど明日を考えない男たちは、噴きあがるぶどう酒に顔中をぬらしながら、胃袋に流し込むだけで満足だ。噴水のかたわらには、もういいかげんに飲んだのか、粗末な杯を放り出し、ぶどう酒のしぶきを浴びて坐《すわ》りこんでしまった者もいる。沿道を動かない群衆にも、その肩越しに、ぶどう酒のいっぱい入ったかめが、順々に手渡しされる。そのたびに、こぼれて服がぬれると若い女が文句をいえば、近くの誰かがその尻《しり》をぴしゃりとやったらしく、女の悲鳴と人々の笑い声が、どっとあがるという騒ぎだ。

サンタンジェロ橋を渡った祭列は、狭い道に入り、ナヴォーナ広場へと向った。楽隊から十メートルほど離れて、十二人の騎馬隊が進んでくる。法王庁の飛脚たちで、それぞれ白と黄色の法王庁の旗を風になびかせ、全員が真紅の上着に黒いタイツ姿で、二人ずつ列を作ってやってくる。それが終ると、ローマ司教区の旗を先頭に、十三人の旗手が二列縦隊で進んできた。フィレンツェ、ナポリ、ヴェネツィア、ミラノと、大司教区の旗ばかりで、こちらは全員白の服で馬を進める。そしてこの後は、ローマ大学の旗である。赤地に黒で天使ケルビムを染めた旗を、馬上高くたずさえているのは、ローマ大学の学生の代表だ。古典文学部の学生らしく、例の先のとがった鳥のくちばしのような学生帽は白で、白いマントは馬の背までとどいている。若い女にちがいない誰かが、その彼に花を投げた。

しばらく間隔を置いて、五大旗手が登場してきた。いずれも甲冑《かっちゅう》に身を固めた完全武装で、大旗手というだけに、風にひるがえるその旗は、両側の家の三階の窓からも、手がふれられそうなほど大きい。五人とも、見事なアラビア馬を駆ってくる。一番手は、深紅に金で鷲《わし》を刺繡し、金字でS・P・Q・R（「ローマ元老院ならびに市民」の意味のラテン語の略字）と書かれた、古代ローマ帝国の軍旗をかかげるローマ市の代表である。旗手は、ローマの名門貴族チェザリーニ家の若君。古代ローマの将軍にならい、甲冑の上には、乗っている馬の腹のあたりまでおおう、深紅のマントを着けている。二番手は、チュートン騎士団長。彼のかかげるのは、白地に黒の十字の大軍旗だ。三番手に、聖ヨハネ騎士団長が進んできた（ロードス島に本拠があったために、通称ロードス騎士団と呼ばれ、後にマルタ島に移ったため、マルタ騎士団と呼ばれるようになる）。こちらは、深紅の地に白十字の旗である。この大軍旗を、甲冑の右腹のところでささえ、左手で手綱をとっているのは、法王レオーネ十世のいとこで、この宗教騎士団の団長でもあるジュリオ・デ・メディチ（後の法王クレメンテ七世）。黒い甲冑の胸には、ロードス騎士団独特の十字が、白く人目をひく。最後に、白地に金で盾の形にかこみ、その中央に聖ペテロの鍵《かぎ》を組み合わせた紋章の教会軍総司令官の軍旗と、金で埋められたローマ教会の旗手に与えられる軍旗が、威風堂々と通り過ぎた。人々は、呆気《あっけ》にとられたような様子で、ただ見守るばかりだった。

五大旗手の行進が終ると、祭列の様相は一変する。法王庁の厩舎《きゅうしゃ》で飼われている法王御用の九頭の馬と三頭のらばの登場だ。純白の動物たちは、赤地に金の刺繍も美しい馬衣で装《よそお》い、そろいの赤い服を着た可愛らしい馬丁を従えている。馬丁役を受け持つのは、今日ばかりは、ローマ貴族の子弟たちである。馬の進む後からは、同じ赤い服の二人の少年が、宝石をちりばめた白どんすの帯を捧《ささ》げ持ち、もう二人の少年は、これまた宝石に輝く三重冠を捧げ持って進む。いずれも、法王の位を示す、ローマ教会の宝物だ。沿道の群衆の眼は、この二つに釘《くぎ》づけになり、ため息とともに、たいしたものだなあ、というささやきがもれる。少年と馬に続いてきたのは、白地に黒の斑《はん》点《てん》のある、エルメリーノの毛皮のふちどりのついた真紅のマントを着けた、法王庁高位役人たちの一隊だ。数は百十二人。二列縦隊で、厳しい顔つきも崩さずに通り過ぎる。その後には、またも楽隊だ。例のラファエッロ考案の鮮かな制服と、にぎやかな音楽で、静かになりはじめていた群衆の心を再び陽気に浮きたたせる。

祭列は、ナヴォーナ広場の入口で凱旋門をくぐった。この古代ローマ時代の競技場跡の大広場を四分の三周して、マダマ宮と呼ばれるメディチの宮殿（現上院議場）の前を通って、大通りであるヴィア・ラータ（現ヴィア・デル・コルソ）に抜けるのである。楽隊で再び景気づけられた群衆の眼は、続いて、華麗な色彩の洪水に溺《おぼ》れることになった。ローマとフィレンツェの貴族たちの馬を駆っての登場である。法王庁のおひざもとのローマと、法王レオーネ十世の出身地フィレンツェから、屈指の名門の総出である。総勢、二百余。ローマ側は、コロンナ、オルシーニ、サヴェッリ、コンティ、サンタクローチェ、ガエターニ、チェザリーニ。一方のフィレンツェ勢は、メディチ、サルヴィアーティ、ソデリーニ、トルナヴォーニ、ストロッツィ、プッチ。いずれも家長を先頭に、一族の男たちが、四列縦隊の一団となって行進してくる。帽子には、色とりどりの羽根がたかだかと飾られ、思い思いの豪華な服の肩からは、服に合った色のマントが、風をはらんで背後になびく。まるで、各色の絹のリボンを混ぜ合わせて、その上に宝石箱をぶちまけたような感じだ。

続いて登場したのは、前の一団に優《まさ》るとも劣らぬ、華やかな一団だった。こちらは、ローマ駐在の各国大使たちが、それぞれの国旗をかかげる旗手を先にたてての行進である。各王国や共和国を代表しているために重々しく、華麗というよりも壮麗というべきか。まずはじめに、法王庁領土内の各都市の大使たちが進む。ボローニャ、オルヴィエート、スポレートと、小国ながらも旗だけは立派だ。次には、大国が近づく。

いずれも、大使は馬上姿、数人の従者を従えている。フィレンツェ共和国の、白地に赤い百合《ゆり》の国旗の後には、緋《ひ》の地に金で聖マルコの獅子《しし》を刺繍した、海の王者ヴェネツィア共和国の大国旗が、青空にはためきながら近づいてくる。そして、スペイン、フランスと通り過ぎた最後に、ひときわいかめしい鷲の国旗をかかげて、ドイツ神聖ローマ帝国皇帝の大使が、馬を進めてきた。沿道を埋めている群衆は、まず眼前を過ぎる馬の立派さに驚き、次には、馬上の大使たちの見事な正装姿にさらに驚き、最後に大国旗を見上げて、ホウとため息をつく。

これら俗界の行列のしんがりは、二人の若い君主の馬上姿だった。ウルビーノ公爵《こうしゃく》フランチェスコ・マリーア・デッラ・ローヴェレは、伯父である先法王ジュリオ二世の喪のため、ビロードの黒ずくめの服である。彼の後に続いてきたのは、病体のジュリアーノ・デ・メディチの代理として参列している法王の甥《おい》ロレンツォ・デ・メディチの、たけりたつ馬の手綱を頰を染めてしめようとしている、二十歳の姿だった。

祭列が、ヴィア・ラータの大通りに出たとたんに、壮麗な凱旋門が、彼らを迎えた。銀行家アゴスティーノ・キジの献上したもので、純白の八本の円柱の並ぶ間にはギリシア・ローマの神々の像が置かれている。このあたりは、ちょうど彼の邸宅（現首相官邸）の前にあたるのだ。この凱旋門の正面には、「ヴィーナスは統治した、マルスも支配した、そして今、アテネの御代《みよ》がきた」と書かれてあった。ヴィーナスの統治とは、艶聞《えんぶん》で名高かった法王ボルジア、アレッサンドロ六世の治世を意味し、軍神マルスの支配は、自ら戦場に行った先法王ローヴェレ、ジュリオ二世を示している。もちろんアテネとは、智《ち》による平和の時代の到来への期待をになって登場した新法王メディチ、レオーネ十世を指しているのだ。だが、すぐ続いてあらわれた別の凱旋門には、次のように書かれてあった。「マルスの時代は終った。今やアテネの時代、とはいえ、われヴィーナスはいつもおそばに」

十五を数えたといわれる凱旋門の中で、ただひとつ異教的でなかったのは、フィレンツェからの献上門であった。それは、十二使徒の像を並べ、キリストの一生を描いた絵画で飾り、正面のメディチ家の紋章の下には、「天からの使節、法王レオーネ十世へ、その名の偉大さを賞《ほ》め称《たた》える全市民からの贈物」と書かれてあった。

ヴィア・ラータから、古代ローマの遺跡を左右に、遠く眺められるコロッセウムまでの道は、両側に三段の桟敷《さじき》が作られている。ここに坐《すわ》って祭列を迎えるのは、ローマ市民でも金の少しはある人々と、あとは外国人だ。しかし、桟敷はところどころとぎれていて、そこは、一家総出でやってきている庶民に開放されている。

俗界の行列が過ぎると、聖職界の出番となった。まず銀の大十字架が、静々とあらわれる。捧げ持つのは、修道院の守門僧とか聖具室係とかの最下層の僧たちで、三人ずつの交代だ。次に、ミサの祭壇を背にのせた白馬がやってきた。八人の少年僧が、その上に純白の天蓋《てんがい》をかかげている。沿道の群衆の中には、急いで十字を切る者もいた。次に近づいてきたのは、前の白に比べて、今度は黒一色の一団である。眼だけを出して顔をすっぽり隠し、足の先まで黒の僧服に身を包んだ二十四人の僧が、三人ずつの縦隊を組んで、手に手に大ろうそくを捧げ持って進む。明るい陽光の下では、ろうそくの火はどうにも映えなかったが、黒一色の無言の集団は、異様な雰囲気をかもし出すには十分だった。この男たちは聖職者ではないが、葬式の費用も残さずに死んだ貧民の葬式を無料で引き受けている、救済会の会員たちなのである。

これに続いたのは、神学校の学生の百人を越える一団だった。こちらの方は、若々しい顔が見えるうえに、黒、赤、白、青とその制服も色とりどりで、群衆の心も、ホッともとにもどる。次は、二百五十人の大集団だった。ローマ教会の各位階を、一望のもとに見ることができる。まず修道士《フラーテ》たち、次いで司祭《プレーテ》、司教《ヴェスコボ》と続く。その後は、フランチェスコ、ドメニコ、アゴスティーノなどの各会派の総長《ジェネラーレ》たち、そして、ヴエネツィア、アレキサンドリアなどから来た総主教《パトリアルカ》、最後に大司教《アルチ・ヴェスコボ》たちで終る一団である。全員が、それぞれの位階、それぞれの会派をあらわす僧衣を着け、司教から上の者たちは、頭上三十センチもある白絹の司教帽をかぶり、馬に乗っている。総主教、大司教ともなれば、金糸のふち飾りのついた深紅のマントが豪華だ。いずれも二人の従者を従えて進む。

しばらく行列がとぎれたかと思ううちに、教会の君主《プリンチペ》と呼ばれる枢機卿らが近づいてきた。二十四人の、これら法王に次ぐカトリック教会の高位聖職者は、全員が緋色の大マント、金の刺繡入りの白絹の司教帽といういでたちで、それぞれ八人の従者を従え、二人ずつ馬を進めてくる。順序は年齢順だ。ペトゥルッチ、サウリ、アラゴン、コルネールと、まだ二十代のこれらの若い枢機卿は、レオーネ十世の選出の原動力となった若手枢機卿たちで、枢機卿時代のメディチは、彼らのいわば頭目格であった。一ヵ月前の法王選挙では敗れた長老リアーリオ枢機卿は、今日の祭列では、枢機卿団の最後をしめくくる。

次に、聖職界の人々の行列というのに、一人の俗人が馬を駆って進んできた。フェラーラ公爵アルフォンソ・デステである。沿道の群衆は、すでに彼を見知っていた。君主でありながら大砲技術の専門家で、それによってラヴェンナの戦いで教会軍を敗走させ、先法王ジュリオ二世から破門を受けたフェラーラ公は、有名なルクレツィア・ボルジアの夫でもある。新法王レオーネ十世が、その破門を許しての、今日の参列だった。歴代の法王に屈しないことで知られているこの君主は、どういうわけか、法王庁のおひざもとのローマの民衆に人気があった。群衆は、金襴《きんらん》のマントをひるがえして通り過ぎる、四十歳になろうとする、おちついた風貌《ふうぼう》のこのイタリアきっての名君に、盛んな拍手を浴びせかけた。すぐ続いて、スイス傭兵隊《ようへいたい》が近づいてきた。例の、黄と青と赤の鮮かなミケランジェロ考案の制服に、甲冑を銀色にきらめかせての登場である。金髪と青い眼のこれら外国の青年たちは、先法王ジュリオ二世によって法王庁衛兵として組織されたのだが、ローマの人々にとっては、まだ十分に異国情緒を感じさせる存在だった。北国人らしい律義《りちぎ》さで、右手に持つ槍《やり》の穂先も乱さず、堂々たる歩調で行進する。

しばらく行列が途切れた。だが人々は、スイス衛兵隊が通り過ぎたことで、法王の接近を知っている。いよいよという期待で、彼らはしんぼう強く待った。

ようやく道の向うに、白絹に金糸の房飾りの天蓋が見えてきた。この日の主役の登場である。ローマの市民八人がかかげる天蓋の下に、優雅な白いトルコ馬に乗った白どんすの礼装に金襴の大マントの法王レオーネ十世の姿が見える。沿道の群衆から、どっと大歓声がわき起った。「平和《パーチエ》！　平和《パーチエ》！」と音頭をとって、たちまち全員の合唱になる。窓から落ちそうなほど身を乗り出して、拍手する者もいた。桟敷席の外国人たちも、立ちあがっての拍手を惜しまない。

　重い三重冠の下で、レオーネ十世の顔は、充血して真赤になっていた。肥《ふと》った大きな彼の顔は、びっしょりと汗にぬれている。それでも法王は、眼を輝かせ、すべてを楽しんでいるような笑顔で、ゆっくりと馬を進ませながら、両側の群衆に、手綱をもたない右手で、法王の祝福の大盤振舞に余念がない。群衆は、白や赤の花びらや緑色の月桂樹《げっけいじゅ》の葉を、その彼に向って雨と降らせた。またたくまに、天蓋の上にはそれらが積もり、真中が重さでへこんだ。心得たもので、あらかじめ長い棒を持って従《つ》いてきていた従者が、時々ポンと下から天蓋を突く。すると、たまっていた花びらや葉が、天蓋の前後左右からふり落ち、法王は、一瞬、その美しいカーテンで隠れてしまうほどだ。

　押されて出てきた群衆によって、道幅が狭くなった。法王の馬にふれるような近さで、拍手を浴びせる女もいる。中には、ぶどう酒のあふれる杯を、近づいてくる法王に向ってたかだかとかかげ、次いで大口を開けてそれを飲みほす者までいた。誰も、それを止めるでもない。ますます上機嫌になったレオーネ十世は、そんな民衆をかき分けるようにして馬を進める。

その法王の後に、銀製の大壺《おおつぼ》を持った二人の従者が続き、銀貨をわしづかみにして、沿道の群衆に向って投げながら進む。拍手は、たちまち陽気な歓声に消された。両手をかかげて、手の平で受けようとする男。前掛を広げて、落ちてこないかと願う女。子供たちは巧妙に、それら大人の足の間をくぐって、地面にこぼれ落ちてきたのをすばやく拾ってにぎりしめる。従者の方も景気よく投げすぎて、コロッセウム近くでは、さすがの大壺いっぱいの銀貨も底をつき、近習《きんじゅ》の一人が、急いで法王庁まで走り、銀貨の袋をかかえてもどり、補充するという有様だった。

さしもの長い祭列にも、最後がきた。法王庁近衛《このえ》兵《へい》の、四百の騎馬隊がしんがりをつとめる。全身を甲冑《かっちゅう》で固めた重装騎兵が、四列縦隊で、土煙を巻きあげて通り過ぎた後も、沿道の群衆は、自分たちまでが疲れはてたといった様子で、法王を迎えたらしく巻き起る、遠くの方の歓声を聞きながら、しばらくは動く者もいないほどだった。

レオーネ十世の祭列が、こうして、ローマの街に歓声と拍手の波を次々と起しながら、目的地の聖《サン》ジョヴァンニ・イン・ラテラーノ寺院に到着したのは、すでに午後の一時を過ぎていた。最後に到着した法王にとっては、汗をぬぐう間もなく、ミサを行うという仕事が待っている。それまでの笑顔を、たちまち厳粛な表情に代えたレオーネ十世は、生れた時から法王であるかのような自然さで、荘厳なミサをとどこおりなく済ませた。

神への祈りが終れば、神への感謝の食事が後に続く。その美しさで有名なラテラーノ寺院の回廊と中庭には、卓上にあふれる酒と料理が招待客を待ちうけていた。法王を先頭に入ってきた人々の間から、それを見て、おおっぴらな嘆声がもれる。祭列の参加者全員に、ローマの各地区の代表も招待されていた。だが、彼らの旺盛《おうせい》な食欲も、次々と運びこまれる皿数にはかなわなかった。ほとんど手つかずで下げられる料理は、台所を素通りして、あらかじめ呼ばれて裏口で待ちうけていた、ローマ貧民地区の代表たちに、そのまま渡された。ローマの貧しい人々も、この日ばかりは、法王御用のぶどう酒を飲み、ふだんは見たこともないきじの丸焼きを引き裂きながら、寛大な新法王に乾杯したことだろう。

午後の数時間、ローマはひどく静かだった。午睡の時間なのだ。ローマっ子は、たらふく飲み食った後の午睡を、神の恵みと勝手に解釈して享受《きょうじゅ》するから、大砲が鳴ったからとて起きやしない。フィレンツェ出身でありながら、レオーネ十世は、二十四年もの枢機卿生活で、すっかりローマ風が身についていたから、彼の方も、午睡を断念する気は毛頭ない。というわけで、その日もローマ中が眠ったのだった。

帰途につく祭列が動きだしたのは、午後の五時を過ぎていた。行きと同じ順序で、コロッセウムを半周してヴェネツィア広場までは同じ道だが、そこからはヴィア・ラータの通りを行かず、左へ曲がり、カンポ・ディ・フィオーリを抜けてテヴェレを渡る道を取る。なるべく多くの人に祭列を見せたいとの、法王の希望を容《い》れた道順だった。

祭列は、行きの時に優るとも劣らぬ歓迎を受けながら進んだ。凱旋門《がいせんもん》が、過ぎてはまたあらわれ、家々の窓からは、じゅうたんや壁掛けが下がり、戸口には、持っているかぎりの彫像が並べられて、聖母マリアの像の隣に、美の女神ヴィーナスが置かれていたりする。行進する者も、それを迎える者も、このキリスト教と異教のごちゃまぜに、少しも不思議に感じない。憤慨する気にもならない。それどころか、歓喜するこの民衆を前にしては、異教とキリスト教とのこの奇妙な調和さえ感動的だった。

花吹雪と歓声と拍手の中を、ようやく一行がカンポ・ディ・フィオーリに着いた頃、春の日が没した。それを合図に、全市の建物の壁にしつらえられたたいまつに、いっせいに火が点じられた。だんだんと暗くなる空に、いきおいよく火の粉が飛び散る。

高級ホテルと枢機卿たちの邸宅が集まっている、このカンポ・ディ・フィオーリのあたりは、まさに火の饗宴《きょうえん》だった。その中を、夜気を浴びて少しは楽になった法王が、あいかわらずの祝福と笑顔の大盤振舞をしながら、ヴァティカンへの道を進んだ。テヴェレ河を渡る手前で、ユダヤ人地区の代表が、彼らの宗教を認めてローマに住まわせてくれる礼をいうため、法王を待っていた。レオーネ十世は、機嫌よく、これら〝キリスト教徒の敵〟のあいさつを受ける。

出発地サン・ピエトロ広場まで帰り着いた一行は、そこで解散した。長い祭の一日が終ったのだ。だが、法王は、なおもローマを見たがり、法王宮よりは見はらしのよいカステル・サンタンジェロに、その夜は泊まると言いだした。

バルコニーからは、灯の海と化したローマを一望できる。法王レオーネ十世は、そばのフェラーラ公をふりかえって言った。

「これらの美しくすばらしいものを見た後では、法王であることが、何と愉快であるかがよくわかる。坊主《ぼうず》になれば、誰でも法王になりたいと思うのも当り前だろう」

灯火の使い方の巧みさは、古代ローマ以来のイタリアの伝統である。その見事な火の芸術を享受するため、法王が、夜中起きていようと言いだすのではないかと、招待客たちは心配したが、それは無用だった。レオーネ十世は、しばらくの間灯の海に浮ぶローマを楽しんだ後、火がひとつひとつ消えていくのを見るのはあまりにも淋《さび》しいと言い、バルコニーに背を向けた。そして、急ぎしつらえられた枢機卿ペトゥルッチの部屋へ向いながら、両側にひざまずく人々の顔を見つめて、こう言った。

「さて、皆さん、今日の演目はお気に召しましたかな」

見世物二 政治と外交——外国人記者席より

ヴェネツィア共和国ローマ駐在大使マリーノ・ゾルヅィの報告

一五一三年十一月二十三日

光栄あるヴェネツィア共和国元首、並びに元老院議員諸氏へ、

即位一周年を迎えようとしているのに、この法王の真意を探ることは、われわれ法王庁駐在大使にとって、実に困難な仕事になりつつあります。はじめのうちは、歴代法王の最年少者、享楽《きようらく》的なメディチの子と、多少はあなどっていた感のあるわたくしも、これはなかなか一筋縄ではいかぬと、認めざるをえなくなりました。ふだんは、誰とでも実に気さくに話されます。しかし、いったん話題が政治の核心にふれると、

表情をこわばらせるでもなく、何とも巧みに話をそらせてしまうのです。といって、時には素直に意見を述べられることもあるので、われわれとしては、裏ばかり探っているわけにもいきません。イル・マニーフィコ（偉大公）と尊称された父親のロレンツォ・デ・メディチが、生前に、

「わたしには三人の息子がいる。一人は狂人、一人は賢人、三人目は善人だ」

と言ったそうですが、いまだ十代にあった三人の性格を言い分けて妙であります。

では、側近の線から法王の真意を探る手はどうか、ということですが、わたくしもすでに試みたのですが、どうもたいした成果は期待できません。といいますのは、第一の側近と自他ともに許しているビッビエンナ枢機卿《すうきけい》といえども、法王は、五歳年長の少年時代からのこの家庭教師を、変わらぬ忠誠と法王選出時の功により枢機卿に任命はしましたが、その文学的才能と優雅な社交手腕を愛してはいても、それだけの人物である枢機卿の器量をよく理解しているらしく、政治上の考えをどれだけ打ちあけているかは、疑わしいと見る方が妥当です。

次に、弟のジュリアーノ殿ですが、周知の病体であるうえに、前述の父親の言葉通りの善人で、政治的野心には無縁の男であります。続いては、父親に狂人と評された亡《な》きピエロの長男で法王には甥《おい》にあたるロレンツォ殿についてですが、この二十歳を

越えたばかりの若者は、政治的野心は十分に持ち合わせているようでも、それを実現するだけの器量には恵まれておりません。まず、軍事的能力がまったくないのです。これでは、いかに法王レオーネ十世が、法王庁の伝統ともいえる親族第一主義をふりかざし、この二人を援助しようとしても、法王の力の及ぶ範囲まではいざ知らず、それ以上にいくことはかないますまい。要するにわれわれは、第二のチェーザレ・ボルジアの出現を、心配する必要はないと思われます（この平凡なメディチ家の二人が、歴史上に名を残せたのは、フィレンツェにあるミケランジェロ制作の「メディチ家の墓」のためである）。

最後に、法王のいとこで新たに枢機卿に任命されたジュリオ・デ・メディチ殿がおりますが、今のところは、ジュリアーノ、ロレンツォ両殿を助けて、フィレンツェ共和国の内政に専心し、ローマにはいないほうが多く、法王の政治面における彼の影響はほとんど見られません。ただし、いまだ国際政治面では未知数でも、法王側近中、最も注意すべき人物はこの人でありましょう。

このような状況では、法王の真意は、推量する以外にありません。今のところ彼は、平和の法王という印象を、表面に強く押しだしております。ピサ公会議派で、先法王ジュリオ二世に破門された二枢機卿を許し、破門を解いただけではなく、彼らの地位と財産をもどしてやりましたし、同じく破門されていたフェラーラ公にも、無条件で寛大な処置をとりました。ヨーロッパ列強との関係については、これも今のところですが、どの国とも同盟を結ばない、中立政策をとると公表しております。戦いは何としても避けねばならぬ、これが新法王の政策の基本であると、われわれとの会見の席上でも、常に出てくる法王の言葉です。先日も、

「わたしは怠け者だから、なるべく動かないでいたい。平和な治世を享受したいものだ」と、言われました。ドイツ皇帝の大使にいたっては、冗談にしても、

「今度の法王は、レオーネ（獅子）ではなく、アンジェロ（天使）と名を付けた方が適当だった」

と、言っているほどです。

しかし、法王の言葉が彼の本心をあらわしているにちがいないとは思いますが、それにしてもわたくしには、彼は、動かないのではなく、動けないのであって、それを彼自身が十分に理解しての、前述の口ぶりであると思われます。南をスペイン勢にがっちり押えられ、北のミラノも、いつフランス王が失地挽回《ばんかい》の気を起すやもしれぬ現状では、レオーネ十世ならずとも、慎重にならざるをえないでありましょう。不幸に

も彼は、先法王ジュリオ二世の播《ま》いた種を、摘み取る役を負わされることになりそうです。

ローマにて、共和国の公僕M・ゾルヅィ

一五一四年一月六日

ベファナ祭でにぎわう今朝方、元老院からの書簡を受け取りました。早速、ご指示に従い、何げない風をよそおって、法王に会見を申し込みました。多分、他国の大使たちは気づいていないと思います。会見には、他に同席者はおりません。法王は、わたくしの差し出した書簡を読まれ、ひどく驚かれたようでした。そして、「貴国の情報の正確さは定評あるところ、これは信じねばなるまい」と言われました。

彼には、フランス王ルイ十二世が、予想はしていたとはいえ、これほどまでにミラノ再征略に執着しているとは、意外であったようです。そのために、スペイン王をだきこもうとしていることも。法王の言われるには、フランス王女レナータにミラノとジェノヴァを持参金につけ、スペイン王フェルディナンドの二人の甥《おい》のうちの一人と結婚させること、条件は、ナポリをスペインが手離す、というこのフランス王のスペイン王に対する提案を、まずスペイン王には、ナポリを手離す気は毛頭なかろう、しかし、あの老狐《ろうこ》フェルディナンドのことだから、手離すと約束して甥とフランス王女を結婚させ、そのままミラノとナポリをともに手にする気にはなるかもしれない、これが問題だ、となります。わたくしも同感です。

これだけで今日の会談は終りましたが、わたくしの推察しますに、法王は、歴代法王の政策をこの点では継承していて、イタリアの北と南、すなわちミラノとナポリを、絶対にイタリア人以外の同一人物の手に帰させてはならぬ、との決意だけは確かであると思われます。もしそのような事態に陥った場合、ローマは孤立するからです。ローマだけでなく、イタリア全体にとっても、致命的な事態になりましょう。法王ボルジアは、チェーザレに両国を与えようとし、ジュリオ二世は教会領としようとして苦闘しました。だが、いずれも失敗に帰しております。それを見てきた法王メディチにできることはただひとつ、両国の王冠を、同一人物の頭上に輝かせてはならぬ、ということだけでしょう。今度のフランス王の動きについて、法王がどう対処するか、これからはより一層の注意が必要と思われます。

ローマにて、共和国の公僕M・ゾルヅィ

三月十日

今日、法王からカルタ遊びに招《よ》ばれました。同席者は、コルネール、アラゴン、サウリの三枢機卿で、わたくしは遊びに加わりません。ただ、この内輪の遊びに招ばれたということは、法王が、われわれの情報を得たがっていると判断し、頃合いを見はからって、お知らせくださった件について、法王に耳打ちしてはおきました。スペイン王が、ナポリ放棄を真面目《まじめ》に受け取り、この結婚話に乗り気ではないとのことは、法王を喜ばせたようです。しかし、これで法王が安心し、ますます動かなくなるとい う、わたくしのここ連日の心配が、現実になるのを怖《おそ》れます。わが共和国としては、われわれが動くのでなく、法王を動かした方が得策と思うので、法王の決断が遅いのが、なんとも気にかかるのです。先法王ジュリオ二世が、からかい気味に、枢機卿時代のメディチを、慎重殿と呼んでいましたが、それが、優柔不断を意味していなければ幸いというものです。

ローマにて、マリーノ・ゾルヅィ

三月二十一日

今夕知ったことですが、法王は、フランス王ルイ十二世の許へ、特派大使としてビッビエンナ枢機卿を派遣すると決定したそうです。さすがの〝慎重殿〟も、スペインとフランスの王が、例の結婚話はしばらく棚上げにしたとしても、向う一年間の休戦協定を結んだという事実には、ようやくその重い腰をあげようとしている、とわたくしは見ました。ただし、ビッビエンナ枢機卿派遣の公式理由は、先法王以来うまくいっていないフランス王国と法王庁の関係改善というだけで、枢機卿が、どのような具体的な使命をおびて行くのかは、何とも探ることができませんでした。

ローマにて、共和国の公僕M・ゾルヅィ

四月二日

どうやら法王は、フランスとスペインの間を切り離そうとしているとの確信を、ここ連日、ますます強めております。スペインに対してはどういう手を使っているのかは、法王とスペイン大使とのしばしばの会談を確認しているだけで、詳細についてはまったく不明です。しかし、フランス王に対しては、王の年来の懸案であるイギリスとの関係改善を、法王が仲立ちすることが条件であるにちがいありません。探りを入れました結果、法王は、フランス王ルイ十二世と、イギリス王の妹マリー・テューダーとの結婚話を、フランス王に持ちこんでいるとの確証を得ました。イギリス王ヘンリー八世は、すでに了解済みであるそうです。

ローマにて、マリーノ・ゾルヅィ大使

九月十六日

九月一日から法王の狩行きに同行して、ローマの北の野をまわっております。老フランス王と若いイギリス王女の結婚式無事終了の知らせも、この地で、ローマからの回送で受け取りました。法王は、ひどく上機嫌でいられます。ただしそれは、この結婚話成功のためか、それとも連日の狩の収獲のためかはわかりませんが、おそらくこの両方であろうと思われます。

狩は法王の情熱のひとつで、われわれ外交官は、その日の狩の成績を見て、法王に会談を申し込むほどです。庶民もそれをよく知っていて、どこでも大歓迎で迎えます。狩に出発する時から法王は、俗人風の狩衣《かりぎぬ》を着け、長靴をはき、馬を駆っていかれます。随行の枢機卿たちも、僧衣を着ける者は一人もおりません。われわれ各国大使も、このように法王庁が移動するので、狩を好まぬ者でも同行しないわけにはいかないのです。

しかし、醜男《ぶおとこ》の法王は、狩衣を着けるとますます見映えがしなくなります。大きな頭、ずんぐりと短い首、肥《ふと》った上半身をささえるのは、不均衡に細い短い脚。顔は大きくむくんだ感じで赤味をおびており、丸くとび出した両眼は極度の近視で、しばしば眼鏡を使用しなければなりません。白い法王衣を着けていなければ、そこら辺にゴマンといる下級僧と同じで、その風貌《ふうぼう》は、諷刺画《ふうしが》に描かれる修道僧とそっくりであります。白くむっちり肥った手は、思考の人のものではなく、行動の人のものでもありません。

ただし、法王は、自分の肉体の醜いことを知ってか、それとも生来の性格か、気取るということをまったくせず、宿舎の付近の住民とも森番とも、何のわけへだてもない態度で気軽に話をされます。窮状を訴える者には金を与えよと命ぜられ、持参金がなくて嫁にも行けない百姓娘にも金、という具合で、狩行きのたびに、五十ドゥカートは消えるという話です。嘘《うそ》を申し立てる者もいるにちがいないと進言した者もおりましたが、法王は、全部がそうということもないだろうと言われ、あいかわらず、法王の後に従う従者の腰に、銀貨のつまった皮袋がぶらさがっているという光景はそのままです。狩の獲物も、帰途、沿道に並んで迎える庶民に、すべてやってしまわれます。

こういう有様で、歴代法王中最年少だが最醜男といわれるレオーネ十世も、庶民の間での人気は絶大であります。

マリアーナにて、大使M・ゾルヅィ

一五一五年一月十日

フランス王ルイ十二世の死の報は、常に上機嫌の法王にも、時には黙りこませるほどの打撃を与えたようです。知らせを受けた時は、「哀れな王女は四ヵ月で未亡人か」と言われただけでしたが、後継者のフランソワ一世が、まだ二十歳を越えたばかりの若年と知るや、「フランス人の若いのは、イタリアにとってどうも不吉な存在になる。シャルル八世、ガストン・ド・フォアと、イタリアで騒ぎを起すのは、いつも二十代のフランス男だ。今度のもそれでなければよいが」とつぶやかれました。

ローマにて、共和国の公僕M・ゾルヅィ

一月三十日

今日、法王は、ジュリアーノ殿に十五万ドゥカートと、別に四万ドゥカートでドイツ皇帝からモデナを買い、この結婚したばかりの弟への贈物とされました。フランソワ一世の伯母で、若くも美しくもないフィベルタ・ディ・サヴォイアと結婚させられたジュリアーノ殿へのわびのしるしだとは、もっぱらのローマでの噂《うわさ》であります。これで、若い野心家のフランソワ一世がおとなしくなるとは思えませんが、法王レオーネ十世は、まだ、非同盟政策を捨てる気はないようです。

ローマにて、大使M・ゾルヅィ

六月三十日

今夕、珍しくもわたくしと法王との間で、激しい口論が交わされました。二十七日に調印された、わが共和国とフランスとの同盟についてです。法王は、近くの国と争うために遠い外国勢と結ぶと、わが共和国の政策を非難されました。わたくしも、はっきりと申しました。

「自国の利益を第一に考えるのは当然のこと。今のままでもミラノは、ドイツ皇帝の保護下のスフォルツァ家統治によって、事実上皇帝領のような状態です。わがヴェネツィア共和国は、北と西を、年来の敵ドイツに固められようとしている。しかも、スペインの老王フェルディナンドの後を継ぐカルロス王子は、ドイツ皇帝マクシミリアンにとっても第一の後継者である。このままでは、現在スペイン下にある南イタリアに加え、北イタリアもカルロスのものになるのは、もはや時間の問題であります。フランス王が、対スフォルツァに動くというのなら、動かせたらよいではありませんか」

それでも法王は、ほとんど怒気をあらわに、こう言われました。

「戦いを避けるのが、何よりも先決だ」

「猊下《げいか》、非同盟政策を続けながら、裏面では、各列強間を引き離し、互いに孤立させようというのが、猊下の深意であられると、われわれは推測しております。しかし、この種の現実路線は、狂人の出現を想定しておりません。一人の狂人が出るや、たちまち崩壊してしまう危険をふくんでいます」

「大使、あなたは何をわたしから望んでいられる。現在の法王庁に、あなた方の望んでいるものを満足させられる力があるとでもお思いか。軍事力など、小国にも劣るほどだわ。それに比べてヨーロッパの列強は、ますます強大になりつつある。このような時に必要なのは、遠大な構想を持つ政治家ではない。有能な外交官でけっこうというものだ」

わたくしは、法王に、従来の政策を捨てよと迫ったのではありません。ただ、戦いを避けることばかり考えていると、かえって戦いに巻きこまれると言いたかったのですが、法王は最後まで、外交による解決策を捨てないつもりだと見ました。

ローマにて、共和国大使M・ゾルヅィ

一五一五年八月、フランソワ一世に率いられた三万五千のフランス軍は、アルプスを越えた。それを迎えて列強は、急ぎ反フランス同盟を結成し、最後に、法王もついに参加した。

三万のスイス兵も、アルプスを越える。スペイン軍は、ナポリ総督カルドーナ指揮下、フランスと共闘するヴェネツィア軍に向う。プロスペロ・コロンナの指揮するスフォルツァ軍は、ミラノを守り、法王軍は、総司令官ジュリアーノ・デ・メディチ病体のため、ロレンツォが代理で指揮をとることになったが、若い甥《おい》の軍事的能力を信用しない法王は、ウルビーノ公に実質的な指揮権を与え、パルマ、ピアチェンツァの両都市防衛に派遣した。

フランス軍の先鋒隊《せんぽうたい》を指揮するのは、イタリア人の傭兵《ようへい》隊長で、歴戦の強者《つわもの》老トリヴルツィオ将軍である。彼は、連合軍中最強のスイス軍とぶつかることを避け、スフォルツァ軍に襲いかかった。不意をつかれたコロンナ隊長は、なすすべもなく、自らも捕虜になる始末。ローマでその知らせを受けた法王は、あまりの醜態に、怒るよりもあきれはてしまった。

タダ同様で手に入れたにしても、この緒戦の勝利に気を良くしたフランソワ一世は、トリノを発《た》って南下する。一方、この勢いづいたフランス軍に迫られた連合軍の方は、連合軍とは名ばかりの寄せ集めである事実を暴露していた。ヴェネツィア軍と対するはずのスペイン軍は動かず、法王軍にいたっては、総司令官ウルビーノ公が、敵方に内通する有様。九月十三日、唯一《ゆいいつ》軍隊らしいスイス軍が、押し寄せるフランス軍と対決させられることになった。会戦の地は、マリニャーノの平原。

六十門の大砲をずらりと並べた三万五千のフランス軍は、王自ら指揮をとる。それに対する三万のスイス軍の指揮官は、スイス歩兵の育ての親、シッテン枢機卿。戦いは、土煙を巻きあげて突撃してくるフランス騎兵隊と、例の真四角な陣形で無気味に進むスイス歩兵隊が、真正面からぶつかるすさまじい激戦となった。スイス兵は、頭を下げ一団となって、フランス騎兵の馬ばかり狙《ねら》う。落馬すれば、ありのように襲いかかって殺した。フランス兵は、浮足だった。陣形を固めるどころではない。各自が、勝手な方向に逃げようとする。それを見たフランソワ一世は、自ら馬を駆り、大声で叱《しか》りつけながら、兵を引き止めようとした。

スイス軍の総指揮シッテン枢機卿は、勝利はもはやわがもの、と見た。いち早く戦勝報告を持たせた急飛脚を、ローマの法王の許《もと》に送った。

九月十七日

今朝方、法王から呼ばれ、ヴァティカンに行きましたところ、わが共和国出身のコルネール枢機卿も、同じく法王の呼出しをうけていて、二人一緒に、法王と会見いたしました。法王は、静かな口調で、「フランス軍敗戦の報が、昨夜、シッテン枢機卿からとどいた。誰にも漏らさないという約束で、あなた方に知らせる」と、言われました。

わたくしもコルネール枢機卿も、暗い気持で退出しました。しかし、どこから漏れたのか、この知らせはまもなくローマ中に知れわたり、ビッビエンナ枢機卿などは狂喜せんばかり、スイス衛兵たちも、胸を張って歩きまわっていました。一方、ローマに居住するフランス人やヴェネツィア人は、まるで死人のような顔で歩いております。

ヴェネツィア共和国大使M・ゾルヅィ

ところがこの戦いには、後半戦があった。浮足だった兵をまとめるのに王が苦労していた時、夕闇《ゆうやみ》の中から、ダルヴィアーノ隊長指揮下のヴェネツィア騎兵隊があらわれたのである。前後に敵を迎えて、さすがのスイス歩兵も動揺した。とくに、ダルヴイアーノは、騎兵隊を指揮させてはヨーロッパ一の定評がある。それに、立ち直ったフランス騎兵の陣頭指揮に立ったのは、これまた歴戦の勇将老トリヴルツィオ。進むも退くも不可能となったスイス軍に、この両軍が襲いかかった。戦闘というよりも殺《さつ》戮《りく》だった。暗くなった平原は、スイス兵の屍《しかばね》で、一段高くなったように感じられるほどだった。トリヴルツィオ将軍は、後になってこう述懐する。

「今までにわしのやった十八回の戦いなどは、これに比べれば、子供同士のけんかみたいなものだった」

全戦全勝を誇ってきたスイス歩兵の、最初の完敗である。

九月十八日

二通の手紙を受けたのは早朝でしたが、わたくしはただちに官服を着け、ヴァティカンへ行きました。法王はまだ睡眠中だから起すわけにはいかないと、従僕のセラピカが言い張りましたが、わたくしは、「起さないと、おまえのためにならないだろう」と言い、引き下がりませんでした。法王は、衣服のボタンを掛けながら、部屋に入ってこられました。わたくしは、すぐにこう切り出しました。

「法王猊下、主キリストの言葉のまねをすれば、悪は善と表裏一体とのこと。昨日、猊下はわたくしに、悪く偽った知らせをくださいましたが、今日はわたくしの方から、良き正しき知らせをお返しいたしましょう。スイス兵は敗れました」

「そのことなら、わたしも昨夜知った。だが、敗北はたいしたことではないというではないか」

「猊下、どちらの報告が正しいか、これをお読みください」

と、わたくしは、受け取ったばかりの元老院からの手紙と、フランス王に同行しているフランス駐在ヴェネツィア大使からの手紙の両方を、法王の前に差しだしました。

法王は、読み終えられた後、ひどく驚かれたようでした。そして、

「一通目は元老院からのもの、二通目の手紙は、筆者を知っている。あの男の報告では、信用せずばなるまい」

と、椅子《いす》の背にがっくり身を落として言われ、自嘲《じちょう》気味に、続けられました。

「王の腕に身を投げ、慈悲を乞《こ》うとするか」

わたくしは、ヴェネツィア共和国が、フランス王との仲介の労をとるにちがいないから、あまりお気を落とすにはおよびますまいと、力づけようとしたのですが、たいして効果はなかったようでした。

午後になって知ったことですが、スイス衛兵たちが怒り狂っており、フランス人やヴェネツィア人と見かけると、何をするかもわからないとのことで、わたくしも、ここ二、三日は、ヴァティカンに近づかないつもりです。

ローマにて、共和国の公僕M・ゾルヅィ

九月二十日

実に苦々しい思いで、この報告書を書かねばなりません。わたくしとしたことが何ともうかつでありました。レオーネは、マリニャーノの会戦のはじまる前に、すでに秘密の指令を発していて、会戦に敗れた場合はただちにフランス王の許へ行き、和平を申し入れるよう、下準備を終っていたのです。仲介者は、結婚したばかりの弟ジュリアーノ殿の妻の実家で、フランス王の母の実家でもある、サヴォイア公家でありました。マリニャーノからローマまでの遠路を、戦果を知らせる飛脚が到着し、それから和平を申し入れる使節を、またマリニャーノの王の許へ派遣するよりも、あらかじめ使節を会戦の場に派遣しておき、敗戦と決まるやただちに王の許へ行かせる方が、よほど合理的であります。レオーネは、これをやっていたのでした。

十八日の早朝も、わたくしが彼を起したのは事実ですが、彼を起したのはわたくしが最初ではなく、わたくしの到着する前に、彼は一度起され、フランス王からの和平交渉受諾の知らせを受け取り、安心して床に入ったところを、わたくしによって再び起されたのでした。しかも、わたくしの前で、ぬけぬけと落胆の芝居をしてみせるとは。いかにスイス兵の敗北の惨状をはじめてくわしく知ったにはせよ、あまりにも人を馬鹿《ばか》にした態度です。口惜しくもわたくしは、その彼を力づけたりなどして、完全に彼の芝居に踊らされたのでした。

ローマにて、大使マリーノ・ゾルヅィ

九月二十五日

今日、フランス王からの、和平交渉に対する条件を知らせる特使が、ローマに到着しました。王の出した条件というのは、法王は、フランス以外の他国と同盟しないこと、フランス王のミラノ主権を認めること、ピアチェンツァ、パルマの二都市を、フランス王に譲渡すること、以上の三点であります。法王もフランス王も、互いの同盟者であるスペイン、スイス、ヴェネツィアを完全に無視して、彼らだけの間で、講和を結ぶつもりらしい。法王が、敗れたスペイン、スイスを無視するのはいざ知らず、フランス王が、マリニャーノ戦の勝機は、わがヴェネツィアの騎兵によってもたらされたというのに、そのわが国を無視するとは、はなはだけしからぬことであります。

ローマにて、共和国の公僕M・ゾルヅィ

九月三十日

にわかにヴァティカンは、動きはじめました。フランス王の特使は、法王とフランス王の間を、早馬で往復している有様です。ただし、交渉は極秘に行なわれていて、われわれ他国の外交官は、完全なつんぼ桟敷《さじき》に追いやられ、交渉の進展については、探る方法さえもありません。

法王が和平を急ぐのはわかります。いかに法王に忠誠であるとはいえ、出かせぎ農民の集団であるスイス軍が、最初の敗戦の打撃によって、いつフランス王に寝返るかもしれません。また、ローマまで後退したスペイン軍が、ナポリまで逃げ込むのを止める手段も、今の法王にはないでしょう。こういう状況下では、これらが決定的にならない前にフランス王と講和しておく方が、よほど有利であります。

しかし、マリニャーノ戦勝によって北イタリアを手中にしたフランス王が、なぜこれほども、法王のさそいに簡単に乗ったのかは、正直いって理解に苦しみます。おそらくフランソワ一世も、シャルル八世、ルイ十二世の歴代フランス王と同じく、法王を追いつめておきながら、いざという時にキリスト教徒らしいためらいが出て、最後のとどめを刺すことができないという、われわれイタリア人にとっては、何とも理解しがたい人種に属するためでありましょう。

われわれイタリア人にとっては、法王は、あくまでも人間であるのに、彼らフランス人にとっては、やはり何といっても、地上での神の代理人であるのです。

法王は明日、フランス王との会見に向う第一歩として、ヴィテルボへ発たれます。それをわれら大使団に告げた席上で、レオーネ十世は、こう言われました。

「フランソワ一世は、イタリア文化の大変な讃美者《さんびしゃ》とのことだ。レオナルド、ミケランジェロ、ラファエッロの三人を連れて行こうと思う」

この策が成功するかどうかは、高見の見物というところです。

ローマにて、大使M・ゾルヅィ

十月十三日

今日、双方の特使間の交渉で、講和協定が成立しました。法王は、フランス王の出した条件をすべて受け容《い》れ、フランス王は、フィレンツェ共和国内のメディチ家を保護するとの一項をつけ加えたものです。さらに王は、調印の地に、ローマを指定しました。このために開かれた午前の枢機卿会議は、険悪な雰囲気で終始しました。ほとんどの枢機卿が、屈辱的な講和だと反対しました。法王はそれに対し、

「どうしようもない事態は、それを素直に認めるべきである」

と言われ、なおも枢機卿たちが、法王の、フランス王の指定したローマではなく調印のためにボローニャまで出向き、そこでフランス王と出会うという意向に反対して、

「これ以上、俗界の王に頭を下げることはない。ローマまで来させるべきです」

と言うのを、

「まさか王が、無防備でローマへ来ることもあるまい。大軍を従えてローマへ来られるよりは、また、イタリアにこれ以上深入りさせないためにも、王のいるミラノとわたしのいるローマの中間に位置するという理由で、ボローニャを会見の場所とする方が得策だ」

と言いきり、枢機卿たちを納得させてしまいました。

それでも多くの枢機卿たちは、講和の一項にメディチ家の件があるのに不満で、法王は親族主義《ネポティズモ》の悪習に染まったと歎《なげ》いております。

ヴィテルボにて、大使M・ゾルヅィ

十一月三十日

コルトーナ、アレッツォと、狩場とみれば楽しむ機会を逃さないゆっくりした旅を続けて、今日、法王の一行はフィレンツェに入りました。当地出身の最初の法王の、しかも法王に即位してはじめての帰郷に、フィレンツェ市中は大変な歓迎です。この地で、今最も名声の高い芸術家ヤコポ・サンソヴィーノと弟子のアンドレア・デル・サルトの作、演出の歓迎行事の見事さは、まったく目を奪うばかりです。法王も、上機嫌でそれらを楽しまれています。

フィレンツェにて、ヴェネツィア大使M・ゾルヅィ

十二月八日

十四人の枢機卿を従えた法王は、今日、ボローニャに到着されました。フランス王の方も、ミラノを発《た》ったとのことです。

ボローニャにて、ヴェネツィア大使M・ゾルヅィ

十二月十日

フランス王は、ボローニャから三マイルの地に着きました。今日、法王庁式部長官

グラシスが、フランス王の許に出向き、法王との会見礼式について王と打合せをしたのですが、フランス王は、すべてはフランス式でやる、と主張したそうです。

ボローニャにて、共和国の公僕M・ゾルヅィ

十二月十一日

午前十一時、騎兵隊を従えたフランソワ一世が、ボローニャの北西の門サン・フェリーチェ前に到着しました。門前には、二十人の枢機卿が、全員緋衣《ひい》の正装で出迎え、王が着くや脱帽し、最年長のリアーリオ枢機卿が、王自ら来られたしとの法王の希望に応《こた》えられて喜ばしい、との、法王の言葉をラテン語で述べました。フランス王も、脱帽し、フランス語でそれに答えました。王一行は、武装しておりません。そのまま枢機卿らに導かれて、宿舎に定められた市庁舎へ向いました。そこで、ビッビエンナ、サウリ、メディチ、チボーの四枢機卿との昼食を終えた王は、すぐに、同じ建物の上階にある大広間に向いました。

大広間では、三重冠に第一礼装の法王が、枢機卿たちを背後に、宮廷人、われわれ外交団、その他大勢の人にとりまかれて、すでに座に着いて待っておられました。王も、重臣らを従えての入場です。

ところが、誰のしたいたずらか、床がひどくすべるのです。わたくし自身も、入室の時すべって、もう少しで柱に頭をぶつけるところでした。というわけで、胸を張って入ってきたフランス王も、たちまち床に足を取られ、グラシスが横から素早くささえなければ、完全に尻《しり》もちをつくところでした。それでも、ぶざまによろけた王は、ひげをたくわえているとはいえ、やはり二十一歳の若者で、見るまに頬が紅潮しました。それを眺めていた法王の眼に、少しも心配した気配が見えず、かえっていたずらっぽい微笑が浮んだので、もしかしたら、床を常以上に磨かせたのは法王の考えかもしれません。そうでなかったにしても、少なくとも彼は知っていたようです。

フランソワ一世

　女のようにグラシスに手を取られて、それでも法王の前まで進んだフランス王は、手につかんでいた帽子を投げ出し、法王の足許《あしもと》にひざまずき、靴の先に接吻《せっぷん》しました。その王を、法王は、手を差しのべて起《た》ち上がらせ、抱擁しました。それが終ると、フランス王は法王の前に立ち、母国語で、法王に対するフランス王の忠誠を誓い、さらに続けて、イタリア文化に対するメディチ家の貢献を賞《ほ》め称《たた》え、メディチ家なくしては今日のすばらしいイタリア文化も存在しなかったと、力説しました。いくらなんでも、おおげさな話です。これに対し、レオーネ十世は、ラテン語で、短く礼を述べられました。これで、勝利者フランス王は、またしても敗者の法王の上位を認めるという、シャルル八世と法王ボルジアの例をくり返したことになります。

次いで、枢機卿、宮廷人、外交団と、フランス王に一人ずつ紹介されました。わたくしの前でフランス王は、二ヵ月前に亡《な》くなったダルヴィアーノ隊長の喪を述べられ、この勇敢な武将の死は、ヴェネツィアだけでなく、フランスにとっても損失だ、と言われました。しかし王が、最も長く留まられたのは、法王がローマから連れてきた芸術家たちの前でした。とくにその中でもレオナルド・ダ・ヴィンチに対しては、フランソワ一世は、一介のファンでもあるかのようにくっついていました。

講和の調印は、十四日に行なわれます。

ボローニャにて、大使M・ゾルヅィ

十二月十二日

フランス王は、ひどく上機嫌にボローニャ滞在を楽しんでおります。法王から王に、贈り物が与えられました。アスカーニオ・スフォルツァ所有であったのが、枢機卿の死後ジュリオ二世の手に渡り、法王の死後に法王庁所有になっていた、宝石を飾った金の十字架です。一万五千ドゥカートもする見事なものです。王は、ひどく喜んでそれを受け、法王に、感謝の言葉を述べました。しかし、フランス王は、法王に、ラオコーンの群像も欲しいと言いだしました。法王は、簡単にそれを受諾しました。同席していたわたくしは、先法王ジュリオ二世の時代に発掘され、ヴァティカンの至宝とまでいわれているこの群像を、法王がほんとうに手離す気なのかと疑いましたが、後で知った事実によると、レオーネ十世は、彫刻家のバンディリオーネを呼び、本物にうりふたつの模像を作っておけと、命ぜられたそうであります。

ボローニャにて、共和国の公僕M・ゾルヅィ

十二月十三日

今朝、ボローニャのカテドラーレで、法王の主催するミサが挙行されました。フラ

ンス王も、随行者全員とともに参列しました。

ところが、ミサが終り、聖体拝領の時になって、祭壇の前に立つ法王の前に向いはじめていたフランス人の一人の武将が、突然、法王の足許にひれ伏して、母国語で叫びだしたのです。

「お許しを、お許しを、法王猊下《げいか》に反逆した罪深いわたくし奴《め》をお許しください！」

レオーネ十世は、足許で泣きわめくこの男を、やさしく腕を取って起ちあがらせ、聖餅《せいへい》を与えたうえ、抱擁までされました。これを見ていた他のフランス人も、口々に「お許しを」と叫び、われ先にと法王の前に殺到して、その足先に、争って接吻しようとしました。法王は、彼らを、いちいち起ちあがらせ、聖餅を口に入れてやり、抱擁をくり返しました。最前列に坐《すわ》っていた王までもが、「法王への反逆は、われわれ誰一人として望まなかったことです。すべては先法王ジュリオの、フランスへの不当な敵愾心《てきがいしん》に対する、やむをえないことだったのです」

と、言う始末でした。

こうして、フランス人から見れば感動的な、われわれイタリア人からすれば、笑止千万な光景がくり拡《ひろ》げられたのです。まったく、フランス人というのは不思議な民族です。こうなるのだったら、はじめから対法王戦などやらねばよかったではないかと、われわれならば思うところですが。

ボローニャにて、ヴェネツィア大使M・ゾルヅィ

十二月十四日

今日、法王庁、フランス間の講和協定が調印を終りました。法王が、調印のためだけにボローニャへ来たと思っていたわれわれにとってはまったく驚くべき内容で、調印に同席した枢機卿たちも、唖然《あぜん》として口もきけない有様でした。協定条項が、完全に変わっていたのです。

まず、法王はフランス王と同盟を結び、他国とは同盟しないという項ですが、前半部はそのままでも、後半部が消えていました。

第二の、フランス王のミラノ主権を認める項は、そのままです。

第三、ピアチェンツァ、パルマの二都市をフランス王の所有とするという項は姿を消し、代りに、フランス王はこの二都市への権利を放棄し、モデナ、レッジョの二都市までも、フェラーラ公爵《こうしゃく》アルフォンソ・デステに返還するとなっています。法王は、四万ドゥカートで皇帝から弟ジュリアーノに買ってやったモデナを失ったことにはなりますが、フェラーラ公はイタリア人です。フランス領になったわけではありません。

第四の、フランス王のメディチ家保護の件はそのままで、さらに加えて、法王の甥《おい》ロレンツォを、フランス貴族に列するとあります。

最後に、これがわれわれを最も驚かせた条項ですが、フランス国内の聖職者任命権が法王にあることを確認し、フランス王は、国内での法王至上権を認めるとしてありました。歴代のフランス王が、法王と争ってまでも確保しようと努めてきたことを、敗者でもないフランソワ一世が、こうもあっけなく認めてしまったのは、何とも理解しかねます。しかもフランス王は、上機嫌に調印したのですから。レオーネ十世の、外交技術の粋と認めねばなりますまい。

ボローニャにて、ヴェネツィア大使M・ゾルヅィ

十二月十五日

フランス王フランソワ一世は、大満足の面持でボローニャを発ち、ミラノへ向いました。城門の前まで、今では法王の外交への不満も消えた枢機卿団が同行し、馬鹿《ばか》ていねいな態度で王を送り出したものです。

フランス王は、シャルル・ド・ブルボンをミラノ総督に任命し、新年早々、全軍を率いてフランスへ帰るそうであります。

法王は、十八日にボローニャを発ち、フィレンツェで重病の床にある弟のジュリアーノ殿を見舞われ、その地でキリスト聖誕祭と謝肉祭を過し、二月末にローマ帰着の予定です。

ボローニャにて、共和国の公僕M・ゾルヅィ

一五一六年二月十日

光栄あるヴィネツィア共和国元首、並びに元老院議員諸氏へ

謝肉祭の喧噪《けんそう》の最中、わたくしは法王に呼ばれ、何気ない風をよそおった彼の口から、法王庁とわが共和国の間に、友好同盟を結ぼうではないかとの、彼の意向を伝えられました。これで、ここ数日胸にもっていたわたくしの疑問を解く、確証を得たわけです。

フランス王との友好同盟を結んでしまった法王レオーネ十世は、従来の彼の政策、非同盟政策の変換を迫られるだろうと、わたくしは見ていたのです。とくに、この同盟を知ったスペイン王フェルディナンドが、烈火の如《ごと》く怒り、法王はふたたび政治をしている、反フランスという彼の旗印は偽物《にせもの》だと、法王庁駐在スペイン大使に手紙で書き、それを大使が法王に見せた時から、法王も何らかの対策をとらねばなるまいと

思っておりました。それでわたくしは、法王の動きを探る情報を常よりも注意して集めだしたのです。

何とレオーネ十世は、非同盟政策から一転して、同盟政策をとりだしていました。しかも、全列強と友好同盟を結んだのです。最後が、わが共和国でした。フランス王との講和協定の第一項の後半部、フランス以外の国とは同盟しないという部分が、調印の時には姿を消していたので、もしフランス王がこれを知ったとしても、抗議することはできません。

このように法王は、法王＝フランス王、法王＝スペイン王、法王＝ドイツ皇帝、法王＝イギリス王、法王＝ヴェネツィア共和国と、友好同盟を結ぶ政策に変えたのです。しかも、わたくしの探ったところでは、この法王のやり方に、われわれヴェネツィア以外は、誰も気づいておりません。各強国の王は、自分だけが法王と同盟関係にあると、思いこまされているようです。

ここまできた以上、ヴェネツィア大使のわたくしも、祖国の元老院に報告し、なるべく早く実現するよう努める、と答えるしかありませんでした。まさか、ヴェネツィア一国が孤立するわけにもいきませんし、それでは何よりも危険です。非同盟政策と汎同盟《はんどうめい》政策。違いがあるようで違いのない、同じことなのでしょう。

わたくしは時折、自問自答します。この法王レオーネ十世は、非常な敏腕家か、それとも彼自身がよく言うように、怠け者で臆病《おくびょう》で、前代未聞《みもん》のごくつぶしなのかと。

フィレンツェにて、大使マリーノ・ゾルヅィ

見世物三 陰謀

ローマの闇《やみ》は深い。巨大な遺跡が重なるようにそびえ立ち、その陰にちらりと火が見えれば、羊飼いの夜寒をいやすたき火であっても、さては夜盗の群かと、一瞬ひやりとさせられる。市街に入ると、壮大な教会や、貴族、高位聖職者、銀行家の大邸宅が軒を並べる。だが、これも大通りだけのことで、そこから一歩曲れば、一寸先も見えない闇になり、狭い道がくねくねと、迷路のように続く。両側の家々の窓は、木の窓おおいをしっかり閉めてあるので、中に灯がともっていても、外にもれることもない。もしそこに人が立っていたとしても、黒い長マントを拡《ひろ》げてこうもりのように壁に張りついてしまったら、見分けるどころか、それと気づくことも困難だろう。迷路がつきると、そこに小さな広場が開け、教会があったり、噴水が、ちょろちょろと水音をたてていたりする。外側は何でもないようでも、中に入ると驚くほど豪華な邸宅

があるのは、そのような場所だ。枢機卿《すうきけい》ペトゥルッチの屋敷も、その中のひとつだった。その夜、空には淡い春の月がかかっていた。噴水の半身を、白くやわらかく照らしている。

二十六歳になったばかりの枢機卿は、そこまで、一気に馬を駆けさせてきた。ローマの夜の闇も、その日の枢機卿には、怖《おそろ》しくも無気味にも感じられなかった。固く閉ざされていた城門も、彼のたずさえていた法王の特別通行許可証のおかげで、簡単に開けられた。後は、勝手知った道である。曲りくねった暗い道を、たいまつをかかげて先行する従者の馬を追いこしかねない勢いで、枢機卿は馬を飛ばせた。両側の家の石壁に、ひづめの音が高く反響しては遠ざかる。

二ヵ月前に、逃げだすようにしてローマを後にした時に比べれば、彼の心境には、天と地ほどの差があった。今は、法王が、彼の宿願であるシエナ復帰を約束してくれたのだ。親友のサウリとコルネールの両枢機卿が使いになって、逃亡先のジェンザーノまで来て、法王の、話し合うためにローマへ帰るようにとの言葉を伝え、安全保証書まで与えたのだった。これに狂喜したペトゥルッチ枢機卿は、両枢機卿を送りだした後、コロンナ家保護下のこの安全なジェンザーノに、留まる気をなくしてしまっていた。一刻も早くローマへ帰り、法王とのその話し合いというのに入りたかった。彼は、従者一人だけを連れ、慎重をすすめるコロンナの言葉をはねつけて、夜道をローマへ向ったのである。彼は、ローマの城門を通るや、ほんとうはそのままヴァティカンへ向いたかったのだ。しかし、深夜の訪問は、やはりためらわれた。明朝参内すればよい、と彼は思った。

あらかじめ主人の到着を知らされていなかったペトゥルッチ邸の表門は、固く閉ざされていた。従者が、大きな扉にはめられた鉄輪を、力まかせに扉にたたきつける。馬上で、扉の開かれるのを待ちながら、若い枢機卿は、ふと空を見あげた。そこには、ローマの南にあるジェンザーノのコロンナの城を出てから、夜道をずっとここまでついてきてくれた月が、もう薄くなってかかっていた。彼は、視線を噴水に止めた。その時、暗く陰になっている向い側の教会の柱の陰に、何かが一瞬動いたような気がした。だが、心が躍っている枢機卿は、それを気にもとめず、すぐに忘れた。

大扉が、重い音をたてて内側から開かれた。主人の不意の帰館にあわてている門衛の、くどくどとわびを述べる言葉を背に、ペトゥルッチ枢機卿は、邸内に馬を乗り入れた。中庭をかこむ回廊のはしで馬を降りた彼に、燭台《しょくだい》を持った家令が、走り寄ってきた。大またで自室へ向う主人の後を小走りに追いながら、家令は、

「一ヵ月前から、ニンニ殿とシッピオーネ殿の姿が見えません」
と言った。さすがの枢機卿も、それには足を止めた。しかし、この秘書と執事の二人には、自分がローマを去る前に、シエナに行けと言い置いてあったことを思いだし、一瞬めばえた疑いの心もすぐに消えた。枢機卿は、そのまま寝室に入っていった。

翌朝、ペトゥルッチ枢機卿は、テヴェレ河を渡り、ヴァティカンへ馬を飛ばした。今日は、緋色《ひいろ》の枢機卿の正装である。従者も、五人を従えた。

法王宮の正門は、すぐに開かれた。従者たちをそこに残して、彼一人、法王の私室に導かれた。控室には、すでに、サウリ、コルネール両枢機卿が待っていた。二人の若い枢機卿は、到着したばかりの親友のそばに駆け寄って、たがいに、よかったと、ペトゥルッチの間近い宿願達成を祝った。まもなく、三人はともに、法王の私室に導かれた。法王は、すでに座についていて、彼らを迎えた。ペトゥルッチ枢機卿は、法王の前にひざまずき、その足先に接吻《せっぷん》し、今度の法王の理解ある申し出に対し、礼を述べようとした。

その時だった。突然、法王玉座の左右にある扉が開かれ、武装した近衛兵《このえへい》の一隊が入ってきた。兵たちは、たちまち四つの扉を固めた。何事かと驚いて声もでない枢機卿らの前に、近衛隊長が進み出て言った。

「法王の命によって、ペトゥルッチ、サウリ両枢機卿閣下を捕縛いたします」

二人の枢機卿は、蒼白《そうはく》になった。コルネール枢機卿の顔にも、血の気がなかった。隊長は、そんなことにはかまわず、兵たちに合図した。兵士に両わきを固められた二人の枢機卿は、死人のような顔で、法王を顧みる余裕もなく、無言のまま連行されていった。そして、そのまま城壁の中の通路を通り、カステル・サンタンジェロの中の牢《ろう》に別々に入れられた。

ペトゥルッチ枢機卿の入れられた牢は、サン・マロッコと呼ばれ、ハドリアヌス帝の墓所を改造したこの要塞《ようさい》の中に数ある牢のうちでも、最も惨《みじ》めなものである。粗い土壁の二メートル四方の牢は、地下にはなくても地下牢のようで、窓もなく、光も入らず、空気の入れ換えも十分でないので、湿気でじめじめし、奇妙な臭気さえする。サウリ枢機卿の入れられた牢も、たいした差はなかった。ペトゥルッチ枢機卿は、背後で厚い木の扉が閉まり、鍵《かぎ》を掛ける重い音がひびき、暗闇の中に一人とり残されてからも、何か白昼夢でも見ているようで、自分の身にたった今起ったことが信じられず、ぼんやりと立ちつくしたままだった。

隊長から、二枢機卿の入牢が無事に終ったとの報告を受けた法王レオーネ十世は、まだ蒼白な顔で動けないコルネール枢機卿に向い、こう言った。

「われわれキリスト教徒は、古代ローマ人を堕落の民として滅ぼした。ところが、古代ローマ人のやったことを、いつのまにかわれわれも、すべてやっている。戦争、殺人、陰謀、贅沢《ぜいたく》。ただひとつ、皇帝が在世中に暗殺されること以外は、すべてやってきたのだ。それが今、この枢機卿らによる法王毒殺の陰謀によって、完成したことになる。千五百年も昔に人間性のすべてを示してくれた、あの偉大なる異教徒たちに祝詞を送ろうではないか、コルネール殿」

たいがいのことには驚かないローマの民衆も、今度の事件には慄然《りつぜん》とした。若くて美男で、華やかな行事には欠かせぬ存在だったペトゥルッチ枢機卿は、枢機卿間での立場は軽いものだったが、一般の人々にはよく知られた存在だったのである。派手好きなこの枢機卿に、法王毒殺未遂という罪名は、何ともそぐわなかった。

アルフォンソ・ペトゥルッチは、老獪《ろうかい》な君主として知られたシエナの僭主、パンドルフォ・ペトゥルッチの二男に生れた。シエナは、隣国同士は仲が悪いの一例で、フイレンツェとは、何かにつけて争いが生じる仲だった。ために、サヴォナローラの影響下にあったフィレンツェ共和国がメディチ家を追放して以後は、メディチ家の復帰に援助を惜しまないようになる。ピエロが、何回となく武力で復帰しようと策した時も、そのたびにシエナから発《た》ち、失敗してはシエナに帰ってくるという状態だった。

ローマとの関係は、法王アレッサンドロ六世時代は悪く、チェーザレ・ボルジアに一度は追い払われたこともあったが、ジュリオ二世の時代になると、法王ボルジアに痛めつけられた者すべてを優遇するという彼の方針のおかげで、関係は好転した。その好転の恵みで、当時二十歳だったアルフォンソは、枢機卿の地位を得られたのである。ボルジア時代は不遇だったメディチ家の方も、同じ事情で、フィレンツェに復帰できた。

一五一二年、長年にわたってシエナを牛耳ってきた父のパンドルフォが死に、兄のボルゲーゼが後を継いだ。フィレンツェのほうでも翌年には、ジョヴァンニ・デ・メディチが、レオーネ十世として法王に選出される。この時には、ペトゥルッチ枢機卿は、これまでの両家の関係からも、若手枢機卿の先頭に立って動き、その選出に力をつくした。

ところが、メディチの完全な支配下に入ったフィレンツェ共和国とシエナの関係が、またも悪くなりはじめた。新僭主《せんしゅ》ボルゲーゼは、父親の政治能力を少しも継がず、その悪政は他国でも評判になるほどだった。さらに、メディチ家との関係をなおざりにし、ナポリにあるスペイン勢と近づきはじめた。これが、法王レオーネ十世の注目をひく。同時代の史家グイッチャルディーニによれば、レオーネが、法王領とフィレンツェとの中間に位置するシエナが、法王派の人物に支配されるのを望んでいた、となる。その望みを達する機会は、まもなくやってきた。ボルゲーゼの悪政に絶望したシエナの市民代表が、ローマにいる、ボルゲーゼとはいとこの間柄のラファエッロ司教に、訴えでたのである。レオーネ十世に目をかけられていたラファエッロは、法王に陳情したいと願う彼らを、レオーネ十世の前に連れていった。

まもなく、二百騎と二千の歩兵からなるラファエッロ司教の軍が、傭兵《ようへい》隊長ヴィテッリ指揮下、シエナへ向った。同じくフィレンツェ軍も、南下する。北と南から攻められ、市内では市民の蜂起《ほうき》に出会い、ボルゲーゼ・ペトゥルッチは、何もできずにシエナを捨て、ナポリへ亡命した。グロセートの司教でもあるラファエッロ・ペトゥルッチは、こうして簡単に、シエナの僭主になったのである。レオーネ十世の策は成功した。一五一五年三月のことである。

だが、これを知ったペトゥルッチ枢機卿の方が激怒した。メディチ家にもレオーネ個人にも、あれほど力を貸してやっていたのに、この仕打ちは何事だと、彼の心は煮えくりかえるばかりだった。とくに、ふだんから仲の悪かったいとこのラファエッロの成功には、なおのこと腹がたった。この時から、シエナに復帰したい、そのためにはレオーネ十世を殺してもという思いが、枢機卿の胸中を占めるようになる。はじめ彼は、狩の時に、法王が一人になるのを狙《ねら》って、そこで殺すことを考えた。そのために、短剣を離さない日が続いた。しかし、これは危険が多かった。法王が一人になる時はめったになかったし、あったとしても、殺した後で、すぐに見つかる可能性の方が多かった。

考えあぐねた枢機卿の脳裡《のうり》に、ひとつの妙案が浮んだ。法王の持病を利用して、毒を盛るのである。レオーネ十世の持病とは、肛門《こうもん》の瘻病《ろうびょう》だった。時々この病が頭をもたげると、高い熱が出、患部は悪臭を発し、しばしば外科手術をしなければならなくなる。手術の必要がない場合でも、法王は起きてカルタ遊びなどしたりするが、身体《からだ》は熱っぽく、患部の場所が場所だけに、不快な気分をぬぐいきれない。高名な医者を何人となく招じ、治療させてはみたが、効果はかんばしくなかった。ただ、病気の波が通り過ぎるのを待つしかないのである。それが通り過ぎれば、忘れたように健康体になり、狩に夢中にもなれるのだった。ペトゥルッチ枢機卿の妙案というのは、腹心の外科医を法王の侍医として送りこみ、患部を手術する際、そこに毒を塗らせる、というものであった。適当な外科医を探す必要はなかった。彼のすぐそばにいたのである。当時五十歳を越えていた外科医ヴェルチェッリは、はじめ胆石手術の名医として有名になった。しかし、彼が、全イタリア的名声を博したのは、性病治療によってである。二十年前のフランス軍侵入時から流行《はや》りだし、フランス人が持ちこんだということでフランス病と呼ばれた性病は、またたくまにヨーロッパに拡まり、支配階級も、当然それに巻きこまれた。もう一人の医者とともに、その治療に水銀を使いはじめたヴェルチェッリの患者には、エステ枢機卿、マントヴァ侯爵《こうしゃく》、法王の弟のジュリアーノ・デ・メディチ、ローマ駐在英国大使らの名がつらなる。ペトゥルッチ枢機卿も、その一人だった。この外科医は、数年前からシエナに本拠を置き、老僭主パンドルフォの知遇を得ていた。いわば、ペトゥルッチ家の侍医のような立場にあった。枢機卿は、この男に目をつけたのである。

外科医は、手術の際に患部に毒を塗っても効果はない、毒は、飲用薬に混ぜるしかないだろうと言ったが、法王侍医になることには承知した。金もあり、名声にもこと欠かない思慮ある年齢の彼が、なぜこの無謀なくわだてに荷担したのかはわからない。

ペトゥルッチ家とのこれまでの関係によるのか、それとも法王侍医という、当時の医者としての最高位に野心を持ったのか。いずれにしても、ヴェルチェッリを法王侍医にする運動がはじまった。法王も、彼の外科医としての名声は知っていた。はじめのうちは、承知しそうだった。だが、なかなか最後の決定にまではいたらない。法王の心中には、性病医として高名なヴェルチェッリを侍医にすると、自分もその方の病気持ちかと、痛くもない腹を探られてはつまらぬ、という思いがあったのである。だが、この話はまだ、完全にたち消えになったわけではなかった。

腹心の外科医を法王侍医に送り込む運動を続けながら、ペトゥルッチ枢機卿は、一人でやればよかったものを、共謀者を求めるという愚を犯した。まず彼の念頭に浮んだのは、ウルビーノ公である。この先法王ジュリオ二世の甥《おい》は、フランスとの対戦中に、現法王から指揮をまかされながら、敵と内通していたため、法王とフランスとがボローニャで講和を成立させて後は、生きた心地がしない日々を送っていた。法王は、フランス問題が片づくやいなや、ウルビーノに兵を送り、公を追放し、新公爵には、弟ジュリアーノの死後、メディチ家再興の旗手と念じた甥のロレンツォをすえた。だが、政治的軍事的能力のないロレンツォは、その立場を確保することができず、亡命中の旧ウルビーノ公との間で、泥沼に似た戦いが続行中だった。ペトゥルッチ枢機卿は、愚かにも、このフランス王からさえ見放されている旧ウルビーノ公を、共謀者に選んだのである。

第二の仲間は、スペインだった。法王レオーネとフランス王との友好関係を疑いの眼で見ていたスペインは、すぐに枢機卿の企《たくら》みに乗ったが、全面的にではなく、枢機卿の選んだ隊長で、札つきの殺人者として有名なポキンテスタに、スペイン兵を貸すという程度である。それに要する費用は、もちろん枢機卿持ちだった。

第三の共謀者は、反レオーネ派の枢機卿たちである。ペトゥルッチ枢機卿は、最も親しい仲のサウリ枢機卿に、まず打ち開けた。この、法王には眼をかけられ、そのために豊かな司教区を与えられたりして、法王には何の不満もなかったはずのサウリ枢機卿が、なぜこの陰謀に加わったかは明らかでない。ペトゥルッチとの長年の友情によるのか、それともこの時代特有の大胆な心情に、訴える何かがあったのか。

サウリとペトゥルッチとレオーネ十世の三人は、いずれもジェノヴァ、シエナ、フィレンツェの名家中の名家の出身で、父親の権力と富のおかげで、宗教的傾向もないのに聖職界に入り、若くして枢機卿になるという、何の苦労もなく出世街道を突っ走ったという点では共通している。だが、前二者とレオーネの間には、二十歳と四十一歳という年齢の違い以上の大きな差があった。レオーネ十世には、サヴォナローラによってメディチ家がフィレンツェを追放されて以来、九年間にわたる不遇の時代があった。そのうちの数年は、無謀なだけの兄ピエロと、善人にはちがいないにしても能力のない弟ジュリアーノをかかえて、ウルビーノ、シエナ、ローマと転々し、亡命者の辛酸もなめつくしている。経済的にも、メディチ家には昔の面影はなかった。家族がしっかりしていて、ローマ社交界を泳ぎまわるだけが仕事の彼らとは、同じ上流社会の出であっても、根本的な違いが生じてくるのは当然である。サウリ以外の枢機卿名は、尋問が進むにつれて明らかになるので、その時に述べることにする。

要するに、ペトゥルッチ枢機卿の計略は、外科医ヴェルチェッリに毒を盛らせ、法王が死ぬやいなや、時を置かずにウルビーノ公とスペイン軍でシエナを武力攻略し、共謀者の枢機卿たちによって新法王にはその中の一人を選出し、シエナ復帰を確立する、というものであった。もちろん、一人でただ殺すだけよりも、計略は周到ではある。だが、共謀者が多くなればなるほど、計略が漏れる危険も高いのだった。

一方、法王レオーネ十世は、その頃から、ようやく疑いをいだきはじめていた。慎重さを知らないペトゥルッチ枢機卿が、何としてもシエナを取りもどしてみせる、と高言していることが、法王の耳に入った。さらに、枢機卿が、病床にある兄のボルゲーゼを見舞うといって、しばしばナポリへ行くのも、法王の疑いを深めた。ナポリは、スペイン勢のイタリアでの拠点である。だが、法王は、まだ陰謀については、何も知らなかった。この段階では、枢機卿とスペインの関係を疑っただけである。ペトゥルッチ枢機卿の身辺に、秘《ひそ》かな探りが開始された。

枢機卿は、いち早くそれを察した。彼は、ローマでは金《かね》がかかりすぎるからシエナへ帰るとの理由で、ローマを発った。だが、北へ向うところを、彼は南へ行き、コロンナ支配下のジェンザーノの城へ入ってしまった。そこからナポリとの連絡を再開する。有力な豪族コロンナの領地にいられては、法王といえども簡単には手が出せない。レオーネ十世は、枢機卿をローマへ呼び寄せようと苦労し、枢機卿も、一度はローマへ帰ったのだが、またも、今度は逃げるようにして、ジェンザーノへもどってしまった。法王は、ついに、枢機卿の秘書と執事の逮捕にふみきったのである。一五一七年四月十五日の夜だった。逮捕は、ペトゥルッチ邸で行なわれたのではなかった。二人は別々におびき出され、そのままカステル・サンタンジェロの牢へ投げこまれたのである。

翌日早々、秘書のニンニと執事のシッピオーネに対する尋問が開始された。だが、二人とも、主人の破滅を前に、健気《けなげ》にも口を割らなかった。しかし、次の日、ニンニの前に、彼と枢機卿との間に、一五一六年八月から一五一七年三月にかけて交わされた、八通の手紙が示された。いち早く二人の逮捕を知ったペトゥルッチ家の誰かが、自分だけは助かりたいと、提出したものである。これには、さすが主人思いのニンニも、陳述がしどろもどろになりはじめた。主人の身を案じて述べることが、知らぬまに大きな意味を暗示していたりして、そのたびに尋問官に追及され、逃げおおせなくなった。

四月十八日、枢機卿とスペインの関係が明るみに出た。二十一日、ウルビーノ公との連絡の詳細が明らかになる。四月二十七日、証拠の手紙は、十八通に増えていた。手紙には、外科医ヴェルチェッリの名がしばしば出てくる。これは、法王の胸にひっかかった。侍医になりたがっていたあの外科医ではないか、と。尋問は、この点に集中された。このあたりからは、執事のシッピオーネは答えようがない。何も知らないのである。当然、秘書として枢機卿に最も近い、ニンニに尋問が集中した。

五月二日、動かぬ証拠と拷問《ごうもん》に耐えかねて、ニンニは、外科医を使っての法王毒殺の陰謀を自白してしまった。この時はじめて、法王は、自分の身に起るはずだった怖《おそろ》しい出来事を知ったのだった。五月四日、共謀者として、サウリ、リアーリオ、ソデリーニ、カステレージの四枢機卿の名があがった。ニンニに対する尋問は、これで一応終った。これらすべては、極秘のうちに行なわれたので、法王庁の動きには敏感な外交団も、何も気づかないほどだった。

すべてが明らかになった今、ペトゥルッチ枢機卿をなるべく早く逮捕することが、先決問題だった。法王レオーネ十世の心を占めていたのは、毒殺を怖れる気持ではない。それは、あの外科医を近づけないことで、ひとまず解決する。だが、スペインとの問題があった。先年に、老巧なフェルディナンド王が死に、スペイン王位には、十七歳のカルロスがついていた。この若い王が、ペトゥルッチに兵を提供するだけに終らず、もっと積極的に動き出すことを法王は怖れた。その前に結着をつけておく必要がぜひともあった。しかし、枢機卿がコロンナの城にいては、近衛兵《このえへい》を差し向けるわけにもいかない。そこで法王は、策略をたてた。従来からペトゥルッチとは仲の良いサウリとコルネールの両枢機卿に、法王の手紙を持たせて、ペトゥルッチの許《もと》へ送ったのだ。手紙には、自分の法王選出時にも、それ以前も力を貸してくれたペトゥルッチを、このまま放置しておく気はない、十五日以内に、シエナの主権をもとどおりにすることを約束しよう、条件は、スペインとの関係を切って、法王のひざもとに帰ってくることである、とあった。枢機卿のローマへの安全な帰還を保証する書類には、法王の署名に続いて、保証人として、スペイン大使の署名があった。

ペトゥルッチ枢機卿は、完全にこれを信じた。知った仲のスペイン大使の署名まである。彼は、シエナ復帰が実現するという思いの前に、法王毒殺のことなど、すっかり忘れてしまった。そして、四十キロの夜道を、ローマへと馬を走らせたのだった。

五月十九日、枢機卿会議が召集された。いち早く二枢機卿の逮捕を知った他の枢機卿たちは、蒼《あお》い顔で着席する。沈黙が、会議場をおおった。法王が発言を求めた。彼は、ペトゥルッチ枢機卿の秘書と執事の自白と証拠の手紙から、法王毒殺の陰謀が明らかになったと言い、これまでの尋問の経過を説明した。主謀者はペトゥルッチ、共謀者はサウリ、それにウルビーノ公、外科医ヴェルチェッリと名をあげたが、他の枢機卿とスペインには、一言もふれなかった。そして、すべては最後まで追及するつもりであり、責任者に対しては、手加減なく罪をつぐなわせること、二枢機卿は、すべてが決着のつくまで、カステル・サンタンジェロに滞在してもらうことになろう、と言った。最後に法王は、これは最高位者に対する反逆罪であり、公的に処理する必要からとして、判事にロモリーノ、アッコルティ、ファルネーゼの三枢機卿を任命した。

法王に次ぐローマ教会の高位者である枢機卿を裁くのは、枢機卿団だけができることであった。

法王レオーネ十世の冷静で厳しい言葉が終ると、身におぼえのある者もない者も、いちように恐怖でひざがふるえた。おぼえのない者とて、どんな風の吹きまわしで疑いをかけられるか、まったく保証を得られない時代だったのである。

枢機卿たちが散っていった後、外交団に対しても、法王から説明があった。内容は、枢機卿会議でしたのと同じようなものだった。説明が終ると、スペイン大使が、法王が安全保証をしておきながらの逮捕は、自分が保証人になっていたことからも、不当なやり方である、と抗議した。だが、法王は、顔色も変えずに、

「犯罪者に対してした保証などは、あなたも忘れたがよかろう」

と言った。他の大使たちは無言だった。その夜、法王秘書官のベンボとサドレートの二人は眠らなかった。各国の君主に送る法王教書の作成のためであった。眠らない点では、大使たちも同じであったろう。彼らは、ローマで起きた、しかも教会内部のこの陰惨な事件について、くわしい報告を書くのに忙しかったからである。

翌日から、続々と逮捕者が出た。滞在先のフィレンツェで、外科医ヴェルチェッリ

が捕われ、同夜、リヴォルノへ護送され、次の日、海路をローマへ連行された。他に、ペトゥルッチ枢機卿の親族とポキンテスタ隊長も逮捕された。逮捕者に対しては、祭日も日曜もなく尋問が行なわれた。外国の干渉を避けるために決着を早くつける必要があった。

五月二十一日、法王は、二枢機卿がすべてを自白したと公表した。だが、自白の内容にはふれていない。二枢機卿に口を割らせるのは簡単だった。拷問の必要もなかった。屈辱的で惨《みじ》めな境遇に慣れていない彼らは、それを味わわされただけでまいってしまったのである。サウリ枢機卿にいたっては、問われないことまでしゃべってしまう始末だった。五月二十五日、枢機卿会議が召集された。この席上、法王は、事件とはまったく関係のないことを討議し、身におぼえのある者をホッとさせた。

だが、四日後の二十九日、またも法王は、枢機卿会議を召集した。枢機卿たちが着席しはじめている時、判事の一人アッコルティ枢機卿が、法王に個人面談を求めた。次の部屋での二人の会談は、一時間にもおよんだ。会議場の枢機卿たちは、落着きがなくなった。皆、法王とアッコルティ枢機卿の消えた扉を、不安そうに眺めた。その部屋に、近衛隊長と兵二人が入っていった。ますます不安になった。しばらくして、これも判事の一人であるファルネーゼ枢機卿と、リアーリオ枢機卿の二人が、法王から呼ばれた。二人が入室するや、近衛隊長が、リアーリオ枢機卿のそばに近寄った。同時に、蒼い顔をした法王が部屋を出てきて、扉に鍵《かぎ》を閉め、荒々しい声で式部長官グラシスに、枢機卿会議を散会せよ、と命じた。枢機卿たちは、さてはリアーリオ枢機卿も逮捕か、と総毛立った。立ちつくしたままの彼らに、法王は、二枢機卿の自白で、リアーリオ枢機卿も共犯と判明した、自分の死後に、彼を法王に選出するという条件で荷担していた、と短く説明した。

午後、外交団に対しても、法王からの説明があった。その最後に、法王は、リアーリオ枢機卿の占めていた立場と経歴、その七十歳という年齢から、カステル・サンタンジェロの牢《ろう》ではなく、法王宮の一室に、従者付きで留まってもらう、と言った。リアーリオ枢機卿の逮捕を、外交団もローマの民衆も、非常な驚きで受けとった。ペトゥルッチやサウリのような小者ではない。リアーリオは、伯父であった法王シクスト四世によって十七歳で枢機卿に任命されてから、五十三年の枢機卿歴を持ち、最長老で、枢機卿団長でもある。ただし、年齢は重ねていても、性格的には凡人で、莫大《ばくだい》な富だけが彼の特色だった。彼がローマの街に出る時は、四百人の従者を従えて練り歩いた。その彼に欠けていたのは、ただひとつ、法王の三重冠だけだった。何回となく法王に選出されようと試みたのだが、そのたびに失敗し、最も可能性の高いと見られた今回も、息子ほども年下のメディチに敗れている。ペトゥルッチ枢機卿の誘いに乗ったのは、その辺に理由があった。

六月三日、枢機卿会議が召集された。枢機卿たちは、怖しさと事実を知りたさの両方で、ヴァティカンへ駆けつけた。他の枢機卿の罪も明らかになったとの噂《うわさ》も拡《ひろ》まっていた。ただ、それが誰なのかがわからなかった。席上、三枢機卿の自筆の自白文が公表された。その日は、それだけで終った。

六月四日、リアーリオ枢機卿、カステル・サンタンジェロに移さる、との噂が流れ、人々を驚かせた。法王宮の一室では、この法王の命令を伝えられるや、リアーリオ枢機卿は気絶してしまい、気づいた後も一人では歩けず、衛兵たちにかつがれて、城壁の中の通路を、カステル・サンタンジェロまで連行された。そこで彼は、牢内に首に綱をつけられてつながれているペトゥルッチ枢機卿の姿を、すきまごしに見せられて、すべてを告白してしまった。それまでは、三判事の尋問にも、知ってはいたが、あんな若僧のいうことなど真面目《まじめ》には受けとらなかった、と言い張っていたのである。

六月八日、枢機卿会議が召集された。その日は、外交団も同時に招《よ》ばれた。外交団の方は、枢機卿会議の会場の隣の部屋に、待機するよう告げられる。

　着席した枢機卿たちを前に、法王レオーネ十世は、冷たい声で、

「列席の枢機卿の中に、あと二人の有罪者がいると判明した」

　と言った。枢機卿たちは、蒼白《そうはく》になった。法王は続けて言った。

「自分が信じ好遇してきた人々なのに、非常に淋《さび》しい気持だ。その人々は、今度の陰謀を知っていながら、積極的に動かなかったにせよ、それをそのままに放置し、成功すれば、その成果を味わおうとした人々である。

　彼らが、自ら告白することを望む。生命の安全は保証するから、自ら申し出てほしい。しかし、まだ有罪者が陰にかくれていようとするならば、司法の手に渡すしかない。二つの道が、その人々のために開かれている。ひとつは仁慈、他は裁き、どちらを選ぶかはまかせる」

　誰一人動かず、誰一人口を開かなかった。蒼い顔をして、周囲を見まわす者もいた。

　ついに、一人の枢機卿が立ち、発言した。有罪の枢機卿が、全枢機卿の前で恥をかかないで、法王にだけ告白できるように、一人一人が法王の前へ進み出、足先に接吻《せっぷん》する時に、有罪者が低声《こごえ》で告白するというやり方を許してほしい、と言ったのである。

法王は、承諾した。

枢機卿席の間に、列ができた。コルネール枢機卿、ファルネーゼ枢機卿と、法王の足先に静かに接吻して通り過ぎた。ソデリーニ枢機卿の番になった。彼は、ひざまずいて接吻した後、拡げた両手で法王の肩にふれ、その耳もとで、平安を、とつぶやき、そのまま行き過ぎようとした。その時、法王が、その彼を眼で止めた。そして、

「あなたは有罪だ」

と言った。ソデリーニ枢機卿は、蒼白になりながらも否認した。しかし、法王は、あいかわらず視線を釘《くぎ》づけにしたまま、同じ言葉をくり返した。ソデリーニ枢機卿は、これで力つきた。彼は、法王の足許にひれ伏して、自分の有罪を告白した。

この光景を見ていたカステレージ枢機卿も、列の後方にいたのを走り出、同じく法王の足許にひれ伏して、お慈悲を、と叫んだ。

レオーネ十世は、許そう、と簡単に言った。続けて、以後は二度としないと誓うように、ローマを法王の許可なくしては離れてはならぬ、と言った。二人の枢機卿には、それぞれ一万二千二百ドゥカートの罰金が言いわたされた。他の枢機卿たちは、法王に、今日のことは外交団に知らせないでほしい、と願った。

枢機卿会議が散会した直後、法王の外交団会見が行なわれた。その席で、法王は、他に二人の有罪枢機卿が判明した、と言っただけで、名は明かさなかった。

しかし、当然のことながら、各国大使は、その二人の名を知ろうとした。だが、秘密はよく保たれていて、法王も枢機卿たちも、口を閉じたままである。それを一番早く知ったのは、例によって、完備した情報網を持つヴェネツィア大使だった。大使ゾルヅィは、枢機卿会議のあった翌日の夕方、早くも母国の元老院あてに報告を送った。有能なフェラーラ大使のコスタービリでさえ、その名を知るのに十五日間かかっている。他にいたっては、二人の枢機卿が逃亡してからはじめて、どうもあの二人がそうだったらしい、となった程度だった。

許されたとはいえ、法王の言葉を信じられなかったカステレージ枢機卿が逃亡したのは、六月二十日の夜である。罰金支払いに銀食器まで売り払った彼は、変装して二人の従者だけをつれ、まずティヴォリへ逃げた。そこからアブルッツォ、プーリアと、南へ南へと逃げ、ようやく舟を拾い、今度は海路を北へ、ヴェネツィアまでたどりついた。ヴェネツィア共和国は亡命を認め、法王は、それを黙認した。

カステレージ枢機卿逃亡の数時間前に、ソデリーニ枢機卿も、健康のため転地の必要ありとの理由で許可を得、パレストリーナへ発《た》った。だが、彼も、法王の約束を信じられなかったとみえ、数日後、法王領を脱出し、コロンナ支配下のフォンディへ行き、その保護を願った。コロンナは、ローマの法王に、ソデリーニ枢機卿の滞在を認めないつもりだと伝えたが、法王は、いや、そこにいてもらってけっこうだ、と答えた。

コルネートの名で文人枢機卿として聞え、紀行文も残るカステレージ枢機卿が、なぜ陰謀に荷担したのかという理由も、はっきりとしない。低い階級に生れ、野心と文才だけで枢機卿まで昇りつめた彼に、それだけに満足しない何かがあったのか。法王との関係は、良くも悪くもなかった。

ソデリーニ枢機卿の方は、ある程度明らかである。学者、外交官としても有名な彼は、フィレンツェ共和国終身統領だったピエロ・ソデリーニの弟である。ピエロ・ソデリーニは、メディチ家のフィレンツェ復帰とともにその地位を失い、アドリア海の東岸にあって当時はヴェネツィア領のラグーザに亡命していたのを、法王が、即位直後に許し、ローマへ呼び寄せ、寛大な態度を示したのだが、ソデリーニの胸中に、反メディチの感情が消えなかったとしても不思議はない。蹴落《けおと》しておきながら後で頭をなぜてやっても、犬だってそうそう満足するものではない。

一方、カステル・サンタンジェロの牢に残された三枢機卿はどうなるのだろう、ヴァティカン内でもローマの街中でも、人々は寄るとさわるとこの話題でもちきりだった。イタリアもヨーロッパ諸国も、宮廷内では話題にしない者はいない。一方、助命運動も盛んだった。哀れなペトゥルッチ枢機卿に対しては、主謀者として確定的なだけに、親族も郷里のシエナでも、誰も助命に動く者がいない。スペインは、もちろん知らん顔をきめこんでいる。だが、サウリ枢機卿とリアーリオ枢機卿の助命運動には、強国の王までが起《た》ちあがった。サウリ枢機卿に対しては、フランス王が特使をローマへ派遣するほどの力の入れようである。これはどうも、枢機卿の実家がフランス王に金を貸していたこともあるらしいが、枢機卿にとっては、出身地のジェノヴァからの働きかけとともに、唯一《ゆいいつ》の希望の綱であった。リアーリオ枢機卿の助命運動には、ヴェネツィア共和国とスペイン王が、積極的に動いていた。

だが、総じて皆、楽観的だった。法王レオーネ十世は、即位以来やってきたことといえば、許すことだったのである。法王は、彼ら三人を、罪を認めさせたうえで許すことになろうと、外交団筋でも思いこんでいた。

六月二十二日、この空気の中を、枢機卿会議が召集された。朝の十時、病気の二人を除いて、ローマにいる全枢機卿十三人が出席する。入場した法王は、着席するとすぐ、判事役の三枢機卿に対し、起訴状を読みあげるよう命じた。針が落ちても音がしそうなほどの沈黙の中を、ファルネーゼ枢機卿が、ペトゥルッチ、サウリ、リアーリオ三枢機卿に対する起訴理由を述べていった。それが終ると、枢機卿代表が起ち、われわれの仲間三人の罪は明らかと納得した、これで有罪を確認する投票を行うことになるが、三人に対する法王猊下《げいか》の御慈悲を願ってやまない、と言った。

その時、終始無言でいたヴェネツィア出身のグリマーニ枢機卿が、発言を求めた。

「われわれはこれまで、三枢機卿をふくめた全罪人に対する、尋問の内容を知らされませんでした。だからわたくしを、投票からはずしていただきたい」

法王は、皮肉気に言った。

「あなたは尊厳な人だ」

「猊下、わたくしは、尊厳でも傲慢《ごうまん》でもありません。わたくしが決定をくだす時は、自分自身が十分に納得したうえで行ないたいのです」

法王レオーネ十世は、グリマーニ枢機卿の言うことはもっともである、と言い、同席していた尋問官に向い、全記録を公表することを命じた。

夜の十時になっても、尋問官は、まだ記録の朗読を続けていた。十二時間もの間、全枢機卿は部屋を出ることもならず、食事もとれず、延々とそれを聴かされたのである。法王も、肥《ふと》った首すじをべっとりと汗でぬらしながらも、座を動かなかった。誰もが、へとへとになっていた。

ようやくこれも終り、無記名投票に入った。全員が、起訴理由を認める票を投じた。次いで、法王秘書官ベンボが、判決文を読みあげる。疲れはてたという顔で坐《すわ》っていた枢機卿たちの間に、判決文の朗読が進むにつれて、異様な、ためいきともうめき声ともつかない音が、さざ波のように拡がった。予想以上に厳しい判決だった。

有罪の三枢機卿は、枢機卿位を剝奪《はくだつ》されたうえ、高位聖職者に与えられているあらゆる特権を奪われ、財産を没収され、俗界の法の下で裁かれることになった。法王は、全キリスト教会の首長であるとともに、当時は、ローマを首都とする法王庁国家の当主でもあったから、俗法による裁きといっても、それを行なうのは、やはり法王である。ただし、俗法には、異端者でなくても、死刑があった。枢機卿たちも、それを知っている。彼らはいちように、ペトゥルッチはもはや絶望だろう、しかし、サウリとリアーリオの二人はもしかしたら、と思った。重い沈黙のうちに、夜の十一時、枢機卿会議は散会した。

その夜、深夜になって、カステル・サンタンジェロの牢にいる三人の囚人にも、判決が言いわたされた。眠っているところを起こされた彼らは、たいまつの火の下で、胸にさがっていた、枢機卿だけに持つことが許されている金の十字架をはずされ、緋《ひ》色《いろ》の服、マント、帽子を脱がされて、代りに黒い僧衣を着せられた。もはや彼らは、法王に次ぐ地位を誇る枢機卿ではなく、大司教でも司教でもない、ただの司祭《プレーテ》になりさがったのである。哀れな三人の司祭は、死んだような顔でふるえていた。

処刑がはじまった。

すでに六月十九日には、ペトゥルッチ家で傭《やと》っていたポキンテスタ隊長が、絞首刑《こうしゅけい》に処されていた。だが、この札つきのならず者の処刑には、注意を払う者さえいなかった。

六月二十七日の朝、カステル・サンタンジェロを出た怖《おそろ》しい行列がローマの町中を練り歩き、ポンテ広場までの沿道を、見物の群衆で埋めた。行列の先には、死刑執行人の家族が、女も子供も、眼だけ出して頭の先から足の先までおおう黒い服を着け、徒歩で進む。次いで、同じかっこうの大男が続いた。死刑執行人である。その後から、無蓋《むがい》の荷馬車が近づいてきた。馬車の上には、二本の太い柱が立ち、それぞれに、半身裸体の男がしばりつけられている。ペトゥルッチ枢機卿の秘書のニンニと、外科医ヴェルチェッリの二人だった。馬車の上には死刑執行人の助手がいて、時々、燃える炭の入ったかまの中から、真赤に焼けたやっとこを取りだし、それを囚人たちの肌に近づける。服のはしが燃え、ジュージューと肉の焼ける怖しい音がし、肉の焼きただれる異様な臭《にお》いがただよう。そのたびに二人の囚人は、苦痛の絶叫をあげた。しかし、彼らの叫びも、自分には関係のないことなら、どんな残酷なことでも見世物にしてしまう群衆のあげる歓声に消されがちだった。槍《やり》で武装した騎兵隊が、囚人馬車にむらがる群衆を引き離そうと、苦労していた。

テヴェレの対岸にカステル・サンタンジェロをのぞむ広場には、すでに前夜から、絞首台が用意されていた。台の上の二本の柱の間にわたされた横木には、綱が二つの輪をつくってぶらさがっている。ニンニとヴェルチェッリの二人は、馬車から降ろされ、死刑台まで歩かされた。二人とも、二ヵ月以上の長い捕囚生活と厳しい拷問《ごうもん》のために、ひどく衰弱しているうえに、身体《からだ》がいびつになっていた。外科医ヴェルチェッリは、綱が首のまわりにまわされた時、大声で無実だと叫び、群衆に向って、何かを話そうとした。しかし、黒衣の大男の死刑執行人は、いち早くその彼の首に綱をしめたので、声はのどの奥に消え、綱が強く引きあげられて終りだった。次に台の上にのぼらされたニンニは、声もなく、ただ、一人の修道僧が彼の眼の先に捧《ささ》げる十字架を、食い入るような眼で見つめながらつるされた。

二つの死体はすぐに降ろされ、広場は、処刑場から肉屋の店先に変った。死体は、四つ裂きにされた。そして、血だらけの八個の肉塊は、またあらためて処刑台につるされた。

六日後の七月四日の夜、一介の僧となったペトゥルッチ元枢機卿は、寝ていたところを起こされた。牢《ろう》の外には衛兵が並び、この城塞《じょうさい》の城代が、彼に、贖罪《しょくざい》の時がきた、と伝えた。そして、神の許しを乞《こ》うために最後の懺悔《ざんげ》をするように、と言った。しかし、元枢機卿は叫んだ。

「運命がわたしの肉体を滅ぼすというのに、魂が救われたところでどうなるものか！」

元枢機卿は、別の広い牢へ連行された。エチオピア人のローランドが巨体のため、今までの牢では入れなかったからである。今では一介の僧とはいえ、かつては枢機卿であったペトゥルッチが、キリスト教徒の死刑執行人の手によって処刑されるのは、やはり彼にとって恥になろうと、イスラム教徒のローランドを、死刑執行人に選んだのだった。この時代は、残酷な中にも、この種の繊細な心くばりを忘れなかった。

広い牢内で、元枢機卿に向い、城代はもう一度懺悔を推めた。だが、ペトゥルッチは、前と同じ言葉を、怒りにふるえながら、もっと激しくたたきつけた。

頭部が、黒い頭巾《ずきん》で隠された。黒人が近づき、囚人の首に緋色の絹を巻き、その結び目をしめあげた。

それから十二日が過ぎた七月十七日の朝、リアーリオ元枢機卿は牢から出され、上階にある大広間に連れて行かれた。そこで、判事役を務めた枢機卿三人から、法王の出した五つの条件を伝えられた。

㈠罪を自白し、それを公式に認める。
㈡法王への完全な服従と、以後の政治活動の全面的放棄。
㈢法王の決めた土地から、法王の許可なしに移動しない。
㈣法王庁に、罰金として十五万ドゥカートを支払う。支払いは三回分割とし、一は直ちに、二はキリスト聖誕祭に、最後の一回分の支払いは復活祭とする。
㈤リアーリオ宮殿は、法王庁が没収する。

これらの諸条項実施については、全枢機卿に加え、ローマ駐在のドイツ、フランス、スペイン、イギリス、ポルトガル、ヴェネツィア大使らが、その保証人となる。

リアーリオ元枢機卿は、そのすべてを受け容《い》れた。ただ、彼は、第一回分の五万ドゥカートの支払いが済んだ時、枢機卿位を返還してくれるよう願った。

ラファエッロ・リアーリオは、大金持であったうえに、長い枢機卿歴に加えて、伯父のシスト四世、いとこのジュリオ二世と、二人も親族から法王を出していたおかげで、交友関係に恵まれていた。というのは、罰金支払いに足りない分を貸してくれる、友人にこと欠かなかったということである。銀行家アゴスティーノ・キジだけで、五万ドゥカートを貸してくれた。

七月二十七日、式部長官グラシスがカステル・サンタンジェロへ行き、呼び出されたリアーリオの前で、助命と釈放を命じた法王の言葉を伝えた。そのままリアーリオは、城壁の中の通路を通り、法王宮へ導かれた。法王私設の礼拝堂の祭壇の前で、彼は、聖書に手を置き、法王への服従を誓った。次いで、法王の私室へ通された。老いた罪人は、よろよろとひざまずき、法王の足先に接吻《せっぷん》しようとした。レオーネ十世は、その彼を助け起こし、やさしく抱擁した。老人は涙を流しながら、自らの軽率をわび、罪を懺悔した。法王は、枢機卿の地位と収入を返還しよう、と言った。周囲にいた人々は皆、感動してしまった。

この後別室で、リアーリオ枢機卿は、それまでの黒い僧衣を脱ぎ、緋色の枢機卿衣に着がえた。そして、法王の用意させた、法王宮内のアパルタメントに導かれた。法王の側近の一人、ビッビエンナ枢機卿の住んでいた、ラファエッロの壁画も美しい浴室つきの一郭である。

一方、サウリ枢機卿の方は、ペトゥルッチ枢機卿の処刑された日から、今までの牢を出され、少しはましな牢に移されていた。彼に言いわたされた罰金は、二万五千ドゥカートと少ないようだが、枢機卿位も収入も、もとどおりにはならなかった。レオーネ十世は、この友人に対しては、リアーリオに対するよりも、ずっと厳しい処置をとった。

サウリも、カステル・サンタンジェロから壁の中の通路を通り、ヴァティカンへ導かれた。若い彼は、一介の僧のかっこうで法王宮に入るのがよほど屈辱に感じたのか、眼を足許《あしもと》に伏せたまま歩いた。彼もまた、法王私室に通された。サウリは、法王の足許にひれ伏し、足先に接吻し、ペトゥルッチと悪魔にまどわされた、と懺悔をした。法王は無表情のまま、どうも信じられぬ、と言った。あわてたサウリは、自分は心から悔いあらためていると、なおも弁解しようとした。法王は、それを手でおさえ、多くの人からの願いを容れて許すのだ、と言った。元枢機卿のサウリにも、ヴァティカン内に一室が与えられた。

十人近くもいた捕われ人も、外科医ヴェルチェッリの法王侍医推進に積極的に動いた法王庁役人一人が、六年の刑に処された他は、すべて釈放された。

ローマの、イタリアの、ヨーロッパの耳目をそばだたせた、この法王毒殺未遂事件も、これですべてが終った。法王レオーネ十世は、この事件を法王庁内の事件として処理し、スペインの名は、ついに一度も彼の口から出なかった。政治的配慮によることはいうまでもない。

サウリは、しばらくヴァティカンに滞在した後、九月、サビーナへ発《た》った。そこでマラリアにかかったらしい。ローマへもどってきた時は、病身だった。そして、判決から八ヵ月後、母と兄弟だけに見とられて死んだ。法王は、枢機卿としての葬式を行うよう命じた。

リアーリオ枢機卿も、数週間ヴァティカンに住み、法王や友人たちの訪問を受け、法王の狩行きにも同行し、帰れば枢機卿会議にも出席した。法王は常に親切だったが、それは表面的なもので、枢機卿団の長を辞退した老枢機卿には、ローマは昔とは変わってしまっていた。一五一九年、法王からナポリへ行く許可を得、ナポリでは総督から、亡命君主のような待遇を受けたが、その年に死んだ。ローマ教会にすべてを遺《のこ》した遺言には、その代行人に、法王のいとこのメディチ枢機卿を指定してあった。遺体

ジュリオ・デ・メディチ枢機卿

はローマへ運ばれ、荘厳な葬式が行なわれた。

ヴェネツィアに亡命したカステレージ枢機卿は、イギリス王やフェラーラ公にしばしば手紙を送り、反レオーネ運動に情熱を燃やしたが、誰からも相手にされなかった。レオーネ十世が死ぬや、ローマへ向ったが、その日以来、彼は消息を断った。金欲しさの従僕に殺されたらしい、といわれる。

ソデリーニ枢機卿も、法王の死を知るや、亡命先からローマへ駆けつけ、ジュリオ・デ・メディチ枢機卿の法王選出防止にやっきとなった。それが成功するや、あの事件の再審を要求した。しかし、再審の結果は、前と同じものだった。同時に、亡命中に行なった、フランス王、スペイン王との反教会策謀が明るみに出、そのためにカステル・サンタンジェロの牢に入れられ、法王アドリアーノ六世時代中そこに留まった。彼が牢から出られたのは、皮肉にも、もう一人のメディチ法王（ジュリオ・デ・メディチ）に許されたからである。一五二四年、誰からも相手にされないまま、この文化人枢機卿は死んだ。

後世の法王庁は、この事件の記録を、すべて破棄処分にした。それでもわれわれが知ることが出来るのは、各国大使の報告書や釈放者の回顧談や当時の年代記に加えて、自分が同席を許されない時には、鍵穴《かぎあな》からのぞく趣味のあった、法王庁式部長官パリード・デ・グラシスのおかげである。

休憩時間中の無駄話

「おだやかな良いお日和《ひより》でございますな、法王様、冬だってのがまるで嘘《うそ》みたいで」

「フィレンツェだと、こうはいかんのう」

「はい、朝のうちはお日さまがあっても、昼過ぎると曇ってきたりします。でも、丘の斜面を埋めるぶどう畑、それを囲むオリーブの林、その向うには糸杉の並木、フィレンツェの郊外も、まるっきり捨てたもんじゃございません」

「故郷《くに》がなつかしいか」

「はい、そりゃあもちろん」

「帰ってもよいのだぞ。帰国して、サン・マルコ修道院にでも入れてもらうさ。おまえは、もともと修道士なのだから」

「またまた、法王様のいじわるがはじまった。何かっていえば、修道士《フラーテ》、修道士《フラーテ》とおからかいになる」

「ハッハハッハ、だが、からかわれるぐらいで済むのに感謝しろ。父上の床屋だったおまえが、サヴォナローラが処刑されるやたちまち感動し、ドメニコ派に入信したのだ。わがメディチ家は、あの気狂坊主のおかげで追放されたのだからな。その仲間のおまえを拾いあげて、別におまえの信心を捨てろとも言わず、八百ドゥカートもの年給を与える理由もないわけだ。

それに、法王は、修道士あがりの道化師を優遇していると、アルプスの北ではひどく評判が悪い。暇を取らせてもよいのだぞ」

「いやいや、そのお話はもうごかんべんを。それにしてもこの修道士《フラ》マリアーノ奴《め》も、何と有名になったことでございましょう。外国にまで名を知られるとは」

「堕落したローマの見本というわけさ」

「それはまたひどい。よちよち歩きの頃から存じあげている法王様のお話相手をしたり、料理の献立を作ったり、たまにはふざけもいたしますが、そんなに悪《あ》しざまにいわれるほどの悪事はしておりませんのになあ。道化といわれるのも心外なくらいで」

「おまえにかぎらず、今のローマでは、何もかもが堕落しているとなるのだ」

「そんなもんでございますかねえ。こうやってジャンニコロの丘からローマを眺めていると、この都も、たいした繁栄ぶりだとつくづく感心してしまうっていうのに。街は立派になったし、大学はたいしたもんだし、外国人だってローマのアカデミアの会員になりたくってそわそわするというし、図書館には法王様の集められた高価な写本が山と積まれていて、誰でも好き勝手に読める。詩人も学者も画家も彫刻家も、ローマ、ローマとなびく御時世。法王様の音楽好きは、スペインにまで聞こえているそうで。劇も盛ん、宴《うたげ》も連日のよう。サン・ピエトロ大寺院の新築工事の槌音《つちおと》も、ここにいても聞えるほど景気良くひびいてくる。法王様の御治世になって人口も三割増し、八万五千人に達したそうでございますよ。その大部分がローマ市民以外の外国人というのだから、ローマはまるで、教会領の首都ではなくて、ヨーロッパの首都みたいになりましたなあ」

「金が要るね」

「法王様の金使いの荒さも有名なもので、こんな話もございます。パンテオンの緑黄色の大扉は、銅製といわれてきましたが、世間では、あの色からして金が多分にふくまれているにちがいないというのがもっぱらの噂《うわさ》。ところがこの頃は、このもっぱらだった噂がひっくりかえったそうでございます。何となれば、あの大扉に少しでも金がふくまれていたら、レオーネが放っておくはずはない、ということで」

「ワッハハッハ、ローマっ子も口が悪いな」

「いや、法王様、ローマにかぎらず、フィレンツェ人も、その点ではひけをとりはしません。フランチェスコ・ヴェットーリ大使は、石が空を飛ぶほうが、レオーネが百ドゥカートをまとめて持つよりも現実的だ、と言ったそうで」

「これはまたひどいことを言われたものだね。わたしが、それほどの浪費家かね」

「法王様は、ノーということのおできにならない方です。金が必要だといわれれば、誰にでも簡単にやってしまわれます。一回の劇の上演のために、ポンと百ドゥカートもお与えになるのだから、貯《た》まろうはずもありゃしません」

「おまえにまで説教されるとは思わなかったよ。だが、わたしは、フィレンツェで洗練された趣味を学び、ローマへ来て、金を費やすことを学んだのだ。だから、父上は、メディチ銀行をつぶしただけで済んだが、息子のわたしは、法王庁をつぶしそうだ」

「父子《おやこ》して身代をつぶしちゃうというのも、痛快といえば痛快でないこともありませんが」

「別に痛快だからやっているんではないが、学芸というものは金のかかるものさ。天才は、作られるより生れるものだが、絵描きでも金がもうかり、世間での地位もあがるとなれば、公証人だって、幼い息子を工房《ボッテーガ》に弟子入りさせる気にもなろうというものではないか。こうして、そういう分野には天才が集まってきて、その結果は最美の花を咲かせることもできるわけだ。羊飼いから王に招かれるほどに成功した画家のジョットーは、その点でも先駆者だった。羊飼いがあれほどになるのならと、誰でも勇気づけられたろうよ。ラファエッロは、まるで神でもあるかのようにパンテオンに埋葬されて、誰もが不思議に思わない。才能と努力が十分にむくいられる世の中でないと、文化の花は咲かないのだ」

「それにしても法王様は、古代ローマの皇帝でもないのに、まるで昔の皇帝のように金を使うと、人々は噂しております」

「だから、わたしはローマで、金を使うことを学んだといったではないか。それに、宗教というものは、銀行などとは比べようもないほど、金集めには適しているときている。クリソロラスによれば、聖ペテロや聖パウロのところには、ローマ皇帝のところよりも、金が多く集まったという。もし、皇帝ネロがそれを知っていたならば、どんなにかあの二人をうらやましがったことだろう。だが、これも長くは続くまい」

「あのドイツ人の修道士のことを言われておられるので」

「ルターか。どうも金の入りが減るのではないかと、それが心配だな」

「法王様、そういうふうに言われるから、ますます、あのマルティン・ルターという男をつけあがらせるのです」

「なに、わたしは正直に言っているだけさ」

「その正直すぎるのがいけないんでございます。もう少し金使いを遠慮するとか、彼らの運動をまじめに心配しているとか、そういう態度をお示しになればいいんで。法王庁内でも、法王はあれを、修道士間の争いぐらいにしか考えていないのではないかと、言っている者が多うございます」

「そのようなことはない。皆がやいのやいのと責めたてるから、無駄だとはわかっていたが、この間、破門状まで書いたのではないか」

だが、あの運動をひと言でいえば、ドイツという文化程度の低い国に起った、全ヨーロッパにおけるイタリアの知的支配に対する反撥《はんぱつ》だ。あのドイツの修道士がわたしに送ってきた、『キリスト者の自由』と題する書物に付いていた彼の手紙だが、おまえが読もうにも読めないのは残念だが、あのラテン語ときたらひどいものだった。今のローマはトルコ人すらへどをはきかねまじき状態、などという面白い文句もあったから最後まで読んだが、神学者なら、ヨーロッパの共通語であるラテン語を、もう少しはましに書けないものかと、われわれならば思う。だが彼らは、形式よりも内容だ、と言うだろう。

もひとつ別の書物には、書名は忘れたが種々の改革法を親切にもいちいち示してくれたものだが、その中に教育の改革という項がある。医学部の改革は医者にまかせるとして、あとの学部は、聖書講義を第一とせよとある。イタリアの大学は、ギリシア・ローマ文化を研究してばかりいたから堕落したのだ、ということらしい。聖書に帰れというわけさ。

いずれにしても、宗教を脱したところに特色をもち、それによって指導権をふるってきたイタリアの知的文化に対する、嫉妬《しっと》を内蔵した反撥以外の何ものでもない。嫉妬といったのは、改革運動とか反抗とかされているものには、当事者が意識しなくても、嫉妬の感情が底に流れているものだからさ」

「へえ、そんなもんですかねえ。しかし、それにしても、アルプスの向うでは、君主方もわたしらみたいな庶民も、賛成だってことでございますよ」

「そこが、あのドイツの修道士の利口なところさ。まず知識階級には、神学を使った。すべてのキリスト教徒は、キリストの前に平等である、と言って、人文主義によって生れた個人主義主潮に訴えた。キリストと個々の教徒を結ぶ聖職者、すなわちローマ教会は不用だというわけだ。

支配階級への餌《えさ》としては、ローマ法王に従う必要はないが、正しい信仰を持つ、彼らからいわせれば聖書のみを信ずる君主には、同じ信仰を持つ人々は従うべきとされた。これが、君侯連中を喜ばせないでどうするかね。

最後は大衆だ。神学上の問題を持ちだしても、俗界の支配権うんぬんといってみても、そんなことには無関心な大衆には、彼らにとって最も理解しやすいこと、金で訴えたものだ。煉獄《れんごく》などは存在しないから、そこにいる期間を短くしようと、司祭に金を出してミサをあげてもらう必要はない、当然、煉獄の苦しみを短くしてくれる免罪符を、金を出して買い求める必要もない、キリストの前には全員が平等だから、全員が司祭でもあるわけで、わざわざ聖職者の集まりである教会に対して、十分の一税などというものを支払う必要もない、とね。人は誰でも、金など出したがらぬものだ。

これで皆が飛びつかないとしたら、そのほうがおかしいではないか。

これらが、イタリアに憧《あこが》れながら、そこに住むイタリア人を憎悪《ぞうお》してきた、伝統的なドイツの民族的感情と合致した。イタリア人にだまされるな、と説けば、彼らの頭には素直《すなお》に入ってくる。王権のしっかりしているフランスやスペインに比べれば、ドイツ人は、だいぶ損をしてきたからな。要は金の問題さ。金の恨みはしつこいときている。そのうえに、カルロスのドイツ神聖ローマ皇帝選出と重なった。若いカルロスにしてみれば、選帝侯たちが、とくに有力なザクセン選帝侯がルター派についてしまっては、強い態度にも出られなくなる。そのすきに、運動はどうにもならないほどに広がり、皇帝に選出されたものの、もはや打つ手もない。カルロスの心中にも、ルターを対法王策に使えるかもしれない、という計算もあったのだろう。ルターにとっては、この情況が幸いした。どんな武力を用いてもルターをローマへ連れていくことは不可能だ、などと泣き言を書いてくるアレアンドロ特使を、気の毒だと思っている」

「なかなかたいした男でございますねえ。ドイツ野郎なんて思っていたけれど」

「おそらくあの男は、無意識にこれらの術《て》を思いつき、情況を活用したのだろうが、わたしも感心しているよ。感心する以上に、彼の説くことは、論理的にも正しいとさえ思っている。ただひとつのことを除けばね」

「なんでまた、法王様。法王様が、誰よりもくそみそにけなされているというのに。それにあの男は、司祭は結婚してもかまわない、と言っているそうでございますよ」

「たしかに、法王庁などは焼き払えといったらしい。わたしにあてた手紙では、わたし自身は堕落した教会制度の犠牲者で、もっと清らかな時代に法王となるべきであった、などと書いてくれているが、説教などでは、救いようもない悪者となっているという。まあ、そんなことはどうでもよかろう。

だが、彼の考え方からすれば、聖職者は妻帯しても、いっこうにおかしくはない。全キリスト教徒は、見えぬキリストの前に平等であり、全員が司祭だとしてもよいくらいだから、聖職者が結婚できないというほうがおかしい。いや、かえって結婚して、人々と同じ悩みがわかるようになれば、単なる導き手である司祭も、導き方に血がかよってくるということもありえる。普遍的という意味をもつカトリックの考えでは、司祭は、個を越えた立場に立ち、何人かの父ではなく、すべての父であるためにも、結婚はすべきでない、ということになるのだが、彼らは、そういう立場を持つ聖職階級を認めないのだから、しかたがないではないか。

さらに、煉獄などは存在しない、と言われればそれまでだ。誰も、見てきた者はいないのだからね。だから、そこで苦しむ期限を短くしてもらうためのミサも必要なくなる。免罪符も、はじめのうちは、聖年《ジュビレオ》にも聖地巡礼に行く暇も金もないという人々のために、行かないでも魂の平安が得られる、という意味があったのだが、今ではサン・ピエトロ大寺院の新築工事費になっているのだから、豪華な教会などは不必要だという彼らにしてみれば、怒るのも無理はない。というわけだから、彼らの認めない煉獄の苦しみをやわらげるという名目で売られる免罪符も、買う必要もなくなるわけだ。十分の一税だって、異教徒トルコに対する十字軍費ということになっているのに、最後の十字軍から数えて二百五十年間も何もしていないのでは、金を出すほうだって、いいかげんに腹もたつというものだろう。

こうして、聖職者の役割は大幅に減少し、金も集まりにくくなることは、ローマの首を絞めるに、最も適切なやり方ということになる」

「それはまた、大変なことになるではございませんか。それに、ルター派が正しいともなれば、なおさら大変なことで」

「正しいといっても、論理的に正しいと言っただけだ。とくに今は、党派を組むわけでもなく、規律もはっきりしていない単なる運動であるために、現状に不満や疎外《そがい》感を抱いている人すべてを巻きこむことができて、おおいに勢いがよいが、しばらくすると、種々の問題が生じてくるのではないかと思う。例えば、法王には従わなくともよいが、同じ信仰を持つ王侯には従うべし、と言われても、これまでの長年の最高者だった法王さえ無用と言われた人々が、王侯ならば有用だと思うかね。また、自分たちとは信仰が違うといって、王侯への服従を拒否した領民を、王侯のほうが、手許《てもと》から離すことを素直に承知すると思うかね。同じ信仰を持つ、という点が問題なのだよ。

これがいつか、争いの源になるにちがいない」

「法王様、わたしは生れた時から神を信じ、主イエスを信じております。悪いことをしたと思わなくても懺悔《ざんげ》をいたしますし、毎日曜には、聖母マリアへろうそくを一本ずつ寄進いたします。法王様も、毎朝と夕、お祈りをなさっていられます。こういうわたしたちの信仰と彼らのとでは、いったいどんな違いがあるのでございましょう」

「一見違いがないようだがあるのさ。彼らは、見えざる教会のみ救済を与えうる、と言う。主キリストと、一人一人の信者が直接につながっているという意味でだ。なぜならば人間は、もともと罪深い存在であり、唯一《ゆいいつ》罪のない神とキリストと聖霊のみが人間に救済を与えうるといえるのは、人間の性を悪と見るからだが、わたしからいわせれば、同じ単眼的視野でもこれは反対に、人間性の善き面しか見ない、単眼的視野だと思うのだ。仲介者なしに見えぬキリストと結ばれるには、一人一人が、相当に強い意志力と判断力を持っていなければならない。ルター派は、すべての人に、そのための、意志力と判断力がそなわっていると信じている。

一方、カトリックは、人間性には善も悪もふくまれるという、複眼的視野に立つ。人間性を単に悪ときめつけるだけではなく、善き性も認めながら、同時に、人間の持つ弱さも忘れてはならぬ、というわけだ。だから、意志力を失いがちで判断力も充分でない人々には、現実はこのほうが多数なのだが、そのような人々のためにも、仲介者となる見える教会、すなわち地上の教会があったほうがよい、となるのだ。

マリアーノ、ドイツという国は、今頃はどんな天候だろうか。ここローマでは、太陽がさんさんとふりそそいでいるが」

「雪でございましょう。カエターノ様のお話では、雪が降らない時でも、どんよりと曇り、霧がかかって、少し前を行く人が、灰色の影のように見えるそうでございます」

「そういう国では、霧の向うに何かがあるにちがいないと、幻想をいだけるのだろうか。神の正義と愛の支配する時代がくると、信じこめるのかもしれない。ところが、太陽がすみずみまで照してしまうわが国では、すべてが見通しだ。向うは楽観的でいられようが、こちらでは、はじめから悲観的だ」

「法王様は、時々、むずかしくてわたしにはわからないことをおっしゃる。わたしにわかることで、あちらさんではいけないと言っていることはないんでしょうか」

「聖人聖者は認めない、と言っているよ。聖人崇拝は聖書の教えに反するから、すべて排斥すべきだそうだ」

「それはまた大変だ。フィレンツェ生れのわたしは、市の守護聖人洗礼者聖ヨハネ様と、生れ日の聖人聖マリアーノ様に守られ、床屋の守護聖人聖トマソ様の守護もあるし、旅に出る時は聖クリストーフォロ様にお祈りすれば、旅の間中守ってくださるし、何か物を失《な》くした時は、聖アントニオ様にお願いすれば、失くし物も早く見つかるというのに、そういう聖人を皆、いけないっていうんですか。わたしらとしては、とても親しみを感じている聖人様たちなのに」

「聖人にかぎらず、聖像崇拝も断固排斥だよ。聖像や祭壇だけは許されるらしいが」

「では、美しい教会も祭列もダメなんで」

「ダメだね。だが、マリアーノ、パンテオンの中に入ってみたことがあるだろう。あの中の壁に、いくつもの壁龕《へきがん》がめぐっている。パンテオンが作られた古代ローマ時代には、あの中には、ジュピターやヴィーナスなどの彼らの神々の像が置かれてあった。それが、キリスト教時代になって破壊され、空洞になっていたのを、いつのまにかキリスト教徒たちが、自分たちの神や聖人の像を置きはじめた。ジュピターのあった場所にはキリストの像が、ヴィーナス像の置かれてあった壁龕には、聖母マリアの像というふうに。こうして壁龕のすべては、古代異教の神々に代わって、キリスト教の神と聖人たちの像で埋められたのだ。これが、民衆の信仰というものだよ。人間の感情に、よほど自然で合っている。

　豪華な教会にしても同じことだ。つつましい家に住む庶民にとって、美しい教会は、自らの貧しい世界を離れ、地上の天国、しかも自分たちのものである豪華さの中にひたることなのだ。教会には、誰でもいつでも入れるのだからね。人々のこの感情が、何百年もかけて作られる教会を飾りたててきたのだ。華麗な教会は神の住みかには適していないと、簡単には断罪できないではないか。

　カトリックは、だからこれらを、信仰を助ける本質的な手段としている。ややもすれば弱くなりがちなのが人の心だ。美しい教会、キリストや聖人を身近に感じさせる彫像や絵画、妙《たえ》なる楽の音。これらは、単なる装飾品以上の働きを持っていると思うがね」

「あちらさんのやり方は、何とも厳しくて陰気でございますねえ。色彩豊かな絵を、灰色で塗りつぶすような感じだ」

「それに比べると、われわれカトリックのほうは陽気だ。生前はさんざんキリスト教の悪口をいっておきながら、死ぬとなると、悟りきった顔で懺悔をし、平安になって死んでいくのだから。ところがドイツ人は、それを真正直に受け取ってしまったのさ。真正直に受け取れば、憤慨するしかない」

「そういえば、イタリア語ののしり言葉の大部分は、イエス様に関係あることですな。豚のマドンナ《ポルカ・マドンナ》とか、寝取られ男の息子《フィーリオ・ディ・コルヌート》とか、数えあげていったらきりがないくらいで」

「こういう息抜きもなく、厳格で陰気になったあげく、天ばかり愛して、人間を憎むようにならねばよいが。一見自由なようでいて、実際は自由を失うのだ」

「でも、法王様、ドイツ人ばかりが大きな顔をしだすと、他の国の人々から文句が出ないもんですかねえ」

「われわれイタリア人からはダメだね。ここまで作りあげたのは自分たちなのだから。それに、〝地獄の街の敷石は、善意善意でできている〟ということわざを生む民族だ。善意の行為の結果が、どんなふうに終りやすいかを知りつくしている。反動が起るとすれば、それは、この現実を見ない民族だろう。もうひとつの、単眼的視野を持つ民族だ。今度は、人間性は悪、と見るかな。だから、規律で絞めあげ、違反者は厳罰に処すしかないと。そして、同じようにイタリア人を憎んでいる連中でなければならぬ。マリアーノ、これからは、殉教か勝利かを、むりやりに選ばせられる世の中になるだろうよ。そういう時代には、深刻ぶらないで現実を冷静に眺めることは必要でなくなる。陰気な世の中になる」

見世物四　ローマの謝肉祭

スペイン大使ドン・ディエゴ・ロペッツは、荒々しい足どりで、今、法王宮の玄関に出てきたところだった。彼は、ひどく憤慨していた。一時間もねばったのに、ついに法王とは会見できなかったからである。その理由というのは、法王は仮装行列を見物中につき、政治向き宗教向きの用件は、謝肉祭の終る二月十二日以降に願いたい、というものであった。さらに加えて、大使も見物をお望みなら、法王のいるバルコニーに席をつくる、と言ってきたが、ドン・ディエゴは、これを憤然と蹴《け》った。

彼は、主君の、スペイン王とドイツ神聖ローマ帝国皇帝を兼ねるカルロスから、アルプスの北を騒然とさせているルター派の運動に対して、スペインと法王庁の共闘体制を一日も早く確立する必要がある、との特命を帯びての訪問だった。他のことならいざ知らず、この事項に関しては、何をさし置いても、法王は会見に応ずるべきだと思っていた大使は、意外な拒否を受けて、わきあがってくる怒りをもてあましていた。そのうえスペイン人には、一四九二年のグラナダ解放以来、対異教徒の最前線に立つのは自分たちだ、という自負がある。法王庁は頼むに足らずと王への報告に書かねばなるまい。スペイン大使は、憤怒《ふんぬ》に歯ぎしりしながら、馬が引かれてくるのを待った。馬は、すぐに引かれてきた。だが、馬丁は、主人を待っている間にいっぱいひっかけていたのか、眼もとを赤くし、何か楽しいことを思いだしたような顔つきで、主人を見あげた。スペイン人は、やにわに、持っていた細身の鞭《むち》で、思いきり馬丁の顔面を打ちすえた。主人の不機嫌をいち早く察していた馬丁に、落度があったわけではない。馬丁が、イタリア人であっただけである。顔をおおってうずくまった馬丁にはいちべつも与えず、スペイン大使は、無人のサン・ピエトロ広場を、狂ったように馬に鞭をくれながら駆け去った。その彼を、迎えるように追うように、仮装行列にわき立つ群衆のあげる歓声が、遠く波のように拡《ひろ》がっては消えた。

カステル・サンタンジェロのバルコニーで、仮装行列の到着を今やおそしと待ちかまえている法王レオーネ十世は、スペイン大使が憤然と退出したと知らされても、顔色ひとつ変えなかった。

「スペイン人は単色だから困るね」

と、言っただけだった。法王のそばに、今日は華やかな俗服で控えているコルネール枢機卿《すうきけい》は、その若々しい浅黒い顔に、ヴェネツィア人らしい皮肉な微笑を浮べながら、冷然と答えた。

「黒ですな」

歓声がひとしきり高まったのを合図に、待ちに待った仮装行列が、サンタンジェロ橋を渡りはじめた。カンピドリオを出発した行列は、終着地のナヴォーナ広場まで練り歩くのだが、法王に見てもらおうと、わざわざカステル・サンタンジェロの前を通るという、回り道をするのである。群衆は、橋の上まであふれていた。二月というのに暖かくて、身体《からだ》をちぢめている者は一人もいない。

まず先ぶれは、楽隊がつとめる。整然といいたいところだが、午前中というのにすでにいっぱい入っているのか、時々、奇妙な音を調子はずれにひびかせたりする。群衆は、そのたびに笑い声をあげ、しっかりしろきんたま野郎と、激励の言葉が飛ぶ。

続くのは、一眼の巨人の一隊である。肩車を使っての二人一組の巨人は、長い黒服の上に、張子の頭をのせている。大きな一つ眼はいかにも怖《おそろ》し気で、それが二列になって進んでくるのを見て、母親に抱かれた幼児は、母親の胸に顔を押しつけたまま離れようとしない。次は、白い短衣に黄金色の弓矢を持った、キューピッドの一群である。まだ少年と呼ぶには早いこの子供たちは、両側の観衆に向って、黄金色の小さな矢を射かけながら進む。その後に、馬を駆ってディアナが登場した。肌もあらわな狩の女神の仮装をしているのは、ローマの下町トラステヴェレ地区から選ばれた庶民の娘だが、その豊かな肉体は、彫像で見る古代の女神そのもので、観衆の中から、ホーとため息がもれたほどだった。狩の女神の後には、ニンフの群が、踊りながら続く。薄い衣を軽くまとったこの女たちの上半身も、ほとんど透けて見える。踊るニンフたちを追うようにしてあらわれたのは、百六十人という若者の大群だった。手に手にイタリア各地の旗を持ち、いっせいに空に向って投げ、落下するところを器用に受けながら通り過ぎていく。

仮装行列は、カステル・サンタンジェロの前へくると、バルコニーの法王に向って、てんでんばらばらにしても、あいさつを送って左へ折れる。法王も、上機嫌にそれに応《こた》えていた。若者たちが通り過ぎると、さまざまな異国風の仮装の人々をのせた、数台の無蓋《むがい》の馬車が続いてきた。古代ローマ帝国に破れた、王や女王たちである。その中に、深紅に金色の衣を着けた、エジプトの女王クレオパトラもいる。クレオパトラのそばには、金色の月桂冠《げっけいかん》を頭にのせたユリウス・カエサルが、べったりとくっついていた。それを見て、法王を中に、枢機卿や側近や各国大使たちで満員のバルコニーから、どっと笑声があがった。古代ローマ最大の将軍にしては貧相な身体を、クレオパトラのひざに寄せてにやにやしているのは、法王レオーネの道化師、修道士《フラ》マリアーノであったからだ。法王は、朝から姿が見えないと思ったら、と言い、その後は笑いで絶句してしまった。この後に続いてやってきた馬車には、一台に一人ずつ、オリンポスの神々が坐《すわ》っていた。神々に扮装《ふんそう》しているのは、いずれもローマの庶民たちで、しばしばの微行でローマの内情に通じているコルネール枢機卿は、いちいち、ジュピターになっているのはカンポ・ディ・フィオーリの旅宿の主人、軍神マルスはコンタリーニ家の従僕と、法王に解説する。

仮装行列の最後は、酒の神バッカスを載せた馬車だった。馬車は、一面に、模造のぶどうの房と葉で飾られている。馬車をひくろばが、なかなか素直に動かず、そのたびに沿道の群衆の中から数人が出てきて、ワイワイとにぎやかに押す。バッカスが近づくと、観衆から笑い声が爆発した。バルコニーの方を、笑いながら見上げる者もいる。バルコニーの中でも、クスクスとしのび笑いがもれはじめた。ぶどう酒の大杯を片手に、肥えた腹をもてあますように坐っている、大きな頭にぶどうの葉の冠をのせた酒の神は、誰がどうみても、あまりにもレオーネ十世に似ていたからである。わざとやったことにちがいなかった。バッカスが、沿道の群衆の歓呼に応えてあいさつを返すのが、法王レオーネ十世が祝福を与えるのにそっくりであったのだ。法王は、バルコニーから身をのりだすようにして、眼鏡を近づけて、あきれたような顔で眺めていたが、すぐに笑いだした。今までは遠慮して、笑いをかみころしていた人々も、しのび笑いを我慢できなかった人々も、法王の笑い声を聴くや安心して、今度は遠慮なく笑いだし、しばらくはやまなかった。しかもこの日の仮装行列の費用は、ローマ市からのに加えて、法王からも出ていたのである。

その日は、肉の木曜日《ジョヴェディ・グラッソ》だった。あと一週間足らずで謝肉祭《カルネヴァーレ》も終り、四旬節《クワレージマ》に入る。四十日余り続く四旬節の間中は、食をつつしんで身体を清め、まじめになって復活祭《パスクワ》を迎えるのだが、四十日間の栄養を一週間でとってしまおうというのだから、一月六日の主顕節《エピファニア》からはじまった謝肉祭の最後の一週間は食べられるだけ食べ、飲めるだけ飲み、騒げるだけ騒ぐ、謝肉祭の最高潮を迎えるわけである。その日、ローマの貧民地区には、法王からの肉とぶどう酒が贈られた。メディチ家の紋章である六個の球にちなんで、一家族ごとに、六杯のぶどう酒と、六つの肉のかたまりであった。

法王と招待客に供された昼食は、もう少しぜいたくだった。マリアーノの献立による料理は、きじの肉のカツレツ、くじゃくの肉の腸詰、詰物をした去勢鶏《きよせいどり》の丸焼き、新鮮なチーズと卵黄と強いぶどう酒で作ったクリーム、である。鶏の丸焼きだけは新味はないが、他の二つとクリームは、最高に洗練された美味である、との評判を得た。

昼食が終れば、富める者も貧しき者も、やることは同じである。ローマっ子にとっては、天地がひっくり返っても欠かすわけにはいかない午睡で、街はしばらく静かになった。不眠不休で働くことはもちろん、遊ぶことさえも、ローマではまったくといってよいほど起りえない。

陽がかげりはじめると、人々は活気を取りもどした。街には、仮面をつけた男女が行き交い、貴族や金持の邸宅には、夜会に招かれた人々が到着しはじめる。だが、その夜の法王宮は静かだった。今以上に肥《ふと》ることを心配した医者の忠告を容《い》れて、レオーネ十世は、食事を一日に一回と決めているので、豊富な昼食を取ったその日は、夕食は抜きである。一杯のぶどう酒を卓上に、今夕の法王私室では、音楽の集いがもたれていた。スペイン、フランス、ヴェネツィア、フェラーラそしてユダヤ人の音楽家も加わって、自らもリュートを手にした法王を囲む。各国から招かれたこれらの音楽家たちは、教会のミサ音楽のために法王庁から年給をもらっているのだが、音楽好きの法王の相手をすることも、彼らの仕事のひとつになっていた。その夜は、全員が各自の作曲を持ちより、自分で演奏し、最も素晴しい作品には、法王から賞金がでることになっていた。選考には、各自が一票ずつの権利を持つ。法王も自作を発表するので、彼もまた、一票持っているわけだった。

演奏は、フェラーラ人からはじまった。ゆるやかな甘いバラードが、開かれた扉から控えの間に流れ、廊下を伝わって、式部長官グラシスのいる秘書官室にまで聞こえてくる。法王宮の扉は開かれていて、その夜にかぎらず、法王宮で音楽会や演劇が催される時はいつもなのだが、誰でも断りなく中に入って聴くことができる。これは、法王レオーネ十世の治世の間中、破られたことがなかった。グラシスの役目は、庶民も混じえたこれらの人々を、控えの間まで連れていき、そこで静かに聴くよう注意を与えるだけだった。だから、庶民といえども、椅子《いす》に深く坐り、首をたれ、眼を閉じ、時には小声で音楽の流れを追う、法王の姿を見ることができた。

その夜の勝者は、圧倒的な票を得て、ユダヤの音楽家と決まった。古いユダヤの旋律を使った彼の作品には、法王もひどく感嘆し、賞金の他に、メディチの姓を与えたほどだった。

次の日の早朝、ヴァティカンは、時ならぬ槌《つち》の音に目覚めさせられた。石を刻む音には、聖《サン》ピエトロ大寺院の新築工事のため、人々は慣れているのである。だが、その日のカンカンとひびく軽快な槌音は、それが何のためかと気づくまでのひととき、人々を驚かせるに十分だった。サン・ピエトロ広場に、はじめて、木の桟敷《さじき》が高々と作られているのである。それまではどんな行事も、キリスト教の本山サン・ピエトロ大寺院の前ということで、木の柵《さく》で囲った中で行なわれていたのだが、それでは後方の人にはよく見えないし、観衆の数も限られると、より多くの人々が見られるようにとの法王の希望を容れて、この広場にも、はじめて桟敷が作られることになったのだった。槌音が軽快なのは、木を打ちつけているからである。桟敷は、正面のサン・ピエトロ大寺院と右側の法王宮の前を除いて、南と東の二方をぐるりとまわって作られているので、広場は、四角な競技場のようである。その日はここで、旗争いの騎馬戦が行なわれることになっていた。

午前十一時近くなると、桟敷は、立錐《りっすい》の余地もないほどの人でいっぱいになった。大寺院の石段の上も、寺院に尻《しり》を向けて坐りこんだ人々で、猫のはい込む余地もない。時刻になると、枢機卿たちを従えた法王が、法王宮のバルコニーに姿をあらわした。このバルコニーは、集まった信者たちに法王が祝福を与える場所だが、今日はここから観戦である。法王の姿を認めた観衆から、盛大な拍手が巻き起った。拍手は、この日の見せ物の資金提供者に対するものでもあった。

法王宮の門からは騎士たちが入場してきた。紅白に分れ、それぞれ三十人の騎士で隊を組む。騎士たちは胸甲に身を固め、かぶとには、自軍の色の羽根飾りがなびく。最後に、両軍の指揮官が登場した。紅軍の大将は、コルネール枢機卿。白軍は、法王の侍従セラピカである。大将二人は、紅白の羽根の数も多く、そのうえ、同じ色の長マントを、馬の背をおおうぐらいにたらしている。

両軍は、法王に礼を送った後、東西に分れて対陣した。それぞれの軍の中央は、紅白の大旗を守って、大将以下数人の騎士が囲む。あとは遊撃隊だ。武器は、長い葦《あし》である。この武器はすぐにも折れるので、騎馬隊の後方には、長い葦の束を持った従僕たちが控えている。彼らは、主人の武器が折れたと見るや、急いで走って行って、代りを提供しなければならない。

天もつんざく大歓声の中を、騎馬戦ははじまった。ドドーッと土煙をあげ、両軍がぶつかる。すでにあちこちで、ピシッと武器の折れる音がひびく。従僕たちは、馬の間をぬって走りまわる。紅白入り乱れての激戦だ。たたかれて舞いあがった羽根が、空中をフワフワとただよう。武器が折れても、勢いあまって馬と馬をぶつける騎士もいる。落馬した者が悲鳴をあげる。観衆は熱狂している。勝負を賭《か》けている者もいるので、自派の旗がかしいだりすると、天をあおいで大声で嘆き、敵軍の旗が囲まれたりすると、隣席の者に抱きついて、またもや大声をあげるという騒がしさ。指揮官ということになっている両軍の大将も、その乱戦では、時々思いだしたように、紅白の指揮杖《しきじょう》をふりまわすしかやることがない。それでも紅軍の大将は、枢機卿らしくもなく有能で、白軍の本陣が手薄になったとみるや、旗の守りは味方にまかせ、五騎をひきいて敵陣になだれこんだ。遊撃隊の戦闘に気をとられていた白軍の本陣は、不意をつかれてあわてる。白軍の大将セラピカは、敵に馬をぶつけられ、はずみをくって落馬した。白軍はひるむ。そのすきに敵旗を奪った紅軍の大将は、勝鬨《かちどき》をあげて自陣へ向った。紅軍騎士が、大将を囲んで駆ける。敵旗を奪い取り、自軍の旗と並べて立てた方が勝ちなのだ。それをさせてはならじと、白軍の騎士たちが追いすがった。待ったをかけるは紅軍の騎士。それでも追いすがる敵を、枢機卿大将は、葦の武器では物足らぬとでも思ったか、長い紅の指揮杖を、びゅんびゅんふりまわしはじめた。これは反則である。だが、熱狂している観衆は、そんなことには気づかない。騒然たる歓声の中を、ついに白旗は、紅旗の前に頭をたれるように立てられた。紅軍の勝ちである。手に汗にぎった観衆から、ホーッとため息が流れた。顔を真赤にして観戦していた法王も、同じことである。

満足しきった人々の多くは、犠牲者に心をとめなかった。だが、その日は、三人の死者と四人の負傷者に、五頭の馬も倒れたのである。負傷者の中には、白軍の大将セラピカもいた。死者はすべて、乱戦中に落馬し馬のひづめの犠牲になった者たちだった。

土曜日は、またも肉食日《グラッソ》にあたる。大食する前にひと運動するというわけではないが、ヴィア・ラータの通りで、各種の競走《コルソ》が行なわれることになっていた。

この二千メートル近い、ポポロ広場とヴェネツィア広場を結ぶ直線の通りは、謝肉祭ごとに競走《コルソ》が行なわれたので、現在は、ヴィア・ラータでなく、ヴィア・デル・コルソと呼ばれている。競走の出発点はポポロ広場、終着点には、ヴェネツィア広場を一周して着く。

競走の前に、走者の顔見世があった。その日は、道化師、若者、老人、娼婦《しょうふ》、ユダヤ人、黒人、外国人、そして馬の競走が行なわれる。それぞれ、無蓋馬車に満載された走者たちが、馬だけは引かれて行くのだが、ヴェネツィア広場を一周して、直線の通りを練り歩き、出発点のポポロ広場へと向う。道幅の広いヴィア・ラータの両側は、観客動員など不要なローマっ子によって、今日もまた、ぎっしり埋まっている。両側に並ぶ家の窓という窓も、鈴なりの人で黒くなっている。法王も例外ではなかった。

あまりに法王臨席の度が重なると外聞が悪いと、グラシスの他にも止める人が多かったのだが、レオーネ十世は笑ってとりあわない。ヴェネツィア広場に面するサン・マルコ宮殿から見物できるよう、自分でとりはからってしまった。サン・マルコ宮殿は、代々のヴェネツィア人の枢機卿の住居になっている。法王は、コルネール枢機卿に、自分を招待させたのである。そのうえ、レオーネ十世は、隠れて楽しむことの大嫌いな性質なので、窓からのぞき見などするよりもと、堂々とバルコニーへ出てしまった。法王の姿をいち早く認めた観衆から、陽気な歓声と拍手が起る。法王は、各組の勝者への賞金を出してもいた。

道化師の馬車の真中には、こういう場所では欠かすことのできないマリアーノがいた。修道士のかっこうをしているのだが、それが仮装に見える。その胸には、〝狂人たちの王〟と書かれた札がぶらさがっていた。若者たちの馬車は、見事な半裸の彫像を満載しているようである。ローマの各地区から選びぬかれて集まった選手たちだ。次に続くのは、老人とはいっても、六十歳以下という年齢制限によって、若者にも劣らぬ壮者の群を思わせる男たちである。競走が好きで好きで、謝肉祭ともなると血わき肉おどる人々なのだから無理もない。娼婦たちの馬車は、誰が贈ったのか、「われらの幸福に貢献してくれる彼女たちに」という、花文字で飾られていた。その後には、ユダヤ人を載せた馬車が続く。この頃はまだ、キリスト教の本山のあるローマで、彼らは卑屈にもならず、ローマという名の劇場の、特色ある登場人物を楽しんでいた。同じ異教徒の黒人も同様である。ほとんど裸体に近い黒光りする肌を、家々の窓ぎわに盛装して並ぶ女たちの眼が、秘《ひそ》かに追う。次には、ローマ在住の外国人走者を載せた馬車が続いた。フランス、ドイツ、イギリス、スペインと、ローマに居住区のある外国人はもとより、ギリシア、アルバニア、スカンディナヴィアの人々まで、国際都市ローマをあらわして、国籍まで多種多彩だ。しんがりは馬である。見事なアラビア馬や、イタリアでは最高といわれるマントヴァ産の馬が引かれていく。競馬が、その日の呼物であった。騎手を乗せず放たれるこの競馬は、馬丁がついて走るとはいえ、しばしば見物の群にとびこむので、負傷者が必ずといってよいほど出る。しかし、安全確保などということは、誰一人口に出さなかった。

その日一日中、ローマのこの一画は、熱狂の渦の中に過した。声援、歓声、熱気の渦巻く中を、ぶどう酒の杯が飛び交い、コンフェッティ(砂糖菓子)が雨と降る。人々の喜ぶのを見るのが最も楽しいという法王レオーネ十世にとっても、このうえもない一日であった。

一五二一年の謝肉祭も、やがて終ろうとしていた。老いも若きも、富める者も貧しき者も、貪欲《どんよく》に快楽をむさぼることしか頭にないようだった。謝肉祭が終れば、生活のすべてを厳しく律する四旬節に入るのである。ゆえに謝肉祭の期間中は、聖《サン》ピエトロ広場でも連日、何かの娯楽行事が観客を満員にしていた。各地区対抗の歩兵戦も行なわれた。武器は生卵である。規則を破って固ゆで卵を持ちこんだ者があって、ワイワイとにぎやかな抗議と笑いが広場を満したりした。闘牛も行なわれたし、これも各地区対抗のサッカー試合も欠かせなかった。サッカー試合はフィレンツェの伝統行事で、これは、フィレンツェ出身の法王レオーネ十世への、ローマの民衆の贈り物であった。夜は夜で、劇や舞踏会や夜会が、法王宮をはじめとして、貴族や金持の邸宅で、ひっきりなしに催された。だが、そのいずれも、終りは決ったように街頭に流れ出た。庶民の楽しみと混ざりあう時、仮面と仮装がその差を失わせ、より大きな楽しみに変わるからであった。

謝肉祭最後の日にあたる肉食火曜日《マルテディ・グラッソ》も、人々の期待のうちにはじまった。その夜のヴィア・ラータの大通りは、仮装した人々の群で埋まるという噂《うわさ》が、朝のうちから楽し気にささやかれていた。コルネール以下の若い枢機卿たちも、仮面仮装でそれに加わるということで、これが、法王をひどくうらやましがらせていた。レオーネ十世は、自分も隠れて参加すると言いだしたのだが、いくら何でもそれは止《や》めるべきだとの側近たちの厳重な抗議によって、しぶしぶながら断念させられたのである。その代りに、ヴィア・ラータの中ほどにあり、この大通りに面している銀行家キジの邸宅の窓から、仮装の流れを見物することになった。

法王は、深夜まで続くにちがいない見物にそなえて、その日の午睡は、いつもより十分にとった。晴れ晴れとした顔で寝室から出てきた法王は、最も簡素な法王衣に着換え、微行でキジ邸へ向い、その裏口から中へ入り、二階の窓ぎわに陣取って、謝肉祭最後の楽しみのはじまりを待った。そばに控えるのは、ピエトロ・ベンボとサドレートの、二人の法王秘書官だけである。二人とも、当代きっての知識人で、二人の書く法王教書や親書は、当時の国際語であったラテン語の見事さで、各国宮廷でもラテン語の手本とされたほどである。レオーネ十世、四十四歳、ベンボ、五十歳、サドレート、四十歳。この三人の間で、待つ間のひととき、こんな会話が交わされていた。

「謝肉祭の起源についてはいろいろな説があるが、結局のところ、起源をつきとめることなど不可能だと、わたしには思われる。どうも、人間の苦しみがはじまった時、それを忘れようとしてではないかとね」

「そうかもしれません、猊下《げいか》。謝肉祭という言葉はずっと後になってからですが、その前にも、ずいぶんと昔から、冬の盛りの祭はあったのですから」

「サドレート、おまえはどう思うかね」

「猊下の御洞察の深さには怖《おそ》れいるばかりです。どうやら、人間の徳を代表しない唯《ゆい》一《いつ》の神バッカスは、人間の徳を代表する他の神々、すなわちオリンポスの神々にも劣らぬ民衆の支持を得てきたようで、バッカスを主神とする謝肉祭は、消えるようでいていっこうに消えない理由もこの辺にあるのでしょう」

「ギリシア時代には、この期間中は、誰も逮捕できなかったということです。ローマ時代になると、謝肉祭の間は、奴《ど》隷《れい》と主人の位置が逆になり、主人たちは、奴隷の着服や食事の世話をしたそうです。生の享受《きょうじゅ》の前には万人平等というわけで、常日頃の身分地位を消すために、仮面が多く用いられたのもこの頃からのことです」

「ドミティアヌス帝は、トーガを脱ぎ、月桂冠《げっけいかん》をはずし、誰もがかぶる謝肉祭の帽子をかぶっていたという話もあります」

「こうなると、仮面にもひどく重要な意味が生れてくるね」

「人間誰しも、自分以外の何かになってみたいという、欲望を捨てきれないものです。ところが仮面をつけると、簡単に化けられる。それが一人ではなく、幾人にも化けられる。仮面を換えさえすればいいんですから。しごく簡単にこの欲望を満足させられるわけです」

「役者になることですな。誰でも役者になれる才能があるのだから、仮面をつけて、常日頃では不可能な役を演じることも可能になるわけでしょう。それを見る人々の方は、嘘《うそ》と承知していて、その嘘を楽しむというわけだ。仮装は、演劇的要素に満ちている」

「なるほど、しかし、俗に言ってしまえば、仮面さえつければ、恥を忘れて乱痴気騒ぎができるからさ。法王だけには、不当にもその権利はないようだがね」

「猊下、それは当然でしょう。この乱痴気騒ぎの正当性を認める謝肉祭は、キリスト教が勝利を得た時代から禁止されたのですから。法王は、禁止の張本人というわけです。しかしローマは、常に異教的だったらしく、ローマの司教でもある法王が、何回となく禁止令を出しても非難しても効果がなく、祭は続けられていたのですが、キリスト教は少しずつ、この民衆の支持を得てきた最後の異教的なるものにも勝ちはじめ、五四九年、大競技場《チルコ・マッシモ》で行なわれた競走を最後に、ローマは、深い沈黙に入りました。それから八世紀の終る頃まで、ローマでの娯楽行事の記録はないのです」

「九世紀、十世紀と少しずつ、十一世紀には、〝自由の祭〟とか〝狂気の祭〟とかの名で復活しています。人間には、狂う時が必要だったのでしょう」

「聖人法王グレゴリオ七世の厳重な非難も、効果がなかったようですな」

「人間、狂う時を与えられないと、一年中、だらしなく幾分か狂ってしまう。それでは困るというものだ」

「カトリック教会もそれに気がつき、四旬節前の一週間を、謝肉祭としたのです。巧みにも、古代の祭の時期と一致させたわけです」

「こういうことは、われわれのお家芸というところだ」

「ここに、古代異教とキリスト教の混血児、ローマの謝肉祭が生れたわけですな」

「さよう。しかし、これが盛んになったのは、十五世紀後半、法王パオロ二世が力を入れはじめてからです」

「やはり、金を出す者がいないとだめなのだな」

「費用のめどさえつけば、イタリア人は、生来劇的要素に恵まれている民族ですから簡単です。とくにローマには、古代からの伝統があります。ローマの謝肉祭が有名になるのも、当然の成行きでございましょう」

　おしゃべりに時を過しているうちに、大通りは、いつのまにか人でいっぱいになっていた。それぞれが、思い思いの仮装を競っている。表情豊かな仮面は、モデナから取り寄せたものか。眼の部分だけ、白い仮面で隠している者もいる。舟型の馬車に、若い女が満載されて通ると、両側の窓から、ひときわ激しくコンフェッティや紙切れの雨が降る。仮装の群衆は、まるで色彩豊かな大河がゆっくりと流れるように、右に左にぶつかりあいながら、互いに溶けこみながら、止まっているようにも、動いているようにも見える。

古代ローマの皇帝に扮《ふん》している者もいる。かと思えばそのすぐわきを、枢機卿に仮装した者が、沿道の群衆に向って、本物の枢機卿よりも見事に、祝福を与えながら通り過ぎる。コルネールら若手の本物の枢機卿たちは、道化師の仮装をして街に出たということだから、偽《にせ》枢機卿に出会えば、今日ばかりはわきに寄って、ひざまずいて礼をしなければならないはずだ。笑声と奏楽が、耳をろうするばかり。トルコのスルタンが、聖母マリアを追いかけている。そのマリアをかばおうと、オリンポスの神々が駆けつける。それを、肥《ふと》ったキリストが、ゲラゲラ笑って眺めている。なにもかもが、ごちゃまぜだった。しかも、不真面目《ふまじめ》にごちゃまぜだった。だが、異教とキリスト教のこの混合は、どこか、許されてこそ自然だと思わせるものがあった。

突然、誰かの悲鳴が聞えた。人々は、その方角に、いっせいに眼をやった。道の向うから、黒衣に銀色の大鎌《おおがま》を振りながら、死神が登場したのである。青白い骸骨《がいこつ》の仮面が、頭から足の先まで包んだ黒衣の中に、無気味に目立っている。死神は、人々を中に包みこもうとするかのように、黒衣を大きく拡《ひろ》げ、銀色に光る大鎌を、ヒューヒューと空気を切る音をさせながら振りまわす。子供たちは、泣声をあげて逃げ出し、大人たちも、皇帝も枢機卿も聖母マリアもトルコのスルタンも、不死であるはずのオリンポスの神々までもが、怖ろし気な様子で死神をよける。死神は、人々が逃げ去って無人となった道の真中を、わがもの顔でのし歩いて過ぎた。女たちは、急いで十字を切り、男どもは、俗習に従って、これまた急いで、それぞれの睾丸《こうがん》にさわって厄払いをした。キジ邸の窓から見物している三人の男たちも、苦笑しながら同じことをした。その時、人々の憂《うれ》いを吹きとばすかのように、テヴェレの河岸から、花火が打ちあげられた。次々と打ちだされる陽気な響音と、夜空いっぱいにふりまかれる光と色が、死神に通り過ぎられて沈みこんでいた人々の心を、もとどおりの楽しい気分にひきもどした。再び、歓声がわき起り、仮面が生き生きと動きはじめ、色彩豊かな仮装の群が流れはじめる。コンフェッティが飛び交う。笑声が爆発する。花火が、大きく拡がっては消える。

「地中海世界ほど、人間性に対して寛容な世界はない。ここでは、罪の意識にさいなまれずに生きていける。

わたしは、人間本来の陽気さと、死に対する平穏さに欠けた世界では生きる気がしない。別に、北の人々の生き方を非難しているのではない。ただあそこでは、自分は生きていけないと思うだけだ」

レオーネ十世のこの言葉に、ベンボもサドレートも、共感をもってうなずいていた。

それから十ヵ月も過ぎない一五二一年十二月一日、レオーネ十世は死んだ。あと十日足らずで、四十六歳を迎えるはずだった。死因は、今日から見れば、急性の肺炎と思われる。狩に行った先で、風邪をひいたためらしい。急死に近く、最後の懺悔《ざんげ》もしないで死んだ。カトリック教理によれば、煉獄《れんごく》行きはまぬがれないところだ。

彼は、治世中に、四百五十万ドゥカートを費消したうえ、七十万ドゥカート近い借金まで残して死んだ。債権者名簿は、次のとおりである。

ビーニ、ストロッツィ両銀行――二十万ドゥカート
ガッディ銀行――三万二千ドゥカート
リカソーリ銀行――二万ドゥカート
法王侍従セラピカ――一万八千ドゥカート

サルヴィアーティ枢機卿――八万ドゥカート
リドルフィ枢機卿｝正確な額不明
ランゴーニ枢機卿｝
プッチ枢機卿――十五万ドゥカート
アルメリーニ枢機卿――十五万ドゥカート

銀行はすべて、レオーネの即位に乗じてローマに進出し、大もうけをしたフィレンツェの銀行で、枢機卿たちも、彼のおかげで枢機卿の地位と莫大《ばくだい》な収入源を得た、フィレンツェ出身者で占められている。法王との近い間柄を利用して大きな利益を得ていた彼らも、ビーニ、ストロッツィ両銀行は破産寸前、プッチ、アルメリーニ両枢機卿も全財産を貸していたために、突然の法王の死に蒼《あお》くなった。彼らは、レオーネ十世の年齢から考えて、こうも早く死ぬとは思ってもいなかったのである。当時の年代記は、こう書き残している。

「レオーネは三法王を食いつぶした。ジュリオ二世の貯《た》めたのと、自分の治世の収入と、次の法王に払わせる分と」

蒼くなったのは、債権者ばかりではない。三重冠を飾っていた宝石、十二使徒の彫像、銀の大花びん、じゅうたんから壁掛けにいたるまで、およそ借金のカタになりそうなもので無事だったものはない、といわれるほどの惨状を知らされた法王庁当局は、蒼くなるどころか、絶望的になってしまって、誰もがウロウロするばかりだった。この急場打開に、トラジメーノ湖を売りに出そうかなどという、珍案さえ出す者もある始末。だが、狩場に良いというだけの湖の買手など、おいそれとあらわれるはずもなかった。

このような状態では、なるべく倹約して済せたいという気になるのは当然である。法王の葬式に使うろうそくも、新しいのを使わず、先に死んだリアーリオ枢機卿の葬式に使ったものをゆずってもらい、それで済せてしまったほどだった。葬式さえこの有様では、墓の造営などは夢物語である。生前から、ミケランジェロに壮大な墓を作らせていたジュリオ二世とは違って、ローマ教会の、そしてその長である法王としての自分の記念碑を、後世に残すことなどには無関心だったレオーネ十世には、墓の準備などしてあるはずもない。遺体は、適当に埋葬されてしまった。現在に残る彼の墓は、死後二十年以上も過ぎた法王パオロ三世時代になって、ようやく形をととのえられたものである。

しかし、自分に向けられているにかかわらず、エラスムスの諷刺《ふうし》と嘲笑《ちょうしょう》の精神を愛し、ルターの非難と弾劾《だんがい》を平然と受けたほど、自己の優越性を確信していた、真に貴族的な精神の持主であるこのメディチ法王の死とともに、ローマは、イタリアは、世界史の主人公の座から降りる。ルネサンスは終ったのである。

ルネサンスの死を決した最後の一撃は、彼の死の六年後の一五二七年にくだされた。皇帝カルロスの派した大軍によって、ローマは、古代ローマ帝国滅亡以来といわれる、破壊と掠奪《りゃくだつ》を受けたのである。

「ローマ掠奪《サッコ・ディ・ローマ》」の主役は、カトリック教徒である皇帝ではなく、ローマ侵入とともに群盗と化した、ルター派信徒のドイツ傭兵《ランツィケネッキ》であった。清く正しいキリスト教徒である彼らドイツ人にとって、ローマは、ルターの弾劾の言葉どおり、異教徒トルコ人すら吐き気をもよおす堕落と頽廃《たいはい》の都であり、正義の民が、神に代わって神罰をくだすべきものの筆頭であったからである。これが、欲に目のくらんだ群盗に、大義名分を与えた。ローマは、アルプスの北の勝利の歓呼を聞きながら、廃墟《はいきょ》と化した。

この後に起った反動宗教改革でも、ローマは、イタリアは、もはや主役を演じなかった。スタンダールにいわせれば、あまりに厳しすぎてイタリア人の気質には合わず、早々にスペインに御移転願った、となる。聖職者が俗人に仮装することも、俗人が聖職者に仮装することも厳禁され、システィーナ礼拝堂の壁画の、ミケランジェロ描く裸体のキリスト像も、ブルーの絵具で腰布を巻きつけられ、法王庁所蔵の古代の裸体彫刻も、性器をいちじくの葉型の石片で隠される時代。そして、この時代に吹きまくった嵐《あらし》、宗教裁判所や魔女狩りのようなことは、正義の民などというものを少しも信じていなかった、ルネサンス的なイタリア人のやれることではなかった。

すでにこの日の来るのを予感したかのように、法王レオーネ十世の死の翌日、ローマの庶民が落首を張り出す場所になっているパスクィーノの石像の胸に、こんなことを書いた紙切れが張りつけられていた。

「ローマ、貸します」

参考文献

〔略号〕

ASI = Archivio Storico Italiano

RIS = Rerum Italicarum Scriptores

四人の法王を通じて（15世紀後半〜16世紀前半）

■原史料——当時の記録・年代記・歴史著作

ALBERT, E., *Le relazioni degli ambasciatori veneti al Senato durante il secolo XVI*, Firenze, 1839-55.

BEMBO, P., *Opera historica*, Basel, 1567.

BURCHARDO, J., *Diarium sive rerum Urbanarum commentarii (1483-1506)*, Paris, 1883-85; *Liber notarum (1483-1506)*, 《RIS》 XXXII 2, Bologna, 1907-42.

CIACONIO, A., *Vitae et res gestae Pontificum Romanorum et Sanctae Romanae Ecclesiae Cardinalium*, Roma, 1667.

COMMYNES, Ph. de, *Memoires*, Paris, 1903.

CORIO, B., *Historia di Milano*, Padova, 1646.

DE GRASSIS, P., *Diarium*, Wien, 1882.

GIOVIO, P., *Vitae illustrium virorum*, Basel, 1576-77.

GUICCIARDINI, F., *Storie Fiorentine dal 1378 al 1509*, Novara, 1970; *Storia d'Italia*, Bari, 1967;『リコルディ——政治と人間をめぐる断章』永井三明訳，東京，昭和45年.

INFESSURA, S., *Diario della città di Roma*, Roma, 1890.

MACHIAVELLI, N., *Opere complete*, Milano, 1960-65;『マキアヴェリ（君主論・政略論）』会田雄次責任編集，東京，昭和41年.

NARDI, J., *Istorie della città di Firenze*, Firenze, 1888.

PRIULI, G., *I Diarii (1494-1512)*,《RIS》XXIV 3, Bologna, 1912-41.

SANUDO, M., *I Diarii*, Venezia, 1879-1903.

SIGISMONDO dé CONTI di FOLIGNO, *Le Storie de' suoi tempi dal 1475 al 1510*, Roma, 1883.

VARCHI, B., *Storia Fiorentina*, Torino, 1852.

VASARI, G., *Le vite de' più eccellenti pittori, sculutori e architettori*, Firenze, 1927.

■第二史料——後代歴史家の著作

多著者共作（TRECCANI 版），*Storia di Milano* vol. VII & VIII, Milano, 1956-57.

ADINOLFI, P., *Roma nell'età di mezzo*, Roma, 1881.

BASCHET, A., *La Diplomatie Vénétienne*, Paris, 1862.

BELLONCI, M., *Lucrezia Borgia*, Milano, 1960.

BURCKHARDT, J.,『ブルクハルト（イタリア・ルネサンスの文化）』柴田治三郎責任編集，東京，昭和41年.

CIPOLLA, C., *Le Signorie dal 1300 al 1530*, Milano, 1881.

COGNASSO, F., *Società e costume. L'Italia nel Rinascimento*, Torino, 1965.

COPPI, A., *Discorso sopra le finanze di Roma nei secoli di mezzo*, Roma, 1847.

ERCOLE, F., *Da Carlo VIII a Carlo V. La crisi della libertà italiana*, Firenze, 1932.

GREGOROVIUS, F., *Geschichte der Stadt Rom im Mittelalter, von V bis zum XVI Jahrhundert*, Stuttgart, 1886-96.

HEFELE, C.J., *Histoire des Conciles*, Paris, 1907.

HOLLIS, C., *Il Papato*, Milano, 1964.

MARCORA, C., *Storia dei Papi*, Milano, 1961-66.

MÜNTZ, E., *Les antiquités de la ville de Roma aux XIV, XV et XVI siècles*, Paris, 1886.

PASTOR, L. von, *Storia dei Papi dalla fine del Medio Evo*, vol. 1-4, Roma, 1950-61.

PIERI, P., *Il Rinascimento e la crisi militare italiana*, Torino, 1970.

RANKE, L. von, *Storia dei Papi*, Firenze, 1965.

REUMONT, A., *Della diplomazia italiana dal secolo XIII al XVI*, Firenze, 1857.

RODONACHI, E., *Rome au temps de Jules II et de Leon X*, Paris, 1912.

ROMANIN, S., *Storia documentata di Venezia*, Venezia, 1912-25.

SISMONDI, S. de, *Histoire des Republiques Italiennes du Moyen Age*, Paris, 1809-18.

VALERI, N., *L'Italia nell' età dei principati dal 1343 al 1516*, Milano, 1969.

VILLARI, P., *Niccolò Machiavelli e i suoi tempi*, Milano, 1895-97.

ピオ二世について

ATIYA, A.S., *The Crusade in the later Middle Ages*, London, 1938.

BABINGER, F., *Maometto il conquistatore*, Torino, 1967.

BARONI, G.M., *Pio II (Enea Silvio Piccolomini)*, Roma, 1936.

CAMPANO, G.A., *Vita di Pio II*, 《RIS》 III 3, Bologna, 1964.

CARUSI, E., *Preventivi di spese per la spedizione contro il turco al tempo di Pio II*, 《Archivio Muratoriano》 16, Bologna, 1922.

CASANOVA, E., *Un anno della vita privata di Pio II*, Siena, 1931.

CASTELLINI, A., *I due grandi animatori della Crociata: S. Caterina da Siena e Pio II*, Siena, 1939.

CRIBELLI, L., *De expeditione Pii papae II adversus Turcos*, 《RIS》 XXIII 5, Bologna, 1950.

FRUGONI, A., *Incontri nel Rinascimento. Pagine di erudizione e di critica*, Brescia, 1954.

GAETA, F., *Il primo libro dei Commentarii di Pio II*, L'Aquila, 1966.

GIBBON, E.,『ローマ帝国衰亡史』村山勇三訳，東京，昭和26年.

MALIPIERO, D., *Annali Veneti (1457-1500)*, 《ASI》 VII 1 & 2, Firenze, 1843.

MANFRONI, C., *Storia della marina italiana*, Milano, 1970.

PAPARELLI, V.G., *Enea Silvio Piccolomini*, Bari, 1950.

PICOTTI, G.B., *La dieta di Mantova e la politica dei veneziani*, Venezia, 1912.

PII II PONTIFICI MAXIMI, *Commentarii rerum memorabilium quae temporibus suis contigerunt*, Frankfurt, 1614; *Opera omnia*, Basel, 1551; *Lettera a Maometto II*, Napoli, 1953.

PLATINA, B., *Vita di Pio II*, 《RIS》 III 3, Bologna, 1964.

SCHIVENOGLIA, A., *Cronaca di Mantova dal 1445 al 1484*, 《Raccolta di cronisti e documenti storici lombardi inediti》 II 121-194, Milano, 1857.

VOIGT, G., *Enea Silvio Piccolomini als Papst Pius der Zweite und sein Zeitalter*, Berlin, 1856-63.

アレッサンドロ六世について

多著者共作（OISCHKI 版），*La vita privata a Firenze nei secoli XIV e XV*, Firenze, 1966.

ACCADEMIA D'OROPA , *Alessandro VI e Savonarola*, Torino, 1950.
CAPPELLI, A., *Fra' Girolamo Savonarola*, Modena, 1869.
CRIVELLUCCI, A., *Del governo popolare di Firenze (1494-1512) e del suo riordinamento secondo il Guicciardini*, Pisa, 1877.
DALL'ORO, I., *Papa Alessandro VI*, Milano, 1940.
DELABORDE, H.F., *L'expedition de Charles VIII en Italie*, Paris, 1888.
DE ROO, P., *Material of a History of Pope Alexander VI, his relatives and his times*, Bruges, 1924.
FERRARA, M., *Prediche e Scritti di Girolamo Savonarola con annesso saggio bibliografico*, Firenze, 1950; *Savonarola*, Firenze, 1952.
FERRARA, O., *Il Papa Borgia*, Novara, 1969.
GEIGER, L., *Alexander VI und sein Hof*, Stuttgart, 1920.
JOHNSTONE, M.A., *The life in Florence in the 15th century*, Firenze, 1968.
LANDUCCI, L., *Diario Fiorentino dal 1450 al 1516 continuato da un anonimo fino al 1542*, Firenze, 1969.
LEONETTI, A., *Papa Alessandro VI secondo documenti e carteggi del tempo*, Bologna, 1880.
LUOTTO, P., *Il vero Savonarola ed il Savonarola del Pastor*, Firenze, 1900.
MAGNI, V., *L'apostolo del Rinascimento*, Firenze, 1939.
MATARAZZO, F., *Cronaca della città di Perugia dal 1492 al 1503*, 《ASI》 XVI 2, Firenze, 1851.
OLSCHKI, L., *Bibliotheca Savonaroliana*, Firenze, 1898.
PEPE, G., *La politica dei Borgia*, Napoli, 1946.
PORTIGLIOTTI, G., *Un grande monomane: fra' Girolamo Savonarola*, Torino, 1902.
RIDOLFI, R., *Studi Savonaroliani*, Firenze, 1935; *Vita di Girolamo Savonarola*, Roma, 1952.
ROEDER, R., *Savonarola. A study in conscience*, New York, 1930.
SANUDO, M., *La spedizione di Carlo VIII in Italia*, Venezia, 1873-82.
SAVONAROLA, G., *Le lettere*, Firenze, 1933; *Prediche e scritti commentati*, Firenze, 1952; *Opere*, Roma, 1955.
SCHNITZER, J., *Savonarola. Ein Kulturbild aus der Zeit der Renaissance*, München, 1924.

SORANZO, G., *Il tempo di Alessandro VI Papa e di fra' Girolamo Savonarola*, Milano, 1960.
VILLARI, P., *La storia di Girolamo Savonarola e de' suoi tempi*, Firenze, 1930.

ジュリオ二世について

BALAN, P., *Gli assedi della Mirandola di Papa Giulio II nel 1511 e di Papa Giulio III nel 1551 e 1552 narrati secondo i più recenti documenti*, Mirandola, 1876.
BONARDI, A., *Venezia e la lega di Cambrai*, 《Nuovo Archivio Veneto》 VII, Venezia, 1904.
BROSCH, M., *Papst Julius II und die Gründung des Kirchenstaates*, Gotha, 1878.
CARDO, G., *La lega di Cambray*, Venezia, 1895.
DUMESNIL, A.J., *Histoire de Jules II*, Paris, 1873.
FANTI, J., *Imola sotto Giulio II*, Imola, 1882.
FRATI, L., *Le due spedizioni militari di Giulio II tratte dal diario di Paris de Crassis*, Bologna, 1886.
FUSERO, C., *Giulio II*, Milano, 1965.
GIUSTINIAN, A., *Dispacci (1502–05)*, Firenze, 1886.
HONIG, R., *Bologna e Giulio II*, Bologna, 1904.
LUZIO, A., *Isabella e Giulio II. 1503–05*, 《Rivista d'Italia》 XII 2, Roma, 1909; *I preliminari della lega di Cambray concordati a Milano ed a Mantova*, Milano, 1912; *Isabella d'Este di fronte a Giulio II negli ultimi tre anni del suo pontificato*, Milano, 1912.
RODONACHI, E., *Histoire de Rome: le pontificat de Jules II*, Paris, 1928.
VARALDO, O., *Sulla famiglia Della Rovere*, Savona, 1888.

レオーネ十世について

ADEMOLLO, A., *Alessandro VI, Giulio II e Leone X nel Carnevale di Roma*, Roma, 1967.
BORGATTI, M., *Castel S. Angelo in Roma. Storia e descrizione*, Roma, 1890.
CHAMBERS, D.S., *Artists and patrons in the Italian Renaissance*, London, 1970.
CLEMENTI, F., *Il Carnevale Romano nelle cronache contemporanee*, Città di Castello, 1938–39.
DANDOLO, T., *Il secolo di Leone X*, Milano, 1861.

DE GRASSIS. P., *Il diario di Leone X*, Roma, 1884.

DE ROOVER, R., *The rise and decline of the Medici Bank (1397-1494)*, Cambridge (Mass.), 1963.

FERRAJOLI, A., *La congiura contro Leone X*, Roma, 1919.

GNOLI, D., *La Roma di Leone X*, Milano, 1938.

GUALINO, L., *Storia medica dei Romani Pontefici*, Torino, 1934.

LUZIO, A., *Isabella d'Este e Leone X*, 《ASI》 XLIV, Firenze, 1909.

LUTERO, M., *Lettera a Leone X*, Torino, 1970;『ルター（キリスト者の自由、他)』松田智雄責任編集，東京，昭和44年.

MARINI, G.B., *Degli Archiatri pontifici*, Roma, 1784.

MONDOLFO, G.U., Pandolfo *Petrucci Signore di Siena*, Siena, 1899.

NITTI, F., *Leone X e la sua politica*, Firenze, 1892.

PICOTTI, G.B., *La giovinezza di Leone X*, Milano, 1927.

PIERACCINI, G., *La stirpe dei Medici di Cafaggiolo*, Firenze, 1924.

ROSCOE, W., *The life and pontificate of Leo the Tenth*, London, 1806.

WINSPEARE, F., *La congiura dei Cardinali contro Leone X*, Firenze, 1957.

図版出典一覧

カバー　「ボルセーナのミサ」より　ラファエッロ画　ヴァティカン美術館　© Scala, Firenze

p. 16　地図作製：綜合精図研究所

p. 17　「ピオ二世として教皇に選ばれるエネア・ピッコローミニ」より　ピントゥリッキオ画　シエナ大聖堂・ピッコローミニ図書館（シエナ／イタリア）
© Archivi Alinari, Firenze

p. 42　ヴェッキエッタ画　シエナ大聖堂・ピッコローミニ図書館
© Roger-Viollet, Paris/The Bridgeman Art Library

p. 67　ジェンティーレ・ベッリーニ画　ロンドン・ナショナル・ギャラリー　© The National Gallery, London

p. 97　「キリストの復活と礼拝する法王アレッサンドロ六世」より　ピントゥリッキオ画　ヴァティカン美術館
© Archivi Alinari, Firenze

p. 103　フラ・バルトロメオ画　サン・マルコ美術館（フィレンツェ）© The Bridgeman Art Library

p. 145　サヴォナローラの説教集より

p. 214　撮影：松藤庄平

p. 281　作者不詳　サン・マルコ美術館（フィレンツェ）
© The Bridgeman Art Library

p. 289　ラファエッロ画　ウフィッツィ美術館（フィレンツェ）© The Bridgeman Art Library

p. 303　地図作製：綜合精図研究所

p. 365　ドッソ・ドッシ画　エステ美術館（モデナ／イタリア）　© The Bridgeman Art Library

p. 379　デューラー画　ウィーン美術史美術館
© The Bridgeman Art Library

p. 394　作図：峰村勝子

p. 433　サン・ピエトロ・イン・ヴィンコリ教会（ローマ）
© Scala, Firenze

p. 437　ラファエッロ画　ウフィッツィ美術館
© The Bridgeman Art Library

p. 489　フランソワ・クルーエ画　ウフィッツィ美術館
© The Bridgeman Art Library

p. 532　ラファエッロ画　ウフィッツィ美術館
© The Bridgeman Art Library

この作品は、一九七二年に中央公論社より刊行された。

塩野七生著　ルネサンスの女たち

ルネサンス、それは政治もまた偉大な芸術であった時代。戦乱の世を見事に生き抜いた女性たちを描き出す、塩野文学の出発点！

塩野七生著　チェーザレ・ボルジア
あるいは優雅なる冷酷
毎日出版文化賞受賞

ルネサンス期、初めてイタリア統一の野望をいだいた一人の若者――〈毒を盛る男〉としてその名を歴史に残した男の栄光と悲劇。

塩野七生著　わが友マキアヴェッリ
―フィレンツェ存亡―
（1〜3）

権力を間近で見つめ、自由な精神で政治と統治の本質を考え続けた政治思想家の実像に迫る。塩野ルネサンス文学の最高峰、全三巻。

塩野七生著　海の都の物語
―ヴェネツィア共和国の一千年―
サントリー学芸賞（1〜6）

外交と貿易、軍事力を武器に、自由と独立を守り続けた「地中海の女王」ヴェネツィア共和国。その一千年の興亡史を描いた歴史大作。

塩野七生著　コンスタンティノープルの陥落

一千年余りもの間独自の文化を誇った古都も、トルコ軍の攻撃の前についに最期の時を迎えた――。甘美でスリリングな歴史絵巻。

塩野七生著　ロードス島攻防記

一五二二年、トルコ帝国は遂に「喉元のトゲ」ロードス島の攻略を開始した。島を守る騎士団との壮烈な攻防戦を描く歴史絵巻第二弾。

新潮文庫最新刊

村山由佳著
嘘 Love Lies
十四歳の夏、男女四人組を悲劇が襲う。秘密と後悔を抱え、必死にもがいた二十年――。絶望の果てに辿り着く、究極の愛の物語！

神永学著
アトラス
―天命探偵 Next Gear―
犠牲者は、共闘してきた上司――。予知された死を阻止すべく、真田や黒野らは危険な作戦に身を投じる。大人気シリーズ堂々完結！

橋本治著
草薙の剣
野間文芸賞受賞
世代の異なる六人の男たちとその父母祖父母の人生から、平成末までの百年、近代を超えて立ち上がる「時代」を浮き彫りにした大作。

円城塔著
文字渦
川端康成文学賞・日本SF大賞受賞
文字同士が闘う遊戯、連続殺「字」事件の奇妙な結末、短編の間を旅するルビ……。全12編の主役は「文字」、翻訳不能の奇書誕生。

加藤廣著
秘録 島原の乱
島原の乱は豊臣秀頼の悲願を果たす復讐戦だった――。大胆な歴史考証を基に天草四郎時貞に流れる血脈を明らかにする本格歴史小説。

長崎尚志著
編集長の条件
―醍醐真司の博覧推理ファイル―
伝説の編集長の不可解な死と「下山事件」の謎。凄腕編集者・醍醐真司が低迷するマンガ誌を立て直しつつ、二つのミステリに迫る。

神《かみ》の代《だい》理《り》人《にん》

新潮文庫 し－12－42

平成二十四年十一月一日発行
令和三年二月二十五日三刷

著者 塩《しお》野《の》七《なな》生《み》
発行者 佐藤隆信
発行所 株式会社 新潮社

郵便番号 一六二―八七一一
東京都新宿区矢来町七一
電話 編集部(〇三)三二六六―五四四〇
読者係(〇三)三二六六―五一一一
http://www.shinchosha.co.jp

価格はカバーに表示してあります。

乱丁・落丁本は、ご面倒ですが小社読者係宛ご送付ください。送料小社負担にてお取替えいたします。

印刷・錦明印刷株式会社　製本・錦明印刷株式会社

ISBN978-4-10-118142-4 C0122